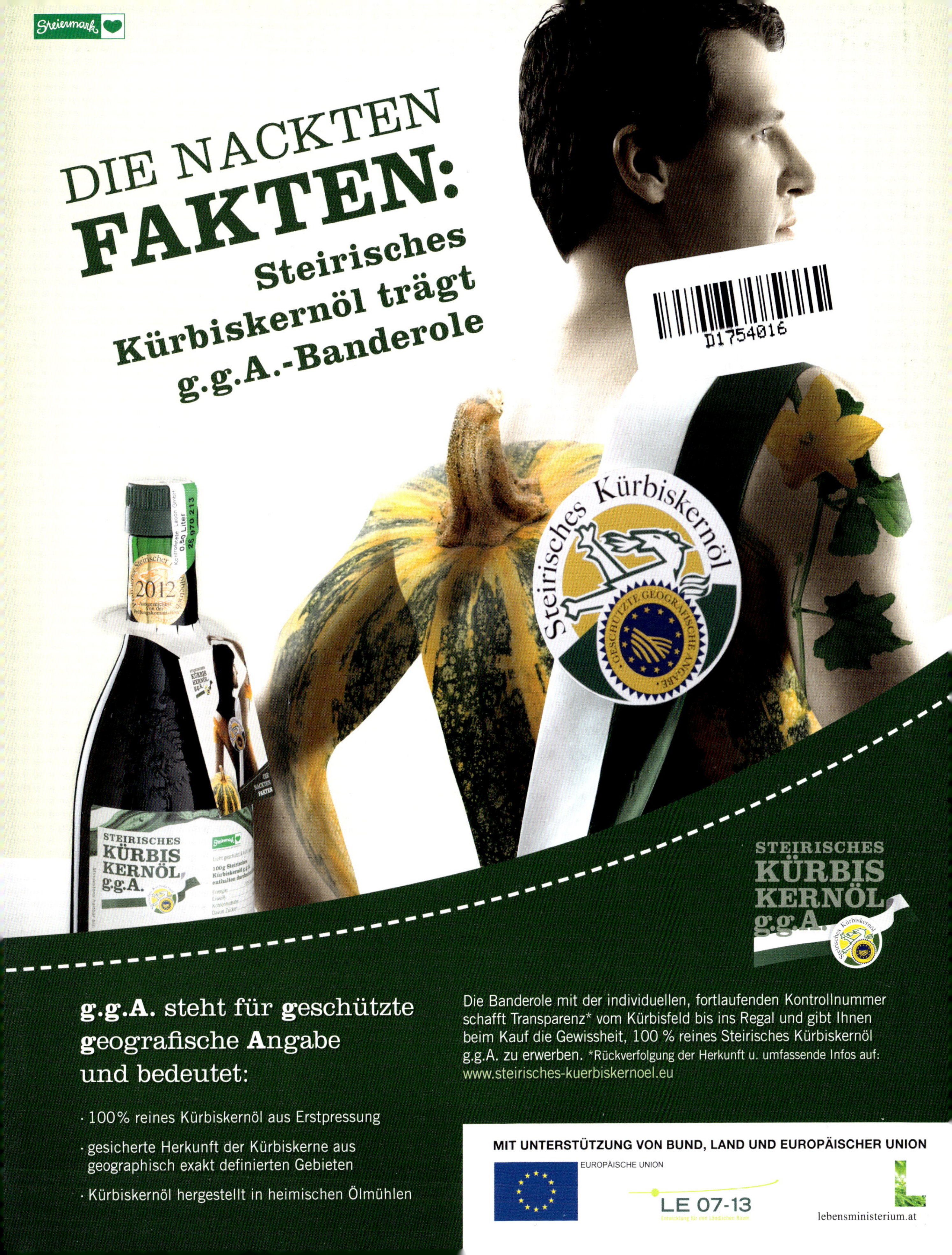

DIE NACKTEN FAKTEN:
Steirisches Kürbiskernöl trägt g.g.A.-Banderole

g.g.A. steht für **g**eschützte **g**eografische **A**ngabe und bedeutet:

- 100% reines Kürbiskernöl aus Erstpressung
- gesicherte Herkunft der Kürbiskerne aus geographisch exakt definierten Gebieten
- Kürbiskernöl hergestellt in heimischen Ölmühlen

Die Banderole mit der individuellen, fortlaufenden Kontrollnummer schafft Transparenz* vom Kürbisfeld bis ins Regal und gibt Ihnen beim Kauf die Gewissheit, 100 % reines Steirisches Kürbiskernöl g.g.A. zu erwerben. *Rückverfolgung der Herkunft u. umfassende Infos auf: www.steirisches-kuerbiskernoel.eu

MIT UNTERSTÜTZUNG VON BUND, LAND UND EUROPÄISCHER UNION

EUROPÄISCHE UNION
LE 07-13

lebensministerium.at

Rudolf Lantschbauer
Steirische Küche
Es gibt nix Bessers åls wås Guats

Mit Textbeiträgen von **Rudolf Lantschbauer**, **Ludwig Szeberenyi** und **Sonja Werdnik**.

Über 800 Fotos von **Rudolf Lantschbauer, Yulan Müller-Cai**.

Das Buch „Steirische Küche - Es gibt nix Bessers åls wås Guats" von Rudolf Lantschbauer ist mit über 800 Bildern sehr farbig und informativ ausgeführt, führt durch die kulinarische Steiermark.

Die einzelnen Kapitel über die steirischen Küche wurden von

* **Dietmar Kappel** (Weinhof Kappel, Kitzeck) kocht seit vielen Jahren viele ur-steirische Speisen wie **Sulmtaler-Hendl, Karpfen und alle steirischen Fische, alte steirische Süß- und Mehlspeisen** nach unserer heutigen Ernährungsweise,
* **Hannes Sattler** (Restaurant Sattlerhof, Gamlitz) „Fisch, Schwein, Paprika und Chili",
* **Gabi Abel** (Abels Käsehof, Leutschach), „Kürbis und Kastanie" gestaltet.
* **Richard Sampl** (Neuhaus am Klausenbach) hat „Wildes aus dem Wald" gekocht und
* **Engelbert Tschech** hat die „Sterz/Polentagerichte" und die „Paradeiser" gekocht und gestaltet.
* **Silvia und Stefan Loitold** (Hotel und Restaurant Semriacherhof): Traditionelle steirische Küche wie Klachlsuppe, Beuschl, Schweinsbraten und viele feine Gerichte und Rezepte sind von
* **Oswald Hümer** hat zu den Themen „Fisch, Lamm, Schweinsbraten, Suppen und Beilagen", viel gekocht und rezeptiert.
* **Robert Danzer**, „ein Vater kocht für seine Tochter Julia". Robert ist Physiker, der seiner Physiker-Tochter Julia väterliche Kochtipps weiter gibt.
* **Annemarie Ploier** zeigt ihre „himmlischen Schoko-Gaumenfreuden und Feinbäckereien".
* **Rudolf Lantschbauer** hat gemeinsam mit den Köchen/Köchinnen das Speisen-Styling auf Tisch und Teller gebracht, hat gemeinam mit den Köchen/Köchinnen die Rezeptstruktur und Rezeptdetails erarbeitet und alles fotografiert und gegessen.

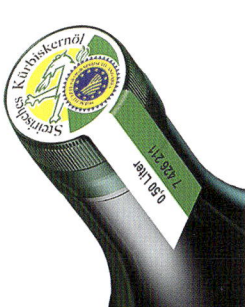

Danksagung

Dieses Buch ist meiner Mutter Paula Lantschbauer-Ramsauer gewidmet, die mir schon von meinen frühesten Kindesbeinen an durch ihre Kochkunst gezeigt hat, dass „einfache" Speisen, mit guten Grundzutaten zubereitet, täglich viel Freude beim Essen bringen. Das, was wir von unserer Kindheit an zu Hause zu essen bekommen haben, ist unser Maßstab. Und meiner ist durch deine Kochkunst sehr hoch. Danke, Mutter!

Der Herausgeber und Fotograf Rudolf Lantschbauer möchte sich bei allen, die am Zustandekommen dieses Buches mitgewirkt haben, recht herzlich bedanken: Helmut Sporer, Helmut und Annemarie Plojer, Robert und Brigitte Danzer, Walter Patak, Edmund Kaufmann.

Rudolf Lantschbauer
Steirische Küche
Es gibt nix Bessers åls wås Guats

Titelseite: Kalbsbraten, gekocht von Hannes Sattler, Restaurant Sattlerhof, Gamlitz.
Titelseitenfotos: Rudolf Lantschbauer
Umschlaggestaltung, Design: Rudolf Lantschbauer
Fotocredits/Bildnachweis: Alle Fotos Rudolf Lantschbauer und Yulan Cai, bis auf den Fotos auf den Seiten:
Christoph Haag 94, 105, 106.
Vulcano-Schinken: 58, 61, 67 (3), 68 (3), 69 (3), 90, 111.
Steirisches Kernöl ggA: 159, 160 (2), 161, 163 (3).

Besonderer Dank gilt auch der Deutschen Gesellschaft für Ernährung e.V., für das Buch „Heseker/Heseker, Die Nährwerttabelle" der Deutschen Gesellschaft für Ernährung e.V. erschienen im Neuer Umschau Verlag, ISBN 978-3-86528-130-2 wovon einige der Nährwertangaben zitiert wurden.

Copyright © 2012 der deutschen Originalausgabe:
Vinothek Verlag Graz,
Rudolf Lantschbauer, Yulan Müller-Cai, Sirui Yu.
A-8020 Graz, Kantgasse 15, Österreich,
Tel./Fax: +43 (0)316 27 23 72
e-mail: lantschbauer@utanet.at
www.state-of-art-winemaking.com

Printed in the EU
ISBN 978-3-900582-38-8

Das Werk, einschließlich aller seiner Teile, ist eine Datenbank und urheberrechtlich geschützt. Die dadurch begründeten Rechte, insbesondere der Entnahme von Abbildungen, der Entnahme von Rezepten, Texten und Bilder zur gewerbsmäßigen Nutzung, die der Übersetzung, des Nachdruckes, durch Internet, der Rundfunksendung, der Wiedergabe auf fotomechanischem, elektronischem oder anderen technischen Wegen und der Speicherung (Scannen) in Datenverarbeitungsanlagen, PCs/Computern bleiben, auch bei nur auszugsweiser Verwertung, dem Vinothek Verlag Graz, Rudolf Lantschbauer, Yulan Müller-Cai, Sirui Yu vorbehalten.
Wenn Sie an etwas Interesse haben, können Sie beim Vinothek Verlag anfragen, und es kann dann mit der schriftlicher Genehmigung des Verlages einiges möglich sein.

Dieses Buch gibt die Meinung der Autoren wieder. Es soll Informationen zum Thema des Buches liefern, stellt aber keinerlei professionelle Dienstleistung seitens der Autoren und des Verlages dar. Autoren und Verlag übernehmen keinerlei Verantwortung und Haftung für etwaige Schäden oder Risiken, persönliche und andersartige, die als direkte oder indirekte Folge des Gebrauchs und der Anwendung irgendeines der Inhalte dieses Buches auftreten.

Rudolf Lantschbauer

Wein- und Kochbuchjournalist, Spezialist für kulinarischen Tourismus, Fotograf, Foodstylist lebt in Graz, reist viel in Frankreich, China und Tibet herum und hat zum Thema „Wein und Küche" und „Kulinarischer Tourismus" bis jetzt 39 Bücher und 2 Fachbücher über Werbung und Sales Promotion, recherchiert, verfaßt, fotografiert, gestaltet und dann in verschiedenen Verlagen, wie im Vinothek Verlag (Graz), bei Hugendubel (München), South Sea Publishing (China), China-Tibetan-Publishing House (China/Tibet)) in 7 Sprachen (deutsch, englisch, französisch, italienisch, russisch, chinesisch und tibetisch) publiziert. Rudolf Lantschbauer bewirtschaftet seit 1993 in Rust/Neusiedlersee ein kleines Weingut mit einigen sehr, sehr guten Weingärten, die im Laufe der Jahre, schon mehrere große Rotweine (Blaufränkisch, Cabernet Sauvignon, Merlot und Cabernet Franc) hervorgebracht haben, die beim Trinken viel Freude bereiten.

Steirische Küche - Es gibt nix Bessers åls wås Guats

Steirische Mundart 4
Speisen und Zutaten: Steirisch (St)-Österreichisch (Ö)/Hochdeutsch (D) 5
Rudolf Lantschbauer: Die Entwicklung der steirischen Küche 7
Grundsätzliches zu Kochrezepten 16
Kochpraxis: Schneidetechniken 17
Knödel, rund und g'sund mit verschiedenem Innenleben 18
Erdäpfel-Grundrezepte 20
Die Schritt-für-Schritt-Zubereitung: Schupfnudeln 22
Erdäpfelnudeln, Nockerln, Eiernockerln und Spätzle 23
Teigwaren selbst gemacht 24
Krautrezepte, Krautsalat 25
Kochpraxis: Frittieren/Schwimmend in Fett ausbacken 26
Die Garmethoden: Das richtige Zubereiten von Speisen 27
Robert, ein Vater kocht für seine Tochter Julia: Fleischsaucen 32
Robert, ein Vater kocht für seine Tochter Julia: Steaks 34
Suppen und Suppeneinlagen im Steirerland 37
Kalte Vorspeisen machen Stimmung 45
Kalte Vorspeisen: Terrinen 47
Kalte Vorspeisen: Sulzen 49
Geflügel: Sulmtaler Hendl, Gansl und Enten 51
Schweinefleisch hat heute mehr Geschmack 59
Geniessen Sie das Leben. Erleben Sie VULCANO. 66
Kalbfleisch, jung und zart. 71
Rindfleisch ist in der steirischen Küche von großer Bedeutung 77
Lamm - zum Braten, Schmoren, Grillen, Backen oder Sieden 89
Sommerzeit ist Grillzeit 93
Vor dem Grillen marinieren 95, Grillen von Schweinefleisch 97,
Das Grillen von Rindfleisch 99, Marinade harmoniert mit ... 100
Steirische Fische in Fluss- und Teich 103
Die Zubereitung von Fluss- und Teichfischen 104
Unsere Forellen 107, Karpfen, der Geschmack ist eine Frage der Haltung 108, Hecht im Karpfenteich 113
Im eigenen Garten kultivierte Kräuter 114
Die Kunst des Würzens: Kräuter 115, Heimisch kultivierte Gartenkräuter 117, Mediterrane Gartenkräuter 119
Gemüse: Knoblauch 120
Bärlauch 121
Gemüse: Zwiebel 122
Wildfrüchte 123
Wildkräuter und Wildpflanzen 124
Heilpflanzen 124, 125
Robert, ein Vater kocht für seine Tochter Julia: Gemüse 126
Robert, ein Vater kocht für seine Tochter Julia: Beilagen 127
Salatsaucen und Marinaden 128, 129
Steirischer Kren (Ö), Meerrettich (D) 130, 131
Saison-Erntezeiten von steirischem Gemüse 133
Salate und Rohkost 133
Grüne Salate und Kopfsalat 135
Salate, Salatmarinade mit Kürbiskernöl 141
Gemüse: Karotten 143
Spargel - zarte Stangen in grün, weiß und violett 146
Kraut, Sauerkraut - würzig und gesund 148
Hülsenfrüchte: Bohnen, Erbsen und Linsen 151
Rote Rüben - gesund, kalorienarm und vielfältig 152
Erdäpfel (ST,Ö) ➤ Krumbirn (St) ➤ Kartoffel (Ö,D) 155
Kürbisse und Kürbisgewächse 157
Der steirische Ölkürbis – Vom Kürbiskern zum Kürbiskernöl 159
Gabi Abel: Kürbisgemüse 168
Die Edelkastanie, Maroni 173
Steirisch ess'n: Strukkel, Brein, Talggn, Woaz und an Sterz 177
Engelbert Tschech: Sterz und Polenta 178
Hannes Sattler: Paprika und Gewürzpaprika 183
Heißes Gemüse: Chili 189
Robert, ein Vater kocht für seine Tochter Julia: Herrenpilze 208
Engelbert Tschech: Paradeiser (St,Ö) ➤ Tomaten (Ö,D) sind unsere Gemüse Lieblinge 193
Dietmar Kappel: Zucchini 199
Steinpilze und Eierschwammerl 205
Robert, ein Vater kocht für seine Tochter Julia: Herrenpilze 208
Richard Sampl: Feines Wild aus Wald und Wiese 211
Wildgeflügel: Fasan und Wildente 214
Speisen mit Eier 221
Silvia und Stefan Loitold: Palatschinken und Schmarren 224
Kochpraxis: Das Backen von Teigen und Massen 227
Vorbereitung und Verarbeitung der Back-Grundzutaten 228
Nüsse und Kerne 229
Walter Klinger, Imker: Steirischer Qualitätshonig 230
Steirischer Bienenhonig – die süße Verführung 231
Dietmar Kappel: Strudel backen 232
Annemarie Ploier: Himmlische Schoko-Gaumenfreuden 240
Die Küchensprache: Fachausdrücke, Begriffe und Tätigkeiten 246
Die Sprache der Jäger 248
Register der Rezepte 249
Die Autoren: Rudolf Lantschbauer und die Köche/innen 254
Die internationalen Auszeichnungen von Rudolf Lantschbauer 265

Steirische Redensweisen, Dialekt und Mundart

„Mei heit pledan de Hea wüld" ➤ Wenn die Hühner im Hof wild herumlaufen und mit den Flügel schlagen, „orchi often umi do" ➤ Schnell da hinüber ... , „gspunane Goas" ➤ zickiges Mädchen. „pfiti di got, Lackerl" ➤ Trinkspruch zu sich selbst, um den Rest eines Glases auszutrinken.

affamol ➤ auf einmal, plötzlich ➤ *affamol hot si da Pirka sölwa anprunzt*
Anlegn ➤ Anziehen
aufgstölta Mausperl ➤ Dreikäsehoch, junger, frecher Bub.
as wülde gloat ➤ der Teufel mit seinem Gefolge
Bamkästn ➤ Kastanien
Bainvegl ➤ Bienen
Bischof ➤ Hinterteil des Huhnes
Boanstångn ➤ großgewachsener Mann
Breslfliaga ➤ Backhuhn
Breslteppich ➤ Panier beim Schnitzel oder Backhuhn
brunftiga Hirsch ➤ Ein Mann, dessen Verhalten von seinen Hormonen gesteuert wird
Duttln, Ditalan ➤ Brüste, kleine Brüste
depat, depats ➤ A so a depats maunsbüld ➤ Bezeichnung für einen Mann ➤ *Mei oida is scho wida depat, is woi Fullmond.*
epper ➤ etwa
Erdkästn ➤ Erdäpfel
gach ➤ schnell
gachzurniga Pinkl ➤ jähzörniger Bub
går ➤ ausgegangen, aufgebraucht
gigln, aussa kletzln ➤ Heraus lösen
gneadi ➤ eilig
Goder ➤ Doppelkinn
gschloumpad ➤ schlampig ➤ *Wos du fia a gschloumpada Teifi bist.*
gsofn ➤ *Mei oida is scho wida gsofn, der hot an siada.*
glougn ➤ Lügen ➤ *Des wa glougn, awa liagn woln ma net, olso sogn ma nix.*
Hådern ➤ großes Tuch
Hauhnschedl graupata ➤ streitsüchtiger Mitmensch

hantig ➤ bitter, bissig
hapern, es hapert ➤ es fehlt etwas
Hetschipetsch ➤ Hageputen
himmilantzn ➤ Blitze die vom Himmel zucken, Unwetter
Hopfnstangen ➤ großgewachsener, schlanker Mensch
hudln ➤ sich beeilen
käferliacht ➤ sehr hell und klar
keppln ➤ viel reden, unterhalten, tratschen
kiefln ➤ enthülsen (Bohnen)
Kim ➤ kommen *wohea i kim, von dahoam*
Koschpl ➤ Küchenabfall, Lebensmittelreste die als Saufutter verwendet wurden.
Kotz ➤ Katze *Bei da Tia ligt di Kotz.*
Kraxn ➤ Korb der am Rücken getragen wird
Krumbirn, Krumbischn ➤ Erdäpfel
kudern ➤ lachen
kuraschiert ➤ furchtlos ➤
Kukuruz, Woaz ➤ Mais
Lackerl ➤ ein kleiner Flüssigkeitsrest im Heferl (Glas), ein kleiner Schluck auf einmal zu Trinken.
liabs biaberl ➤ kleiner, netter Bub.
lestiga zecka ➤ schlimmer Bub
letschert ➤ kraftlos, zerkocht, zu lange gekocht.
Mentsch(a) ➤ Mädchen, Frau(en)
Nockn ➤ eingebildetes Mädchen, Frau
Mugl ➤ großer Klumpen
Mostschädl ➤ etwas einfältiger Mitmensch
Noagerl ➤ Rest'l, eine kleine Menge die im Glas/Flasche übrig bleibt.
Oacha, Datschga ➤ Kröte, Frosch
Oa, Oaspaisreindl ➤ Eier, Eierspeißreinderl
Orwaschl(n) ➤ Ohr(en)
påtschert ➤ ungeschickt
pfiti di got, Lackerl ➤ Trinkspruch um den Rest eines Glases auszutrinken.

plärn ➤ weinen, schreien
Plutza ➤ Kürbis; Kopf
prunz'n, anprunz'n ➤ Regnen; urinieren
Rotznosn ➤ junger, frecher Bub
rupfn ➤ etwas (her)ausreißen
Sapalott! ➤ Ausruf des Übermutes, Erstaunens, Überraschung
Saubua elendiga ➤ Schimpfwort für einen jungen Burschen
Sauwetter ➤ schlechtes Regenwetter
gröllen, der gröllt ➤ laut und wüst schimpfen
Schippl hoa ➤ Büschel, Bund, Handvoll Haare
schleißig ➤ schlecht
schreams ➤ schräg, quer, quer hinüber
spechtln ➤ schauen
Stipfl ➤ Stecken in der Erde
tummeln ➤ sich beeilen
trenzn ➤ sabbern
vagöltsgot ➤ Dankeschön ➤ *Vagöltsgot fia dei guate Suppn.*
verkutzn ➤ sich verschlucken
verplempern, wirstn ➤ verschwenden
wensas ➤ *Wensas dahoam a net bessa kennan.*
weta ➤ Wetter ➤ *Verstangan hama wias weta wird.*
wossapluza ➤ Wasserschädel, einfältiger Mitmensch, auch Bezeichnung für Wiener.
Woaz treschn ➤ Kukuruz treschen
Woaz schöln ➤ Die Körner vom Wachstumsgerüst trennen.
zach ➤ zähe
Zecka ➤ Rucksack, Anhängsel
Zutz ➤ Schnuller
zsåmmleppern ➤ langsam mehr werden.

Ur-Steirisches

Speisen und Zutaten: Steirisch (St)-Österreichisch (Ö)/Hochdeutsch (D)

Jede Region hat ihren eigenen Dialekt, eigene Gebräuche, die nur dort zu finden sind. In dieser Tradition spricht man eigene Wörter für verschiedene Speisen und Grundzutaten. In vielen Dingen sind Steirer, Österreicher und Deutsche einfach nicht kompatibel, obwohl allesamt Deutsch sprechen.

Blunzen (St) ➤ Blutwurst (Ö, D)
Bohnscharln, Bohnschoten (St) ➤ Fisolen, Grüne Bohnen (Ö, D)
Brein (St) ➤ Rollgerste als Wurstfülle (Breinwurst), Mischung aus Hirse, Buchweizen (Ö, D)
Brösel (Ö) ➤ Paniermehl (D)
Dampfl (St) ➤ Hefevorteig (D)
dünsten ➤ auf einer niedrigen Stufe ziehen lassen.
Eierschwammerl (St, Ö) ➤ Pfifferling (D)
Erbsen (Ö) ➤ Zuckerschoten (D)
Erdäpfel (Ö, D) ➤ Kartoffel (Ö, D)
Erdäpfelknödel (Ö) ➤ als Beilage zum Schweinsbraten mit Kraut ➤ Kartoffelklöße (D)
Faschierte Laberl (St, Ö) ➤ Frikadellen, Fleischpflanzerl, Buletten (D)
Faschiertes (Ö) ➤ Hackfleisch (D)
Faschierter Braten (Ö) ➤ Hackbraten (D)
Flecksuppe (St, Ö) ➤ Kuttelsuppe
Frankfurter Würstchen (Ö) ➤ Wiener Würstchen (D)
Früchte, getrocknet (Ö) ➤ Backobst (D)
Gemüsesuppe (Ö) ➤ Gemüsebrühe (D)
Germ (St, Ö) ➤ Hefe (D)
Grammeln (St, Ö) ➤ Grieben, Gerieben (D)
Grießknödel (Ö) als Beilage zu deftigen Fleischspeisen oder auch als Süßspeise mit Früchten ➤ Grießklöße (D)
Grießnockerl (Ö) als Suppeneinlage ➤ Grießklößchen (D)
Haidn, Heiden ➤ Buchweizen (D)
Hendlsuppn (St), **Hühnersuppe** (Ö) ➤ Hühnerbrühe (D)
Gemüsesuppe ➤ Gemüsebrühe (D)
Germknödel ➤ Hefeklöße, Süßspeise (D)
Holler (St) ➤ Holunder (Ö, D)
Hollerkoch (St) ➤ Holunderkompott
Knödel aus Semmeln, Semmelknödel (Ö) ➤ Klöße aus Brötchen (D)
Karfiol (Ö) ➤ Blumenkohl (D)
Karotte (Ö) ➤ Möhre (D)

Karotten (Ö) ➤ Gelbe Rüben (D)
Klachlsuppe (Ö) ➤ Schweinshaxensuppe. Früher wurde die Klachlsuppe meißt an Schlachttagen gekocht. Die verfeinerte Form wird auch heute gerne gegessen. Als klassische Beilage eine Portion Heidensterz oder einige Scheiben dunkles Bauernbrot.
Kletzen (St, Ö) ➤ getrocknete Birnen (D)
Knofl (St) ➤ Knoblauch (Ö)
Knödel (Ö) ➤ Klöße (D)
Kürbiskernöl, steirisches Kernöl ➤ dunkelgrünes, dickflüssiges Öl aus getrockneten Kürbiskernen.
Koch (St) ➤ Auflauf, gekochte Speise (Ö, D)
Kohl (Ö) ➤ Wirsing (D)
Kohlrosen ➤ Rosenkohl (D)
Kren (St,Ö) ➤ Meerrettich (D)
Kukuruz (St) ➤ Mais (Ö)
Marille (Ö) ➤ Aprikose (D)
Marillenknödel (Ö) ➤ Aprikosenklöße (D)
Marillenknödel sind Knödel aus Topfenteig, gefüllt mit Früchten wie Marillen, Zwetschken oder anderen Früchten ➤ Quarkklöße mit Früchten wie Aprikosen, Pflaumen oder anderen (bestellen Sie in Österreich niemals „Arikosen-Quark-Klösse", sie werden dann nichts zu essen bekommen).
Marmelade (Ö) ➤ Konfitüre (D)
Mohnknödel ➤ Süßspeise: Mohnklöße (D)
Palatschinken (Ö) ➤ Omeletten, Pfannkuchen (D)
Paprika ➤ Paprikaschote (Ö, D)
Paradeiser ➤ Tomaten (D)
Porree (Ö) ➤ Lauch (D)
Plentn (St) ➤ Polenta, Maisgrieß (Ö, D)
Powidl (St, Ö) ➤ Zwetschkenmarmelade (Ö) ➤ Pflaumenkonfitüre (D)
Rahm (St) ➤ Sauerrahm (Ö)
Rapunzel (St,Ö) ➤ **Vogerlsalat** (Ö) ➤ Feldsalat (D)
Rindfleischsuppe (Ö) ➤ Rindfleischbrühe (D)

Rote Rüben (Ö) ➤ Rote Bete (D)
Schücha (St) ➤ Schilcher (Ö) ➤ Roséwein aus der Blauen Wildbachertraube hergestellt.
Schlagobers, Obers, Schlagsahne (Ö) ➤ Süße Sahne (D)
Schmoan (St) ➤ Gebackene, zerteilte Süßspeisen aus Mehl, Eier und Milch.
Semmeln (Ö) ➤ Brötchen (D)
Semmelknödel ➤ Brötchenklöße (D)
Schlegl (St) ➤ Keule (Ö, D)
Schöpsernes, Schöpsenfleisch (St) ➤ Schaf-Hammelfleisch (Ö, D)
Suppe (Ö) ➤ Brühe (D)
Schmoiz (St) ➤ **Schmalz, Schweineschmalz** (Ö) ➤ Fett, Schweinefett (Ö,D).
Schwoazbean (St) ➤ Heidelbeeren (Ö, D)
Speckknödel ➤ Semmelknödel mit Speck
Steirakas (St) ➤ Seit dem 17. Jahrhundert ist dieser würzige Kuhmilchkäse eine Spezialität der obersteirischen Milchwirtschaft, ein beliebter und lang lagerfähiger Trockenkäse.
Sterz, Bohnensterz (St) ➤ aus Roggenmehl zubereitete Hauptspeise oder Beilage auch mit gekochten Bohnen (Polenta, Türkentommerl).
Sterzmehl (St) ➤ Maisgries (Ö, D)
Strauben (St) ➤ in heißen Fett gebackene Teigspeise
Tiroler Speckknödel ➤ Speckklöße (D)
Topfen ➤ Quark (D)
Topfenknödel (Ö) ➤ Knödel aus Topfenteig ➤ Quarkklöße (D)
Türkensterz (St) ➤ aus Maismehl zubereitete Hauptspeise oder Beilage, Türkentommerl, Polenta.

(St) = Steirisches Dialektwort, nur für Einheimische verständlich.
(Ö) = Österreichischer Begriff, österreichischer Ausdrucksform.
(D) = Hochdeutsche Aussprache und dadurch auch Verständigungsmöglichkeit.

Steirisches Küchen Lexikon | 5

Forellenröllchen mit Krebsschwänzen
gekocht von Dietmar Kappel im Jahr 1987

Sulmtaler Strauben und Türkentommerl
gekocht von Dietmar Kappel im Jahr 1987

Rudolf Lantschbauer: Die Entwicklung der steirischen Küche

Findet sich in der Steiermark eine Sangesrunde, dann dauert es zumeist nicht lange, bis die weißgrüne G'stanzl-Hymne vom „Steirischen Brauch" angestimmt wird. Darin wird das „Nationalgericht" der Steirer, der türkische Sterz und die Schwammsupp'n, besungen.

Die steirische Küche hat heute freilich sehr viel zu bieten. Ursprünglich gab es in der Steiermark – wie überhaupt im ländlichen Raum – keine einheitliche Kost. Der Speisezettel war durch die regionalen Produktionsmöglichkeiten geprägt. Die Bäuerin konnte nur das auf den Tisch bringen, was auf dem eigenen Hof und in der Region produziert wurde. In der Obersteiermark überwogen die Milchwirtschaft und Schafzucht, im Hügelland und den Ebenen der Untersteiermark waren die klimatischen Möglichkeiten für Ackerbau, Schweinezucht, Obst- und Weinbau gegeben. Dem Angebot entsprechend, sah auch der Speisezettel aus. Die Grundnahrungsmittel im Ennstal waren Milch und Milchprodukte wie Rahm, Butter, Butterschmalz, Topfen und Käse, Schaffleisch und Roggen als Brotgetreide.

Im Murtal basierte die Kost auf Viehzucht, Milch, Hafer, Roggen und Gerste. Im südlich gelegenen Hügelland und in der Ebene auf Obst, Hirse, Heiden, Weizen, Bohnen und Schweinefleisch. In der Weststeiermark wurden schon früh Kukuruz (Mais) und Erdäpfel kultiviert. Geflügel wurde überall gemästet.

Die Unterschiede beruhten auch auf den verschiedenen Kochstellen. So wurde einst in der Nordwest-Steiermark hauptsächlich auf offenem Herdfeuer gekocht. Daher waren dort gekochte Speisen und Pfannengerichte vorrangig. In der Süd- und Oststeiermark wiederum kochten die Bäuerinnen ihre Speisen im gemauerten Tischherd (ein mit Holz befeuerter Ofen) mit Backrohr und Wasserschiff. Gebackenes und Gedünstetes, Strudel, Sterz und dergleichen wurden zubereitet.

Am Land und in der Stadt, das „Ganze Haus" - Wohnen und Arbeiten im Verband

Das „ganze Haus" bezeichnete eine besondere Form des Zusammenlebens am Land und in der Stadt. In dieser Arbeits- und Wohngemeinschaft lebten Eltern mit ihren Kindern, Großeltern, Mägde, Knechte und Gesinde unter einem Dach und bewältigten gemeinsam den Alltag. Der verheiratete Hausherr stand nicht nur an der Spitze der Organisation des „ganzen Hauses", sondern galt als einziger auch als vollwertiges Mitglied der feudalständischen Gesellschaft. Die Organisation dieser Produktionsgemeinschaft im Kleinen spiegelte damit das herrschaftliche System wider.

Die Kaiserstadt Graz um 1600

Von den Habsburgern sind heute in Graz nur mehr Reste vorhanden, die kaum erahnen lassen, dass hier um 1600 einige für die Monarchie entscheidende Weichenstellungen vollzogen wurden. Nach dem Tod Kaiser Ferdinands I. im Jahre 1564 entstand eine neue Linie des Hauses Habsburg: Erzherzog Karl, der jüngste Sohn Ferdinands, erhielt Innerösterreich zugesprochen, eine eigene Ländergruppe, bestehend aus der Steiermark, Kärnten, Krain (Geburtsort der Krainer-Würste, seit 1991 Slowenien), Görz und den Gebieten an der nördlichen Adria mit Triest.

Die Hauptstadt dieses habsburgischen Teilreiches war Graz. Die alte landesfürstliche Residenz zu Füßen des Schloßberg, ein ursprünglich spätgotischer Palast aus der Zeit Friedrichs III. und Maximilians I., unter denen Graz bereits zeitweilig als kaiserliche Residenz diente, wurde von Karl weiter ausgebaut.

Graz wurde zur militärischen und logistischen Kommandozentrale, von hier aus erfolgte die Verteilung von Proviant und Waffen. Eine Ahnung von den Dimensionen erhält man noch heute in der gewaltigen Waffensammlung im Zeughaus.

1619 wurde Ferdinand zum Oberhaupt der Dynastie, die steirische Nebenlinie der Habsburger zur Hauptlinie. Ferdinand zog mit seinem Hof nach Wien, Graz verlor dadurch den Status einer Residenzstadt.

Stiwoller Suppenstrudel

Klachelsuppe mit Heidensterz

Erdäpfelreindling mit Salat

Germreindling mit Mehlsuppe

Max Lukas, Schilcherbauer

Schilcher

Ur-Steirisches

Zugewanderte italienische Künstler und Bauhandwerker im 17. Jhdt

Mit dem Ausbau der Festung Graz als Residenzstadt wurde der italienische Baumeister Domenico dell`Aglio betraut, in dessen Gefolge viele italienische Handwerker nach Graz kamen. Vor allem waren es Friauler und Veneter, die es in die Ferne trieb. So entstand bis zum 17. Jahrhundert eine Minorität von Italienern, die immerhin 6% der Grazer Gesamtbevölkerung ausmachte.

Die Welsche Kirche, ein spätbarocker Bau, wurde in den Jahren 1721–1725 von den hier zugewanderten Architekten, Malern, Stuckateuren und Bildhauern, die sich in der Confraternität (Bruderschaft) zum Hl. Franz de Paula (gegründet 1710) gesammelt hatten, errichtet. Als Patron erwählte man den Hl. Franz von Paula, der als Schutzpatron der Emigranten, Eremiten und als Pestheiliger verehrt wurde. So waren Künstler, Offiziere, Geistliche und Kaufleute in dieser Bruderschaft vertreten, der auch der heimische Adel beitrat. Prominentestes Mitglied war die Kronprinzessin Maria Theresia.

Sie brachten auch vieler ihrer gewohnten italienischen Produkte und Speisen mit.

„Treu dem guten Alten, aber darum nicht minder empfänglich für das gute Neue!"
(Zitat Erzherzog Johann)

Johann, Erzherzog von Österreich, geboren 20. 1. 1782 Florenz (Italien), † 10. 5. 1859 Graz (Steiermark), als 13. Kind von Großherzog Leopold von Toskana (später Kaiser Leopold II.), Bruder von Kaiser Franz II. (I.). Ursprünglich für die militärische Laufbahn bestimmt, entwickelte Johann schon früh Interesse für Natur, Technik und Landwirtschaft; er sammelte Mineralien, war Alpinist und Jäger.

1811 legte er durch Stiftungen und die Schenkung seiner Sammlungen den Grundstein für das Joanneum in Graz. Folgende weitere Institutionen basieren im Wesentlichen auf den Anregungen von Erzherzog Johann: 1849 Montanuniversität Leoben, 1819 gründete er die „k.u.k. Landwirtschaftsgesellschaft für Steiermark", eine Vorläuferin der heutigen Landwirtschaftskammer, deren Schwerpunkte in der Förderung des Obst- und Weinbaus lag. 1818 erwarb er den Brandhof bei Mariazell und schuf daraus ein alpenländisches Mustergut. 1822 ließ Erzherzog Johann in Pickern bei Marburg (heute Slowenien) ein Weingut errichteten und führte verschiedene Weinreben ein.

Katharina Prato

(geboren 26. Februar 1818 in Graz als Katharina Polt; † 23. September 1897 in Graz) war das Pseudonym der wohl erfolgreichsten österreichischen Kochbuchautorin. Sie heiratete im Alter von 40 Jahren Eduard Pratobevera. Vom Familiennamen „Pratobevera" leitete sie ihr Pseudonym „Prato" ab. Da ihr Mann schwer magenleidend war, begann sie, sich Rezepte auszudenken und aufzuschreiben. Er verstarb nach nur einem Jahr Ehe. 1861 heiratete sie Johann von Scheiger, Postdirektor mit der kaiserlichen Auszeichnung „Edler von". Sie begleitete ihn auf Dienstreisen und sammelte dabei Kochrezepte in vielen Gasthäusern.

Katharina Prato legte großen Wert darauf, ihr Kochbuch „Süddeutsche Küche" an der Praxis zu orientieren und es für Anfängerinnen besonders verständlich zu formulieren: „Mein Hauptzweck war, diese Arbeit als ‚Leitfaden für Anfängerinnen' vorzüglich für angehende Hausfrauen brauchbar zu machen. Aus diesem Grunde habe ich die Speisevorschriften nur für eine kleine Personenzahl eingerichtet und mein Augenmerk hauptsächlich den Bedürfnissen des Mittelstandes zugewendet."

Ihr literarisches Können brachte ihr die Bezeichnung als „schriftstellernde Kochkünstlerin" ein. Diese Eigenschaften führten dazu, dass ihr Kochbuch zu einem Verkaufsschlager wurde. Die erste Ausgabe erschien 1858 bei Leykam in Graz und hatte 348 Seiten. Das Kochbuch wurde in mehrere Sprachen übersetzt.

Das Hotel und Restaurant Steirerhof

war zu Beginn der 1980er-Jahre das einzige 5-Stern-Hotel in Graz, und begann sich als erstes steirisches Restaurant verstärkt mit der verfeinerten „Steirischen Küche" zu befassen.

Das „Steirerhof" verfügte mit Peter Zach über einen erstklassigen Küchenchef mit internationaler Erfahrung, der aber auch die heimische, steirische Küche kochte. Seine Meisterschaft zeigte sich in der Verbindung zeitgemäßer Zubereitungsarten mit dem Charme bodenständiger Rezepte. Es gab ein „Neues Steirisches Gourmet-Menü", „traditionelle steirische Speisen in neuem Stil und zeitgemäßer Zubereitung!" Der Steirerhof hatte schon immer steirische Speisen auf der Speisekarte, und der Grazer Werbefachmann Rudolf Lantschbauer war für den Steirerhof für die kulinarische Werbung verantwortlich.

1983 begann Rudolf Lantschbauer mit dem Food- und Beverage-Manager des Hotels Steirerhof, Herbert Pirker, steirische Weinbauern zu besuchen und die Weine zu verkosten. Diese Erlebnisse und Erfahrungen standen dann im am 23. April 1985 vorgestellten Buch „Das Buch vom Steirischen Wein". Es war zu dieser Zeit das erste Weinbuch in Österreich.

1987 – Der unaufhaltsame Aufstieg beginnt: Der Kitzecker Koch Dietmar Kappel und Rudolf Lantschbauer waren in Österreich die ersten, die steirische Weine und steirische Speisen gemeinsam kochten, fotografierten und publizierten.

Mit dem Kapitel **„Die Steirische Küche"** erschien im Herbst 1987 die Neubearbeitung des Buches **„Das Buch vom Steirischen Wein"** mit Speisen und Rezepten von Küchenchef Dietmar Kappel aus Kitzeck. Das war in den 80er-Jahren das erste Mal, dass in einem Buch steirische Weine und steirische Küche gemeinsam vorgestellt wurden. Kappel präsentiert 1987 als erster Koch der Steiermark, der gleichzeitig auch selbst Weinbauer ist, die Harmonie von steirischen Speisen mit den eigenen steirischen Weinen.

Schwammerlsuppe mit Heidensterz

Rindfleisch mit Kürbisgemüse

Steirische Karpfen

Karpfenfilet mit Schnittlauchsauce

Karpfeneintopf

Karpfen mit Sterzbrösel

Steirische Schwammerlsuppe
Zutaten für 4-5 Portionen
250 g **Eierschwammerln** und/oder **Steinpilze**, Saft von einer 1/2 **Zitrone**, 1 **Zwiebel** (fein schneiden), 1 **Knoblauchzehe**, 750 ml **Rindsuppe**, 250 ml **Schlagobers**, 1 EL **Mehl**, **Thymian**, 1/2 Bund **Petersilie**.
Zubereitung: Die Schwammerln putzen und in kleine Stücke schneiden. Die Zwiebelstücke in einer Pfanne in wenig Pflanzenöl glasig anschwitzen, die geschnittenen Schwammerlstücke zugeben und alles durchschwenken. Zuerst mit 1 EL Mehl stauben, und dann mit der Rindsuppe aufgießen, gut durchrühren und bei kleiner Hitze einige Minuten kochen. Mit Salz, Pfeffer, feingeschnittenem Knoblauch sowie Thymian abschmecken. Das Schlagobers zugießen und die Suppe zu cremiger Konsistenz einkochen. Petersilie fein hacken und über die angerichtete Schwammerlsuppe streuen.

Heidensterz
Zutaten für 4-5 Portionen
250 g **Buchweizenmehl** (Heidenmehl), 1 Liter **Wasser**, 2 TL **Salz**, 100 g **Speckwürfel** oder **Grammeln**, **Pflanzenöl**.
Zubereitung: Das gesalzene Wasser aufkochen, das Buchweizenmehl in einem Schwung dazugeben, mit einem Holz-Kochlöffel umrühren, bis ein großer Klumpen entsteht. Diese Masse bei kleiner Hitze zugedeckt noch 30 Minuten quellen lassen. Diese Heidensterzmasse mit einer großen Gabel zerteilen. Wenn die Masse zu fest ist, noch ein wenig Kochwasser zugießen, es sollen kleine gleichmäßige Klümpchen entstehen. Das Pflanzenöl erhitzen, den Speck knusprig braten und den Sterz damit „abschmalzen".

Klachelsuppe-Haxelsuppe
Zutaten für 4-6 Portionen
500 g **Schweinshaxerln** (Klacheln), 1 Liter **Wasser**, **Salz**, **Pfefferkörner**, **Lorbeerblatt**, **Wacholderbeeren**, 1 Bund **Suppengrün**, **Essig**, 100 ml **Sauerrahm**, 20 g **Mehl**, **Knoblauch** (gehackt), **Majoran**, **Liebstöckl**.
Zubereitung: Die in Scheiben geschnittenen Schweinshaxerln (Klacheln) in kaltem Wasser mit den Pfefferkörnern, Lorbeerblatt und etwas Essig zustellen, aufkochen lassen und dann 3-4 Stunden auf kleiner Flamme langsam köcheln lassen; die Suppe während dieser Zeit mehrmals abschäumen. Nach etwa 1 Stunde das Suppengrün dazugeben.
Wenn die Haxerln weich sind, das Fleisch von den Knochen lösen und klein geschnitten werden. Suppe abseihen, Gemüse abschrecken und klein schneiden, mit den kleingeschnittenen Haxerln verrühren. 2 EL Essig mit Mehl und Sauerrahm gut versprudeln und unter Rühren wieder in die Suppe einlaufen lassen. Aufkochen, mit gehacktem Knoblauch, Majoran und Liebstöckel abschmecken.

Knoblauchsuppe (Knoflsuppe)
Zutaten für 4 Personen
8 **Knoblauchzehen**, 750 ml **Rindsuppe**, 1 kleine **Zwiebel**, 40 g **Pflanzenöl**, **Schwarzbrot**, 2 EL **Pflanzenöl** oder **Butter**.
Zubereitung: Die Knoblauchzehen fein zerdrücken und den Zwiebel feinhacken. Im Pflanzenöl hellgelb, anrösten.
Mit der heißen Rindsuppe aufgießen. Nur kurz aufkochen. Das Schwarzbrot in kleine Würfel schneiden und in heißem Pflanzenöl oder Butter knusprig rösten. Die gerösteten Schwarzbrotwürfel erst bei Tisch in die Knoblauchsuppe geben.

Kalbsbeuschelsuppe
Zutaten für 4-6 Portionen
Beuschel-Vorbereitung: 1 kg **Kalbsbeuschel** (Lunge ohne Luft- und Speiseröhre), und **Wammerl mit Herz**, in **kaltem Wasser** gut wässern. Das Beuschl mehrmals anstechen, das Wammerl 2x durchschneiden und alles gemeinsam blanchieren. Dann in einem großen Topf mit kaltem Wasser, Wurzelgemüse, Salz, Lorbeer, Pfefferkörnern, Zwiebel, Thymian und etwas Knoblauch zustellen. Anfangs für 30 Minuten offen kochen, später zugedeckt langsam weiterkochen. Öfters den Schaum abschöpfen.
Nach 1 Stunde die Wammerlstücke im Topf wenden und für weitere 30 Minuten weich kochen. Herz und Wammerl weiter kochen, bis es weich ist, dann kalt abschrecken, damit es nicht dunkel und trocken wird.
Wammerl und Herz feinnudelig schneiden oder mit einer Aufschnittmaschine erst in feine Scheiben und dann von Hand in feine Streifen schneiden.
Beuschel-Zubereitung: Das Pflanzenöl erhitzen, mit Mehl anrösten (cremig), feingeschnittene Zwiebeln, Sellerie und Karotten sehr fein gehackt dazugeben, kurz mitrösten, eventuell mit Weißwein und Essig ablöschen und mit kaltem Beuschelsud aufgießen. Das geschnittene Beuschel und Wammerl dazugeben.
Mit Salz, weißen Pfeffer, scharfem Senf, Thymian, Kerbelblätter und Majoran abschmecken und noch mindestens 20-30 Minuten leicht köcheln lassen.

Beilage: Semmelknödel (Rezept Seite 18).

Gröstel

An sich werden Gröstel in einer Pfanne bzw. in einem Arbeitsgang hergestellt. Als Basis werden speckige Erdäpfel, die in der Schale mit Salzwasser kalt zugestellt und nicht zugedeckt kernig (fest) gekocht werden, verwendet. Als Fettstoff wird traditionell Schweineschmalz verwendet, wenn die Blunzenstücke (Blunzen=Blutwurst) eine schöne goldgelbe Kruste haben sollen. Als Pfanne eignet sich am besten eine Gusspfanne mit dickem Boden.

Gröstel können sowohl als Beilage wie auch als Zwischengericht oder mit Salat als Hauptspeise serviert werden.

Blunzengröstel
Zutaten für 4–5 Portionen

500 g **Blutwurst**, 500 g speckige **Erdäpfel** (gekocht, geschält), 100 g **Zwiebeln** (feinwürfelig schneiden), 80 g **Schweineschmalz**, **Salz, schwarzer Pfeffer, Majoran**.

Zubereitung: Die gekochten Erdäpfel in 2–3 cm dicke Scheiben schneiden, der Blutwurst vorsichtig die Haut abziehen und in mundgerechte Scheiben schneiden. Die geschnittenen Zwiebeln in ein wenig Schmalz hell anrösten, Erdäpfelscheiben beigeben, rösten, mit Salz, Pfeffer und Majoran abschmecken. Erdäpfel aus der Pfanne heben und warmstellen. Das restliche Schmalz erhitzen, die Blutwurststücke darin sehr knusprig braten, und die Erdäpfel wieder dazugeben. Mit Krautsalat oder Sauerkraut servieren.

Beilagen: Krautsalat oder **Sauerkraut** (Rezepte Seite 25).

Bohnensterz
Zutaten für 4 Portionen

250 g kleine, braune **Bohnen** oder große **Käferbohnen**, 250 g **Mehl** (eine Mischung aus griffigem Weizen- und Roggenmehl), 250 ml **Wasser**, 120 g **Schweineschmalz**.

Zubereitung: Für den Sterz das Mehl in einer trockenen Pfanne (am besten eine aus Eisenguß) erhitzen, bis sich ein angenehm nussartiger Duft entwickelt. Das Salzwasser aufkochen, über das Mehl gießen und die Masse mit einer Gabel zu Klümpchen verrühren.

In einer Pfanne etwas Schmalz erhitzen, die Mehlklümpchen zugeben und bis zu einer leichten Braunfärbung anrösten. Sterz wenden und zerkleinern. Die gekochten Bohnen mit Schmalz und dem Sterz kurz durchrösten (abschmalzen).

Steirisches Ritschert
Zutaten für 4 Portionen

200 g gekochtes und gewürfeltes **Geselchtes** (vom Hals, Stelze oder Ripperl), 100 g rohe **Erdäpfel** (gewürfelt), 1 **Knoblauchzehe** (klein geschnitten), 1 EL **Pflanzenöl**, 1 kleine **Zwiebel**, 2–3 EL **Sellerie** (kleinwürfelig), 1 Liter **Selchsuppe** oder **Rindsuppe**, 200 g weiße **Bohnen** und 200 g **Rollgerste** (in **Wasser** einweichen), 2 **Lorbeerblätter, Liebstöckel, Salbei, Salz, Pfeffer**.

Zubereitung: Die gehackte Zwiebel und Knoblauch in Pflanzenöl anrösten, Selleriewürfel mitrösten und mit Suppe aufgießen. Die eingeweichten Bohnen, Rollgerste sowie die Gewürze dazugeben, auf kleiner Flamme für etwa 1,5–2 Stunden köcheln lassen. Öfters umrühren. Nach einer Stunde die Erdäpfel dazugeben und weiter köcheln lassen. Öfters umrühren. Das Selchfleisch dazugeben, und mit Salbei abschmecken.

Schweinsbrüstl mit Sauerkraut und Grammelknödeln
Zutaten für 8–10 Portionen

Zubereitung: Schweinsbrüstl oder **Jungschweinsbraten** (Karree mit Schwarte) und auch **Schweinsstelzen** vorher in Salzwasser etwa 30 Minuten vorkochen. Mit scharfem Messer die Schwarte kreuzweise in Tranchenstückgröße einschneiden (schröpfen) und mit **Salz, Knoblauch** leicht einreiben und mit **Kümmel** würzen. Schneiden Sie die Schwarte gleich in dem Abstand, wie das Brüstl beim Servieren portioniert wird!

In einer Bratpfanne mit Kochwasser im vorgeheizten Backrohr bei 220°C ungefähr 1 Stunde knusprig braten, dabei aber nicht übergießen! Die Temperatur auf 120°–130°C zurückschalten und je nach Größe fertigbraten. Den gehackten Knoblauch erst zum Schluß in den Natursaft geben. Die Kerntemperatur bei Brüstl und Stelze soll 80°C sein. Der Gewichtsverlust beim Braten ist etwa 30%!

Sauerkraut: 1 kg **Sauerkraut** (mit **Karotten-, Sellerie-** und **Apfelstreifen**), 1–1,5 l **Wasser** oder **Suppe** (Selchsuppe oder Suppe vom Fleischkochen), 50–100 g **Pflanzenöl**, 150 g **Zwiebel** (gehackt), **Lorbeer, Wacholder, Kümmel, Knoblauch**, 1 mehliger **Erdapfel** (roh und geschabt zum Binden), **Salz, Pfeffer**.

Zubereitung: Zwiebeln in Pflanzenöl hell anrösten, Kraut zugeben und mit Suppe aufgießen. Gewürze zugeben und Erdapfel dazuschaben. Mit Salz und Pfeffer abschmecken und zugedeckt langsam in 90 Minuten weichdünsten.

Beilagen: Semmel- oder **Grammelknödel** (Rezept Seite 19), mitgebratene **Erdäpfel, Sauerkraut, Kürbisgemüse**.

Steirisches Wurzelfleisch
Krenfleisch mit Salzerdäpfeln
Zutaten für 4–6 Portionen

1 kg **Schweineschulter** oder **Schopf** (Hals), **Schweineknochen**, 300 g **Wurzelgemüse** (100 g **Sellerie**, 100 g **Karotten**, 100 g **gelbe Rüben**), 2 **Lorbeerblätter**, 2 **Wacholderbeeren**, **Kümmel**, **schwarze Pfefferkörner**, **Salz**, 1 **Knoblauchzehe**, 2 **Schalotten**, 2 EL **Weißweinessig**, **Wasser** und **Salz**, 3 EL **Kren** (frisch gerieben), **Schnittlauch**.

Zubereitung: Sellerie, Karotten und gelbe Rüben putzen und in feine Streifen schneiden. Die Schweineknochen kurz überbrühen und sofort kalt abspülen.

Das Schweinefleisch mit den Schweineknochen in leicht gesalzenes, heißes Wasser mit den Abschnitten vom Wurzelgemüse und den Gewürzen wie Lorbeerblätter, Pfefferkörner, Knoblauchzehen einlegen, langsam köcheln lassen, zwischendurch den sich bildenden Schaum abschöpfen. Das Wasser soll das Fleischstück immer knapp bedecken, leicht köcheln lassen. Je nach Größe etwa 60–75 Minuten. Wenn das Fleisch weich wird, etwas Kochsud abseihen und darin die Wurzelgemüsestreifen der Reihe nach (gelbe Rüben, Karotten und Sellerie) in kurzen Abständen einlegen und kurz kochen.

Den Wurzelsud mit Weißweinessig abschmecken, das Fleisch in Scheiben schneiden und mit dem Wurzelgemüse sowie etwas Suppe anrichten. Mit frisch geriebenem Kren und Schnittlauch bestreuen. Wird das gekochte Wurzelfleisch nicht sofort serviert, schreckt man das Schweinefleisch sofort in kaltem Wasser ab. Es bleibt dadurch saftiger, zerkocht nicht und verfärbt sich auch nicht dunkel.

Beilagen: **Salzerdäpfel** (Rezept Seite 21).

Gekochtes Rindfleisch mit Kürbisgemüse und Erdäpfel
Zutaten für 8–10 Portionen

1 **Schulterscherzel** vom Rind (2,5 kg), 3 Liter **Wasser**, 250 g **Wurzelgemüse** (Karotten, gelbe Rüben, Sellerie, Petersilwurzel), 150 g **Lauch**, 2 **Zwiebeln** (halbiert mit Schale), 12 **Pfefferkörner**, **Salz**, 2 **Lorbeerblätter**, etwas **Muskatnuss**.

Zubereitung: Das Rindfleisch (Schulterscherzel) waschen, in einem Topf das Wasser aufkochen lassen. Rindfleisch sowie Pfefferkörner, Lorbeerblätter vorsichtig in das kochende Wasser geben und danach leicht wallend kochen. Nach zwei Stunden der Kochzeit das Gemüse dazugeben (Zwiebel halbiert auf der Schnittfläche ohne Fett in der Pfanne bräunen). Zum Schluss der Kochzeit mit Salz abschmecken, das Rindfleisch quer zur Faser aufschneiden und mit den Beilagen anrichten. Mit frischem Schnittlauch bestreuen.

Kürbisgemüse

Muskatkürbis, 200 ml **Gemüsefond** oder nicht zu stark gesalzene **Suppe**, 200 ml Wasser, 3 EL **Zucker**, 1 EL **Honig**, 2 Stück **Sternanis**, 1/2 **Chili** ohne Kerne, 1 EL **Sojasauce**.

Zubereitung: Kürbis in Scheiben schneiden und rund ausstechen. Gemüsefond und Wasser aufkochen. Restliche Zutaten zugeben und mit Salz abschmecken. Kürbisscheiben einlegen und ziehen lassen.

Beilagen: **Geröstete Erdäpfel** (Rezept Seite 21).

Tafelspitz mit Schnittlauchsauce, Apfelkren und Erdäpfeln
Zutaten für 6–8 Portionen

1,5 kg **Tafelspitz**, 250 g **Rinderknochen**, 250 g **Wurzelgemüse** (Sellerie, gelbe Rüben, Karotten, Petersilwurzel), 1 **Zwiebel** mit Schale, **Lorbeerblätter**, **Salz**, **Pfefferkörner**.

Gekochter Tafelspitz, Zubereitung: Die überbrühten Rinderknochen mit kaltem Wasser zustellen, Wurzelgemüse, Zwiebel, Lorbeerblätter, Pfefferkörner und etwas Salz zugeben, etwa 45 Minuten ziehen lassen, Fett und Schaum abschöpfen, Fleisch einlegen und bei 85 °C etwa 3–4 Stunden weich köcheln (Nadelprobe). Zwischendurch mit kaltem Wasser aufgießen, immer wieder abfetten bzw. abschäumen. Nicht aufkochen lassen!

Nach dem Kochen das Fleisch sofort in kaltem Wasser abschrecken, bei Bedarf kalt aufschneiden.

Tipp: Durch das Abschrecken verhindert man ein Austrocknen des Rindfleisches und vermeidet so auch die unansehnliche dunkle Verfärbung der Fleischoberfläche.

Schnittlauch-Sauce

25 g **Weißbrot** ohne Rinde in lauwarmer **Milch** einweichen, gut ausdrücken, 1 gekochtes **Ei**, 1 **Eidotter** (20 g), **Salz**, **Pfeffer**, **Essig**, **Senf**, **Zucker**.

Zubereitung: alle Zutaten mischen und mit 125 g **Pflanzenöl** aufmixen, mit reichlich Schnittlauch abschmecken.

Beilagen: **Geröstete Erdäpfel** (Rezept Seite 21), **Apfelkren**.

Steirischer Wurzelkarpfen mit Krensauce

Zutaten für 4 Portionen

1 **Karpfen** (etwa. 1,5 kg, küchenfertig) oder auch 800 g **Karpfenfilet**, **Salz**, **Pfeffer** und einige **Pfefferkörner**, **Wasser** für den Sud, 4 EL **Essig**, 1 **Lorbeerblatt**, 2 **Knoblauchzehen**, 1/2 **Zwiebel**, 4 **Petersilstengel**, 1 **Karotte**, 1/2 **Lauchstange**, 150 g **Sellerie** (geschält), Saft von 1/2 **Zitrone**, jeweils 100 g **Gemüsestreifen** von **Sellerie, Lauch** und **Karotten**.
500 ml **Fischfond**, 1 **Schalotte** (fein gehackt), 1 EL fein geschnittene **Sellerie**, 3 EL feingeriebener **Kren**, etwas geriebene **Muskatnuss**, 250 ml **Schlagobers** (flüssig), 1 EL **Butter**.

Zubereitung:
Für den Fischsud das Wasser mit 4 EL Essig, die 1/2 Zwiebel (ganz), Salz, Pfefferkörnern, Lorbeerblatt, Knoblauchzehen, Petersilstengel, Karotte, Lauch, Sellerie zustellen und etwa 15 Minuten köcheln lassen.
Den gewaschenen Karpfen innen mit Zitronensaft ausreiben und in den Sud legen, sodaß der Karpfen mit Flüssigkeit vollkommen bedeckt ist. Je nach Größe des Fisches für 20–30 Minuten pochieren. Inzwischen für die Krensauce gehackte Schalotte in Butter anschwitzen, den feingeschnittenen Sellerie dazugeben, durchschwenken und mit Geflügel- oder Fischfond aufgießen, 10 Minuten köcheln lassen, das Schlagobers dazugeben und auf die Hälfte der Flüssigkeit reduzieren (einkochen). Den Kren beigeben und für 3 Minuten köcheln. Mit einem Stabmixer durchmixen und mit Salz, Pfeffer und Muskat abschmecken.
Das in Streifen geschnittene Wurzelgemüse in Salzwasser knackig kochen. Den Karpfen aus dem Sud heben, auf eine Platte geben, mit Wurzelstreifen und Kren garnieren und mit Krensauce umgießen. Mit gekochten Salzerdäpfeln servieren. Der Fisch kann natürlich auch als Karpfenfilets (mit Haut) zubereitet werden. Man erspart sich dann das Filetieren des Fisches am Tisch.

Fisch-Eintopf

Zutaten für 4–6 Personen

1 kg **Karpfen**, 1 gelber **Paprika**, 1 roter **Paprika**, 250 g **Scharlotten**, 1 EL **Pflanzenöl**, 250 ml trockener **Weißwein**, 1 Bund **Suppengrün**, **Pfefferkörner**, **Koriander**, **Lorbeerblätter**, 1 EL edelsüßer **Paprika**, 1 kleine **Chilischote**, 500 g **Erdäpfeln** (gekocht, geschält und in Scheiben geschnitten).

Zubereitung:
Die Fische putzen und filetieren, die Gräten und Karkassen mit Suppengrün, Pfeffer, Lorbeer und Koriander mit kaltem Wasser zustellen und langsam zum Kochen bringen. Für weitere 10 Minuten köcheln, durch ein Tuch abseihen. Die Schalotten hacken, in Pflanzenöl anbräunen, vom Feuer nehmen, den Paprika darüberstreuen und den Weißwein zugießen. Auf den Herd zurückstellen und die Temperatur auf die Hälfte reduzieren, dann mit einem Liter Fischond aufgießen. Die Fische in kleine Portionsstücke schneiden, Paprikaschoten in kleine Würfel schneiden. Fischwürfel und kleinwürfeligen Paprikaschoten, Erdäpfelscheiben, Chili in den Suppentopf einschlichten, einmal aufkochen lassen. Mit Salz, Pfeffer abschmecken und im vorgeheizten Backrohr noch für 10–15 Minuten kochen.

Beilage: **Salzerdäpfel** (Rezept Seite 21).

Steirischer Karpfen mit Sterzbrösel

Zutaten für 4 Portionen

1 **Karpfen** (etwa. 1,5 kg, küchenfertig) oder auch 800 g **Karpfenfilet** (klein geschnitten und geschröpft), **Salz**, **Zitrone**, **Mehl**, **Ei**, **Weißbrotbröseln**, **Polentagrieß** (**Sterzgrieß**), **Pflanzenöl** zum Backen, **Erdäpfel** für Beilage, **Butter**, **Petersilie**.

Zubereitung:
Die Karpfenstücke mit Salz und Zitrone gut würzen und für 20 Minuten marinieren lassen. Dann in Mehl wenden, in kurz verschlagenem Ei tauchen und Sterzbrösel (eine Mischung von 1/3 Weißbrotbrösel und 2/3 Polentagrieß) rundherum panieren. In Pflanzenöl bei 160°C beidseitig goldgelb ausbacken. Herausheben und auf Küchenpapier abtropfen lassen.

Beilagen: **Geröstete Erdäpfel**, **Petersilerdäpfel** (Rezept Seite 21), **Erdäpfelsalat** (Rezept Seite 20), **Gurkensalat mit Kernöl**.

Sulmtaler Rahmstrauben
Zutaten für 15 Stück
160 g griffiges **Mehl**, 3 **Freiland-Eidotter**, 3 EL **Weißwein**, 3 EL süßer **Rahm**, **Pflanzenöl** zum Backen, **Staubzucker** und **Zimt** zum Bestreuen.

Zubereitung: Sämtliche Zutaten zu einem Teig verarbeiten und rasten lassen. Diesen 5 mm dick ausrollen, in 8x16 cm große Rechtecke schneiden. In jedes Rechteck noch 2 Längseinschnitte machen. Danach den äußeren Streifen nach innen legen (übereinander schlagen), so in heißes Fett einlegen und schwimmend backen.

Sobald die Strauben goldgelb sind, herausnehmen und auf Küchenpapier abtropfen lassen. Mit der Staubzucker-Zimt-Mischung bestreuen.

Spagatkrapfen
Zutaten für 20–25 Stück
500 g griffiges **Mehl**, 100 g **Zucker**, 250 g **Butter**, 2–3 **Freiland-Eidotter**, 125 ml **Weißwein**, 6 EL **Sauerrahm** (180 g), geriebene Schale einer unbehandelten **Zitrone**, **Salz**, **Pflanzenöl** zum Ausbacken, **Staubzucker** und **Zimt** zum Bestreuen.

Zubereitung: Die Butter 1–2 Stunden vorher aus dem Kühlschrank nehmen. Die Butter mit Zucker und Mehl verbröseln, mit Gewürzen, Weißwein und Dotter zu einem glatten Teig verarbeiten. Anschließend 2 Stunden rasten lassen.

Den Teig mit dem Nudelwalker auf 5 mm dicke ausrollen und in 3x10 cm große Rechtecke schneiden. Die Teigstücke in den Spagatkrapfenmodel legen und die Zange schließen. Das Pflanzenöl auf 170°C erhitzen, und die Spagatkrapfen schwimmend goldgelb ausbacken. Auf Küchenpapier abtropfen lassen. Staubzucker und Zimt je nach persönlichen Geschmack vermischen. Nach dem Backen die Spagatkrapfen noch warm in der Staubzucker-Zimt-Mischung drehen.

Wasserkrapfen
Zutaten für 20–25 Stück
500 g griffiges **Mehl**, **Salz**, 250 g **Butter**, 30 g **Germ**, 250 ml **Milch**, 4 EL **Staubzucker**. **Marillenmarmelade** zum Füllen.

Zubereitung: Ein Dampfl aus lauwarmer Milch, etwas Zucker und der Germ bereiten. Mehl mit Butter verbröseln, Salz und Zucker dazugeben. Den Teig eine Stunde im kalten Wasser rasten lassen (dazu wird der Teig in ein Tuch eingedreht und mit einem quer über die Schüssel mit kaltem Wasser gelegten Kochlöffel aufgehängt). Nach dem Rasten den Teig dünn ausrollen, in kleine Rechtecke schneiden und mit Marillenmarmelade füllen. Auf einem befetteten Blech bei 180°C goldbraun backen.

Steirischer Türkentommerl mit Apfelscheiben
Zutaten für 6–8 Portionen
300 g **Maismehl**, 1 Liter **Milch**, 3 **Freiland-Eier**, 150 g **Butter** (Zimmertemperatur), 500 g **Äpfel**, 2 EL **Kristallzucker**.

Zubereitung: Eiklar und Eidotter trennen. Butter, Eidotter und Zucker abtreiben. Die Milch mit Butter und einer Prise Salz aufkochen. Den Polentagrieß einkochen und solange im Topf rühren, bis eine dickcremige Konsistenz entsteht. Etwas abkühlen lassen, dann die Eiklar mit dem Kristallzucker halbsteif aufschlagen und unter die Polentamasse heben. Die Äpfel schälen und in Scheiben schneiden. Die Apfelspalten kurz in Zitronenwasser legen. Die Hälfte der Polentamasse in eine gefettete Backform geben und mit den Apfelscheiben belegen, dann erst den anderen Teil darüber gießen. Die Oberfläche mit Staubzucker und Zimt bestreuen und im vorgewärmten Backrohr bei mittlerer Hitze (180°C) für 45–60 Minuten backen.

Semmelschmarren
Zutaten für 3–4 Portionen
5–6 altbackene **Semmeln**, 250 ml **Milch**, 2 **Freiland-Eier**, 30 g **Rosinen**, 6 EL **Pflanzenöl**, **Salz**, **Staubzucker**, **Zimt**.

Zubereitung: Die Semmeln blättrig schneiden. Eiklar und Eidotter trennen. Milch, Eidotter, Zucker und etwas Salz versprudeln, über die Semmeln gießen und ziehen lassen.

Eiklar zu Schnee schlagen und zusammen mit den Rosinen unter die Masse heben. Den Schmarrenteig ins heiße Pflanzenöl geben, auf mittlerer Flamme zuerst die eine Seite ausbacken, wenden und die zweite Seite goldbraun backen. Den ganzen Schmarren mit einer Schmarrenschaufel zerteilen oder auch mit 2 Gabeln in kleinere Stücke zerreißen.

Vor dem Anrichten mit **Staubzucker** und **Zimt** bestreuen.

Grundsätzliches zu Kochrezepten: Volumen, Maße und Gewichte

Ein Kochrezept ist immer mit bestimmten Arbeitsabläufen, Abkürzungen und vereinfachten Mengen- und Volumsangaben zusammengestellt und geschrieben. Die Rezepte stammen aus der langjährigen Erfahrung der Köchinnen/Köche die bei diesem Buch mitgearbeitet haben.

Das genaue Einhalten dieser Mengenangabe bringt den Erfolg und den erwünschten Geschmack für das gekochte Gericht auf den Teller.

Selbstverständlich kann jede Köchin/Koch nach eigenen Geschmack Einzelzutaten ändern und nach eigenen Vorstellungen ein bißchen mehr oder weniger verwenden. Seine Familie und Freunde haben dann die Möglichkeit diese neuen Creationen essen zu dürfen. Manchmal gehts gut, manchmal ist es nicht so wie es sein sollte. Aber probieren geht über studieren heißt ein altes Sprichwort. Un wenn immer alles gleich gemacht wird gibt es keine Weiterentwicklung. Trotzdem, wenns sicher funktionieren soll, sind die Rezepte als Basis sehr gut zu verwenden.

Abkürzungen der Maßeinheiten:
l = Liter, dl = Deziliter, cl = Zentiliter, ml = Milliliter
1 Liter (l) = 4/4, 8/8 = 1000 g
1/4 l = 2/8 l, 4/16 Liter = 250 g
1 cl = 10 g
10 cl = 100 g oder 0,1 Liter (l)
1 Liter (l) = 10 dl
1 dl = 10 cl
1 cl = 10 ml
1 Liter (l) = 10 dl = 100 cl = 1.000 ml
1 ml = 0,1 cl = 0,01 dl = 0,001 Liter

1/16 l = 62,5 ml = 0,062 Liter
1/8 l = 125 ml = 0,125 Liter
1/4 l = 250 ml = 0,250 Liter
1/2 l = 500 ml = 0,500 Liter

1 kg = 1.000 g
1/2 kg = 500 g
1/4 kg = 250 g

Das Abwiegen von Flüssigkeiten
1 Liter **Wasser** wiegt genau **1 kg** (1000 g) und lässt sich nach obrigem Gewichtsschema umrechnen:
1/4 l (250 ml) Wasser = 250 g.
Andere Flüssigkeiten haben jedoch auf Grund der Inhaltsstoffe und Dichte der Flüssigkeit andere Volumen. Je nach Art von **1 Liter Speiseöl** ein Gewicht von 800-900 g.
1 Liter Alkohol (z.B. Rum) hat ein Gewicht von 800 g.

Abkürzungen für Löffelmengen
MSP = Messerspitze
1 TL = 1 Teelöffel gestrichen voll
1 EL = 1 Esslöffel gestrichen voll
▶ Die Mengen der Zutaten sind bei einigen Gerichten in **Löffelmengen** angegeben, dabei ist immer ein gestrichener Löffel gemeint, ein **Teelöffel** (1 TL) entspricht 5 ml, ein **Esslöffel** (1 EL) 15 ml.

1 TL = 1 Teelöffel (ca. 5 ml)
1 EL = 1 Esslöffel (ca. 15 ml)

1 TL Salz = 5 g, 1 EL Salz = 15 g
1 TL Zucker = 5 g, 1 EL Zucker = 15 g
1 EL Pflanzenöl = 10 g, 1 EL Butter = 10 g
1 EL Schlagobers = 10 g
1 EL Créme fraîche = 15 g
1 EL Topfen = 10 g
1 EL Mehl = 10 g, 1 EL Stärkemehl = 12 g
1 EL Haferflocken = 7 g
1 EL Semmelbrösel = 10 g
1 EL Reis = 15 g
1 EL Grieß = 12 g
1 EL Kakao = 12 g
1 EL Honig = 20 g
1 EL gemahlene Nüsse = 5 g
1 EL gehackte Nüsse = 10 g
1 EL Senf = 15 g
1 EL Paradeis(Tomaten)mark = 15 g
1 EL gehackte Kräuter = 5 g
1 Pkg. Vanillezucker = 8 g
1 Pkg. Backpulver = 16 g

6 Blatt Gelatine = 9 g Gelatinepulver = Die Menge zum Absteifen von 1 Liter Schlagoberscreme

▶ Die angegebenen **Koch- und Garzeiten** in jedem der Rezepte sind Richtzeiten, die je nach Kochtechnik und Garzeit differieren können.
Bei den Garzeiten können sich je nach Herdtyp und Heizquelle geringfügige Änderungen ergeben. Bei Verwendung des Backrohres sollte dieses immer auf die angegebene Temperatur vorgeheizt werden.
Bei Umluftherden sollen die Anweisungen der Hersteller für Gartemperaturen und -zeiten beachtet werden.
▶ **Backrohrtemperatur.** Bei den angegebenen Brattemperaturen und der Bratzeit sind grundsätzlich die Einstellung Ober-/Unterhitze gemeint. Für die Betriebsart Heißluft sowie für Gasherde gelten andere Einstellungen, die sich ebenso wie die Wahl der richtigen Backofenschiene der Bedienungsanleitung des benutzten Ofens entnommen werden kann.
▶ Bei **Eiern** verwenden Sie mittelgroße Exemplare (Größe M, 50 g), wobei Eier von **Bio-** oder **Freilandhühnern** bevorzugt verwendet werden.
1 Ei (Gewichtsklasse M, ohne Schale) = 50 g: 1 Eiklar 30 g, 1 Eidotter 20 g.
▶ **Pfeffer,** weißer, schwarzer, grüner oder Sichuan Pfeffer soll frisch mit der Mühle gemahlen werden.
▶ Wenn die **Schale von Zitrusfrüchten** benötigt wird, sollen dafür unbedingt unbehandelte (ungespritzte) Früchte eingekauft werden.
▶ Bei allen Gerichten kann man **Österreichisches Tafelsalz** verwenden. Da mein Ur-Ur-Urgroßvater mütterlicherseits Johann Georg Ramsauer war (Direktor des Hallstätter Salzbergwerkes), kann ich natürlich nur die Verwendung österreichischer Bergsalzprodukte empfehlen. Die zu verwendenden Mengen bleiben gleich.

 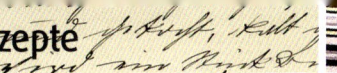 

Kochpraxis: Schneidetechniken

Das richtige Schneiden mit den aus der Küchenpraxis erprobten Messern ist die Voraussetzung für die Umsetzung und das gute Gelingen eines Rezeptes. Die Wahl des Messers ist von dem zu zerkleinernden Produkt, von der Art und Methode der Anwendung und dem Ergebnis des Zerkleinerns abhängig.

Zwiebel schneiden

In Streifen schneiden: Die Zwiebel schälen ▶ Beide Zwiebelenden knapp abschneiden ▶ Durch die Wurzel halbieren ▶ Anschließend die Hälften in dünne, feine Streifen schneiden.
Anwendung: Für Salat, Garnieren von Vorspeisen, Zubereitung von Suppen, Saucen, und zum Ansetzen von Ragouts und Braten.
Zwiebel in feine Würfel schneiden: Die geschälte Zwiebel durch die Wurzel halbieren ▶ Senkrecht so fein wie möglich bis zum Wurzelende einschneiden, ohne dieses durchzuschneiden ▶ Zwei bis drei waagrechte Schnitte machen ▶ Senkrecht quer zum Wurzelende feine Würfel schneiden.
Anwendung: Für Salate und Vorspeisen, Ansetzen von Suppen, Fleisch und Fischgerichten und zur Verfeinerung von Erdäpfel-, Getreide- und Pastagerichten.
Zwiebel in Ringe schneiden: Die geschälte Zwiebel fest mit den Fingern halten und in dünne Scheiben schneiden ▶ Zwiebelenden entfernen und aus den Scheiben Ringe herauslösen ▶ Den mittleren Teil der Scheiben für feine Würfel verwenden.
Anwendung: Zur Garnierung von Salaten, Vorspeisen und kalten Fischgerichten; Warm: paniert, frittiert (Zwiebelrostbraten) oder im Backteig gebacken.

Gemüse schneiden

Feinwürfelig (Brunoise) ▶ **Wurzelgemüse und Paprika**
Der Länge nach in 3-4 mm dünne Scheiben schneiden oder hobeln ▶ Die Scheiben in feine Stäbchen schneiden und anschließend würfeln.
Anwendung: für Suppen und Saucen, Fleisch und Fischgerichten, zur Verfeinerung von Ragouts und Reis- und Pastagerichten.

Feine Streifen (Julienne) ▶ **Karotten, Sellerie, Lauch, gelbe Rüben und Petersilienwurzeln**
Das zu schneidende Gemüse der Länge nach in feine Streifen schneiden oder hobeln ▶ Anschließend in 4-5 cm lange feine Streifen schneiden.
Anwendung: Für Rohkostsalate und Salatmarinaden, als Suppeneinlage für klare Suppen, Saucen, zur Garnierung von Fisch, Schnitzeln, Geschnetzeltem, Wurzelfleisch und Rostbraten.

Stäbchen (Batonnets) ▶ **Karotten, Sellerie, Rüben, Kohlrabi und Erdäpfeln**
Der Länge nach in 5 mm dicke und etwa 5 cm lange Stäbchen schneiden.
Anwendung: Blanchiert für Gemüsesalate und Gemüsegarnituren, als Garnitur bei Fleisch- und Wildragouts, glaciert als Beilage.

Würfelig (Jardinière) ▶ **Wurzelgemüse, Zwiebeln und Erdäpfeln**
In 1 cm große Würfel schneiden.
Anwendung: Gedämpftes oder glaciertes Mischgemüse als Beilage, als Einlage oder Garnitur für Ragouts und Eintöpfe.

Feinblättrig (Paysanne) ▶ **Wurzelgemüse, Zwiebeln und Erdäpfeln**
Der Länge nach in 1 cm dicke Stäbe zerteilen und in dünne Blätter schneiden.
Anwendung: Gemüsesuppen, für helle und dunkle Fleischsaucen und zur Verfeinerung von Ragouts und Wildgerichten.

Knödel, rund und g'sund mit verschiedenem Innenleben

Knödel haben in Österreich eine lange Tradition. Sie finden Verwendung als Suppeneinlage (Leber, Grieß-, Bröselknödel), Hauptspeise (Grammel-, Haschee-, Wurstknödel, Speckknödel), Beilage (Semmel-, Grieß-, Erdäpfelknödel; Semmelrolle) und als Nachspeise (Marillen-, Zwetschken-, Topfen-, und Eisknödel).

Die Zubereitung von Knödeln

Festere Massen (Semmelmassen, Grießmasse) werden mit nassen Händen geformt, weichere Teige (Erdäpfelteig, Brandteig, Topfenteig) mit bemehlten Händen.
Knödel werden gekocht, gedämpft, frittiert oder im Rohr zubereitet.
Beim Garen im Wasser beachten, dass die Knödel eher ziehen als kochen.
Da Knödel im Wasser aufgehen, sind nur so viele einzulegen, wie Platz haben. Knödel sinken beim Einlegen in Wasser zu Boden. Um das Ankleben am Topf zu verhindern, Topf leicht schütteln.
Probeknödel kochen und bei Bedarf die Konsistenz mit Mehl, Butter oder Flüssigkeit verändern.

Semmelknödel
Zutaten für 6-8 Knödel
200 g **Knödelbrot** oder **Semmelwürfel**, 1-2 **Eier** (Größe M), 30 g **Zwiebeln** (fein geschnitten), 20 g **Butter** zum Anbraten, 3 EL **Petersilie** (fein gehackt), 125 ml lauwarme **Milch**, 60 g griffiges **Mehl**, **Salz, Pfeffer, Muskat**.
Zubereitung:
Die feingehackten Zwiebelstücke in Pflanzenöl anrösten und mit den 1 cm großen Knödelbrotwürfel vermischen. Die restlichen Zutaten dazu geben und gut vermischen. Würzen und abschmecken, dann noch ziehen lassen. Das Mehl einarbeiten.

Aus der Masse mit nassen Händen Knödel formen und in Salzwasser offen 20 Minuten leicht wallend kochen. Die Knödel sollen im Wasser eher ziehen und nicht kochen. Knödel gehen im Wasser auf, deshalb nur so viele einlegen wie Platz ist, Knödel sinken beim Einlegen zu Boden. Wenn sie fertig gekocht sind, schwimmen sie an der Oberfläche.

Serviettenknödel
Zutaten für 4 Portionen
200 g **Semmelwürfel** oder **Knödelbrot**, 40 g **Butter**, 2 **Eier** (Größe M), **Salz, Pfeffer, Muskat, Petersilie**, 150 ml **Milch**.
Zubereitung:
Eidotter und Eiweiß trennen, die Semmelwürfel mit Muskat und Petersilie würzen. Nun die Milch und die Semmelwürfel mischen. Anschließend mit der zerlassenen Butter und den Eidottern einen Abtrieb rühren. Mit Salz und Pfeffer aus der Mühle abschmecken. Das Eiweiß zu einem festen Eischnee ausschlagen und mit dem Abtrieb in die Semmelwürfel unterheben. Besonders flaumig werden die Knödel, wenn Eischnee unter die Masse gezogen ist.
Die Semmelmasse fest in eine nasse Stoffserviette einrollen, straff anziehen und binden. Im Salzwasser oder Dampf für 30 Minuten garen. Kurz kalt abschrecken, ausrollen und in Tranchen schneiden.

Semmelschmarren
Zutaten für 4-6 Portionen
5-6 altbackene **Semmeln**, 250 ml **Milch**, 2 **Eier** (Größe M), 30 g **Rosinen**, 6 EL **Pflanzenöl**, **Salz, Zimt, Zucker**.
Zubereitung:
Die trockenen Semmeln blättrig schneiden. Milch, Eidotter, Zucker und etwas Salz versprudeln, und über die Semmeln gießen, für einige Zeit durchziehen lassen. Die 2 Eiklar zu Schnee schlagen und zusammen mit den Rosinen unter die Teigmasse mischen. Die Masse in einer Pfanne bei mittlerer Hitze backen und mit der Schmarrenschaufel zerstoßen oder mit 2 Gabeln zerreißen. Vor dem Anrichten mit ein wenig Zucker und Zimt bestreuen.

Semmelkren
Zutaten für 4-6 Portionen
3 **Semmeln**, 250 ml **Rindsuppe**, **Salz, Pfeffer, Kren**. ### Zubereitung: Die Semmeln feinblättrig schneiden, mit der kochenden Rindsuppe übergießen und versprudeln. Den frischen Kren reiben, darunterrühren, mit Salz und Pfeffer abschmecken.

Apfelkren
Zutaten für 4-6 Portionen
2 mittelgroße **Äpfel**, 1 EL **Zucker**, 2 EL **Essig** oder **Zitronensaft**, 2 EL frisch geriebener **Kren**, **Salz**. ### Zubereitung: Die Äpfel schälen, Kerngehäuse entfernen und fein schaben. Mit Zitronensaft vermischen, Zucker und Kren darunterrühren, mit Salz würzen.

Grundtechniken

Semmelpudding
Zutaten für 8–10 Portionen
2–3 EL feingeschnittene **Zwiebeln** in 3–4 EL **Butter** oder **Pflanzenöl** anrösten, 500 ml **Milch** zugießen, aufkochen und zu einem kleinwürfelig geschnittenen **Toastbrot** (20 Stück entrindete Scheiben=350 g) geben. Dann 2 EL **Grieß**, **Salz**, **Pfeffer**, **Muskat**, **Salbei** und **Petersilie** sowie geriebenen **Hartkäse** zugeben, abkühlen lassen. Weiters 2 **Eidotter** und 4 **Eiweiß** – die zu einem halbsteifen Schnee geschlagen wurden – unterrühren, gut abschmecken und in gebutterte und mit **Bröseln** ausgestreute **Formen** oder **Kaffeetassen** füllen. Die befüllten Tassen in einen breiten Topf geben, der mit kochend heißem Wasser aufgefüllt wird und im Backrohr bei 200°C etwa 35–40 Minuten (eher länger) im Wasserbad offen (bis zur Krustenbildung) oder zugedeckt (ohne Farbe) gebacken bzw. pochiert werden.
Nach dem Stürzen noch 10 Minuten mit der Form bedeckt stehen lassen, damit sich der Semmelpudding leichter aus der Form löst.

Grießknödel
Zutaten für 4 Portionen
250 ml **Milch**, 30 g **Butter**, 120 g **Grieß**, **Salz**, 40 g **Semmelwürfel**, 20 g **Butter**, 2 **Eier** (Größe M).
Zubereitung: Butter und Milch, Salz zum Kochen bringen. Den Grieß langsam einrühren und gut verkochen lassen. Die Masse abkühlen lassen. Die Semmelwürfel in der Butter hell rösten. In diese Grießmasse die Eidotter und Eiklar gemeinsam einrühren. 10 Minuten rasten lassen. Kleine Knödel formen und in Salzwasser 10–15 Minuten köcheln lassen.

Erdäpfelknödel
Zutaten für 8–10 Knödel
500 g mehlige **Erdäpfel**, **Salz**, 20 g **Butter**, 100 g **Mehl**, 20 g **Grieß**, 1 **Eidotter** (Größe M).
Zubereitung: Die gekochten und erkalteten Erdäpfel durch eine Erdäpfelpresse pressen. Butter einschneiden. Grieß und Mehl locker unter die Erdäpfelmasse mischen. Mit Salz würzen. Eine Grube machen und den Eidotter einarbeiten und kurz verkneten. Die Knödel formen und in kochendem Salzwasser etwa 20 Minuten bei geringer Hitze ziehen lassen. Sofort nach dem Kochen servieren.

Grammelknödel
Zutaten für 8–10 Knödel
Erdäpfelteig, siehe Rezept „**Erdäpfelknödel**".
Grammel-Fülle: In 3 EL **Pflanzenöl** etwa 80 g feingeschnittenen **Zwiebel** anrösten, 200 g fein gehackten **Grammeln** dazu geben und mit 3 EL **Semmelbrösel** binden. Mit **Salz**, **Pfeffer**, **Majoran** und **Knoblauch** abschmecken und kalt stellen. Kleine Kugeln formen und etwas anfrieren lassen.
Zubereitung: Alle Zutaten rasch verkneten, zu einer Rolle formen und etwa eine halbe Stunde rasten lassen. In **Erdäpfel-Teighäufchen** aufteilen, flachdrücken, mit der Grammelmasse füllen, gut verschließen und in Salzwasser etwa 10–15 Minuten köcheln lassen.

Bröselknödel
Zutaten für 4–6 Portionen
30 g **Butter**, 10 g **Pflanzenöl**, 1 **Ei** (Größe M), 2 **Semmeln** vom Vortag, 60 g **Semmelbrösel**, 10 g **Petersilie**, **Muskatnuss**, **Salz**.
Zubereitung: Semmeln in Wasser einweichen, die Butter schaumig rühren, das Ei dazugeben und weiterrühren. Die feingeschnittene Petersilie in Pflanzenöl anrösten. Butter, Petersilie, etwas geriebene Muskatnuss, 2 eingeweichte und gut ausgedrückte Semmeln sowie die Brösel zu einem Teig verrühren und für 30 Minuten rasten lassen. Kleine Knödel formen und in Salzwasser einkochen. Wenn die Knödelmasse zu weich ist, noch eine Handvoll Semmelbrösel dazugeben.

Marillenknödel aus Topfenteig
Zutaten für 12 Knödel
12 große **Marillen**, 500 g **Topfen** (10% Fett), 140 g glattes **Mehl**, 140 g **Weizengrieß**, 140 g **Butter**, 2 **Eidotter**, eine Prise **Salz**, 12 Stück **Würfelzucker**.
Zubereitung Topfenteig: Die weiche Butter und die Eidotter schaumig rühren, dann Grieß, Eiklar und Salz unterrühren. Topfen und Mehl abwechselnd beigeben, weiterrühren, bis der Teig glatt ist. Zu einer Rolle formen und in einer Frischhaltefolie für eine Stunde im Kühlschrank rasten lassen.
Reife, jedoch nicht zu weiche Marillen mit Kochlöffelstiel entkernen, ein Stück Würfelzucker hineinstecken und mit dem Teig umhüllen.
Die Knödel 15 Minuten im leicht gesalzenen Kochwasser ziehen lassen.
Zutaten Butterbrösel
200 g **Butter**, 80 g **Kristallzucker**, 20 g **Vanillezucker**, 400 g **Semmelbrösel**.
Zubereitung: Die Butter in einer Pfanne erhitzen, Kristallzucker, Vanillezucker und die Brösel zugeben und bei schwacher Hitze goldbraun rösten. Danach die gekochten Knödel in den Butterbröseln wälzen.
Zum Servieren die Marillenknödel mit den restlichen Butterbröseln garnieren und mit Staubzucker bestreuen.

Erdäpfelteig-Grundrezept
Zutaten für 8 Portionen
1 kg mehlige **Erdäpfel** (gekocht und geschält), 200 g griffiges **Mehl**, 60 g **Weizengrieß**, 40 g **Butter**, 2 **Eier** (Größe M), **Salz, Pfeffer, Muskat**.
Zubereitung: Die Erdäpfel nach dem Kochen noch heiß passieren. Die restlichen Zutaten in eine Schüssel geben, wie Mehl, Weizengrieß, Butter, Eier und Gewürze, und zu einem glatten Teig verkneten.
In entsprechend große Stücke teilen, zu Knödel oder Nudeln formen und im Salzwasser etwa 10–15 Minuten köcheln lassen.
Als **Grundmasse** ideal für Obst-, Grammel- oder Fleischknödel sowie Schupfnudeln oder Gnocchi.

Erdäpfellaibchen
Zutaten für 4–5 Portionen
3-4 mehlige **Erdäpfeln**, 2 **Eier** (Größe M), 2 EL **Schlagobers, Salz, Pfeffer, Muskat, Kräuter** wie **Majoran, Thymian, Petersilie, Pflanzenöl** zum Herausbacken.
Zubereitung: Die Erdäpfel mit der Schale kochen, schälen und passieren. Mit den Eiern und den 2 EL Schlagobers vermischen. Mit Salz, Pfeffer, den Kräutern und Muskat würzen. Für etwa 1 Stunde rasten lassen. Aus der Masse handflächengroße Laibchen formen und in einer Pfanne mit etwas Pflanzenöl auf beiden Seiten goldbraun herausbacken.
Variationen: Mit gerösteten **Speckwürfeln** oder feingehackten **Pilzen** verfeinern.

Erdäpfelstrudel
1 Strudellänge ➤ 4–5 Portionen
1 kg geschälte, in feine Streifen gehobelte **Erdäpfel**, 250 ml **Sauerrahm**, 150 g **Bauchspeck** (in Streifen geschnitten und angeröstet), **Salz, Pfeffer** aus der Mühle, **Pflanzenöl**, 1 **Ei** zum Bestreichen.
Zubereitung: Die in Streifen gehobelten Erdäpfeln wässern, ausdrücken und auf geöltem Strudelteig (2/3 des Teiges) auflegen. Restlicher Teig mit dem versprudelten Ei bestreichen; salzen, pfeffern, mit Sauerrahm in der Mitte bestreichen, mit den angerösteten Speckstreifen bestreuen, zusammenrollen, mit dem Ei-Butter-Gemisch bestreichen, auf gefettetes Blech setzen, im Backrohr bei 200°C etwa 30 Minuten backen.

Erdäpfelsalat
Zutaten für 4 Portionen
600 g **Salaterdäpfel**, 1 **Zwiebel**, 6 EL **Apfelessig**, 9 EL **Pflanzenöl** oder **steirisches Kürbiskernöl**, **Salz, Pfeffer**, 1 EL **Senf, Schnittlauch**.
Zubereitung: Die Erdäpfel mit der Schale kochen. Auskühlen lassen. Erdäpfel schälen und in Scheiben schneiden. Zwiebel in Streifen schneiden und zu den Erdäpfeln geben. Würzen und mit Essig und Kürbiskernöl abschmecken.
Die typische steirische Art der Zubereitung des Erdäpfelsalates ist für Nichtsteirer oft gewöhnungsbedürftig. Die Marinade muss eine Mischung aus Most- oder Apfelessig und steirischem Kürbiskernöl sein, ansonsten schmeckt der Erdäpfelsalat einem Steirer/in nicht.

Erdäpfelsuppe mit Steinpilzen
Zutaten für 4 Portionen
500 g **mehlig kochende Erdäpfel**, 200 g **Steinpilze** oder **Eierschwammerln**, 1 Bund **Suppengrün** (Lauch, Karotten, Sellerie), 1 große **Zwiebel**, 2 EL **Butter**, 1 EL gehackte **Petersilie**, etwas **Salz, Pfeffer, Majoran**, 2 **Lorbeerblätter**, 2 **Gewürznelken**, 1 EL **Mehl**, 500 ml **Wasser**, 500 ml **Schlagobers**, 3 EL **Créme fraîche**, 4 Zehen **Knoblauch, Kümmel** (leicht gehackt), **Zitronensaft**.
Zubereitung: Die Erdäpfel schälen, waschen und in kleine Würfel oder Stücke schneiden, Suppengrün putzen, waschen und kleinschneiden, die Zwiebel hacken. In 500 ml Salzwasser alles zusammen weichkochen, Mehl und Butter verkneten, die Suppe pürieren und zusammen noch einige Minuten verkochen lassen. Mit dem Mixen der Zutaten regelt man die Dicke der Suppe. Wenig mixen = dünn, stärker mixen = dick.
Die **Steinpilze** oder **Eierschwammerln** putzen, in Scheiben schneiden und in Knoblauchbutter anschwitzen und in die Suppe einstreuen.

Grenadiermarsch
Zutaten: 500 g **Erdäpfel**, 250 g **Fleckerln**, 250 g **Schinken** oder gekochtes **Rindfleisch**, 1 **Zwiebel**, 2 EL **Pflanzenöl, Salz, Pfeffer**.
Zubereitung: Die Erdäpfel waschen, kochen, anschließend schälen und in Scheiben schneiden. Die Fleckerln kochen, abseihen und kurz abschrecken.
Die mittelgroße Zwiebel schälen, fein hacken und in einer Pfanne in heißem Pflanzenöl anrösten. Den gekochten Schinken klein schneiden, zu den feingehackten Zwiebeln geben und weiterrösten. Anschließend die in Scheiben geschnittenen Erdäpfel beifügen und alles nochmals rösten. Zum Schluss die gekochten Fleckerln untermischen, mit Salz und Pfeffer würzen.

Erdäpfel-Sellerie-Püree
Zutaten für 4–6 Portionen
1 geschälte **Sellerieknolle** (gewürfelt), 300 g mehlige **Erdäpfel** (geschält), 250 ml **Milch**, 250 ml **Schlagobers, Salz, Pfeffer, Muskat**, 1 EL **Kren**, 1 EL **Butter**.
Zubereitung: Die Erdäpfel in Salzwasser weich kochen und durch die Erdäpfelpresse drücken. Sellerie mit Milch und Schlagobers weichkochen, salzen und mit dem Stabmixer pürieren. Erdäpfel, Butter und Gewürze dazugeben, glatt rühren und mit Kren abschmecken.

Gefüllte Erdäpfel mit Schnittlauch-Topfen

Eine gebratene Forelle, ein Fleischlaberl oder ein gemischter Salat sind die idealen Begleiter zu dampfenden Erdäpfeln mit einer Haube aus Kräutertopfen.

Zutaten für 4 Personen
8 festkochende **Erdäpfel** (möglichst gleich groß), 1 Bund **Schnittlauch**, 1 EL **Petersilie**, 50 g **Rohschinken**, ½ kleine **Zwiebel**, 1 EL **Butter**, 2 **Eier**, 750 g **Topfen** (20 % Fett i.Tr.), **Salz, Pfeffer, Muskatnuss**.

Zubereitung: Die Erdäpfel gründlich waschen und samt Schale in Salzwasser weich kochen. Petersilie waschen, Blättchen zupfen und fein hacken. Den Schnittlauch waschen und in Röllchen schneiden. Mit dem Topfen verrühren, mit Salz und Pfeffer würzen. Zwiebel, Schinken und Petersilie in Butter anschwitzen, auf Küchenkrepp abtropfen und mit der Topfenmischung vermengen. Mit einem kleinen spitzen Messer die Erdäpfeln anstechen; geht das ohne Widerstand, sind sie durch. 4 Erdäpfel samt Schale der Länge nach halbieren und mit einem Löffel aushöhlen. Die anderen Erdäpfel schälen und gemeinsam mit der Erdäpfelmasse durch ein Haarsieb passieren. Zwiebel, Schinken, Petersilie und 1 Ei einrühren. Mit Salz, Pfeffer und geriebener Muskatnuss abschmecken und gut vermengen. Das Backrohr auf 190°C vorheizen. Die ausgehöhlten Erdäpfel in eine Schüssel stellen. Die Erdäpfel-Topfen-Masse in einen Dressiersack mit Sterntülle füllen und in die Erdäpfel pressen. Das Ei mit wenig Wasser versprudeln, Erdäpfel damit bestreichen und im Backrohr goldgelb backen.

Überbackene Erdäpfel (Erdäpfelgratin)

Zutaten für 8–10 Portionen
1,5 kg speckige **Erdäpfel** (geschält), 250 ml **Milch**, 250 ml **Schlagobers**, **Salz, Pfeffer, Muskat, Butter** zum Ausfetten der Pfanne, **Knoblauch, Kümmel**.

Zubereitung: Speckige Erdäpfel schälen, kurz abspülen. Nicht im Wasser liegen lassen, die Stärke würde dadurch ausgelaugt werden, wodurch es keine sämige Bindung mehr gibt.
In gleichmäßige Scheiben schneiden und in die Milch-Obers-Mischung schichten. Mit Salz, Pfeffer und Muskat würzen. Kernig weich kochen und rasch abkühlen (eventuell Topf in kaltes Wasser stellen). Eine feuerfeste Pfanne oder ein Backblech (ergibt mehr Kruste) mit Knoblauch ausreiben, mit Butter ausfetten und mit etwas ganzem Kümmel bestreuen.
Die Erdäpfelscheiben flach verteilen und im Rohr bei Oberhitze (obere Schiene) oder bei Grillschlange auf unterster Schiene für 15–20 Minuten überbacken. Die Erdäpfel noch mit geriebenem Käse bestreuen, und überbacken.
Als Beilage ideal zu Grill- und Bratengerichten.

Geröstete Erdäpfel

Zubereitung: Etwa 500 g speckige **Erdäpfel**, die am Vortag in der Schale halbroh gekocht wurden, schälen und grob raspeln. In heißem **Pflanzenöl** gut anrösten, mit gehackten **Zwiebeln** bestreuen, mit **Salz, Pfeffer und Majoran** würzen, wenden und auf kleiner Flamme weiterrösten.

Erdäpfelgulasch

Zutaten für 8–10 Portionen
2 kg mehlige **Erdäpfel** (roh, geschält), 500 g **Braunschweiger**, 500 g **Zwiebeln**, 150 g **Pflanzenöl**, etwas **Paradeismark**, 2 EL edelsüßer **Paprika**, 1 l **Suppe** oder **Wasser**, **Salz, Pfeffer, Kümmel, Majoran, Lorbeerblatt, Knoblauch**, 1 kleine **Chilischote**, etwas **Sauerrahm** und **Mehl**.

Zubereitung: Die feingeschnitten Zwiebeln in Pflanzenöl goldgelb anrösten, das Paradeismark einrühren, die Temperatur verringern, den Paprika dazugeben und im Pflanzenöl 1–2 Minuten durchrühren. Mit 1 l warmer Suppe aufgießen, die Temperatur erhöhen, mit Salz, Pfeffer und den Gewürzen abschmecken.
Den Gulaschansatz für 30 Minuten kräftig kochen lassen, den Topf nicht zudecken. Auf kleiner Flamme für weitere 2 Stunden sanft köcheln lassen. Zwischendurch mit etwas kaltem Wasser aufgießen und abfetten. Wenn der Gulaschsaft einen kräftigen Geschmack hat, die grob geschnittenen Erdäpfel zugeben, nach 15 Minuten die gewürfelte Braunschweiger, langsam mitkochen, bis die Erdäpfel weich sind. Zum Schluss noch mit einer Sauerrahm-Mehl-Mischung binden.

Erdäpfelsterz

800 g speckige **Erdäpfel** (gekocht und geschält), 50 g **Zwiebel** (gehackt), 50 g **Hamburger Speck** (kleinwürfelig), 50 g **Butter**.

Zubereitung: Für den Erdäpfelsterz die Butter in einer Pfanne zerlassen, gehackten Zwiebel und Speck dazugeben. Die in Scheiben geschnittenen Erdäpfel beigeben und mit einer Fleischgabel fein zerdrücken. Solange rösten, bis das Ganze eine goldbraune Farbe bekommt. Würzen und warm stellen.

Steirisches Küchen Lexikon

Die Schritt-für-Schritt-Zubereitung: Schupfnudeln aus Erdäpfelteig

Grundrezept Erdäpfelteig für pikante Gerichte

Erdäpfelteig gehört wie der Germteig zur traditionellen österreichischen Küche. Ein Erdäpfelteig wird grundsätzlich aus mehligen, gelagerten Erdäpfeln hergestellt. Der Grundteig kann vielfältig weiter verarbeitet und dann gekocht, gebacken oder frittiert werden.

Zutaten für 4 Portionen
500 g mehlige **Erdäpfel**, 200 g griffiges **Mehl**, 20 g **Grieß**, 1 **Eidotter** (Größe M), 20 g flüssige **Butter**, **Salz**, **Mehl** zum Ausrollen und Bestauben, 1–2 Liter **Salzwasser** zum Kochen, 20 g **Butterschmalz** zum Schwenken.

Grundrezept Erdäpfelteig für süße Gerichte

Zutaten für ca. 1 kg Teig
1 kg mehlige **Erdäpfel**, 40 g **Butter**, 250 g griffiges **Mehl**, 50 g **Grieß**, 1 **Ei** (Größe M), **Salz**, **Mehl** zum Ausrollen und Bestauben, 1–2 Liter **Salzwasser** zum Kochen.

Zubereitung: Die Erdäpfel kochen, schälen udnd noch heiß pressen. Die Butterflocken auf die Erdäpfel verteilen und kurz überkühlen lassen. Mehl, Salz, und Grieß locker untermischen, das Ei in die Masse einarbeiten. Kurz durchkneten und sofort weiterverarbeiten. Als Grundteig für **Marillen-** oder **Zwetschkenknödel**, **Erdäpfelnudeln**, **Brösel-**, **Mohn-** oder **Nussnudeln**.

Zubereitung: Die Erdäpfel kochen, auskühlen lassen, schälen und durch eine Erdäpfelpresse pressen. Die Butter in kleine Stücke schneiden.

Mit den anderen, trockenen Zutaten zu einem geschmeidigen Teig verarbeiten. Eine Grube machen und den Eidotter einarbeiten, kurz verkneten.

Sofort weiterverarbeiten, aus dem Teig eine dicke Rolle formen und auf einer bemehlten Unterlage in kleine Stücke schneiden.

Die Teigstücke gut bemehlen und durch vorsichtiges „Wuzeln" (Hin- und Herbewegen) in den Handflächen zu Schupfnudeln formen.

Die roh geformten Schupfnudeln in ausreichend siedendem Salzwasser für etwa 2–3 Minuten pochieren, dann abseihen und kalt abspülen.

Die pochierten Erdäpfelnudeln in einer Pfanne mit Butterschmalz unter ständigen Bewegungen sautieren, bis sie goldgelb sind.

Erdäpfel-Spinat-Roulade

Zutaten für 4–6 Portionen
200 g mehlige **Erdäpfel**, 80 g griffiges **Mehl**, 1 **Ei** (Größe M), 2 **Eidotter**, 1 TL **Créme fraîche**, 2 EL **Grieß**, 120 g **Blattspinat**, 2 g **Wacholderbeeren**, **Salz**, **Pfeffer**, **Muskatnuss**.

Zubereitung: Die Erdäpfel schälen, weich kochen, ausdämpfen und abkühlen lassen. Am besten, man macht das schon am Vortag. Die kalten, geschälten Erdäpfel fein passieren und mit dem Ei, die zwei Eidotter, Gewürzen, Mehl, Grieß und Créme fraîche zu einer kompakten Masse kneten. Erdäpfelteig wird umso weicher, je langsamer man ihn knetet! Den Teig rechteckig (etwa 30 x 15 cm) und 1 cm dick ausrollen. Darauf den blanchierten, gut ausgedrückten Blattspinat verteilen, würzen und einrollen. Die Erdäpfelrolle in Plastik- und Alufolie einpacken und 35 bis 40 Minuten lang langsam kochen.

Erdäpfelnudeln, Nockerln, Eiernockerln und Spätzle

kommen aus der österreichisch-ungarisch-slowakischen Küchentradition und werden als Beilage zu Gulasch oder anderen Gerichten mit Sauce serviert. Sie können auch als Hauptgericht zu Käsespätzle oder Eiernockerl verarbeitet werden. Als Süßspeise sind Mohnnudeln mit einem Kompott ein beliebter Nachtisch.

Mohnnudeln
Zutaten für 6 Portionen
1 kg mehlige **Erdäpfel** in der Schale, 300 g griffiges **Mehl**, 30 g flüssige **Butter**, 1 **Ei** (Größe M), **Salz**.

Zubereitung Erdäpfelteig: Die Erdäpfel mit der Schale weichkochen, noch heiß schälen und durch eine Erdäpfelpresse drücken, mit Mehl, der flüssigen Butter, dem Ei und Salz rasch zu einem Teig verkneten. Einen dicken Strang auf einer bemehlten Fläche formen, in kleinere Stücke schneiden und mit bemehlten Händen Nudeln wuzeln. Diese in leicht gesalzenem, nur schwach wallendem Wasser für etwa 10 Minuten langsam kochen. Mit einem Gitterschöpfer herausnehmen und kalt abspülen.

Zum Wälzen: 100 g **Butter,** 100 g gemahlenen **Mohn, Staubzucker** zum Bestreuen. In einer Pfanne Butter zergehen lassen und leicht bräunen; die abgetropften Nudeln einlegen, den Mohn darüberstreuen, gut durchschwenken, anrichten, mit Zucker bestreuen und servieren.

Nockerln vom Brett
Zutaten für 4 Portionen
250 g griffiges **Mehl** (Weizen- oder Dinkelvollmehl), **Salz,** 1 **Ei** (Größe M), 200 ml **Milch**, 40 g zerlassene **Butter** für den Teig und 40 g zerlassene **Butter** zum Schwenken.

Zubereitung: Alle Zutaten mit einem Kochlöffel rasch zu einem glatten, weichen Teig verrühren, bis sich Blasen bilden. Dann etwas rasten lassen und auf ein feuchtes Brett geben. Mit Hilfe einer Palette oder eines Messerrücken fingerdicke, etwa 2 cm große Nockerln in einen hohen Topf mit kochendem Salzwasser schaben.
Für 5-10 Minuten kochen (eher länger) und anschließend in kaltem Wasser abschrecken und in der zerlassenen Butter schwenken.

Eiernockerln
Zutaten für 4 Portionen
250 ml **Milch**, 1 **Ei** (Größe M)**,** 200 g griffiges **Mehl** (Weizen- oder Dinkelvollmehl), **Salz, Muskatnuss**, 40 g zerlassene **Butter** für den Teig, **Schnittlauch** (fein geschnitten), 2-3 **Eier** (Größe M) zum **Übergießen**.

Zubereitung: Aus den 200 g Mehl, 1 Ei und den 250 ml Milch unter ständigem Rühren einen festen Teig herstellen, salzen und mit geriebener Muskatnuss würzen.
Mit einem Löffel Nockerln ausstechen und 5-8 Minuten in kochendem Salzwasser ziehen lassen. Anschließend abseihen. In einer Pfanne die Butter zergehen lassen, die Nockerln darin schwenken und mit den restlichen 2-3 versprudelten Eiern übergießen, kurz durchrösten. Vor dem Servieren mit dem fein geschnittenen Schnittlauchröllchen bestreuen.

Spätzle
Zutaten für 4 Portionen
250 g griffiges **Mehl** (Weizen- oder Dinkelvollmehl), 1 **Ei** (Größe M), 200 ml **Wasser** oder **Milch**, **Salz, Pfeffer**, 40 g zerlassene **Butter** zum Anschwenken der Spätzle.

Zubereitung: Alle Zutaten zu einem glatten, weichen Teig verarbeiten. Mit dem Spätzlehobel den Teig partienweise in kochendes Wasser hobeln. Für etwa 10 Minuten köcheln, herausnehmen und abseihen, sofort kalt abschrecken. In der zerlassenen Butter anschwenken.
Für **Spinat-** oder **Rote-Rüben-Spätzle**, zum Nockerlteig das entsprechende Gemüsepüree zugeben (250 g **Spinat** anstelle der Milch).

Béchamel
500 ml **Milch**, 40 g **Butter**, 40 g **Mehl**, glatt, **Salz, Pfeffer** aus der Mühle, **Muskatnuss.**

Zubereitung: Für die Béchamel Butter schmelzen, Mehl kurz mitanschwitzen und mit Milch aufgießen und mit Schneebesen glattrühren und etwa 5 Minuten verkochen lassen.

Teigwaren selbst gemacht

Zu den Teigwaren zählen Bandnudeln, Hörnchen, Fleckerln (für Schinken- und Krautfleckerln), Spaghetti, Penne, Glasnudeln, Tarhonya (graupenförmige Teigwaren). Sie sind von den heutigen Ernährungsgewohnheiten nicht mehr wegzudenken. Sie werden für deftige Salate, zu warmen Vorspeisen, Beilagen und als Haupt- und Nachspeisen zubereitet.

Nudelteig – Grundrezept
Zutaten für 800 g Teig
500 g griffiges **Mehl**, 1 EL **Salz**, 6 **Eier** (Größe M), 2 EL **Pflanzenöl**, etwas **Mehl** zum Ausarbeiten des Teiges.

Zubereitung: Alle Zutaten zu einem geschmeidigen Teig verkneten. Kleine Laibchen formen, und diese so lange kneten, bis eine glatte Oberfläche entstanden ist. In ein feuchtes Tuch einschlagen und 30 Minuten rasten lassen.

Den Teig auf einer bemehlten Arbeitsfläche dünn ausrollen und für 10 Minuten übertrocknen lassen. In die gewünschte Form schneiden oder ausstechen. In kochendem Salzwasser bissfest kochen. Der Kochtopf soll groß genug sein, da Teigwaren in 10facher Salzwassermenge (100 g Teigwaren in 1 Liter Wasser und 1 TL Salz) gekocht werden. Teigwaren geben während des Kochens Stärke ab. Durch die Wassermenge soll verhindert werden, dass die Stärke wieder aufgenommen wird.

Während des Kochens einige Male umrühren und offen (ohne Deckel) bis bissfest garen. Dann das Kochwasser abgießen und sofort kalt abschrecken. Immer etwas vom Kochwasser aufheben, um später damit die Nudeln oder auch die Sauce gut anfeuchten zu können.

Zur längeren Aufbewahrung locker auf einem bemehlten Tuch ausbreiten und vollständig trocknen lassen.

Durch Beigabe von gehackten Kräutern kann der Teig geschmacklich verändert werden. Für grüne **Nudeln** werden 80 g feingehackte **Kräutermischung** in den Teig eingeknetet.

Krautfleckerln
Zutaten für 6 Portionen
300 g **Fleckerln**, 900 g **Weißkraut**, 200 g **Zwiebeln** (feingeschnitten), 1 EL **Zucker**, 2 EL **Pflanzenöl**, **Salz**, schwarzer **Pfeffer**, **Kümmel**, etwas **Suppe** oder **Wasser**.

Zubereitung: Fleckerln in reichlich Salzwasser kernig kochen, abseihen, mit kaltem Wasser abschrecken und abtropfen lassen.

Das Pflanzenöl in einer Pfanne erhitzen, den Zucker karamellisieren, feingeschnittene Zwiebeln beigeben und durchrösten. Das Weißkraut in größere Stücke schneiden und ebenfalls mitrösten. Mit etwas Suppe oder Wasser aufgießen, mit Salz, Pfeffer und Kümmel würzen. Kernig dünsten (30 Minuten). Fleckerln wärmen, mit dem Kraut vermengen und abschmecken. Vor dem Anrichten werden die Krautfleckerln mit frischem schwarzem Pfeffer großzügig bestreut, am besten schmecken die Krautfleckerln lauwarm.

Statt der hausgemachten Fleckerln kann man auch handelsübliche Lasagne-Nudelblätter kochen und in große, quadratische Fleckerln von etwa 2–3 cm schneiden.

Nudelblätter mit Fleischfülle
(Wildfleisch, Pilze und Kürbis-Lasagne)
Zutaten für 4 Portionen
12 Stück **Lasagneblätter**, 250 g **Polenta**, 120 g **Eierschwammerln**, 120 g **Steinpilze**, 250 g **Kürbis** (Hokkaido), 100 g **Zwiebel**, (fein geschnitten), 2 Zehen **Knoblauch**, 200 g **Paradeismark**, 250 g **Wildfleisch**, (faschiert), 750 ml **Suppe**, **Thymian**, **Salz**, **Pfeffer**, **Zucker**, einige **Wacholderbeeren**, 125 ml **Schlagobers**, 100 g **Hartkäse** (gerieben), etwas **Pflanzenöl**.

Zubereitung: Das Pflanzenöl erhitzen und die Zwiebel darin anschwitzen. Das Tomatenmark hinzugeben, kurz rösten und mit der Suppe aufgießen. Das faschierte Wildfleisch beigeben, mit Thymian, Salz, Pfeffer aus der Mühle würzen und 90 Minuten köcheln lassen. Nochmals abschmecken. Die Schwammerln klein schneiden und mit Zwiebel anschwitzen, mit den Gewürzen abschmecken. Hokkaidokürbis schälen, würfelig schneiden und in heißem Pflanzenöl bissfest anbraten. Lasagneblätter in einer feuerfesten Form auslegen. Darauf etwas Béchamel und Wildsugo geben. Die Pilze, Eierschwammerln und angebratene Kürbisstücke verteilen. Polenta darauf legen. Nochmals Béchamel, Wildsugo, Schwammerln ... Zum Schluss mit Lasagneblätter abschließen und mit Schlagobers übergießen und Parmesan darüber streuen. Bei 160°C im Backrohr für etwa 20 Minuten backen.

Krautsalat
Zutaten für 4–6 Portionen
900 g frisches **Weißkraut**, 120 g **Zwiebel**, 120 g durchzogener **Speck**, 25 g **Pflanzenöl**, 500 ml **Rindsuppe** oder **Wasser**, ein Schuss **Essig**, 1 TL **Kümmel** (ganz), **Salz**, 50 g **Zucker**.
Zubereitung: Den kleinen würfelig geschnittenen Speck und die Zwiebel in einer Pfanne in Pflanzenöl ohne Farbe kurz anrösten. Mit der Rindsuppe und dem Schuss Essig aufgießen und mit Zucker, Kümmel und Salz würzen, kurz aufkochen lassen.
Das feingehobelte Kraut dazugeben und etwa 10 Minuten weich dünsten lassen.

Weißweinkraut
Zutaten für 4 Portionen
1 **Krautkopf** (grob geschnitten), 1 **Zwiebel** (fein geschnitten), 80 g **Kristallzucker**, 300 ml **Wein**, 500 ml **Wasser**, 1/16 Liter **Weißwein**, 1 EL **Maisstärke** (Maizena), **Salz**, **Pfeffer**, **Kümmel** gemahlen, etwas **Pflanzenöl**.
Zubereitung: Den feingeschnittenen Zwiebel in einer Pfanne in Öl anschwitzen, Kristallzucker dazugeben und langsam karamellisieren, mit dem Weißwein ablöschen und mit Wasser aufgießen. Das geschnittenen Weißkraut dazugeben, Würzen. In etwa 30 Minuten weich dünsten. Öfters umrühren und eventuell etwas Flüssigkeit (Wasser) nachgeben. 1/16 l Weißwein und Maizena glatt rühren und das Kraut binden.

Warmer Krautsalat
Zutaten für 4 Portionen
1 kleiner **Weißkrautkopf**, 100 g durchzogener **Speck** (kleinwürfelig geschnitten), ein Schuss **Essig**, **Salz**, 1 TL **Kümmel** (ganz).
Zubereitung: Das Kraut feinnudelig schneiden und mit kochendem Salz- und Kümmelwasser übergießen. Eine Zeitlang ziehenlassen, dann abseihen.
Essig mit etwas Wasser erhitzen und über das Kraut gießen.
Den Speck würfelig schneiden, ausbraten und vor dem Anrichten über den Krautsalat verteilen.

Linsensalat
Zutaten für 4 Portionen
200 g gekeimte **Linsen** ∗ oder vorher **eingeweichte** und **gekochte Linsen**, 1/2 kleine **Zwiebel** (feingeschnitten), 1–2 EL **Gemüsewürfel** von Karotte, Sellerie, 3 EL **Sonnenblumenöl** oder steirisches **Kürbiskernöl**, 1–2 EL **Wein-** oder **Apfelessig**, **Salz**, **Pfeffer**, frischer **Majoran**, **Blattsalate**.
Zubereitung: Die Zutaten für die Salatmarinade gut verrühren und damit die Linsen und den Blattsalat vermischen, mit der Sulz auf kaltem Teller anrichten.
∗ **Das Keimen von Linsen:** Linsen in lauwarmem Wasser mindestens eine Stunde einweichen, abseihen und in Glasschüssel mit durchlöcherter Klarsichtfolie oder Leinentuch abgedeckt 3–5 Tage am Fenster ohne direkte Sonnenbestrahlung stehen lassen, bis ein 2–3 cm langer Keim gewachsen ist.

Rotkraut
Zutaten für 4 Portionen
500 g **Rotkraut** (fein geschnitten), 30 g **Zucker**, **Salz**, 1/4 **Zimtrinde**, 5 **Gewürznelken**, 30 g **Rosinen** in **Rotwein** einweichen, 1 **Apfel** (geschält und geschabt), 500 ml **Rotwein**.
Zubereitung: Alle Zutaten in einer Schüssel vermengen und gemeinsam einen Tag marinieren lassen. In einem Topf zugedeckt langsam dünsten.

Specklinsen
Für 4 Personen
250 g getrocknete **Linsen**, 5 EL **Pflanzenöl**, 30 g glattes **Mehl**, 1 **Zwiebel** (feingeschnitten), 120 g **Frühstücksspeck** (würfelig geschnitten), 1 EL **Paradeismark**, **Salz**, **Pfeffer**, 500 ml **Suppe**, **Thymian**, **Majoran**.
Zubereitung: Getrocknete Linsen in kaltem Wasser über Nacht einweichen. Das Wasser abseihen. Zwiebel in Öl anschwitzen, Linsen dazugeben, kurz mitrösten. Paradeismark hinzugeben und gut umrühren. Mit Suppe ablöschen. Gewürze hinzugeben. Die Linsen weich kochen. Den in Würfel geschnittenen Speck in Pflanzenöl knusprig anbraten und unter die fertigen Linsen rühren, abschmecken.

Apfelrotkraut
Zutaten für 4 Portionen
500 g **Rotkraut**, 2 **Äpfel**, 125 ml **Rotwein** (Blauer Zweigelt), eine **Zwiebel**, 1 EL **Zucker**, **Zitronensaft**, **Orangensaft**, **Salz**, **Pfeffer**, **Kümmel**, **Pflanzenöl**.
Zubereitung: Das Rotkraut feinnudelig schneiden, mit Salz und Kümmel würzen, Zitronen- und Orangensaft dazugeben, gut vermischen und für 30 Minuten marinieren.
Die Zwiebel schälen, fein schneiden. Pflanzenöl erhitzen und darin Zucker und Zwiebel anrösten, mit Rotwein ablöschen und mit etwas Wasser aufgießen. Dann das Kraut beifügen und würzen. Äpfel schälen, reiben und zum Kraut geben. Zugedeckt weichdünsten.

Gurkensauce
Zutaten für 4 Portionen
Zubereitung: Fein gehackte **Zwiebel** in Butterschmalz glasig anschwitzen. Gewürfelte **Gurke** beigeben und kurz mitrösten. Mit **Rindsuppe** aufgießen und mit **Salz**, **Pfeffer** und **Kümmel** würzen. Kurz aufkochen lassen. Anschließend **Rahm** beigeben und 5 Minuten kochen lassen. Geschmolzene **Butter** mit **Mehl** mischen und damit die Sauce binden. Aufkochen lassen und mit dem Stabmixer pürieren.
Zum Schluss die gehobelten **Gurkenscheiben** und den feingehackten **Dill** untermengen und für 5 Minuten kochen lassen.

Steirisches Küchen Lexikon | 25

✱ Frittieren/Schwimmend in Fett ausbacken:
Das Wienerschnitzel, Panieren in Mehl, Ei und Bröseln

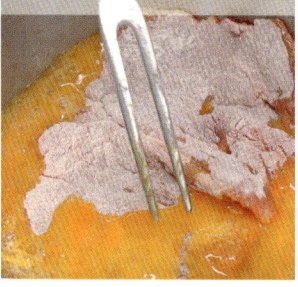

1 Die geschnittenen Fleischstücke (Schnitzel) beidseitig in Mehl wenden.

2 Eigelb und Eidotter in einer Schüssel mit einer Gabel verschlagen.

3 Das zuerst bemehlte Schnitzel beidseitig in verschlagenem Ei durchziehen.

4 Die überschüssige Eiermischung vom Fleischstück abtropfen lassen.

5 Das Fleischstück in den Semmelbröseln wenden und dabei zart andrücken.

6 Die überschüssigen Bröseln abschütteln. Bröseln sind am besten aus entrindeten Weißbrot.

7 Die fertige Panade (Panier) besteht aus Mehl, Ei und Brösel, immer in dieser Reihenfolge.

8 In einer Pfanne ein bis zwei Finger hoch Pflanzenöl/Butter erhitzen, Schnitzel einlegen.

9 Das Schnitzel in heißem Öl ausbacken und dabei die Pfanne leicht schwenken und bewegen, damit das Schnitzel nicht anbrennt.

10 Regelmäßig wenden, kleine Fleischstücke sollen heiß, große Stücke wie Backhuhn bei niedriger, aber konstanter Fett-Temperatur gebacken werden.

11 Das Wienerschnitzel auf beiden Seiten goldgelb ausbacken und aus der Pfanne heben. Auf Küchenpapier legen und das nächste Schnitzel in das heiße Öl geben..

12 Das fertige Wienerschnitzel auf Küchenpapier gut abtropfen lassen. Um ein Weichwerden der Panierkruste zu verhindern, frisch gebackenes vor dem Servieren nicht zudecken.

Es gibt nix Bessers åls wås Guats

Die Garmethoden: Das richtige Zubereiten von Speisen

Die Art und Technik der Garmethode ist die Basis für jede Speiseherstellung. Zu unterscheiden sind dabei die klassischen Garmethoden wie ✱ **Blanchieren (Überkochen)**, ✱ **Pochieren (Garziehen)**, ✱ **Kochen (Sieden)**, ✱ **Dämpfen**, ✱ **Dünsten**, ✱ **Braten**, ✱ **Grillen**, ✱ **Frittieren (schwimmend in Fett ausbacken)** ✱ **Backen im Rohr**, ✱ **Gratinieren (Überkrusten)**, ✱ **Glacieren (Überglänzen)**.

Gekochtes Fleisch kalt abschrecken: Alle gekochten Fleischstücke wie **Rindfleisch, Schwein, Kalb, Lamm, Beuschel** oder **Selchfleisch** soll man **sofort nach dem Kochen mit eiskaltem Wasser abschrecken** bzw. abkühlen lassen, damit es sich nicht verfärben kann. Lässt man die Fleischstücke nach dem Kochen offen auskühlen, verliert das Fleisch durch den aufsteigenden Dampf Flüssigkeit, wodurch die Oberfläche nach dem Abkühlen sehr dunkel und trocken wird. Beim Weiterverarbeiten (Beuschel) oder Wiedererwärmen (Rindfleisch) erhalten die gekochten und kalt abgeschreckten Fleischgerichte ihre appetitliche Farbe.
Anmerkung: Diese Verarbeitungsmethode gilt auch für Knödel, Leberknödel, Nockerln, Nudeln oder Reis, wenn sie nach dem Kochen nicht sofort serviert werden.

✱ Blanchieren/Überkochen

Das Blanchieren ist eine vorbereitende Kochtechnik. Die zu kochenden Stücke werden nur für kurze Zeit in reichlich siedendes Wasser getaucht/überkocht, und dann sofort in kaltes Wasser (auch mit Eiswürfel) gegeben, dadurch wird die Oberfläche abgekühlt/abgeschreckt.
Geeignet für: Sinnvoll ist das **Blanchieren von Knochen vor dem Suppenansatz**, verschiedene **Fleischteile** wie ein **Kalbsbries, Erdäpfel, Gemüse und Obst.**

✱ Pochieren/Garziehen

Im Fond, mit wenig Flüssigkeit oder schwimmend
Garziehen ist ein schonendes Garverfahren, das in heißer (bei 70°–80ºC), aber nicht kochender, aromatisierter Flüssigkeit (Wasser, Fond) oder im Wasserbad durchgeführt wird. Pochiert wird offen, teilweise zugedeckt oder ganz zugedeckt.
Entscheidend dabei ist neben der Temperatur auch die Flüssigkeitsmenge. So werden pochierte Eier in viel Wasser, Fischtranchen in wenig Flüssigkeit pochiert.
Geeignet für: Ganze Fische (Forelle „Blau"), Fischtranchen, Farcenockerln, Eier und Obst.
Im Wasser, schwimmend unter Zugabe von Essig, Salz oder Zucker
Geeignet für: Süße und pikante Knödel, Wurstwaren (Frankfurter, Krainer), Eier ohne Schale, Farcenockerln, Obst etc.
Im Wasserbad
Geeignet für: Eierstich, Puddings und Flans, Aufläufe, Galantinen, diverse Süßspeisen zum Aufschlagen von Massen, Cremen, Parfaits.

✱ Kochen/Sieden

Rind-, Kalb-, Schweinefleisch oder Lamm wird in mäßig heißer Suppe (80°–90°C) mit Gemüse, Kräutern und wenig Salz weich gekocht. Während des Kochens laufend abschäumen und abfetten (degraissieren). Für eine gute Suppe werden die Fleischstücke mit kaltem Wasser und Wurzelgemüse, Kräutern und Salz zugestellt. Wenn die Suppe mit Knochen zubereitet wird, sollten diese vor dem Zustellen heiß überbrüht und kalt abgeschwemmt werden.
Zum Aufgießen nur kaltes Wasser verwenden, dadurch steigen Fett- und Trübstoffe sofort nach oben und können so leichter abgeschöpft werden
Geeignet für: Saftiges, gekochtes **Rindfleisch** entsteht durch Einlegen der **nicht zu mageren Stücke (Tafelspitz, Schulterscherzl, Meisel, Beinfleisch)** in die mäßig heiße Suppe.
Gekochtes Rindfleisch wird für **Suppen, Salate, Sulzen** oder **Fleischstrudel** verwendet.

Steirisches Küchen Lexikon

Tipps für die Fleischzubereitung

Wie und wann werden Öle und Fette erhitzt: **Pfannen** mit sehr dickem Boden werden zuerst erhitzt, und erst kurz vor dem Braten wird mäßig Pflanzenöl oder Fett in die Pfanne gegeben.

Welche Öle und Fette sind zum Erhitzen geeignet: Nur **Fettstoffe** verwenden, die zum Erhitzen geeignet sind (keine hochwertigen kaltgepressten Öle erhitzen). Das Fett/Pflanzenöl **nicht überhitzen,** rauchendes Fett ist gesundheitsschädlich.

Welche Seite brate ich zuerst: Temperiertes, gewürztes Fleisch immer zuerst auf der fettreichen Seite anbraten (Hautseite bei Geflügel oder Fett- bzw. Schwartenseite bei Fleisch). Die Fettränder erst nach dem Braten oder Kochen wegschneiden (schützt vor dem Austrocknen).

Wie wende ich Fleischstücke: Fleischstücke wie Steaks, Schnitzel oder ganze Braten niemals beim Wenden mit der Gabel anstechen (ausgenommen Siede- bzw. Kochfleisch beim Prüfen,

✱ Dämpfen

Bei dieser überaus schonenden Garungsmethode kommt das Kochgut nur mit dem Wasserdampf in Berührung. Der Sud kann mit Aromastoffen, Gewürzen oder Kräutern stark angereichert sein, sodaß es dadurch zu einer Aromatisierung kommt. Dabei muß der Deckel verschlossen sein.

Geeignet für: Dämpfen empfiehlt sich bei **Teigtaschen nach asiatischer Art (Dim Sum), Fischen im Ganzen, Fischtranchen, Fischrouladen, Muscheln, Krustentiere, zarten Fleisch- und Geflügelstücken, Gemüse, Erdäpfeln, Knödeln und Speisen aus der Diätküche.**

✱ Dünsten

Dünsten ist Garen im Saft.

Naturdünsten: Es wird ein Ansatz hergestellt, gehackte Zwiebeln, geschnittenes Gemüse oder Speck werden angeröstet und mit Flüssigkeit (Wasser, Fond, Wein, Bier) aufgegossen, das Gargut wird in den Saft eingelegt und gedünstet, die Flüssigkeit darf nicht stark kochen.

Geeignet für: **Gulasch, Saftfleisch, Ragouts, Kohl, Kraut, Fisch.**

Hellbraun dünsten

Das Dünstgut wird in Butter gebräunt bis zur leichten Farbgebung, mit wenig Flüssigkeit untergossen, zugedeckt und gedünstet (= Garen in wenig hellbraunem Saft). Das Garstück darf keinesfalls in zu viel Flüssigkeit liegen.

Geeignet für: **Kalb- und Lammfleisch (Filets, Kotelettes oder Kalbsnieren), Geflügel, Fisch, Gemüse.**

✱ Schmoren oder Braundünsten

Das Fleischstück wird in der Pfanne in sehr heißem Fett stark angebraten, ein wenig Flüssigkeit untergossen und im Rohr zugedeckt gedünstet (= Garen in wenig gebräuntem Saft). Es muss immer wieder Flüssigkeit zugegeben werden, bis das Kochgut gar ist. Durch das Anbraten und das Zugießen erhält man eine sehr gute Sauce. Kleinere Fleischstücke können auch auf den Herd zugedeckt gedünstet werden.

Geeignet für: **Gröberes Schlachtfleisch, Wild und Wildgeflügel** in ganzen Stücken oder portioniert, **größere Fleischstücke** vom **Rind (Schlegelteile, Ochsenschlepp, dicke Schulter),** die meist wenig Fett aufweisen und eher grobfaserig sind, ebenso wie Rindschnitzel als Basis für **Zwiebelrostbraten.** Geschmort werden aber auch zartere Fleischteile vom **Kalb (Osso Buco)** oder **Kaninchen** sowie **gefülltes Gemüse (gefüllte Paprika, Kohlrouladen).**

ob es weich ist); durch das Anstechen entstehen sofort Saftaustritt bzw. Saftverlust.

Wie gare ich große Bratenstücke: Kernige bzw. feste oder schlecht gelagerte **große Fleischstücke** (Roastbeef, Rostbraten) können bei einer Kerntemperatur von 40°C mehrere Stunden im Rohr mürb gemacht werden. Das Backrohr soll dafür auf 60° bis 70°C eingestellt sein.

Anschließend können die noch rohen, aber mürben Fleischstücke im Ganzen oder aufgeschnitten wie gewohnt zubereitet werden.

Wie oft wende ich ein Bratenstück: **Steaks oder Rumpsteaks** werden, sobald sich Saft auf der Oberseite bildet, umgedreht, erst dann auf kleiner Flamme die andere Seite braten. Bei oftmaligem Wenden (etwa alle 2 Minuten) langsam zum gewünschten Garungspunkt fertig braten.

✳ Braten in der Pfanne

Kurzzeitbraten: Beim Kurzzeitbraten werden Steaks, Koteletts, Schnitzel oder Medaillons nach dem Würzen in heißem Fett (keine kaltgepressten Öle verwenden) beidseitig angebraten, so daß sich die Poren schließen können und die Farbe bzw. Bräunung entstehen kann. Nach dem Wenden werden die Fleischstücke, je nach Größe, fertig gegart. Je größer bzw. dicker die Stücke sind, umso langsamer werden sie auf der zweiten Seite fertiggegart.

Geeignet für: **Zartes Rindfleisch (Schwammerlrostbraten), Schweine-, Kalb-, Lammfleisch** oder **Wild in Portionsstücken, Geflügel, Innereien, Fisch, Meeresfrüchte, blanchierte Erdäpfel, Melanzani, Paradeiser, Zucchini** etc.

Schwingend rösten, sautieren: Beim Sautieren wird in Würfel geschnittenes oder geschnetzeltes Fleisch in wenig heißem Fett in kleinen Mengen rasch schwingend angeröstet, dadurch schließen sich die Poren sofort. Je nach Rezept im Saft oder in Sauce ziehen lassen – nicht kochen.

Geeignet für: **Sehr zartes Rindfleisch wie Rindslungenbraten, Kalbfleisch, Schweinslungenbraten, Hühner- oder Putenbrust, blanchierte Erdäpfel.**

✳ Grillen

Auf dem Rost: Gegart wird auf einem erhitzten Rost oder einer Grillplatte. Für den Geschmack am besten ist der Holzkohlengrill. Zum Grillen auf dem Rost nur gut abgehangenes, pariertes Fleisch verwenden und dieses gleichmäßig dick schneiden.

Dunkles Fleisch bräunt schneller als helles Fleisch. Grilladen aus hellem Fleisch oder Fisch sind an der Oberfläche nur hellbraun und trotzdem gar.

Geeignet für: **Stücke aus Rücken und Schlegel von Schwein und Rind, Geflügel, Fische im Ganzen oder portioniert, Krustentiere, Paprika, Paradeis, Melanzani, Zucchini, Zwiebel, Erdäpfel, verschiedene Würste.**

Auf dem Spieß: Gegart wird bei trockener Hitzebestrahlung (durch Holzkohlenglut, heiße Luft oder Infrarotstrahlung). Fleischstücke auf Spießen fixieren und drehen.

Geeignet für: **Ganz zarte Fleischstücke, Geflügel, Wildgeflügel.**

✳ Frittieren/Schwimmend in Fett ausbacken

Die Garstücke werden in heißem Fettbad – unter Wenden beidseitig – schwimmend herausgebacken. Fleisch- oder Geflügelstücke nach dem **Panieren in Mehl, Ei und Brösel** (am besten frisch gerieben oder vom entrindeten Weißbrot) je nach Größe der Fleischstücke bei 130°–180°C schwimmend ausgebacken. Zum Backen müssen Fette verwendet werden, die zum Erhitzen geeignet sind: Pflanzenöle, Sonnenblumenöl, Olivenöl, Butterschmalz, Schweineschmalz, Kokosfett oder auch spezielle Frittieröle.

Nach **Pariser Art** wird mit Mehl und Ei paniert. Backteig entweder mit Milch oder mit Wein oder Bier.

Anstelle von Bröseln können Fleischstücke auch in **geschrotteten Kürbiskernen, Kokosflocken, Nüssen** oder **Käse** paniert werden. Die Stücke nach dem Backen auf Küchenpapier abtropfen lassen.

Geeignet für: **Rind-, Kalb- (Piccata Milanese, Cordon Bleu) oder Schweinefleisch, portioniertes Geflügel, Fische, Meeresfrüchte (im Tempurateig), Erdäpfel (Kroketten), Suppeneinlagen (Backerbsen). Gemüse, Kräuter und Obst im Backteig, Süßspeisen wie Krapfen oder Brandteiggebäck.**

Der Braten soll noch rasten: Nach dem Braten sollen Fleischstücke vor dem Anschneiden, je nach Größe, kurz oder länger rasten, damit sich der Fleischsaft verteilen kann und beim Anschneiden nicht aus dem Braten rinnt. Steaks und Koteletts sollen 5 Minuten rasten, Braten je nach Größe, 15-20 Minuten (eventuell auf einem Gitter, wodurch weniger Saft austritt).
Werden **Filet- oder Karreestücke kurz gebraten**, müssen sie von allen Sehnen befreit oder diese eingeschnitten werden, da das Fleisch schneller gar wird, die Sehnen hart bleiben und so sich das Fleischstück verformen bzw. aufbiegen könnte.
Wenn **Fleischstücke geklopft** werden (für Schnitzel oder Rouladen), sollten sie zwischen einer starken Plastikfolie mit der glatten Seite eines Schnitzelklopfers geklopft (plattiert) werden.
Knusprige Schwartenbraten sollten gegen Ende der Bratenzeit **nicht mehr übergossen** werden. Dadurch würde die Kruste zäh werden.

✱ Braten im Rohr

Langzeitbraten mit Fett: Das Bratenstück bei 200°-250°C im Backrohr in wenig heißem Fett nicht zugedeckt anbraten. Unter öfterem Begießen mit dem Fett aus der Bratpfanne bei 140°-160°C fertig braten. Um den Bratensaft zu verbessern, werden Knochen oder Gemüse mitgebraten.
Geeignet für: ganze Stücke vom Kalb, Schwein oder Rind, Lamm, Wild und Wildgeflügel, Geflügel, Erdäpfel.

Langzeitbraten im eigenen Saft (ohne Fett): Fleischstücke mit so viel Flüssigkeit, dass der Boden bedeckt ist, in eine Bratpfanne geben und bei 230°C zugedeckt im Brat-/Backrohr braten (man erspart sich dadurch das Übergießen).
Geeignet für: Schweinefleisch, Geflügel, Lamm, Gemüse.

Braten am Spieß: Auf einem Spieß fixiertes Fleischstück bei starker Hitze unter Drehen garen, immer wieder mit Fett bestreichen.
Geeignet für: zarte Fleischstücke von Schlachtfleisch im Ganzen (Spanferkel, Lamm), Hühner im Ganzen, Wild und Wildgeflügel, ganze Fische.

Niedrigtemperaturbraten/-garen: Garen bzw. Braten bei niedrigen Temperaturen gehört zu den schonendsten Garmethoden.
Geeignet für: alle Fleischstücke, Lammschlegel oder -schulter, Roastbeef.

✱ Backen im Rohr

Gebacken wird in trockener, heißer Luft bei 170°-250°C, die durch Ober- und Unterhitze oder Umluft erzeugt wird.
Das Bratstück wird in das vorgeheizte Backrohr gegeben. Die Temperatur im Heißluftherd ist bei gleicher Einstellung um ca. 15°C heißer als im Backrohr bei Ober- und Unterhitze.

Backen bei fallender Temperatur: Das Backgut wird bei einer höheren Temperatur angebacken und anschließend bei weniger Hitze ausgebacken.
Geeignet für: Fleisch im Teigmantel (Filet Wellington, Schinken im Brotteig), Pasteten, Soufflés, Torten, Kuchen, Strudel, Omelettes, Brot, Gebäck etc.

✱ Schonende Garmethoden

Gegart wird im Backrohr mit sehr wenig oder gar keinem Fett; dadurch bleiben die Inhaltsstoffe und der Geschmack erhalten. Diese Form des Garens ist in der Diätküche und in der Schonkost unerlässlich.

Garen in Backtrenn- oder Pergamentpapier: Das Garstück wird in Backtrennpapier oder in mit wenig Fett bestrichenem Pergament gebraten. Das poröse Pergament schützt vor zu großer Hitze. Ein Großteil des Dampfes kann jedoch entweichen, und das Garstück wird braun.
Geeignet für: Portionsstücke von zartem, magerem Fleisch oder Fisch.

Garen in der Alufolie: Das Garstück wird in leicht befetteter Alufolie ohne Bräunung gedünstet.
Geeignet für: zartes, mageres Fleisch, Fisch, Gemüse, Erdäpfel, Fleischstücke im Ganzen, Portionsstücke, Geflügel.

Garen in der Bratfolie: Je nach Hitze wird in der Folie entweder gebraten oder gedünstet. Die Bratfolie muß fest verschlossen sein und an der Oberseite mit einer Nadel zwei- bis dreimal angestochen sein.
Geeignet für: Fleischstücke im Ganzen und Geflügel.

Fleischzubereitung und Gartemperatur

Die Wahl der richtigen Temperatur ist bei der Fleischzubereitung eines der Qualitätskriterien. Bei großen Bratenstücken ist die einfachste und sicherste Methode, die Kerntemperatur zu messen. Dafür geeignete Geräte sind heute überall im Handel erhältlich. Für Kalbs- oder Rinderbraten wäre ein Kerntemperatur ab 70°C ausreichend, bei Schweinsbraten ist sie etwas höher, ab 75°C. Je langsamer diese Temperaturbereiche erreicht werden, umso saftiger und mürber sind die Braten. Das Bratenthermometer bleibt während des Bratens immer im Fleisch stecken! Küchenöfen mit Festbrennstoffen hatten eine Backrohrtemperatur von 130°–160°C, wodurch die Garung sanft und langsam war. Die heutigen Backrohre erreichen schnell 200°–250°C, wodurch die Bratenstücke viel schneller durch sind. Durch die große Hitze kann jedoch sehr viel Fleischsaft verdunsten (bis zu 35% Saftverlust), es bleibt ein trockener und stark geschrumpfter Braten.

✻ Gratinieren oder Überkrusten

Das bereits ganz oder fast fertig gegarte Gericht (Fleisch, Fisch, Eier, Gemüse, Teigwaren, Paradeiser) wird mit Käse bestreut oder mit passender Sauce nappiert und anschließend mit geriebenem Käse und/oder Semmelbrösel bestreut und bei starker Oberhitze (bis 300°C) im Backrohr oder im Salamander überkrustet.

Geeignet für: **Vor-** oder **fertig gegarte Gerichte**, wie **Eierspeisen**, **Suppen** (**Zwiebelsuppe**), **Käsegerichten**, **Fische**, **Krustentiere**, **Schlachtfleisch und Geflügel**, **gekochte Teigwaren**, **Getreide-** und **Gemüsegerichte**, **gekochte Erdäpfel**, verschiedene **Süßspeisen**.

✻ Glacieren oder Überglänzen

Von Fleisch: Das Fleischstück wird mit Butter im eigenen Bratensaft überglänzt – bei kurz gebratenen Stücken kurz nachbraten lassen, Langzeitbraten immer wieder übergießen, bei Flüssigkeitsreduktion mit Fond untergießen.

Von Fisch: Fisch wird mit einer Sauce nappiert (Sauce Hollandaise) und anschließend abgeflämmt. Dennoch wird bei Fisch dafür auch der Begriff „Glacieren" verwendet.

Von Gemüse: Glaciert wird vorgegartes Gemüse mit in zerlassener Butter eingerührtem Zucker, der bei Bedarf auch karamellisieren kann. Es kann auch mit Fond aufgegossen und ein Sirup eingekocht werden. Gemüse kann ebenso wie Fisch überflämmt werden.

Gedünstetes Gemüse, das glaciert wird, ist im Geschmack ausgeprägter als gekochtes glaciertes Gemüse.

Je nach Ausgangsprodukt kann zum Glacieren anstatt Butter ebenso Honig, Ahornsirup oder ähnliches verwendet werden.

Geeignet für: vor allem **zuckerhaltiges Gemüse**, wie **Baby-Karotten**, **Zwiebel**, **Sellerie**, **Fisolen**, **Edelkastanien** etc.

✻ Kerntemperatur

Wenn die erwünschte Kerntemperatur erreicht ist, ist das Bratstück durchgegart und vor allem noch sehr saftig. Diese Temperaturkontrolle im Inneren des Fleischstückes geschieht mit dem Kerntemperaturmesser (Fleisch- bzw. Bratenthermometer).

Um den Zeitpunkt der angestrebten Temperatur im Kern (Mittelpunkt) des Fleischstückes zu erkennen, muß die Spitze des Thermometers tief in das Fleischstück gesteckt werden.

Dabei muß man darauf achten, dass im Inneren des Fleischstückes kein Fettdepot, eine Sehne oder auch ein Knochen angestochen wird.

Für die Garmethode Braten im Ganzen, Braten in der Pfanne, auf dem Grill oder Rost werden verschiedene Garstufen angestrebt.

Kerntemperaturen für Fleisch (ganzer Braten)

	blutig	rosa	durchgebraten
Roastbeef, Lungenbraten, Lamm	unter 50°C	58°–62°C	ab 70°C
Wild		65°C	ab 70°C
Schwein			ab 75°C
Kalb			ab 70°C
Geflügel			ab 85°C

Robert, ein Vater kocht für seine Tochter Julia: Fleischsaucen

Wenn du einen guten Braten bereitet hast, wäre es eine Sünde, nicht auch eine feine Sauce zu kochen. Durch das Anbraten und oft auch durch das Weiterbraten entsteht jede Menge von diesen guten Röstaromen, von denen ich eben gesprochen habe (Maillard Reaktion).

Diese kleben am Boden und an den Wänden der Pfanne, sollten nicht beim Abwaschen der Pfanne mühsam abgekratzt und entsorgt, sondern zu unserem Wohle verwendet werden.

Wie kommen wir an diese Geschmacksstoffe heran? Wenn der Braten sehr fett war oder in zu viel Fett angebraten wurde, so solltest du das überflüssige Fett (also fast alles) aus der Pfanne abgießen. Dann brauchst du ein starkes Lösungsmittel, um sie vom Pfannenboden loszubekommen. Wasser wäre grundsätzlich möglich, aber Alkohol ist als Lösungsmittel viel besser. Und wenn ein gutes Lösungsmittel auch noch gut schmeckt, so ist das doch grundsätzlich eine positive Koinzidenz.

Eine gute Wahl ist fast immer, zuerst 1–2 Achterln Weißwein (ich nehme meist einen säurehaltigen Welschriesling) in die Pfanne zu gießen und bei starker Hitze aufzukochen. Du kannst aber auch einen guten Schnaps nehmen, z.B. einen Cognac oder einen Calvados, oder zuerst mit dem Schnaps alles ablöschen und dann mit Wein aufkochen. Dann werden die Bratrückstände mit einem Kochlöffel von der Pfanne gelöst. Die Flüssigkeit soll unter ständigem Rühren weiter köcheln, bis sie stark reduziert ist und nur mehr ein paar Eßlöffel übrig sind. Dann ist die „einfache" Fleischsauce im Prinzip fertig. Es empfiehlt sich, sie durch ein Sieb abzugießen, um große Rückstände zu entfernen. Sie braucht nicht gesalzen zu werden, da sich in den Bratrückständen viel von dem Salz befindet, mit dem du das Fleisch gewürzt hast.

Diese Sauce ist zunächst eine unscheinbare bis häßliche (aber gut schmeckende) Flüssigkeit. Ich habe sie – ehrlich gesagt – so noch nie verwendet. Es ist auch sehr einfach, sie zu verbessern und auf den Braten abzustimmen. 1 bis 2 KL Senf und ein paar Flocken kalter Butter können sie schon gehörig aufwerten. Senf und Butter enthalten auch Moleküle, welche das Entstehen einer sämigen Sauce begünstigen (Bindemittel). Die Flüssigkeit wird unter ständigem Rühren bei großer Hitze eingekocht, bis sie „bindet". Was das ist, ist schwer zu beschreiben, aber jeder, der das einmal erlebt hat, weiß, was ich meine. Zuvor ist es eine Mischung aus Wein und Bratenrückständen, aber plötzlich ist es eine homogene Masse (Emulsion). Damit hat man meistens bereits etwas sehr Gutes erreicht. Ich nehme es, so wie es jetzt ist, als Sauce für das Roastbeef.

Du hast aber noch viele weitere Möglichkeiten: Soll es scharf sein, so gib Pfeffer und Chili hinein oder füge frische Kräuter hinzu, wenn du das liebst, z.B. Rosmarin und Thymian. Da die Geschmacksaromen vieler Kräuter bei großer Hitze zerstört werden, sollte man die Kräuter erst ganz zum Schluß zugeben. Ich finde zum Beispiel den Geruch von Estragon eine Wucht, er harmoniert unglaublich gut mit Kalbfleisch. Hier gibt es viele Möglichkeiten für dich, kreativ tätig zu werden.

Weitere Grundbestandteile vieler Saucen sind Schlagobers und saurer Rahm, die mit dem Lösungsmittel in die Pfanne geschüttet werden. Auch diese Zutaten helfen ganz wesentlich, eine Sauce zu binden, machen sie aber viel üppiger. Um so eine Sauce aufzufrischen füge ich z.B. grünen Pfeffer oder Orangen zu. Bei Wildsaucen passen besonders gut Preiselbeeren (1 EL in der Sauce) und Wacholder. Wie gesagt, hier kannst du kreativ sein. Und trau dich auch, ungewohntes (z.B. Essig) zu probieren, du wirst sehen, du machst aufregende Entdeckungen, und das macht Spaß.

Abschließend noch einen kleinen Hinweis auf das Binden von Saucen mit Mehl. Dies wird sehr oft praktiziert, ich mache das aber (fast) nie. Ich finde, die Sauce wird dadurch oft nur dick, und irgendwie verliert sie an Geschmack (das ist natürlich ein Vorurteil). Es gibt die Möglichkeit, das Mehl über eine dunkle oder eine lichte Einbrenn (Bechamelsauce) in die Sauce zu bringen oder über eine Butter-Mehl-Mischung oder auch, indem man einfach einen Löffel Mehl in die Sauce gibt. 1 MSP Mehl in 125 ml saurem Rahm verhindert das optisch unerwünschte „Ausflocken".

Klassisches Roastbeef

Ein köstliches Gericht aus der altösterreichischen Küche. Warm ist es der Hauptgang für ein Festmahl, aber kalt schmeckt es fast noch besser. Ein 2-kg-Stück reicht auch für 10 bis 12 Personen. Ich mag es warm (z.B. mit Erdäpfelgratin), mache aber immer etwas mehr als nötig, damit etwas zum Kaltessen übrig bleibt. Obwohl ich hier viel geschrieben habe, ist die Zubereitung ganz einfach und erfordert wenig Arbeit.

Zutaten für 10–12 Portionen
Ein **Beiried** (1,5 kg bis 2 kg), **Salz, Pfeffer, Estragon-Senf**, grobes **Meersalz**, je nach Fleischgröße 3–6 EL **Olivenöl** und ein Stück **Butter** zum Anbraten.

Zutaten für die Sauce
125 ml–200 ml säurereichen **Weißwein** (je nach Fleischgröße), eventuell 1–2 EL **Estragonsenf**, 40–80 g **Butter**.

Zubereitung: Das Beiried hat eine breite (weiße) Rückensehne. Diese so einschneiden, daß ein Würfelmuster entsteht (die Sehne ist nötig, damit das Fleisch beim Braten nicht austrocknet). Sie soll tief eingeschnitten, aber gerade nicht durchgeschnitten werden.

✱ Fleisch mit Salz und Pfeffer auf allen Seiten kräftig einreiben und mit etwas Senf bestreichen. Der Senf soll dabei vor allem in die Einschnitte der Sehne gestrichen werden (er brennt sonst leicht an).

✱ Das Fleisch wie im Abschnitt „Das Braten großer Fleischstücke" beschrieben im heißen Fett anbraten,

✱ dann die fette Seite nochmals mit grobem Meersalz bestreuen, ins vorgeheizte Backrohr schieben und weiterbraten.

✱ Das Fleisch ist fertig („medium"), wenn das Innere eine Temperatur von 65°C erreicht hat. Dies ist am leichtesten mit einem Bratenthermometer festzustellen. Wählst Du eine Backrohrtemperatur von 180°C für 30 Minuten und reduzierst dann die Temperatur auf 160°C für weitere 30 Minuten, so solltest Du in etwa hinkommen.

✱ Fleisch aus dem Ofen nehmen und 15 Minuten rasten lassen.

✱ Inzwischen eine einfache Fleischsauce zubereiten (siehe Abschnitt „Über das Zubereiten einfacher Fleischsaucen"): Ich füge beim Roastbeefsaft immer etwas Senf (Estragon) und Butter bei, das kann man aber weglassen.

✱ Sauce durch ein Sieb gießen und mit dem in Scheiben geschnittenen Fleisch servieren. Eine Scheibe soll eine Portion sein und somit etwa 150 g wiegen. Bei einem typischen Beiried ist so eine

Scheibe einen guten Zentimeter dick.

✱ Sollte das Rostbeef kalt serviert werden, in 2 mm dicke Scheiben schneiden und servieren.

Anmerkungen

✔ Dieses Gericht eignet sich (wie alle Braten) besonders gut für ein Essen mit vielen Gästen, da mehr Portionen nicht mehr Arbeit bereiten.

✔ Julia, der Senf ist wichtig (ich nehme am liebsten Estragon). Er gibt dem Gericht seinen typischen Geschmack, schmeckt aber nicht vor.

✔ Ob man das Fleisch „rare" haben will oder „medium", darüber läßt sich trefflich streiten. Ist es aber durchgebraten (Kerntemperatur 70°C, „well done") ist es grau, trocken und schmeckt (mir) gar nicht mehr. In Frankreich und Italien wollen sie es sehr „rare", d.h. es ist im Inneren fast roh (Kerntemperatur unter 60°C). Da das Fleisch von höchster Qualität ist, könnte es auch roh gegessen werden (tut man auch bei einem Beef Tartare oder einem Carpaccio), und daher kann es hier auch nicht schlecht sein. Auch Gitti hat ein „rare" zubereitetes Rostbeef in Italien einmal so gut geschmeckt, daß sie später von mir verlangt hat, es auch bei uns einmal so zuzubereiten. Wenn das Fleisch nach dem Braten genügend ruht, fließt beim Schneiden auch kein rötlicher Fleischsaft heraus. Ich mag ein Roastbeef aber lieber „medium" oder „medium/rare". Dann ist es innen rosa, der Fleischsaft ist schon klar, und das Fleisch ist immer noch wunderbar saftig. Wenn man es dann aber weiter brät, wird es grau und trocken und verliert sehr viel von seinem guten Geschmack.

✔ Die angegebene Kerntemperatur bezieht sich auf ein „medium" gebratenes Fleisch. Willst Du es mehr durch haben, so nimm 2°C mehr, und willst Du es weniger durch haben, so nimm 2°C weniger.

✔ Zu solchen Braten paßt sehr gut etwas Fruchtiges wie Preiselbeermarmelade, Sauce Cumberland (super!), gekochte Birne etc..

✔ Angaben zu Backrohrtemperaturen und Kochzeiten können in Kochbüchern sehr unterschiedlich sein.

Für Roastbeef habe ich gefunden:

✔ –180°C für 30 Minuten, dann Temperatur auf 160°C reduzieren und für weitere
✔ 30 Minuten weiterbraten.
✔ 30–40 Minuten bei 220°–250°C.

Oder auch

✔ 2–3 h bei 100°–120°C.

✔ Wichtig ist die Kerntemperatur (in diesem Fall 65°C). Wenn genügend Zeit vorhanden ist, ist die geringere Brattemperatur besser, da das Fleisch saftiger bleibt und man auch etwas flexibler mit der Zeit ist.

✔ Kalt gegessen schmeckt das Roastbeef unglaublich gut. Im Prinzip kann man alles damit machen, was man auch mit einer guten Wurst oder einem guten Schinken machen würde.

Robert, ein Vater kocht für seine Tochter Julia: Steaks

Das Fleisch kann vom Rind, Schwein, Kalb, Wildbret oder auch anderen Tieren stammen. Ein Steak ist eine Scheibe aus gut bratbarem Fleisch, die etwa 3 cm bis 4 cm dick ist. In der Regel verwendet man den Lungenbraten (das Filet), es sind aber auch andere (billigere) Fleischteile sehr gut zu verwenden.

Vom Rind sind die beliebtesten Steaks vom Rostbraten, der von einer kleinen Fettader durchzogen wird. Wenn die Steaks aufgeschnitten sind, sieht man sie im Anschnitt als weiße Scheibe (Fettauge, engl. rib eye). Man muß das Fett nicht essen, aber es sorgt dafür, daß das Fleisch beim Braten sehr saftig bleibt. Fett ist eine gute Trägerschicht für Geschmacksstoffe.

Ein anderes gutes Stück ist das **Beiried**. Hier befindet sich eine fettige Flachse am Rand des Stücks, die man nicht mitessen muß, aber wenn man dies will, auch kann. Da sie sich beim Braten anders als das Fleisch zusammenzieht, muß man sie (alle 3 cm bis 5 cm) einschneiden, sonst wölbt sich das Steak beim Braten.

Ganz köstlich sind Kalbssteaks, aber auch Schweinsfischerl sind sehr gut geeignet. Steaks sind in wenigen Minuten fertig zubereitet. Sie eignen sich daher sehr gut für ein exzellentes Essen, bei dem man nur wenig arbeiten will.

Grundsätzlich sind die im Abschnitt über das Braten großer Bratenstücke beschriebenen Grundlagen auch hier anwendbar. Anders ist aber, daß beim Lösen der Wärmeleitungsgleichung der Braten durch eine Kugel aproximiert werden kann, ein Steak aber durch eine unendlich ausgedehnte Platte.

Dies bedeutet: doppelte Dicke = 4-fache Bratzeit. Auch die Ideen zur Anfertigung einfacher Fleischsaucen sollte man vor dem Kochbeginn lesen.

Grundrezept Steaks braten

Zutaten für 1-4 Personen (je nach Größe)
1 **Steak** (3-4 cm dick), **Meersalz**, **Pfeffer** aus der Mühle, ein wenig **Olivenöl und Butter** (die Menge hängt von der Größe des Steaks ab).

Zubereitung: Das Steak unmittelbar vor

dem Braten auf beiden Seiten kräftig mit Salz und Pfeffer würzen, Olivenöl-Butter-Mischung in der Bratpfanne bei großer Hitze erwärmen. Man soll dabei wenig Pflanzenöl nehmen, gerade genug, daß der dicke Pfannenboden bedeckt ist.

Wenn das Pflanzenöl zu rauchen beginnt, Steak hineinlegen und für etwa 30 Sekunden kurz anbraten, dann Hitze reduzieren und weiterbraten, bis auf der Oberseite Fleischsaft auszutreten beginnt (das ist in der Regel nach 2 bis 3 Minuten). Umdrehen, und die frisch gebratene Seite nochmals mit grobem Meersalz aus der Mühle würzen und weiterbraten, bis wiederum Fleischsaft auszutreten beginnt (weitere 2-3 Minuten).

Steak aus der Pfanne nehmen, auf ein Brett mit Saftrinne legen, zudecken und noch für 5 bis 10 Minuten ruhen lassen. Inzwischen mit den Bratrückständen eine Fleischsauce bereiten. Dabei auch den gegebenenfalls ausgetretenen Fleischsaft verwenden.

Steaks anrichten und mit der Sauce überziehen.

Das ist ein Grundrezept,

das je nach Fleischsorte und Sauce leicht verändert werden kann. Wenn man es wie angegeben brät, so sollte es „medium" sein. Bei dicken Fleischscheiben kann der Saft zunächst noch leicht rötlich sein, dann ist es „rare", und erst später klar werden, dann ist es „medium" oder bereits etwas zu lang gebraten.

Viele Faktoren zum guten Gelingen sind eine Frage des richtigen Geschirres. Ist bei der verwendeten Pfanne der Boden zu dünn, so speichert diese wenig Wärme und kühlt beim Braten sogar stark ab. Dann darf man die Hitze nicht wie oben angegeben zurücknehmen, bevor man das Steak wendet.

Ist das Steak zu dünn, so ist es schwer, es perfekt zu machen, da es sowohl eine gute Kruste haben als auch die Mitte rosa sein soll. Hier braucht man einige kochtechnische Erfahrung. Dicke Steaks sind viel einfacher zu braten, und man hat auch mehr Zeit dabei.

Pfeffersteak

Damit belohne ich mich gerne, wenn es sonst niemand tut. Wenn ich niemanden finde, der das Steak mit mir teilen will, so esse ich es eben alleine. Zum Steak passen sehr gut Weißbrot und grüner Salat.

Zutaten Steak für 1-3 Personen)
1 **Steak vom Rostbraten** (3-4 cm dick)
Meersalz, Pfeffer aus der Mühle,
1 EL **Olivenöl** und 10 g **Butter**.

Zutaten für die Sauce
125 ml trockenen **Weißwein** zum Ablöschen, 1 EL **Dijon-Senf**, **Pfeffer** aus der Mühle, 1 EL eingelegte grüne **Pfefferkörner**, 1/16 l **Schlagobers**.

Zubereitung: Steak wie im Grundrezept angegeben braten.

Zur Herstellung der Sauce Herdplatte auf höchste Stufe stellen, Bratrückstände mit Wein ablöschen, Senf und Pfefferkörner zugeben und eine einfache Fleischsauce bereiten, wie es im Kapitel über die Herstellung einfacher Fleischsaucen beschrieben ist. Schlagrahm zufügen und kräftig mit Pfeffer würzen. Vom Steak ausgetretenen Saft ebenfalls zufügen und Sauce weiter reduzieren, bis sie sämig wird.

* Steak schräg in 2 cm dicke Streifen schneiden, mit Sauce überziehen und servieren.

Anmerkungen

✔ Beim Würzen nach dem Umdrehen nehme ich manchmal nicht Salz aus der Mühle, sondern grobes Meersalz. Es ist irgendwie spannend, auf ein Salzkorn zu beißen.

✔ Du kannst den Senf auch weglassen, wenn Du ihn nicht magst, die Sauce wird mit Senf aber besser.

✔ Anstelle des Rostbratens dürfte Dir vielleicht Lungenbraten besser schmecken (mir nicht), und auch eine Beiried wäre sehr gut geeignet.

Beilagen: Minzerdäpfel, Rosmarinerdäpfel, Erdäpfelgratin.

Steak mit Cognac-Pfeffer-Rahm-Sauce

Das ist eine Variante des Pfeffersteaks, gut geeignet für ein romantisches „Dinner for two". Bis auf den Cognac ist praktisch alles gleich.

Zutaten für 2 Personen

2 **Steaks vom Lungenbraten** (3-4 cm dick, je 150 g), **Meersalz** und **Pfeffer** aus der Mühle, 1 EL **Olivenöl** und 10 g **Butter**.

Zutaten für die Sauce

125 ml trockener **Weißwein** zum Ablöschen, 1-2 EL **Estragon-Senf**, **Pfeffer** aus der Mühle, 1 EL eingelegte grüne **Pfefferkörner**, 80 ml **Schlagrahm**, 50 ml **Cognac** (oder guten Weinbrand).

Zubereitung: Steaks und Sauce wie im Pfeffersteak-Rezept angegeben zubereiten.

* Wenn die Sauce fertig ist, Steaks nochmals in die Pfanne legen und Hitze nochmals hochdrehen.

* Cognac über die Steaks schütten, nach einigen Sekunden Pfanne hochheben und etwas schief halten und schwenken, sodaß der Cognac über den heißen Pfannenboden läuft und sich dabei erwärmt,

* dann Cognac (z.B. mit einem langen Streichholz) anzünden. Vorsicht: die Flamme kann sehr hoch reichen.

* Dann Steaks und Sauce auf Tellern anrichten und sofort servieren.

Anmerkungen

✔ Der Cognac brennt nur, wenn er erwärmt und noch nicht verdünnt ist. Wenn du zu lange mit dem Anzünden zögerst, wird das nicht gelingen.

✔ Selbstverständlich kann man auch hier Beiried oder Rostbraten nehmen, aber ich finde, zu der feierlichen Prozedur soll auch das Fleisch etwas Besonderes (besonders teuer) sein.

Saltimbocca

Dieses Gericht ist eine köstliche Variation von Kalbfleisch, Schinken und Salbei. Sie ist besonders leicht und eignet sich daher auch als Essen für heiße Sommertage. Als Beilage empfehle ich ein Erdäpfelpüree, das hervorragend zu der himmlischen Sauce paßt.

Zutaten für 4 Personen

500 g dünn geschnittene **Kalbsschnitzel** (1/2 cm dick, am besten vom **Karree**); als **kostengünstigere Variante** kann man **Schweinsschnitzel** (besser Lungenbraten) verwenden.
100 g steirischer **VULCANO-Schinken**, 16 große **Salbeiblätter**, 16 **Zahnstocher** aus Holz, **Salz** und **Pfeffer** aus der Mühle, 100 g **Butter**, 125 ml trockenen **Weißwein** (Welschriesling, Weißburgunder).

Zubereitung:

* Schnitzel etwas plattieren, sodaß sie nicht dicker als 4-5 mm sind, leicht pfeffern und wenig salzen.

* mit einem Salbeiblatt und dann mit einem Schinkenblatt belegen und mit einem Zahnstocher zusammenstecken.

* Rückseite salzen und pfeffern.

* Die Hälfte der Butter in großer Pfanne heiß werden lassen und erste Portion der Schnitzel mit Schinkenseite hineinlegen.

* Hitze sofort reduzieren, braten, bis der Schinken leicht Farbe angenommen hat (das geht sehr schnell, es dauert etwa 1-2 Minuten), wenden und ebenfalls kurz braten.

* Schnitzel aus Pfanne nehmen und in einen Teller legen und ins auf 60°C vorgeheizte Backrohr stellen.

* Bratvorgang mit den restlichen Schnitzeln wiederholen.

* Temperatur des Herdes wieder hochschalten und Pfanne dann mit Wein ablöschen und eine einfache Sauce bereiten.

* Den inzwischen ausgetretenen Fleischsaft in die Sauce schütten.

* Mit Erdäpfelpüree und Sauce servieren.

Anmerkungen

✔ Es ist günstig, wenn die Fleischstücke nach dem Plattieren so groß sind, daß sie zum Salbeiblatt und zu den Schinkenscheiben passen.

✔ Schweinsfischerl sind viel billiger als Kalbskarree, aber sie verändern den Geschmack doch sehr. Es ist dann ein anderes (immer noch sehr gutes) Gericht.

✔ Schweinsfischerl schneide ich etwas dicker (senkrecht oder leicht schräg zur Längsachse), sodaß ich sie mehr plattieren muß; dann passen sie besser zum Salbei und zum Vulcano-Schinken.

Fritatten	Eintropfsuppe
Grießnockerl	Schöberl
Leberknödel	Leberreis
Fleischstrudel	Milzschnitte

Suppen und Suppeneinlagen im Steirerland

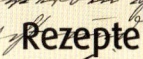

Es gibt nicht viele Speisen, die in so vielfältiger Weise auftreten wie unsere Suppen. Einerseits wecken sie die unterschiedlichsten Erinnerungen: Der eine denkt an eine kräftige Suppe aus Großmutters Küche oder an einen klassischen Suppentopf aus der Kaiserzeit.

Ein anderer an Feuriges aus ethnischen Küchen oder an Feines aus der „Großen Küche". Suppen und Eintöpfe haben bei unserer Ernährung immer eine große Rolle gespielt. Suppenliebhaber denken dabei allerdings niemals an irgendwelche Fertigsuppen, die nur mehr in Wasser aufgelöst werden müssen, sondern vielmehr an eine wohlschmeckende, kräftige Suppe, die den Geschmack von den vielen natürlichen Grundprodukten durch das langsame Köcheln erhält.

Den Vorgang einer guten Suppenzubereitung könnte man fast als Ritual bezeichnen, und deshalb sollte die Suppe auch mit der nötigen Andacht gekocht und genossen werden.

Nicht umsonst wird die Herstellung einer guten Suppe fast als „Wissenschaft" bezeichnet, benötigt man doch neben hervorragenden Grundprodukten und viel Zeit auch das nötige Gespür für Geschmack und Harmonie. Bei der Zubereitung von Suppen müssen 2 Dinge harmonieren: die Persönlichkeit der Köchin/Koch und das Rezept mit der Zubereitung.

Suppen und Suppeneinlagen

Die klassischen Suppeneinlagen der österreichischen Küche sind Teigwaren wie **Nudeln, Frittaten, Leberknödel, kleine Knödel (Bröselknödel), große Knödel (Semmelknödel), Grießnockerl, Strudel, Schöberln, Wurzelgemüse, Gemüse , Kürbisse**, klein geschnittenes Fleisch und Fische (Fischnockerl).

Alle Suppen werden mit passenden Kräutern, wie **Schnittlauch, Petersilie, Kerbel, Melisse** oder **Basilikum**, nach dem persönlichen Geschmack und der Optik der Suppe im Teller gewürzt.

Nockerl: Grießnockerl, Lebernockerl, Topfennockerl, Dinkelnockerl, Leberreis (Farcenockerl) etc.

Schöberln: Kaiserschöberln (Masse mit geriebenem Hartkäse vermischen), Biskuitschöberln (Masse mit geriebenem Hartkäse und Schinkenwürfeln), Kräuterschöberln (Masse mit frischen Kräutern wie Petersilie, Schnittlauch oder Kerbel vermischen), Erbsen, Gemüse, Kräuter etc.

Knödel: Leberknödel, Markknödel, Speckknödel, Bröselknödel, Semmelknödel, Kaspressknödel etc.

Teigwaren: Suppennudeln, Eintopf, gefüllte Teigtaschen, Reibgerstel etc.

Gebackenes (in der Pfanne, im Fett oder im Backrohr): Frittaten, Profiteroles, Backerbsen etc.

Pofesen mit Spinat, Kräutern, Pilzen, mit Innereien (Milz etc.), **Strudel:** Fleischstrudel, Spinatstrudel, Semmelstrudel, Gemüsestrudel, Lungenstrudel, Grammelstrudel, Grießstrudel etc.

Die kleine Grundphilosophie bei der Herstellung von Suppeneinlagen und Nockerl:

Eier, Semmeln und **Brösel binden** die Masse,
Fett/Pflanzenöl lockert auf, und **Mehl festigt** die Einlage.

Weitere Suppeneinlagen: Verschiedenes Gemüse, Karotten, Erbsen, Rosen von Karfiol oder Brokkoli, Champignons, Einlagen von kleingeschnittenem Fleisch (Beuschl, Fleck, Milzschnitten), Fisch etc.

Klare Rindsuppe

Zutaten für 8-10 Portionen

1 kg **Fleischknochen** bzw. **Fleischabschnitte** (Suppenfleisch), 500 g geschnittene **Markknochen**, 350 g **Wurzelgemüse** wie **Lauch, Karotten** (geschält), **Petersilienwurzel, Sellerieknolle**, 1 **gelbe Rübe**, 2-3 **Lorbeerblätter**, etwas **Liebstöckl**, Petersiliengrün, Salz, Pfeffer.

Zubereitung: In einem großen Topf etwa 4 Liter Wasser zum Kochen bringen, die Fleischknochen, die Markknochen und Fleischabschnitte einlegen und kurz überbrühen.

▶ Nach einigen Minuten, wenn sich an der Oberfläche Schaum bildet, die überbrühten Knochen aus dem Topf nehmen und mit kaltem Wasser abschrecken. Dieses Abschrecken der Knochen vermeidet unangenehme Gerüche und Geschmacksstoffe.

▶ Anschließend die Knochen in einem Topf mit etwa 3 Liter frischem, kaltem Wasser zustellen und das geputzte und grob geschnittene Wurzelgemüse sowie die Gewürze dazugeben. Für eine weitere Stunde im nicht zugedeckten Topf sanft köcheln lassen. Salz nur sehr wenig verwenden.

▶ In einem Topf mit etwa 3 Liter frischem, kaltem Wasser die blanchierten Fleischknochen und Fleischstücke zustellen und aufkochen lassen. Die Hitze reduzieren und für 2-3 Stunden langsam weiterköcheln lassen.

▶ Den sich bildenden Schaum und den Fettspiegel, der auf der Oberfläche treibt, immer wieder abschöpfen.

▶ Danach die Suppe abseihen und je nach Weiterverwendung mit Gewürzen abschmecken. Eine Rindsuppe soll immer in größeren Mengen zubereitet werden.

▶ Eine Rindsuppe serviert man entweder klar oder mit einer beliebigen Suppeneinlage.

▶ Beim Anrichten mit geschnittenen **Schnittlauchröllchen** bestreuen.

Frittatensuppe	3erlei Knödel
Gefüllte Schlickkrapfen	Fischsuppe
Knödel als Suppeneinlage	Suppentopf
Leberknödel-Masse	Speckknödel-Masse

Frittaten

Für die beliebten Frittaten als klassische österreichische Suppeneinlage wird dem **Palatschinken-Grundteig** noch geschnittene Petersilie zugegeben.
Wenn die Palatschinken fertig ausgebacken und ausgekühlt sind, werden sie eingerollt und in dünne Streifen geschnitten.

Palatschinken-Grundteig
Zutaten für 12 Stück

420 g **Milch**, 2 ganze **Eier** (Größe M), 2 **Eidotter**, 170 g glattes **Mehl**, 3 g **Salz**, **Pflanzenöl** zum Backen.
Zubereitung: Die halbe Milchmenge mit den Eiern, Eidotter und Salz vermischen. Das Mehl zugeben und glatt rühren. Die restliche Milch nach und nach zugeben, bis der Teig eine dünnflüssige Konsistenz aufweist. Anschließend den Teig für etwa 30 Minuten bis 1 Stunde stehen lassen.
Eine Palatschinkenpfanne erhitzen und darin eine kleine Menge Pflanzenöl verlaufen lassen. Den Palatschinkenteig eingießen und durch Drehen der Pfanne gleichmäßig dünn verteilen. Wenn ein goldbrauner Farbton erreicht ist, wenden und die andere Seite fertigbacken.
Für die nächste Palatschinke wieder zuerst das Pflanzenöl und erst dann den Teig zum weiteren Backen eingießen.

Fleischstrudel
Zutaten für 4–6 Portionen

250 g gemischtes **Faschiertes**, 100 g **Selchbrüstel**, 2 EL **Pflanzenöl**, 1 kleiner **Zwiebel**, **Petersilie**, **Salz**, **Pfeffer**, 1 **Knoblauchzehe**, **Majoran**, 2 **Eier** (Größe M).
Zubereitung: Zwiebel klein schneiden, Petersilie hacken, die Gewürze und das Faschierte gut vermengen. Das Schweinsselchbrüstel würfelig schneiden und in Pflanzenöl anrösten, danach mit Eiern abrühren und den Strudelteig damit befüllen. Im vorgeheizten Backrohr bei 200°C für 15 Minuten backen.

Leberknödel
Zutaten für 8–10 Stück

200 g **Rindsleber** (feingeschabt), 2 altgebackene **Semmel**, 2 EL **Pflanzenöl**, **Milch**, 1 kleiner **Zwiebel** (fein gehackt), 1 EL **Petersilie** (grob gehackt), 1 **Ei** (Größe M), **Salz**, **Pfeffer**, **Majoran**, 1 feingehackte **Knoblauchzehe**, **Semmelbrösel** nach Bedarf.
Zubereitung: Die Semmeln in Milch für einige Minuten einweichen und anschließend gut ausdrücken. Den fein gehackten Zwiebel in Pflanzenöl kurz anrösten. Leber und Semmeln sowie Petersilie zugeben und alles fein faschieren. Das Ei einrühren und mit Salz, Pfeffer, Majoran und mit fein geschnittenem Knoblauch noch fein abschmecken.
Soviel Semmelbrösel zugeben, bis eine mittelfeste Masse entsteht, diese dann für 30 Minuten rasten lassen.
Mit nassen Händen gleichmäßige Knödel formen und in die kochende Suppe oder leichtes Salzwasser einlegen und 10 bis 12 Minuten kochen, eher „ziehen" lassen.
Es empfiehlt sich immer eine Probeportion einzukochen und diese zu kosten.
Die Leberknödel nach dem Kochen sofort mit kaltem Wasser abschrecken, dadurch trocknen sie nicht aus und verfärben sich auch nicht dunkel.
Leberknödel in einer Rindsuppe anrichten und mit Schnittlauchröllchen bestreuen.

Leberreis
Zutaten für 8–10 Portionen

200 g **Rindsleber** (fein faschiert), 1/2 **Zwiebel** (grob geschnitten), 2 EL **Pflanzenöl**, ½ EL **Petersilie** (grob gehackt), 2 **Eier** (Größe M), 160 g glattes **Mehl**, **Salz**, **Pfeffer**, **Majoran**, etwas **Knoblauch**.
Zubereitung: Die grob geschnittenen Zwiebelstücke in Pflanzenöl kurz anrösten und abkühlen lassen. Faschierte Leber, Petersilie und Eier einrühren, mit Salz, Pfeffer, Majoran und feingeschnittenem Knoblauch kräftig abschmecken. Zum Schluss das Mehl einrühren. Die eher feste Masse durch ein Spätzlesieb oder durch ein umgedrehtes grobes Reibeisen mit Hilfe einer Teigkarte in kochende Suppe oder leichtes Salzwasser streichen und 10 Minuten kochen.
Der Leberreis kann mit feingeschnittenen Zwiebeln und Petersilie auch als Beilage zu deftigen Speisen serviert werden.
Aus derselben Grundmasse können auch nach Zugabe von etwas Semmelbrösel mit zwei Suppenlöffeln Lebernockerln geformt werden.
Wird der Leberreis erst später oder am nächsten Tag serviert, sollte er nach dem Kochen sofort in kaltem Wasser für 5–10 Minuten abgeschreckt werden, damit er nicht austrocknen und sich nicht dunkel verfärben kann.

Lungenstrudel
Zutaten für ca. 10 Portionen

150–200 g gekochtes **Beuschel** (grob faschiert), 1–2 EL **Pflanzenöl**, 1/2 **Zwiebel** (feingeschnitten), 1 **Ei** (Größe M), **Semmelbrösel**, **Salz**, **Pfeffer**, **Majoran**, **Knoblauch**, fertige **Strudelblätter** vom Lebensmittelhandel.

Zubereitung:

Die feingeschnittene Zwiebel in Pflanzenöl leicht anrösten, das gekochte Beuschel zugeben und kurz mitrösten. Etwas abkühlen lassen und dann das Ei zur besseren Bindung einrühren.
Sollte die Masse zu weich sein, noch etwas Semmelbrösel zugeben. Mit Salz, Pfeffer, Majoran und Knoblauch abschmecken.
Diese Masse auf das erste Drittel der Strudelteigfläche – die vorher mit Butter bestrichen wurde – verteilen. Den Strudel mit Hilfe des Strudeltuches einrollen und mit dem Handrücken in Portionen teilen. Die Ränder festdrücken und die Stücke in kochendes Salzwasser einlegen, etwa 15 Minuten ziehen lassen (gekochter Strudel).
Gebackener Strudel: Die Oberfläche des ganzen, gefüllten Strudels mit Eigelb bestreichen und im vorgeheizten Backrohr bei 200°C für 15 Minuten backen. Anschließend abkühlen lassen und in beliebig große Stücke schneiden.

Schwammerlstrudel	**Semriacher Semmelstrudel**
Suppenansatz	**Grießstrudel**
Gemüsesuppe	**Krensuppe mit Roten Rüben**
Saure Milchsuppe	**Rahmsuppe**

Klare Hendlsuppe mit Schwammerlstrudel
Zutaten für 6 bis 8 Portionen
1 kg **Knochen** und **Fleischabschnitte** vom **Huhn** oder ½ **Suppenhuhn**, **Salz**, 1 **Zwiebel** (mit der Schale, aber halbiert), 2 **Knoblauchzehen**, 1 Bund **Suppengrün**, 3 Liter **Wasser**.

Zubereitung:
Das Hühnerklein in kochendes Wasser geben, aufkochen, abseihen und kalt abwaschen. Frisches Wasser zustellen und die blanchierten Knochen, das Hühnerfleisch, etwas Salz, Gemüse und Suppengrün hineingeben. Bis auf die Hälfte der Flüssigkeit einkochen, dabei immer wieder den Schaum abschöpfen. Durch ein Sieb abseihen und abschmecken.

Schwammerlstrudel:
300 g **Steinpilze/Eierschwammerl**, 50 g **Semmelwürfel**, 1 EL **Zwiebel** (feingeschnitten), 1 **Ei**, 1 EL **Butter**, **Knoblauch** (feingeschnitten), **Salz, Basilikum, Petersilie, Strudelteig**.

Zubereitung:
Die Schwammerln putzen, klein schneiden. Zwiebel und Knoblauch in Butter anschwitzen, Schwammerln und Kräuter dazugeben, weichdünsten. Würzen und unter die Semmelwürfel mischen. Mit Butter und Ei vermischen. Die Fülle in den Teig einrollen, die Oberfläche mit einem Eidotter-Wasser-Gemisch bestreichen und bei 180°C für 25 Minuten backen.

Speckknödel Zutaten für 4 Portionen
250 g **Surspeck** (nicht geräucherter Schweinespeck), **Petersilie**, 6 altgebackene **Semmeln** (würfelig geschnitten), 60 g **Pflanzenöl**, 1 kleine **Zwiebel** (kleingehackt) und **Petersilie** (gehackt), 250 ml **Milch, Mehl** nach Bedarf, 2 **Eier** (Größe M), **Salz**.

Zubereitung:
Zwiebel und Petersilie kurz anrösten, in einer Schüssel mit den Semmelwürfel vermischen und mit der Milch-Eier-Mischung übergießen. Die Masse etwas ziehen lassen, und dann etwas Mehl dazugeben. Den Speck in kleine Würfel schneiden, mit der gehackten Petersilie vermengen und mit der Semmelknödelmasse vermischen. Mit feuchten Händen zu kleinen Knödel formen. In Salzwasser langsam weichkochen.

Hühnereinmachsuppe
Zutaten für 6 Personen
500 g **Hühnerklein** (Herz, Magerl, Kragen, Flügerl und Hühnerleber), 50 g **Zwiebel** (fein geschnitten), 30 g **Karotten** (feinwürfelig geschnitten), 30 g **Sellerieknolle** (feinwürfelig geschnitten), 30 g glattes **Mehl**, 40 g **Pflanzenöl** oder **Hendlfett**, 1,5 Liter **Hühnersuppe** oder **Wasser, Saft** einer halben **Zitrone** (anstelle der Zitrone Essig nehmen), **Salz, Pfeffer**.

Zubereitung:
Die feingeschnittene Zwiebel mit dem kleingeschnittenen **Herz, Magerl, Kragen und Flügerl** – alles außer der Leber – anrösten. Karotten und Sellerie dazugeben und unter ständigem Rühren weiterrösten. Mit Mehl stauben und weiterrösten. Mit 1,5 l Hühnersuppe und Zitronensaft aufgießen. Die Leber dazugeben und auf kleiner Flamme weiterkochen, bis Fleisch und Gemüse weich sind. Mit Salz und Pfeffer abschmecken.

Bröselknödel
Zutaten: 30 g **Butter**, 10 g **Pflanzenöl**, 1 **Ei** (Größe M), 15 g **Petersilie** (gehackt), 2 **Semmeln** vom Vortag, 60 g **Semmelbrösel, Muskatnuss, Salz**.

Zubereitung:
Die altgebackenen Semmeln in Wasser einweichen, die Butter schaumig rühren, das Ei dazugeben und weiterrühren. Feingeschnittene Petersilie in Pflanzenöl kurz anrösten. Butter, Petersilie, geriebene Muskatnuss, 2 eingeweichte und ausgedrückte Semmeln und die Brösel zu einem Teig verrühren und für etwa 30 Minuten rasten lassen. Knödel formen und in die Suppe einkochen. Ist die Knödelmasse zu weich, noch etwas Semmelbrösel dazugeben.
Die Knödel sind fertig gekocht, wenn sie im Wasser an die Oberfläche aufsteigen.

Semriacher Semmelstrudel
Zutaten Strudelteig:
500 g **Knödelbrot**, 500 ml **Milch**, 4 **Eier** (Größe M), 1 kleiner **Zwiebel, Petersilie, Pfeffer, Majoran**, 2 EL **Pflanzenöl, Schnittlauch**, 1 **Strudelteig** (Lebensmittelhandel).

Zubereitung:
Petersilie hacken und Zwiebel klein schneiden, Zwiebel und Petersilie in Pflanzenöl anschwitzen.
Knödelbrot in Milch aufweichen, mit Salz und Pfeffer würzen und die Eier, Zwiebel und Petersilie unterrühren.
Den Strudelteig auflegen, und die Semmel-Füllmasse auf das erste Drittel der Strudelteigfläche – die vorher mit Butter bestrichenen wurde – verteilen.
Den Strudel einrollen und mit dem Handrücken in 10 cm lange Stücke teilen, die Ränder zusammenzwicken. Die Ränder festdrücken und die Stücke in kochendes Salzwasser einlegen, etwa 15 Minuten ziehen lassen **(gekochter Strudel)**.

Gebackener Suppenstrudel
Die Oberfläche der ganzen, gefüllten Strudelstücke mit Eigelb bestreichen und im Backrohr bei 200°C für 15 Minuten backen. Anschließend abkühlen lassen und in beliebig große Stücke schneiden.

Schlickkrapfen
Zutaten Nudelteig:
100 g **Mehl**, 1 **Ei** (Größe M), **Pflanzenöl, Wasser, Salz**.

Zubereitung:
Alle Zutaten in einer Schüssel zu einem festen Teig vermischen und gut kneten. Den Teig rasten lassen.

Zutaten Schlickkrapfen-Fülle:
100 g **Rindfleisch** (gekocht), 20 g **Butterschmalz**, 30 g **Zwiebel** (fein gehackt), 1 **Ei** (Größe M), 2 **Knoblauchzehen, Petersilie, Majoran, Salz, Pfeffer**.

Zubereitung Fülle:
Das gekochte Rindfleisch faschieren. Zwiebel in einer Pfanne mit Butterschmalz anschwitzen. Rindfleisch beigeben und gut durchrösten. Mit Salz und Pfeffer würzen, gehackte Petersilie und Ei beifügen und unterrühren.

Schlickkrapfen:
Den Teig dünn ausrollen und halbieren. Aus der Masse kleine Kugeln formen und auf einer Hälfte des Teiges verteilen. Mit verquirlten Ei bestreichen. Zweite Teighälfte darauf legen und andrücken. Mit einem Ausstecher die gefüllten Taschen ausstechen und in kochenden Salzwasser für 4 Minuten kochen.

Klare Gemüseconsommé mit Forellenfilet
Zutaten für 4–5 Portionen
4 **Schalotten** (gewürfelt), 1 **Karotte** (gewürfelt), 5 **Champignons** (gewürfelt), 5 **Austernpilze** (in grobe Scheiben geschnitten), ½ Stange **Lauch**, 100 g **Sellerieknolle** (geschält), 2 **Paradeiser** (gewürfelt), 1 **Knoblauchzehe** (geschält), 2 EL **Butter**, 125 ml **weißer Vermouth**, 375 ml **Weißwein** (Riesling oder Weißburgunder), 2,5 l **Geflügelfond**, 2 **Eiweiß**, 1 TL weiße **Pfefferkörner**, 10 **Petersilstengel**, 1 **Lorbeerblatt**, **Thymian**, 2 **Dill-Zweige**, **Salz**, 2 Stück **Räucherforellenfilets**.

Zubereitung: Für die Suppe die Schalotten und das gesamte Gemüse kurz anschwitzen und mit weißem Vermouth und dem Geflügelfond ablöschen! Die Gewürze und das leicht angeschlagene Eiweiß hinzufügen und gut durchrühren. Während des Kochens das Eiweiß immer wieder mit einem Kochlöffel vom Kochtopfboden lösen. Die Suppe langsam aufkochen und ca. 3,5 Stunden ziehen lassen. Danach vorsichtig abseihen und nochmals abschmecken. Die Forellenfilets in kleine Würfel schneiden und mit der Suppe anrichten. Weiters sollten verschiedenes in kleine Würfel geschnittenes und weich gekochtes Gemüse als zusätzliche Suppeneinlage verwendet werden.

Linsensuppe
250 g **Linsen**, 150 g **Speck** (kleinwürfelig schneiden), 1 **Zwiebel** (schälen und klein schneiden), 50 g **Rollgerste**, 125 ml **Sauerrahm**, **Salz**, **Pfeffer**, 1/4 **Zitrone**, 1 EL **Dijon-Senf**, **Lorbeerblatt**, **Thymian**, 1,5 Liter **Rindsuppe**.

Zubereitung: Die Linsen am Vorabend einweichen, dann in etwa 1,5 l Rindsuppe weichkochen, würzen und passieren. Die Rollgerste kochen, anschließend mit Zwiebel und Speck anrösten und zur Suppe geben. Mit Dijon-Senf und etwas Essig abschmecken und zuletzt den Sauerrahm einrühren.

Grießnockerln
Unter dem Begriff Grieß versteht man Teilstückchen des Getreidekorns (zumeist Weizen). Grießkörnchen sind häufig unregelmäßig rundlich bis kantig mit einer weißen bis gelblich-beigen Färbung. Man unterscheidet Weichweizen und Hartweizengrieß. Während ersterer insbesondere für die Verwendung beim Backen, für Babynahrung, Grießbrei und andere Desserts und Süßspeisen sowie für Grießschmarrn oder Grießnockerl hergestellt wird, kommt Hartweizengrieß hauptsächlich bei der Herstellung von Teigwaren zum Einsatz.

Zutaten für 10–12 Nockerln
Zubereitungszeit: 20 Minuten, eine Ruhezeit von 1 Stunde

120 g **Weizengrieß**, 60 g weiche **Butter**, 1 **Ei** (Größe M), 2 EL **Milch**, 1,5 Liter **Rindsuppe**, **Salz**, **Pfeffer**, **Muskat**, **Schnittlauch**.

Zubereitung: Die küchentemperierte Butter schaumig rühren, dann das aufgeschlagene Ei dazugeben und die Masse je nach Geschmack mit etwas Salz, Pfeffer und Muskatnuss würzen. Anschließend den Grieß mit der Milch unterrühren und die fertige Masse eine halbe Stunde rasten lassen.

Mit einem in warmes Wasser getauchten Löffel in der Handfläche beliebig große glatte Nockerln formen und in die kochende Suppe einlegen. 15 Minuten köcheln lassen, dann die Herdplatte ausschalten und zugedeckt noch 15 Minuten ziehen lassen.

Grießnockerln in heiße Rindsuppe einlegen und mit frisch gehackten Schnittlauchröllchen servieren.

Variante: Werden die Grießnockerln erst am nächsten Tag serviert, sollten sie nach dem Kochen sofort in kaltem Wasser für 10 Minuten abgeschreckt werden, damit sie an der Oberfläche nicht austrocknen. Sie kann auch zu Knödel geformt, mit Kräutern oder geriebenem Hartkäse abgeschmeckt als Beilage serviert werden.

Grießstrudel
Zutaten für 4–6 Portionen
1 Liter **Milch**, 500 g **Grieß**, **Salz**, **Pfeffer**, 1 kleiner **Zwiebel**, 1 Bund **Petersilie** (fein gehackt), 100 g geselchtes **Schweinsbrüstl**, 4 **Eier** (Größe M).

Zubereitung: Grieß in die Milch einkochen, gehackte Petersilie und kleingeschnittenen Zwiebel dazugeben, Brüstl kleinwürfelig schneiden und dazugeben. Kurz aufkochen, halb auskühlen lassen und die Eier unterrühren. Diese Masse in den Strudel füllen.

Saure Milchsuppe
Zutaten für 4 Portionen
500 ml saure **Milch**, 1 l **Wasser**, 2 EL **Mehl**, 1 TL **Kümmel**, 3 EL **Sauerrahm**, **Salz**.

Zubereitung: Die saure Milch mit dem Mehl gut versprudeln, in siedendes Salzwasser einkochen. Kümmel dazugeben und etwa 10 Minuten leicht kochen.

Den Sauerrahm gut verrühren, zur Suppe geben und versprudeln, nicht mehr aufkochen lassen.

Obersteirische Schottsuppe
Zutaten für 4 Portionen
1 Liter **saure Milch** oder **Buttermilch**, **Salz**, **Kümmel**, 100 g **Schotten**, 150 g **Schwarzbrot**, 2 EL **saurer Rahm**, 1 Liter **Wasser**.

Zubereitung Schotten: Schotten werden aus saurer Milch oder Buttermilch bereitet. Dabei wird die Milch unter ständigem Rühren einmal aufgekocht, etwas lauwarmes Wasser dazugegossen und so lange stehen gelassen, bis sich der Schotten auf dem Boden des Gefäßes absetzt. Die Molke abgießen und den Schotten auf ein durchlässiges Tuch zum Abtropfen schütten.

Das Schwarzbrot dünnblättrig schneiden und zusammen mit den mit Rahm verrührten Schotten in eine Suppenschüssel geben und mit kochendem Salzwasser und den Kümmel versprudeln und kochen.

Fischfond

Grundrezept für 500 ml klarer **Fischsud bzw. Fond**, zum Herstellen von Suppen, Saucen oder eingemachten Fischgerichten.

Zubereitung: 2 EL **Butter** in einer Kasserolle erwärmen, 250 g klein gehackte **Fischkarkassen** (Abfälle vom Filetieren der Fische, Kopf, Gräten, gut ausgewässert) darin andünsten, oder mit **kaltem Wasser** zustellen. 50 g **Zwiebel** (grob geschnitten), 50 g **Wurzelgemüse** (grob geschnitten), einige **Petersil–** und **Dillstengel**. Mit **Weißwein** ablöschen, kurz einkochen und mit 750 ml **kaltem Wasser** aufgießen. Mit 2 **Lorbeerblättern**, **Pfefferkörnern** sowie etwas geschnittenem **Knoblauch** würzen. Kurz aufkochen lassen und auf kleiner Flamme 30–40 Minuten ziehen lassen, zwischendurch abschäumen. Durch ein feuchtes Etamintuch oder feines Sieb abseihen, bis zum gewünschten Geschmack einkochen, kalt stellen oder als Vorrat einfrieren. Der Fischfond wird erst bei Verwendung gesalzen.

Fischeinmachsuppe mit Gemüse
Zutaten für 6 Portionen

200 g **Fischfiletstücke** wie Karpfen, Hecht, Zander (roh, ohne Gräten), 50 g **Butter**, 30 g glattes **Mehl**, 125 ml trockener **Weißwein** und 1 Pkt. Safran (8–10 Fäden), etwas einkochen, 500 ml **Fischfond** (siehe Grundrezept), 500 ml **Milch**, 250 ml **Schlagobers, Salz,** weißer **Pfeffer**, 1–2 **Lorbeerblätter**, 1 **Knoblauchzehe**, 200 g **Gemüse** nach Wahl (gekocht), **Kerbel, Dill oder Basilikum**, zum Dekorieren.

Zubereitung: Butter in einer Kasserolle erwärmen, Mehl einrühren, mit Weißwein ablöschen, mit Fischfond und Milch sowie Obers aufgießen und gut durchrühren. Mit Salz, Pfeffer, sowie Lorbeer und Knoblauch zart abschmecken, noch für 30 Minuten leicht köcheln lassen. Mit Stabmixer kurz aufschäumen, Gemüse und Fischstücke zugeben und für 5 Minuten köcheln. Mit frischen Kräutern nach Wunsch dekorieren.

Fischsuppe (scharf)
Zutaten für 4 Personen

1 kg verschiedene **Fische** (Karpfen, Zander, Wels), 1 kleine **Fenchel**-Knolle, 1 **Lauch**, 1 Bund **Suppengrün**, 1 **Zwiebel**, 2 **Frühlingszwiebel**, 1 großer **Fleischparadeiser**, 1 roter oder grüner **Paprika**, 2 **Chilischoten**, 3 EL **Pflanzenöl**, 250 ml **Fischfond**, 250 ml **Gemüsesuppe**, 1 EL **Tomatenmark, Salz,** gemahlener **Pfeffer, Kreuzkümmel,** etwas **Safran, Schnittlauch, Zitronensaft, Paprikapulver** (edelsüß).

Zubereitung: Paradeis und Paprika enthäuten, entkernen und in kleine Würfel schneiden. Zwiebel und Knoblauchschälen und fein hacken, das übrige Gemüse in nicht zu kleine Stücke schneiden.
In Pflanzenöl Zwiebel und Knoblauch zuerst glasig anschwitzen, dann das übrige Gemüse dazugeben und leicht angehen lassen. Mit Fischfond und Brühe aufgießen, würzen (Kreuzkümmel und Safran ganz frisch mörsern). Alles 10 Minuten sanft köcheln.
Inzwischen die Fische küchenfertig vorbereiten, die Filets in Würfel schneiden, und mit Zitronensaft kurz marinieren. Mit den Paradeiswürfeln zur Suppe geben und alles noch mal 10 Minuten ziehen lassen, aber nicht mehr kochen.
In Suppenteller anrichten, mit Schnittlauchröllchen bestreut und servieren.

Paprikaschaumsuppe mit Karpfennockerln
Zutaten für 6 Portionen

100 g **Zwiebel**, 60 g **Butter**, 20 g **Paradeismark**, 1 KL **Paprikapulver** (edelsüß), 10 g **Mehl**, 1 l **Fischfond** oder **Suppe**, **Salz, Pfeffer**, 250 ml **Schlagobers**, 1 **Knoblauchzehe** (gehackt), 2 rote **Paprika** (würfelig schneiden), **Dillzweig** zum Garnieren.

Zubereitung: Feingeschnittenen Zwiebel in Butter anschwitzen lassen, Paradeismark einrühren und kurz mitrösten, Hitze verringern und Paprika zugeben, durchrühren, Mehl einrühren und mit Fischfond oder Suppe und Schlagobers aufgießen. Mit Salz, Pfeffer und Knoblauch abschmecken und für 10 Minuten kochen lassen. Paprika vierteln, entkernen und in Salzwasser für 2–3 Minuten kochen, kalt abschrecken und kleinwürfelig schneiden. Die Paprikawürfel zur Suppe geben und kurz mitkochen. Aufmixen und abseihen.

Karpfennockerln bzw. Fischfarce

Zubereitung: 200 g rohes frisches **Fischfilets** (Karpfen, Hecht oder Forelle) faschieren (in einer Küchenmaschine zerkleinern) und leicht anfrieren. Dann mit 125 ml **Schlagobers** und 1–2 **Eiweiß** im Mixer zu einer glatten Masse verarbeiten.
Mit **Salz**, eventuell etwas **Vermouth** und mit **Kräutern** je nach Geschmack würzen. Kalt stellen und bei Bedarf kurz verrühren, in **gesalzenem Wasser** oder **Fischfond** kleine Nockerl einlegen, je nach Größe für 10–15 Minuten ziehen lassen.

Anrichten: Vor dem Servieren nochmals aufmixen, mit den Karpfennockerln, Paprikawürfeln und Dillzweig anrichten.

Fischbeuschelsuppe

Zutaten: **Kopf-** und **Schwanzstück** eines **Karpfen, Rogen** vom Karpfen, 50 g **Mehl**, 70 g **Pflanzenöl**, 100 g **Wurzelwerk**, 1 **Zwiebel**, 1 TL **Zucker**, 1/16 l **Rotwein** (Zweigelt), **Essig, Pfefferkörner, Thymian, Lorbeerblatt, Salz**, 1,5 l **Wasser**.

Zubereitung: Die Zwiebel schälen und in Ringe schneiden. Zwiebel, Kopf und Schwanzstück des Karpfens in 1,5 l kaltem Wasser zustellen, würzen und einen Schußessig beifügen. Für eine Stunde kochen. Suppe abseihen und aufbewahren. Den Karpfenrogen in gesalzenem Essigwasser separat kochen, dann abseihen. Das Wurzelwerk fein hacken. Mehl und Zucker im Fett braun anrösten, Wurzelwerk dazugeben, kurz anrösten und mit Rotwein aufgießen. Anschließend die abgeseihte Karpfensuppe dazugeben und gut verkochen lassen. Zuletzt das Karpfenfleisch und den Rogen beifügen.

Anrichten: Die Fischbeuschlsuppe mit gerösteten Semmelwürfeln servieren.

Hühnerleberparfait	Gänseleber
Rindfleischsulz	Gemüsesulz
Rindfleischsulz	Wild- und Schwammerlsulz

Kalte Vorspeisen machen Stimmung

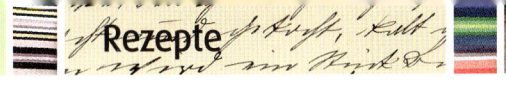

für das weitere. Im Glas, als Sulz, als Pastete am Teller, aus Gemüse, mit Fleisch oder Fisch, – vielfältig sind die Möglichkeiten der kleinen oder größeren Appetithappen.

Fast alle Produkte der Küche wie Salate, Gemüse, Fisch, Krustentiere, Fleisch, Geflügel, Pilze, Kräuter, Obst oder Käse werden zu den verschiedensten Vorspeisen, welche vom einfachen Brötchen bis zum prunkvollen Buffet reichen, verarbeitet.
Man unterscheidet verschiedene Gruppen von Vorspeisen-Gerichten:

* **Salate** und **Salatmischungen**
* **Blattsalate** mit kalten oder lauwarmen Köstlichkeiten, dekorativ angerichtet
* **Pasteten, Terrinen, Galantinen**
* **Sülzen, Mousse** oder **Parfait**
* **Braten**
* **roh marinierte Fische** oder **Fleisch** (Carpaccio)
* **Schinken** mit **Melone, Feigen, Spargel** uvm.
* **Cocktails**

Pasteten und Pastetenteige

Als Pastete werden verschiedene Fleischmusfüllen in einem Teigmantel bezeichnet, die auch in diesem Mantel gegart werden. Die Hülle für eine Pastete ist meist ein Mürbteig.
Ein Mürbteig, der keinen Zucker enthält und ein wenig gesalzen ist. Es kann aber auch Germ- oder Blätterteig als Hülle für eine Pastete verwendet werden.
Beim Teig soll darauf geachtet werden, dass der Fett- und Wasseranteil der Masse ausgewogen sind. Zuviel Fett und wenig Flüssigkeit lassen den Teig zu mürb und damit brüchig werden. Wenn der Wasseranteil erhöht wird, wird der Teig geschmeidiger und leichter zu verarbeiten.
Bei der Zubereitung sind einige grundsätzliche Dinge zu beachten: Die Farce, welche die Fülle der Pastete bildet, kann aus Fleisch oder Fisch bestehen. Das Fleisch (der Fisch) wird zuerst gut gekühlt und anschließend sehr fein faschiert. Damit die Farce nicht trocken wird, gibt man Fett in Form von Butter, Obers oder Speck dazu.

Der beim Garen entstehende Dampf im Inneren der Pastete wird durch kleine „Kamine" (ca. 10 cm hohe Papier- oder Alufolienrollen) am Deckel der Pastete abgeleitet. Durch diese Öffnung kann später beim Backen der Dampf entweichen. Dadurch verhindert man auch, dass die Teighülle einreißt.
Nach dem Garen wird durch diese „Kamine" Gelee in die Pastete gegossen; dadurch werden alle Hohlräume gefüllt, die durch entwichenen Dampf entstanden sind, und die Pastete bleibt auch länger frisch.

Wildpastete, Wildterrine Wildfarce (oder Brät)

Zutaten für 6–8 Portionen,
1 Kastenform für Pasteten

Zutaten Pastetenteig
1 kg glattes **Mehl** (Type 700), 350 g **Butter**, 250 ml **Wasser** oder **Milch**, 1 **Ei** (Größe M), 1 **Eidotter**, 20 g **Salz**.

Zutaten Wildfarce
300 g **Wildfleisch** (Wildschwein, Hirsch, Reh, Gams, Hase), 250 g **Schweinefleisch**, 2 EL **Pflanzenöl**, 1 **Apfel**, 1 kleine **Zwiebel**, 100 g **Champingnos**, 1 EL **Preiselbeeren**, 250 g **Rückenspeck**, 300 g **Schlagobers**, **Salz, Pfeffer** aus der Mühle, 500 ml **Rotwein** (Blaufränkisch oder Blauer Zweigelt), 4 cl **Madeira**, 4 cl **Sherry**, 2 cl **Weinbrand**, **Pastetengewürz**.

Als Pasteteneinlage
250 g **Hendlbrustfleisch** (in Streifen geschnitten, kurz angebraten), ganze **Pistazien, Dörrobst, Salz, Pfeffer** aus der Mühle, **Rosmarien, Wacholder**.
Für die Einlage können neben einem rohen Wild-Filet noch Schwammerln, Dörrzwetschken, getrocknete Marillen, rohe Speckwürfel verwendet werden.

Zubereitung Pastetenmantel:
Für den Teig Mehl auf eine Arbeitsfläche sieben, Butter in kleine Stücke teilen und mit dem Mehl verbröseln. Eier, Wasser oder Milch und Salz einarbeiten und rasch zu einem glatten Teig verkneten und zu einem flachen Ziegel formen. Teig in Folie wickeln und mindestens 2–3 Stunden rasten lassen, besser noch über Nacht an einem kühlen Ort stellen. Den fertigen Pastetengrundteig 3–4 mm dick ausrollen. Die Innenflächen einer Pasteten- oder Kastenform mit Butter befetten und mit dem ausgerollten Pastetenteig auslegen. Anschließend eine dünne Schicht mit grünen (rohen) Speck-Scheiben legen, und erst dann die Wild- bzw. Fleischfarce mit den Einlagen einfüllen. Den oberen Teil auch mit Speck abschließen.
Vorher am Teigdeckel zwei runde Öffnungen für die Dampf-Kamine ausstechen. Mit dem Teigdeckel abdecken und die Enden rundum gut zusammendrücken. Die Dampf-Kamine mit Folienröhrchen versehen.
Nach dem Abkühlen der gebackenen Pastete wird durch diese Kamine zum Ausfüllen der entstandenen Hohlräume das Süßweingelee gegossen.
Die Wildpastete wird im Backrohr ohne Wasserbad gebacken (zu Beginn etwa 15 Minuten bei 220°C, dann die Temperatur auf 160°C zurückschalten und für 1 Stunde backen (Kerntemperatur 65°–68°C).
Über Nacht im Kühlschrank lassen, am nächsten Tag den Hohlraum mit Gelee ausfüllen und einen Tag stehen lassen.

Anrichten: auf Tellern die Wildpastete mit einem scharfen Messer, eine schmale Klinge macht einen sauberen, glatten Schnitt, aufschneiden und mit Vogerlsalat und Preiselbeeren anrichten.

Beilagen: Marinierte **Preiselbeeren**, Preiselbeermarmelade, Süßweingelee, Zwiebelringe und frischen **Schnittlauch**.

Das Rezept ist eine Grundmasse für eine **Wildterrine mit Speckmantel** (im Wasserbad gekocht) oder eine **Pastete** (mit Teigmantel im Rohr gebacken).

Sulmtaler Hühnerleberparfait mit Kürbiskernbröseln

Zutaten für 6–8 Portionen

250 g **Hühnerleber**, 250 g **Butter** (flüssig), 1 **Apfel** (geschält, in Würfel geschnitten und kurz blanchiert), 1 **Schalotte**, **Thymian**, **Rosmarin**, 10 g **Butter**, 2 cl **Portwein**, 2 cl **Sherry**, **Salz** und **Pfeffer**, 2 **Freilandeier**, **Kürbiskerne** (geschrotet), 10 cl **Rotwein (Zweigelt oder Blaufränkisch)**, **Orangenschale** gerieben, **grüner Speck** (zum Auslegen der Terrine), **Preiselbeerkompott**.

Zubereitung: Die Schalotte mit Thymian, Sherry und Portwein weichkochen. Die Hühnerleber mit den blanchierten Apfelstücken, Portwein und den Gewürzen cuttern.

Die weichgekochte Schalotte zur Leber geben und mit den Eiern weitercuttern, bis eine schöne Bindung entsteht. Durch ein feines Sieb abseihen, und die Butter rasch einrühren. Eine Terrinenform mit Speckscheiben auslegen und mit der Lebermasse befüllen. Verschließen und im Rohr im Wasserbad etwa 1 Stunde bei 80°C Wassertemperatur pochieren. Die Terrine soll eine Kerntemperatur von 68°C haben (mit dem Küchenthermometer messen). Dann aus dem Rohr nehmen und über Nacht im Kühlschrank stocken lassen.

Rotwein mit geriebener Orangenschale stark einkochen. Mit den Preiselbeeren verrühren und eventuell mit Pfeffer würzen.

Aus dem Leberparfait Kugeln formen und in geschroteten Kürbiskernen wälzen.

Anrichten: Mit marinierten Blattsalaten, Preiselbeeren und getoastetem Weißbrot (eventuell mit Butter) anrichten.

Gänseleber im Süßwein-Gelee und Quitten-Balsam-Sauce

Zutaten für 4–6 Portionen

300 g **Gänseleber** (in 1 cm dicke Scheiben geschnitten), griffiges **Mehl**, **Salz**, **Pfeffer**, **Pflanzenöl**, 1 **Apfel** (in Spalten geschnitten), **Zucker**, 250 ml **Apfelsaft**, 250 ml **Süßwein** (Auslese), 6 Blatt eingeweichte **Gelatine**.

Zubereitung: Die Gänseleber in griffigem Mehl wenden und in heißem Pflanzenöl auf beiden Seiten kurz anbraten. In den Tiefkühler stellen und auskühlen lassen. Den Süßwein und den Apfelsaft aufkochen, und die ausgedrückte Gelatine darin auflösen, ebenfalls fast auskühlen lassen. Die Äpfel in Butter, etwas Zucker und Apfelsaft dünsten und dann auskühlen lassen.

Nun in eine Terrinenform ca. 1cm von dem Gelee eingießen und fest werden lassen. Dabei die Terrinenform am besten in ein Eiswasser (Eiswürfel und Wasser) stellen. Danach eine Lage Gänseleber einschlichten, wieder Gelee einfüllen und fest werden lassen. Dann die Äpfel, wieder Gelee usw., bis die Form voll ist.

Balsamessigsauce

125 ml älteren **Balsamessig** zu einer saucenartigen Konsistenz einreduzieren.

Quittensauce

Für die Quittensauce nehmen wir **Quittenmarmelade** mit etwas **Süßwein** (Auslese), auf die gewünschte Konsistenz verrührt.

Zubereitung: Die Gänselebersülze über Nacht gut kühlen. In Scheiben schneiden und auf Tellern anrichten. Die Balsamicosauce und die Quittensauce auf den Tellern dekorativ mit einem Löffel verteilen. Weißbrot dazugeben und mit einem Rosmarinzweig garnieren.

Schwammerln oder Pilze sauer eingelegt

Zutaten für 2 Gläser (à 750 ml)

Zubereitung: 1 kg **Eierschwammerln** geputzt, große Stücke halbiert oder geviertelt, in leichtem Salzwasser kurz aufkochen (die Schwammerln sind dann eher weich) oder für 10 Minuten aufkochen (dann sind die Schwammerln fest und knackig), abseihen und in Gläser füllen. Mit heißer Marinade auffüllen, mit Sonnenblumenöl bedecken, das heißt randvoll füllen und verschließen. Ein Tuch in eine Wanne legen und die Gläser kopfüber darauf langsam abkühlen lassen.

Zutaten Marinade: 750 ml **Wasser**, 250 ml **Weißwein-Essig** (6%), 2-3 **Knoblauchzehen**, 1 EL **Wacholderbeeren**, 4-5 **Lorbeerblätter**, 40 g **Salz**, 10 g **Aromat** (Streuwürze), 10 g **Zucker**, 100 g **Zwiebeln**, 1 **Rosmarin**-, und 1 **Thymianzweig**.

Mengenempfehlung: Bei größeren Mengen bzw. Rezept die Kräuter- und Körnerzugabe nicht in gleichem Maß erhöhen und eventuell beim Abfüllen auch noch teilweise entfernen.

Anstelle von Eierschwammerln können auch andere Pilze wie Steinpilze, Champignons, Austernpilze, Schneeschwammerln uvm. verwendet werden.

Um eine schleimige Konsistenz der Pilze im Glas zu vermeiden, empfiehlt es sich, die Pilze vorher in Salzwasser zu blanchieren oder die Marinade, in der die Pilze aufgekocht wurde, durch ein nasses Tuch abzuseihen. Kühl und dunkel gelagert für ca. 1 Jahr haltbar.

Wichtig! Werden Eierschwammerln tiefgekühlt, ohne vorher angedünstet oder blanchiert worden zu sein, schmecken sie bitter!

Kalte Vorspeisen: Terrinen

sind Pasteten ohne Teigmantel. Bei Terrinen wird die vorbereitete Farce in eine feuerfeste Terrinenform gefüllt, die vorher mit Scheiben von grünem Speck ausgelegt wurde.

Der Speck soll möglichst glatt und fugenlos an der Terrinenwand anliegen. Gemüseterrinen, die kalt zubereitet werden, sollen anstelle von Speck mit einer Klarsichtfolie ausgelegt werden. Dadurch kann man die fertige Terrine leichter aus der Form stürzen.

Im Wasserbad lässt man die Terrine unter dem Siedepunkt garziehen. Dabei stellt man die Terrinenform in ein großes Gefäß (Bratpfanne), das mit siedendem Wasser gefüllt ist. Beide Gefäße kommen in ein auf 130°C vorgeheiztes Backrohr. Die richtige Temperatur kann wieder mittels eines Bratthermometers abgelesen werden.

Vor dem Stürzen soll die Terrine unbedingt vollkommen abgekühlt sein (es empfiehlt sich, diese eine Nacht in den Kühlschrank zu stellen).

Zum Schneiden der Terrine verwendet man ein scharfes Messer, das vor jedem Schnitt in heißes Wasser getaucht wird (oder ein Elektromesser).

Als Beigabe zu Pasteten oder Terrinen eignet sich die Sauce Cumberland sehr gut.

Für eine kalte **Gemüseterrine (Mousse)** wird das entsprechende Gemüse weichgekocht, fein püriert und bei Bedarf durch ein feines Haarsieb gestrichen. Das noch lauwarme Gemüsepüree gut abschmecken und mit aufgelöster, flüssiger Gelatine verrühren. Kurz vor dem Stocken geschlagenes Obers einrühren. In eine mit Klarsichtfolie ausgelegte Form füllen und kalt stellen.

Gemüseeinlagen: Kohlrabi, Karfiol, Spargel, Paprika, Karotten, Petersilwurzen, Sellerie, Kürbis, Brokkoli usw..

Grundrezept Gemüseterrine (Mousse):
800 g **Gemüsepüree**, 8–10 Blatt **Gelatine** und 600 ml **Schlagobers, Gewürze**.
Zum Würzen **Kräuter** einzeln verwenden: Dille, Basilikum, Estragon oder Kerbel.

Frische Schafskäse-Terrine mit Basilikum und Kürbiskernen
Zutaten für 4–5 Portionen
250 g **Schaffrischkäse**, 125 ml **Suppe**, 1 **Paradeiser**, 3 Blatt **Gelatine, Salz, Pflanzenöl** zum Einstreichen der Form.
Zubereitung: Die Paradeiser kurz blanchieren, Haut abziehen, entkernen und fein würfeln. Die Gelatineblätter einweichen, ausdrücken und in warmer Suppe auflösen. Schaffrischkäse glatt rühren, in die lauwarme Suppen-Gelatine-Masse einrühren, Paradeiser und gehacktes Basilikum dazugeben. Mit Salz abschmecken.
Die Masse in eine geölte, mit Frischhaltefolie ausgelegte Form füllen und mindestens 12 Stunden kaltstellen.
Anrichten: Mit Sägemesser schneiden und mit **Kirschparadeiser, Basilikum, Himbeeressig** und **Olivenöl** anrichten.

Fisch-Terrine Grundrezept
Zutaten für 8–12 Portionen
400 g faschierte **Fischfilets** vom Hecht, Forelle, Saibling oder Karpfen, 250 ml **Schlagobers**, 4 **Eiweiße**, weichgekochtes **Gemüse** und **Kräuter** als Einlage, **Salz, Pfeffer, Zitrone**.
Zubereitung der Einlage: Grob faschiertes oder feingehackte Fischfilets zu zwei Laibchen formen und 1,5 Stunden tiefkühlen, klein schneiden und in einer Küchenmaschine mit Eiweiß und Schlagobers zu einer glatten Masse cuttern. Das Eiweiß nach und nach zugeben. Mit Salz, Pfeffer und Zitrone würzen.
Fischfarce wegen kleiner Gräten durch ein Haarsieb streichen. Wichtig: Das Sieb mit einem kalten Wasserstrahl vorreinigen!
Die passierte Fischfarce kaltstellen und mit Kräutern und den Einlagen verrühren. In eine geölte, mit Klarsichtfolie ausgelegte Form füllen und zugedeckt im Rohr, im Wasserbad bei 120°C (70°C Wassertemperatur) für etwa 1 Stunde pochieren.

Joghurt-Gemüseterrine
Zutaten für 8–12 Portionen
2 kleine oder 1 große Terrinenform
500 g **Gemüse** gekocht, wie **Zucchini, Karotten, gelbe Rüben** oder **Spargel**, 500 ml **Sauerrahm** oder **Joghurt**, 14–16 Blatt **Gelatine**, 1 Handvoll **Kräuter, Salz, Pflanzenöl**.
Vorbereitung: Das Gemüse putzen, waschen, schälen (ausgenommen Zucchini), in gleichmäßige kleine Stücke schneiden und in leicht gesalzenem Wasser nacheinander weichkochen, abseihen und sofort in Eiswasser abschrecken, wodurch vor allem grünes Gemüse eine sehr schöne Farbe bekommt. Abtropfen lassen. Terrinenform mit Pflanzenöl ausstreichen und mit Frischhaltefolie auslegen. Gelatine in kaltem Wasser für 5 Minuten einweichen, Kräuter fein schneiden.
Sauerrahm glattrühren, salzen, Kräuter und Gemüse zugeben und vermischen.
Zubereitung: Die eingeweichte Gelatine ausdrücken, über Wasserdampf kurz erwärmen, in die Sauerrahm-Gemüsemasse zügig einrühren. In die vorbereitete Form füllen und glatt verstreichen. Terrine in den Kühlschrank stellen und einige Stunden oder besser über Nacht stocken lassen.
Die gekühlte Terrine stürzen und Folie vorsichtig abziehen, am besten mit einem Elektromesser in nicht zu dünne Scheiben schneiden.
Anrichten: Mit **Kräuterjoghurt** (1/2 Becher Joghurt mit Kräutern verrühren, salzen) und kleinem Salat servieren.

Fischsulz mit Kürbiskernöl und Apfelmostessig

Zutaten für 8-12 Portionen
1 Kastenform mit 1 l Inhalt
1 **Spiegelkarpfen** mit ca. 1,80 kg (geschuppt und ausgenommen), **Salz**, **Zitrone**, 1,5 kg **Schweinsschwarten**, 5 Liter **Wasser**, 500 ml **Weißwein** (Welsch-riesling), 1 kleine **Sellerie**, 2 **Petersilwurzen**, 2 **Karotten**, 2 gelbe **Rüben**, 2 Bund **Dille** (oder Stengel), 5-6 **Safranfäden**, 3 **Knoblauchzehen**, weiße **Pfefferkörner**, **Wacholderbeeren**, **Gemüse**, **Dille** und **Schnittlauch** für Einlage.

Grundzubereitung Sulz:
Zuerst die Schweinsschwarten auswässern und in einem großen Topf mit 5 l Wasser und 500 ml Weißwein kalt zustellen. Den Karpfen filetieren, die Karkassen (Kopf und Gräten) gut auswässern und zu den Schwarten geben. Die Karpfenfilets mit Salz und Zitrone gut würzen, im vorgeheizten Backrohr bei 200°C für 12-15 Minuten pochieren (in einer ausgebutterten Pfanne mit etwas Fischfond oder Weißwein) und auskühlen lassen. Das Wurzelwerk waschen und schälen, die Schalen und Abschnitte vom Wurzelwerk mit den Gewürzen zu den Schwarten geben.
Den ganzen Fischsulzansatz auf 1/2 l Flüssigkeit einkochen, gut würzen und durch ein feines nasses Tuch abseihen, anschließend abkühlen lassen. ✱
✱ Anstelle der Schweinsschwarten kann man zum Binden auch 12 Blatt Gelatine, mit 500 ml Karpfensud vermengt, verwendet werden.

Zubereitung Fischeinlage:
Das geschälte Wurzelgemüse in kleine Würfel oder Streifen schneiden und in Salzwasser weichkochen, abseihen und am besten in kaltem Wasser mit Eiswürfeln abschrecken, abseihen bzw. abtropfen lassen.
Die Karpfenfilets am besten mit einem Elektromesser in Würfel schneiden, Gräten vorsichtig mit einer Pinzette entfernen, mit Gemüse, Schnittlauch und Dille vorsichtig vermischen und in eine geölte und mit Klarsichtfolie ausgelegte Kastenform füllen.
Mit dem abgekühlten, gut gewürzten Schwarten-Fond begießen und mindestens 12 Stunden kaltstellen.
Mit einem scharfen Messer oder Elektromesser in Scheiben schneiden und mit Salat servieren.
Am besten schmeckt eine Sulz mit einer Marinade aus Kürbiskernöl und Mostessig mit etwas Schnittlauch und feingeschnittener Zwiebel, die vorher kurz mit heißem Wasser überbrüht und kalt abgeschreckt wurde.

Ente im Apfelmostgelee mit Zwiebeln und Wacholder

Zutaten für 8-12 Portionen
1 Kasten- oder Terrinenform mit 1 l Inhalt
1 **Ente** geputzt (ca. 750 g), **Salz**, weißer **Pfeffer**, **Pflanzenöl**, 250 g **Zwiebelringe**, 250 g **Wurzelgemüsewürfeln** (Karotten, gelbe Rüben, Sellerie und Petersilwurzen), 750 ml **Apfelmost**, 750 ml **Wildsuppe** (oder Geflügelsuppe), 2 EL **Honig**, 2 EL **Apfelessig**, 10 **Wacholderbeeren**, 3 **Lorbeerblätter**, 12-14 Blatt **Gelatine**. ✱
✱ Anstelle von Gelatine kann eine Natursulz verwendet werden.

Zubereitung:
Die Ente grob zerteilen, mit Salz und Pfeffer aus der Mühle würzen und in heißem Öl rundum kurz anbraten. Entenstücke aus dem Topf nehmen und Zwiebelringe sowie Wurzelgemüse kurz im Entenfett (welches sich beim Anbraten der Ente absetzt) anrösten. Mit Apfelmost und Suppe ablöschen bzw. aufgießen.
Entenstücke einlegen, Wacholderbeeren etwas andrücken und mit Lorbeerblättern in Leinensäckchen oder Tee-Ei beigeben. Kurz aufkochen lassen und auf kleiner Flamme langsam weichkochen.
Zwischendurch immer abschäumen und abfetten, nicht zudecken.
Wenn das Fleisch sehr weich ist, aus dem Sud heben und kleinschneiden. Suppe erst durch ein grobes Sieb abseihen, so dass Zwiebeln und Karotten zurück bleiben, anschließend durch ein feines Sieb oder Tuch abseihen und auf etwa 500 ml Flüssigkeit einkochen lassen.
Mit Apfelessig und Honig süß-sauer abschmecken, gut salzen und mit 12-14 Blatt eingeweichter und ausgedrückter Gelatine vermischen. Mit Salz und Pfeffer eher kräftig abschmecken und in eine Form füllen.
Zuerst die Form als Trennmittel mit Pflanzenöl ausstreichen und mit einer Klarsichtfolie auslegen, dadurch kann die Sülze später leichter aus der Form gestürzt werden. Dann erst die Masse einfüllen und über Nacht kaltstellen.
In Portionen aufschneiden und mit kleinem Salat, mit Kürbiskernöl und Apfelbalsamessig mariniert anrichten.
Variation: Anstelle der Hausente kann auch eine Wildente oder Gänsefleischstücke verwendet werden.

Kalte Vorspeisen: Sulzen

Sehr viele schmackhafte „Küchenreste" von Fleisch, Fisch oder Gemüse lassen sich gut zu Sulzen, Salaten oder Cocktails verarbeiten.

Massen für Sulzen oder Terrinen immer sehr kräftig würzen, da sie im kalten Zustand milder schmecken.

Sulzen oder Terrinen lassen sich viel leichter stürzen, wenn die Form vorher mit etwas Öl ausgestrichen, anschließend mit Klarsichtfolie ausgelegt und erst dann gefüllt wird.

Für Sulzen alle Zutaten sehr weich kochen, dadurch bekommt die Sulz eine bessere Bindung und somit auch eine festere Konsistenz beim Aufschneiden.

Beim Anrichten von Vorspeisen auf Abwechslung bei Form und Farbe (Kontrast) achten.

Grundrezept für Sulz (Sülze)
Zutaten für 10–12 Portionen
1,5 kg **Schweinsschwarten** und **Kalbsknochen** (Gallerte) gut auswässern und mit **Wurzelgemüse** und 5 Liter **Wasser** für 2–3 Stunden auskochen, abseihen und auf 1/2 Liter Flüssigkeit einkochen, erst bei entsprechender Weiterverarbeitung würzen. Für Sulzen anstelle von Wasser Suppe zum Aufgießen verwenden. Eine Natursulz ist immer milchig-trüb, wenn man sie klärt, verliert sie sehr viel von ihrer Gelierkraft. Zur Probe kaltstellen, eine kalte Natursulz muss schnittfest sein.

Grundrezept Sulz mit Gelatine
500 ml **Suppe** und 12–14 Blatt **Gelatine** Als Grundprodukt für Sulz eignen sich eine Vielzahl von Produkten wie z. B. Geflügel, Fleisch (Rind-, Schweine-, Lamm-, Wild-, Kaninchenfleisch), Fisch, Pilze und Gemüse.

Bei der Herstellung von Sulzen soll darauf geachtet werden, dass die entsprechenden Grundprodukte für die Einlage (Fleisch, Gemüse usw.) wirklich weich gekocht sind, dann ergibt sich eine optimale Bindung. Kernig gekochtes Gemüse oder Fleisch fällt beim Schneiden aus der Sulz.

Schweinshaxlsulz mit Kürbissalat und Kürbiskernöl
Zutaten für 8–10 Portionen
Eine Terrinenform mit 1,5 l Inhalt
1 hintere **Schweinsstelze** (in Scheiben geschnitten), 1/2 **Zwiebel**, 1 **Knoblauchzehe**, 80 g **Karotten** (geschält), 50 g **Sellerie** (geschält), 1/2 Stange **Porree**, 10 **Pfefferkörner**, 1 **Lorbeerblatt**, 1 **Gewürznelke**, **Salz**, 125 ml **Weißwein** (Welschriesling), 8 Blatt **Gelatine**.

Zubereitung: Die geputzte Schweinsstelze (Schweinshaxl) mit kaltem Wasser und den Gewürzen und Wein zustellen. Langsam kochen lassen und immer wieder Schaum und Fett abschöpfen. Nach 30 Minuten das in größere Würfel geschnittene Wurzelgemüse beigeben und alles gar kochen. Fleisch und Gemüsewürfel herausnehmen und den Sud auf etwa 1/2 l einkochen lassen. Mit Salz und Pfeffer sehr würzig abschmecken und vom Herd nehmen. Die eingeweichte Gelatine im durch ein feines Sieb abgeseihten Sud auflösen.

Den lauwarmen Sud zur Hälfte in die mit Frischhaltefolie ausgelegte Terrinenform gießen. Das in kleine Würfel geschnittene Schweinsstelzenfleisch (ohne Schwarte) mit dem kleingeschnittenen Gemüse vermischen und in die Terrinenform einfüllen. Mit dem restlichen Sud übergießen und für 8 bis 10 Stunden kühl stellen. Vor dem Anrichten herausstürzen und in Scheiben schneiden.

Kürbissalat
800 g **Kürbisfleisch** (ohne Schale), **Salz**, **Pfeffer**, **Kürbiskernöl** und **Weinessig** für die Marinade, etwas **Kümmel**, 1 EL geröstete **Kürbiskerne**.

Zubereitung: Für den Kürbissalat etwa 800 g Kürbisfleisch in feine Streifen schaben und mit Salz, Pfeffer, Kümmel, Weinessig und Kernöl marinieren.

Die Sulz mit dem Kürbissalat anrichten, mit Kernöl und Weinessig nochmals übergießen und mit den gerösteten Kürbiskernen garnieren.

Rindfleischsulz
Zutaten für 8–10 Portionen
500 ml kräftige **Rindsuppe**, 12–14 Blatt **Gelatine** oder 500 ml **Schwartenfond** (gut gewürzt), 300 g **Rindfleisch** (weich gekocht und klein gewürfelt), **Salz**, **Pfeffer**, **Liebstöckl**, **Schnittlauch**, **Lorbeer**, 400 g **Gemüsewürfel**, wie **Karotten**, gelbe **Rüben**, **Sellerie** (weich gekocht).

Zubereitung: Rindfleisch und Gemüse in der kräftigen Rindsuppe kurz köcheln lassen, abschmecken, die eingeweichte und ausgedrückte Gelatine einrühren und gut abkühlen lassen. Vor dem Stocken die frischen Kräuter dazugeben.

Eine Kastenform, Schüssel oder Portionsförmchen mit Pflanzenöl ausstreichen. Die Sulzmasse einfüllen und gleichmäßig verteilen. Mehrere Stunden kalt stellen. Aus der Form stürzen, mit einem Elektromesser aufschneiden und mit Salat sowie Kürbiskernöl und Mostessig und gehackten harten Eiern anrichten.

Kuttelsulz
Zutaten für 10–12 Portionen
1 Terrinenform mit 1,2 Liter Inhalt
500 g gekochte **Kutteln** (fein geschnitten), 500 ml **Kochsud**, 6 Blatt **Gelatine**, 250 g gekochte **Gemüsewürfel**, **Kräuter**, **Salz**, weißer **Pfeffer** aus der Mühle, **Majoran**, **Piment**, **Knoblauch**.

Zubereitung: Alle Zutaten vermischen und in eine geölte und mit Klarsichtfolie ausgelegte Form geben. Einige Stunden kaltstellen; aufschneiden und mit Salat und Vinaigrette anrichten.

- Hühnerleberparfait
- Hühnerhaxl gebacken
- Hühnerleberkugerl
- Wachtel mit Spargelsalat
- Gansl mit Rotkraut und Semmelknödel

Geflügel: Sulmtaler Hendl, Gansl und Enten

Das Hendel hat auf dem Speiseplan der Steirer seinen fixen Platz. Eine eigene, uralte steirische Hendelrasse ist das Sulmtaler Huhn, das über Jahrhunderte gezüchtet wurde. Dietmar Kappel vom Weinhof Kappel in Kitzeck hat die folgenden Rezepte zusammengestellt.

Hendl, im Ganzen oder Teile davon ➤ Hendl sind großteils weibliche Tiere. Ganze Hendl werden frisch, brat- oder grillfertig angeboten (ohne Kopf und Innereien).
Zubereitung: Ganze Hendl können als Suppe gekocht, gebraten (mit oder ohne Füllung), gegrillt und geschmort werden. Die Innereien (Magen, Leber, Herz) eignen sich für Füllungen und Fonds. Hendl-Leber mit Semmelbrösel gebacken.
Hendlhaxn und -flügel ➤ Das Fleisch ist saftig und kräftiger im Geschmack als die Brust, sie sind ideal zum Braten, Backen, Schmoren, Grillen. Haxl, -Teile und Flügel sind ein sehr beliebtes Fingerfood. Hühnerflügel werden immer im Ganzen serviert, mariniert, gegrillt oder gebraten, pikant gewürzt, mit verschiedenen Dips.
Zubereitung Hendlbrust: Das weißfleischige Brustfleisch des Hendls ist sehr mager und mild im Geschmack, Zubereitung mit oder ohne Haut. Um die Filets zuzurichten wird die Haut entfernt und die Brust längs entlang dem Brustbein zerteilt. Die ganze Hühnerbrust wird gebraten, Hühnerbrustfilets eignen sich im Ganzen oder geschnetzelt zum Kurzbraten.

Sulmtaler Hühnerleberparfait
im Kürbiskernmantel mit Preiselbeeren
Zutaten für 6–8 Portionen
250 g **Hühnerleber**, 250 g **Butter** (flüssig), 1 **Apfel** (geschält und blanchiert), 1 Stück **Schalotte**, **Thymian**, **Rosmarin**, **Lorbeerblatt**, 10 g **Butter**, 2 cl **Portwein**, 2 cl **Sherry**, **Salz**, **Pfeffer**, 2 **Freiland-Eier**, gehackte **Kürbiskerne**, **Preiselbeerkompott**, **Rotwein** (Zweigelt), **Orangenschale** (gerieben), grüner **Speck**.
Zubereitung: Die Hühnerleber mit der Butter, dem blanchierten Apfel, Portwein, Sherry cuttern, bzw. im Turmmixer pürieren. Die Schalotte mit Thymian, Rosmarin und Lorbeer andünsten. Zur Leber dazu geben, mit den Gewürzen und den Eiern cuttern bis eine schöne Bindung entsteht. Durch ein feines Sieb abseihen. Die Terrinenform mit Speckscheiben auslegen und mit der Lebermasse befüllen. Verschließen und im Backrohr im Wasserbad für 1 Stunde (80°C Wassertemperatur) pochieren. Aus dem Backrohr nehmen und über Nacht im Kühlschrank stocken lassen. Den Rotwein mit geriebener Orangenschale stark einkochen. Mit den Preiselbeeren verrühren und eventuell mit Pfeffer würzen. Aus der Leberparfaitmasse Kugeln formen und in gehackten Kürbiskernen wälzen.
Anrichten: Mit marinierten **Blattsalaten**, **Preiselbeeren** und getoastetem **Weißbrot** (eventuell mit Butter) servieren.

Hühnerhaxlsulz
Zutaten für 10–12 Personen, Terrinenform mit 1,5 l Inhalt
4 **Hühnerhaxln** (mittlerer Größe), 2 **Karotten** (geschält), 50 g **Sellerie** (geschält), 1 kleiner **Porree**, 10 schwarze **Pfefferkörner**, 1 **Lorbeerblatt**, 1 **Gewürznelke**, **Salz**, 125 ml trockener **Weißwein** (Welschriesling), 8 Blatt **Gelatine**, **Kernöl**, **Rotweinessig**.
Zubereitung: Die geputzten Hühnerhaxln mit kaltem Wasser am Herd zustellen. Gewürze und Wein beigeben. Langsam kochen lassen und immer wieder Schaum und Fett abschöpfen. Nach 10 Minuten das in größere Würfel geschnittene Wurzelgemüse beigeben und alles gar kochen. Gemüsewürfel und Haxln herausnehmen und auskühlen lassen. Inzwischen den Hühnerfond auf einen halben Liter einkochen, mit Salz und Pfeffer sehr würzig abschmecken und vom Herd nehmen. Die eingeweichte Gelatine im Fond auflösen. Den lauwarmen Fond zur Hälfte in eine geölte und mit einer Frischhaltefolie ausgelegte Terrinenform gießen und die in kleine Würfel geschnittene Haxl-Gemüsemischung hineingeben, mit dem restlichen Fond begießen. Auskühlen lassen und für 8 Stunden in den Kühlschrank zum Stocken geben. Herausstürzen und in Scheiben schneiden. Mit Kernöl und Rotweinessig marinieren.

Sulmtaler Hendlbrust mit Schwarzwurzeln
Zutaten für 4 Portionen
4 Stück **Hendlbrüste**, **Pflanzenöl** zum Braten, **Meersalz**, **Pfeffer**, 2 Zweige **Rosmarin**, 4 **Knoblauchzehen** (geschält), 1 TL **Waldhonig**, 3 EL **Butter**, 4 EL reduzierter **Kalbsjus**.
6 Stangen **Schwarzwurzeln**, **Salz**, 125 ml **Milch**, 1 EL kalte **Butter**, 375 ml flüssiges **Schlagobers**, 125 ml **Geflügelfond**.
Zubereitung: Die Schwarzwurzeln waschen, schälen und in etwa 3 cm lange Stücke schneiden. In Salzwasser mit der Milch langsam bissfest kochen.
Die Hendlbrüstl mit Salz und Pfeffer aus der Mühle würzen und in einer Pfanne mit Pflanzenöl scharf anbraten. Die Knoblauchzehen und den Rosmarin dazugeben. Im Backrohr bei 85°C für etwa 30–40 Minuten ziehen lassen. Kurz vor dem Anrichten mit der Honigbutter (Butter mit dem Honig unter Rühren aufkochen) überglänzen und im Rohr bei 160°C kurz überkrusten. Beim Anrichten mit dem reduzierten Kalbsjus leicht übergießen.
Den Geflügelfond mit dem flüssigen Schlagobers um ein Drittel einreduzieren. Mit Salz und Pfeffer würzen.
Die Schwarzwurzeln in die Rahmsauce geben und kurz vor dem Anrichten die kalte Butter einschwenken.

Backhendl

Backhendl

Backhendl

Backhendl

Sulmtaler Brat- und Backhendl, Kraut-, Bohnen- und Erdäpfelsalat

Geflügel: Hendl, Gans und Ente

Hühnereinmachsuppe mit Bröselknödeln
Zutaten für 6 Personen
500 g **Hühnerklein (Herz, Magen, Kragen, Flügel und Hühnerleber)**, 50 g **Zwiebeln** (feingeschnitten), 30 g **Karotten** (feinwürfelig), 30 g **Sellerieknolle** (feinwürfelig), 30 g glattes **Mehl**, 40 g **Pflanzenöl**, 1,5 l **Hühnersuppe** oder **Wasser**, Saft ½ **Zitrone** (oder Essig), **Salz, Pfeffer**.
Zubereitung: Die feingeschnittene Zwiebel zusammen mit dem Hühnerklein (außer der Leber), das vorher in kleine Stücke geschnitten wurde, in Pflanzenöl anrösten.
Karotten und Sellerie dazugeben und unter ständigem Rühren weiterrösten. Mit Mehl stauben und noch kurz weiterrösten. Mit 1,5 l Hühnersuppe und dem Zitronensaft aufgießen. Die Leber dazugeben und auf kleiner Flamme weiterkochen, bis Fleisch und Gemüse gar sind. Mit Salz und Pfeffer abschmecken.

Sulmtaler Backhendl
Zutaten für 4 bis 5 Portionen
1 **Backhendl** (ca. 1,4 kg), **Salz, Mehl**, 1 **Freiland-Ei** (Größe M), 2 EL flüssiges **Schlagobers, Semmelbrösel, Pflanzenöl**.
Zubereitung: Das Backhendel gut waschen und in 8 Stücke (Haxl, Flügel, Brust) zerteilen. Salzen und panieren. Beim Panieren zum Ei etwas flüssiges Schlagobers geben. In heißem Pflanzenöl bei 120°C für 18 bis 20 Minuten ausbacken.

Brathendl mit Semmel-Kräuterfülle
1 **Brathuhn** (ca. 1,5 kg), **Salz, Pflanzenöl**.
Zutaten für die Fülle:
3 altgebackene **Semmeln**, 50 g **Hühnerleber**, gehackte **Petersilie, Muskat, Salz**, 1 **Freiland-Ei**, 1/16 l **Milch**, 20 g **Butter**, etwas **Majoran**, 600 g **Erdäpfel** (geschält).
Zubereitung: Das Huhn gut waschen, die Brust wird untergriffen, das heißt die Haut vorsichtig vom Brustfilet lösen. Dabei wird mit den Fingern und mit Hilfe eines Messers die Haut von der Brust losgelöst, bis eine Tasche für die Fülle entsteht.
Die Semmeln in kleine Würfel schneiden, mit Butter, Milch, Ei, Petersilie, etwas Majoran, Muskat und Salz vermischen. Mit dieser Fülle die Brusthöhle füllen und dann mit einem Faden zunähen. Das Huhn außen salzen und die Haut mit zerlassener Butter bestreichen. Im Rohr bei 180°C etwa 1 Stunde braten. Bei halber Bratzeit die geviertelten Erdäpfel dazugeben. Mit dem austretenden Bratensaft mehrmals übergießen.
Beilagen: Erdäpfel-, Kraut- oder **Käferbohnensalat**.

Puten-Kräuterrouladen mit Linsen und Erdäpfelpüree
Zutaten für 4 Portionen
4 **Putenschnitzel** (á 175 g), 600 g **Erdäpfel, Salz**, 100 g **Champignon**, 1 **Zwiebel**, je 1/4 Bund **Dill, Petersilie** und **Schnittlauch**, 2 EL **Senf**, 2 EL **Sonnenblumenöl**, 2–3 EL **Vollmilch, Muskat**.
Zubereitung: Die Putenschnitzel waschen, trockentupfen und flach klopfen. Die Champignons waschen, putzen und blättrig schneiden. Den Zwiebel kleinwürfelig schneiden, die Kräuter waschen und fein hacken. 1 EL Sonnenblumenöl erhitzen, den Zwiebel mit den Champignons anbraten und die Kräuter dazugeben. Die Schnitzel mit Senf bestreichen und die Kräuter-Champignons darauf verteilen. Aufrollen und mit Zahnstochern feststecken. Das Sonnenblumenöl erhitzen und die Rouladen darin braun braten. Mit Wasser ablöschen und 15 Minuten garen.
Beilagen: Erdäpfelpüree, Rezept Seite 57.

Grünes Kokoscurry mit Huhn
Zutaten für 4 Portionen
350 g **Hühnerfilet** (ohne Haut, in kleine Stücke geschnitten), 500 ml **Kokosmilch**, 100 g **Auberginen** (geviertelt), 2 EL **grüne Currypaste**, 3 EL **Fischsauce**, 2 EL **Zucker**, 6 **Kaffir-Limettenblätter** (in zwei Teile gerissen), 1 rote **Chili** (entkernt, in dünne Ringe geschnitten), zum Garnieren **Basilikum-Blätter**.
Zubereitung: Die Kokosmilch im Wok oder in einem Topf bei mittlerer Hitze 5 Minuten köcheln, bis die Milch gerinnt und sich eine Ölschicht an der Oberfläche bildet. Wenn sie am Rand braun wird, umrühren. Die grüne Currypaste gut unterrühren und kochen, bis sie duftet. Das Hühnerfleisch hinzugeben und dabei einige Minuten rühren. Die Fischsauce und den Zucker hinzufügen und weitere 5 Minuten bei mittlerer Hitze köcheln. Die geviertelten Auberginen hinzugeben und weitere 5 Min. kochen, dabei gelegentlich umrühren, bis das Gemüse gar ist. Dann die Limettenblätter hinzufügen. Nochmals abschmecken.
In eine Servierschüssel geben, die restliche Kokosmilch darübergießen, mit den Basilikum-Blättern und roten Chili-Ringen garnieren.

Huhn mit Cashew-Nüssen
Zutaten für 4 Portionen
150 g **Hühnerbrust** (in Würfel oder Streifen geschnitten), 1 gehäufter TL **Stärkemehl (Maizena)**, 1 TL **Eigelb**, 2 EL **Pflanzenöl**, 2 TL **Sesamöl**, 1 **Zwiebel**, 2 **Karotten**, 1 **Paprika** (in Würfel schneiden), 1 EL **Zucker**, 2 EL **Austernsauce**, 1 TL helle **Sojasauce**, 3 EL **Hühnersuppe**, 1 Handvoll **Cashew-Nüsse** (geröstet), **Frühlingszwiebeln** (in Streifen geschnitten).
Zubereitung: Das Hühnerfleisch mit Stärke bepudern und diese einmassieren, dann mit dem Eigelb nochmals durchkneten. Jeweils die Hälfte der beiden Ölsorten im Wok erhitzen und die Fleischstücke darin unter ständigem Rühren anbraten, bis sie rundum leicht gebräunt sind. Herausheben, beiseite stellen.
Das restliche Pflanzenöl in den Wok geben, das Gemüse darin bei größter Hitze rasch anbraten. Fleischwürfel dazu, Hitze herunterschalten. Zucker ins Öl streuen und ganz leicht karamellisieren lassen. Am Rand des Wok die Austern- und Sojasauce sowie die Hühnersuppe angießen. Hitze wieder auf höchste Stufe, Cashew-Nüsse, Karottenwürfel, Paprikastücke untermischen, Wok vom Feuer nehmen und noch die Frühlingszwiebeln zufügen.

Steirisches Küchen Lexikon | 53

Kokoscurry mit Huhn

Huhn mit Cashew-Nüssen

Hendlbrust mit Schwarzwurzel

Fasanbrust mit Kastanien

Fasanbrust im Speckmantel gebraten

Geflügel: Hendl, Gans und Ente

Gebratene Wachtel auf Spargelsalat
Zutaten für 4 Portionen
2 Stück frische **Wachteln**, **Pflanzenöl** zum Braten, **Salz** und **Pfeffer**, 5 EL **Kalbsjus**.
Zubereitung Wachtel: Von den ganzen Wachteln die Brust und die Keulen ablösen, würzen und in Pflanzenöl kurz braten.
Die Spargelstangen halbieren, mit der Vinaigrette marinieren und zusammen mit den Garnitursalaten schön anrichten. Die gebratenen Wachtelstücke daraufsetzen und mit dem Kalbsjus nappieren.
Zutaten Spargel: 8 Stangen **weißer Spargel**, 8 Stangen **grüner Spargel**, 1 EL **Butter**, **Salz**, **Zucker**,
Zubereitung Spargel: Die Spargelstangen schälen und die holzigen Enden abschneiden. In reichlich Salzwasser mit einer Prise Zucker und Butter bißfest kochen.
In Eiswasser kurz abschrecken und abtropfen lassen.
Zutaten Vinaigrette: **Olivenöl**, **Weinessig**, **Salz**, **Pfeffer** aus der Mühle, **Muskat**, etwas **Dijon-Senf**, **Schalotten** und etwas **Geflügelfond**.
Zubereitung Vinaigrette: Für die Vinaigrette die Schalotten fein hacken, kurz blanchieren und abschrecken. Die Schalotten in einem hohen Gefäß mit dem Stabmixer pürieren. Den heißen Geflügelfond, das Olivenöl, Essig und die Gewürze dazugeben und solange mit dem Stabmixer mixen, bis eine cremige Sauce entsteht.
Garnitursalate: **Vogerlsalat**, **Löwenzahn**, **Radicchio**, **Frisée** und **Eichblatt**, **Weinessig** und **Traubenkernöl**.

Fasanenbrust im Speckmantel gebraten
mit Apfelrotkraut und glasierten Kastanien
Zutaten für 4 Portionen
4 **Fasanenbrüste**, 8 **Speckstreifen**, **Sonnenblumenöl**, 10 **Kastanien** (geschält und gekocht), 14 **Weinbeeren**, 2 EL **Walnußöl**, **Salz**, **Pfeffer**, 125 ml **Rotwein** (Zweigelt), 125 ml brauner **Wildfond**, 1 EL **Johannisbeergelee**, 6 **Wacholderbeeren** (leicht angedrückt), 125 ml **Schlagobers**, 1 **Schweinsnetz**.
Zubereitung: Die Fasanenbrüste salzen, pfeffern und in Schweinsnetz eindrehen. In einer Pfanne mit Sonnenblumenöl scharf auf allen Seiten anbraten und im Backrohr bei 120°C für 35 Minuten ziehen lassen. Die Weintrauben und Kastanien in etwas Walnußöl kurz anbraten und warm halten.
Für die Sauce: 500 ml **Wildfond** mit 1/16 l **Rotwein** (Zweigelt) einkochen, **Johannisbeergelee** und **Wacholderbeeren** dazugeben und mit 125 ml **Schlagobers** aufgießen. Auf die Hälfte der Menge einkochen.
Brauner Wildfond für 1 Liter
1 kg **Wildknochen** und **Parüren**, 60 g **Pflanzenöl**, 50 g **Speck**, 100 g **Karotten**, 50 g **Knollensellerie**, 150 g **Zwiebeln**, 125 ml **Rotwein** (Zweigelt), 3 Liter **Wasser**, 1 **Gewürzsäckchen** aus 2 **Lorbeerblätter**, 1 **Thymianzweig**, 5 **Wacholderbeeren** (zerdrückt), 2 **Knoblauchzehen** mit Schale (zerdrückt).
Zubereitung: Die kleingehackten Wildknochen mit dem Speck im Fett braun anbraten. Die in große Würfel geschnittenen Karotten und Sellerie dazugeben und hell rösten. Die würfelig geschnittenen Zwiebel beifügen und mit dem Wurzelgemüse braun rösten. Das Ganze mit Rotwein ablöschen, einkochen und mit Wasser aufgießen. Den Fond bei schwacher Hitze etwa 90 Minuten kochen lassen und öfters abschäumen. Am Ende der Kochzeit zuerst durch ein Spitzsieb, dann durch ein Tuch seihen. Den Fond noch einmal aufkochen und abschäumen.
Beilagen: **Apfelrotkraut** (Rezept Seite 25), **Glasierte Kastanien** (Rezept Seite 217).

Gans mit Erdäpfelknödel,
Kastanien, Weinkraut und Bratäpfel
Zutaten für 6-8 Portionen
1 **Gans** (2,5 bis 3 kg), 60 g **Butter**, 1 EL **Mehl**, 1 TL **Majoran**, etwas **Salz**, 2 bis 3 **Äpfel**.
Zubereitung: Die Gans wird geputzt, ausgenommen und sowohl innen wie außen eingesalzen, innen auch mit Majoran einreiben. Mit den geschälten Äpfeln gefüllt, zugenäht und im eigenen Saft unter öfterem Begießen (je nach Größe der Gans 1,5 bis 2 Stunden) gebraten. Das Bratenfett wird von Zeit zu Zeit abgeschöpft, eventuell durch etwas Wasser ersetzen. Die knusprig gebratene Gans in 8 Stücke teilen, die Äpfel vierteln und mit der Gans anrichten. Den Bratensaft, von dem das Fett abgeschöpft wurde, bindet man mit 1 EL Mehl, verrührt ihn mit der Butter und serviert ihn getrennt.
Beilagen: **Rotweinkraut** (Rezept Seite 25), **Glasierte Kastanien**.

Sulmtaler Hendlbrust mit Schwarzwurzeln
Zutaten für 4 Portionen
4 Stück **Hendlbrüste**, **Pflanzenöl** zum Braten, **Salz, Pfeffer** aus der Mühle, 2 Zweige **Rosmarin**, 4 **Knoblauchzehen** (geschält), 1 TL **Waldhonig**, 3 EL **Butter**, 4 EL reduzierter **Kalbsjus**.
6 Stangen **Schwarzwurzeln**, **Salz**, 125 ml **Milch**, 1 EL kalte **Butter**, 375 ml flüssiges **Schlagobers**, 125 ml **Geflügelfond**.
Zubereitung: Die Schwarzwurzeln waschen, schälen und in 3 cm lange Stücke schneiden. In Salzwasser mit der Milch langsam bissfest kochen.
Die Hendlbrüstl mit Salz und Pfeffer würzen und in einer Pfanne mit Pflanzenöl scharf anbraten. Die Knoblauchzehen und den Rosmarin dazugeben. Im Backrohr bei 85°C für etwa 30-40 Minuten ziehen lassen. Kurz vor dem Anrichten mit der Honigbutter (Butter mit dem Honig unter Rühren aufkochen) überglänzen und im Backrohr bei 160°C kurz überkrusten.
Anrichten: Mit dem reduzierten Kalbsjus leicht übergießen.
Den Geflügelfond mit dem flüssigen Schlagobers um ein Drittel einreduzieren. Mit Salz und Pfeffer würzen.
Die Schwarzwurzeln in die Rahmsauce geben und kurz vor dem Anrichten die kalte Butter einschwenken.

Steirisches Küchen Lexikon

Perlhuhn mit Eierschwammerl

Entenbrust

Gansl mit Apfelrotkraut und Traubenknödel

Gansl

Entenbrust auf karamellisiertem Gemüse mit Kastanienknödel

Zutaten für 4 Portionen
4 **Entenbrüste**, eine **Gewürzmischung** aus gemahlenem **Piment, Zimt, Anis, Koriander**, getrocknete rote **Chillies**, **Salz**, 125 ml **Rotwein**, 1 TL **Paradeismark**, Saft von 1 **Orange**.

Zubereitung: Die Entenbrust hautseitig einschneiden, in einer beschichteten Pfanne bei großer Hitze beidseitig anbraten, vom Herd nehmen, salzen, pfeffern und mit der Gewürzmischung einreiben. Die Ente auf ein Blech setzen und im Rohr bei 180°C garen (Kerntemperatur 55°C).

Die Bratenrückstände in der Bratpfanne mit 1 TL Paradeismark, dem Rotwein und dem Orangensaft ablöschen und einreduzieren, mit Salz und Pfeffer abschmecken, einreduzieren lassen.

Karamellisiertes Gemüse

400 g **Muskatkürbis** (geschält und geschnitten), 400 g **Zucchini** (geschnitten), 50 g **Trauben** (halbiert und entkernt), 16 gekochte **Kastanien**, 1 roter, gelber und grüner **Paprika** (feinwürfelig gehackt), **Zucker**, 1 EL **Balsamico-Essig**, **Salz**.

Zubereitung: In der Zwischenzeit in einer heißen Pfanne 1 EL Zucker schmelzen (karamellisieren), das Gemüse beifügen, kurz anbraten, salzen und mit 1EL Balsamico-Essig ablöschen.

Kastanienknödel

Zutaten: 500 g **Erdäpfel**, 120 g **Mehl**, 40 g **Butter**, 2 EL **Eidotter**, **Salz**, 200 g **Kastanienpüree**.

Zubereitung: Die Erdäpfeln kochen, noch heiß durch eine Erdäpfelpresse drücken, auskühlen lassen und dann mit den restlichen Zutaten zu einem glatten Teig kneten.

Aus dem Kastanienpüree kleine Kugeln formen, mit dem Erdäpfelteig umhüllen und in Salzwasser etwa 12 Minuten kochen.

Die Entenbrust aufschneiden und auf dem Karamellgemüse fächerartig anrichten. Die Rotwein-Orangen-Sauce dekorativ über den Teller ziehen.

Gansl mit Apfelrotkraut und Traubenknödel

Zutaten für 4 Portionen
1 **Gans** (ca. 2 kg), 1 **Apfel**, **Salz**, **Majoran**, 125 ml **Süßwein**.

Zubereitung: Die bratfertige Gans mit kaltem Wasser ausspülen. Hals und Flügeln abtrennen, innere Fettpolster entfernen. Die Gans außen salzen, innen mit Salz und Majoran einreiben und mit dem Apfel füllen. In einer passenden Bratpfanne etwas Wasser geben. Die Gans mit der Brustseite nach unten auf die gehackten Flügeln und Halsknochen legen. Zugedeckt im Rohr ca. 1,5 bis 2 Stunden bei etwa 180° bis 200°C ohne Farbe braten. Öfters begießen. Die fertig gebratene Gans 30 Minuten auskühlen lassen. Das Fleisch der Gans vorsichtig von den Brust- und Rückenknochen lösen. Die Karkassen in die Bratpfanne geben und weiterrösten, bis eine schöne braune Farbe entsteht (eventuell die Temperatur etwas erhöhen), Bratenfett abgießen und mit 125 ml Süßwein ablöschen. Kurz reduzieren und mit wenig Wasser aufgießen. Bratenrückstand lösen in einer Kasserolle auskochen. In der Zwischenzeit die ausgelöste Gans ca. 10 cm unterm Grill stellen und bräunen. Vorsicht, verbrennt leicht! Saft passieren, entfetten, reduzieren lassen, abschmecken und zur knusprigen Gans servieren.

Traubenknödel

Zutaten für 6 Portionen (18 Knödel)
1 kg mehlige **Erdäpfel** (roh, gerieben), 500 g gekochte, geschälte **Erdäpfel**, 250 g **Weinbeeren**, 2 **Eidotter**, **Salz**, etwas **Muskatnuß**, 100 g **Stärkemehl**.

Zubereitung: Die geriebenen Erdäpfel in einem Tuch gut auspressen, mit den noch heißen passierten Erdäpfeln, Eidotter, Salz, Muskatnuß und dem gesiebten Stärkemehl gut mischen. Die Masse zu kleinen Knödeln formen, je 2 Weinbeeren in einen Knödel füllen und im gesalzenen, kochenden Wasser einlegen. Einmal kurz aufkochen und 15 Minuten ziehen lassen.

Beilage: Apfelrotkraut (Rezept Seite 25).

Perlhuhn mit Eierschwammerln und Gemüse

Zutaten für 4 Portionen
4 **Perhuhnbrüste** mit Flügelknochen, **Salz**, **Pfeffer** und gehacktem **Rosmarin**, **Pflanzenöl**, **Butter**.

Zubereitung: Das Perlhuhn mit Salz, Pfeffer und gehacktem Rosmarin einreiben. Mit Pflanzenöl bestreichen und 5 Minuten ziehen lassen. In einer Pfanne etwas Pflanzenöl und Butter erhitzen. Das Fleisch auf allen Seiten anbraten. Und in einem vorgewärmten Backrohr bei 180°C etwa 4 Minuten fertig braten, danach noch für 10 Minuten warm stellen.

Eierschwammerl

120 g **Eierschwammerl** (geputzt, halbiert), **Butter**, 60 g **Erbsen**, 60 g **Zuckererbsenschoten**, 1/4 Liter **Gemüsefond**, 60 g kalte **Butter**, 2 EL **Schnittlauch**, **Salz**, weißer **Pfeffer** aus der Mühle.

Zubereitung: Die Eierschwammerl in Butter anschwitzen, Erbsen und Zuckererbsen dazugeben, kurz durchschwenken mit dem Gemüsefond aufgießen und mit kalter Butter montieren. Mit Salz und Pfeffer abschmecken, zum Schluss den feingeschnittenen Schnittlauch dazugeben.

Erdäpfelpüree

Zubereitung: Die Erdäpfel schälen, viertln und in kochendem Salzwasser 20 Minuten kochen. Die gekochten Erdäpfel zum Püree stampfen, Milch und Muskat unterrühren und die Masse in einen Spritzbeutel mit Sterntülle füllen. Auf die Teller kleine Erdäpfelpüree-Rosetten spritzen. Die Rouladen mit Salz und Pfeffer würzen und mit dem Erdäpfelpüree anrichten.

VULCANO-Rohschinken

Schweinshaxlsulzerl

Steirisches Wurzelfleisch

Schweinsbraten

Schweinsbraten mit gebratenen Erdäpfeln

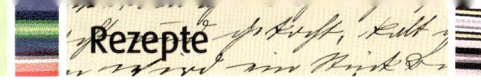

Schweinefleisch hat mehr Geschmack

In den letzten Jahren hat sich bei der Schweinezucht vieles geändert, unsere Schweine werden heute artgerechter gehalten und haben im Stall und im Freien mehr Auslauf. Mit den ausgewogenen Futtermitteln werden sie mit einer höheren Fleischqualität und weniger Speck gezüchtet.

Ausgewachsene Schweine werden nach der Schlachtung halbiert oder geviertelt. Spanferkel (8–12 Wochen alt und nicht schwerer als 21 kg, ideal sind 7–8 kg) werden im Ganzen oder zerteilt verarbeitet. Beim Jungschwein wird der Rücken auch im Ganzen belassen. Die Fleischteile vom Jungschwein können mit Fett und Schwarte zubereitet werden.

Die Qualitätsmerkmale von gutem Schweinefleisch sind die gute Marmorierung, zart rosa Farbe und die feinfaserige Fleischstruktur.

Jungschweinsbraten
mit warmem Krautsalat und Erdäpfelknödeln
Zutaten für 4–5 Portionen
800 g **Jungschweinsbraten** (Schulter mit Schwarte), 180 g **Zwiebel**, 1/16 l **Pflanzenöl**, 100 g **Karotten**, 50 g **Sellerie**, 5 **Knoblauchzehen**, 500 ml dunkles **Bier**, 200 ml **Wasser**, 20 g **Butter**, 10 g **Mehl**, **Salz**, **Pfeffer**, ganzer **Kümmel**.
Zubereitung: Die obere Schwarte des Jungschweinsbraten kreuzweise etwa 1 cm tief einschneiden und kräftig mit Salz, Pfeffer, Knoblauch und Kümmel würzen. Das Gemüse in 2 cm große Stücke schneiden und in eine Bratpfanne geben. Den Braten auf das Gemüse setzen und im vorgeheizten Backrohr bei 180°C etwa 60 Minuten braten. Den Braten immer wieder mit Bier und Wasser aufgießen. Die Sauce in einen Topf geben. Die geschmolzene Butter mit dem Mehl mischen und damit die Sauce binden.

Warmer Krautsalat
Zutaten: 900 g frisches **Weißkraut**, 120 g **Zwiebel**, 120 g durchzogener **Bauchspeck**, 25 g **Pflanzenöl**, 600 ml **Rindsuppe** oder **Wasser**, 75 ml **Essig**, 1 TL **Kümmel** (ganz), 50 g **Zucker**, **Salz**.
Zubereitung: Den in Würfel geschnittenen Speck und die Zwiebel in Pflanzenöl ohne Farbe anrösten. Mit Suppe und Essig aufgießen. Mit Zucker, Kümmel und Salz würzen. Das feingehobelte Kraut dazugeben und etwa 10 Minuten weich dünsten lassen.

Erdäpfelknödel
Zutaten: 600 g **Erdäpfel** (mehlig kochende Sorte, gleiche Größe), 200 g **Mehl**, 1 **Ei** (Größe M), **Salz**, **Muskatnuss**, etwas **Butter**.
Zubereitung: Die Erdäpfel waschen, weich kochen und schälen. Durch eine Erdäpfelpresse drücken mit allen anderen Zutaten rasch zu einen Teig kneten. Den Teig zu kleinen Knödel formen und in Salzwasser etwa 10–15 Minuten ziehen lassen.

Gefüllte Schweinsbrust
Zutaten für 4–5 Personen
1 **Schweinsbrust** ca. 1,20 kg zum Füllen (untergriffen), **Salz**, **weißer Pfeffer**, **Kümmel**, 4–5 **Knoblauchzehen** (zerdrückt), **Zwiebel** (in große Stücke geschnitten), **Pflanzenöl**.
Zubereitung Schweinsbrust: Die Schweinsbrust innen mit Salz und Pfeffer würzen, mit der Semmelfülle befüllen, die Öffnung verschließen und mit Salz, Pfeffer, Knoblauch und Kümmel würzen.
Schweinsbrust mit der Schwarte nach unten in eine Bratpfanne, deren Boden mit Wasser bedeckt ist, legen. Die Zwiebelstücke beigeben und ca. 40 Minuten braten.
Die Schweinsbrust wenden, die Schwarte (Haut) schröpfen (in Form von kleinen Karos ungefähr 1 cm tief einschneiden), mit Salz bestreuen und mit zerdrücktem Knoblauch einreiben. Zwiebel beigeben. Im vorgeheizten Backrohr bei 170°-180°C für ca. 1,5 Stunden fertig garen. Erst zum Schluss die Temperatur erhöhen (Kerntemperatur 85°C). Zwischendurch öfters mit Wasser aufgießen und mit dem Bratensaft übergießen.

Zutaten Semmelfülle:
40 g **Zwiebel** (fein geschnitten), 40 g **Butter**, 3 altgebackene **Semmeln** (in Würfel geschnitten) oder 80 g **Knödelbrot**, 4 EL **Brösel**, 2 **Eier** (Größe M), 125 ml **Milch**, **Petersilie** (feingehackt), **Salz**, **Pfeffer**, **Muskatnuss**.
Zubereitung Semmelfülle: Die Semmeln in Milch einweichen, gut ausdrücken und passieren. Butter und Eier cremig rühren, würzen, Petersilie und Brösel dazugeben, die passierten Semmeln untermischen und ziehen lassen.

Beilagen: **Krautsalat** (linke Spalte), **Erdäpfelknödel** (Rezept linke Spalte).

Die Schweineschlegel-Fleischteile

Der Schlegel wird in **Kaiserteil (Schale), Fricandeau, Nuss und kleine Nuss** geteilt. Diese Stücke werden im Ganzen gebraten oder geschnitten zu Schnitzel verarbeitet. Der Schlegel dient auch zur Schinkenerzeugung.

Fleischteil	Verwendung
Kaiserteil (Schale)	Schnitzel, Rouladen
Nuss	Steaks, Schnitzel, im Ganzen gebraten
Fricandeau	Schnitzel, Geschnetzeltes
Schlussbraten	Zarter Fleischteil im Ganzen zum Braten, Schnitzel, Medaillons, Spieß, Piccata etc.
Hintere Stelze	Im Ganzen gebraten, ausgelöst für Gulasch, Ragouts, gesurt und gebraten, geselcht und gekocht
Schweinefüße	Gekocht für Klachelsuppe sowie zur Aspik- und Sulzherstellung.

Würste

Frankfurter ▶ Wiener Würstchen ▶ Diese Kochwürste hat ein aus dem Fränkischen eingewanderter Fleischhauer (Metzger) im 19. Jahrhundert in Wien in Anlehnung an die damals in Frankfurt gegessenen Würste hergestellt. Lang, dünn, würzig und leicht geräuchert, das Brät besteht aus einer Mischung aus fein zerkleinertem Rindfleisch, Schweinefleisch und Speck.

Die Frankfurter richtig kochen: Die Würste in heißem Wasser erhitzen – nicht kochen, dann platzen die Würste auf – dazu Senf, Kren und eine Semmel oder eine Scheibe Schwarzbrot. Ein Paar Frankfurter schmecken am besten beim Würstelstand, wo das Wasser, in dem die Würste gekocht werden, schon einen starken Eigengeschmack hat, der beim Erhitzen auf die Würste übertragen wird.

Krainer Wurst ▶ Die Krainer Wurst (kranjska klobasa) ist ein altösterreichisches Nationalgericht, das Kaiser Franz Joseph schon im Jahre 1884 gegessen hat. Der Name stammt von der Stadt Krain im heutigen Slowenien.

Die Wurst enthält ein grobes Brät aus 68% Schweinefleisch, 12% Rindfleisch und maximal 20% Speck. Es werden 12 bis 16 cm lange Paare gebildet, die 180 bis 220 Gramm Masse haben. Die Paare werden mit einem hölzernen Spieß zusammengesteckt, heiß geräuchert und bei 70°C wärmebehandelt.

Käsekrainer ▶ Käsekrainer besitzen in Abwandlung des Originalrezeptes einen Anteil von 10 bis 20% Käse (z. B. Emmentaler) in kleinen Würfeln. Sie wurden in Wien zu Beginn der 1980er Jahre erfunden und gehören dort zum Standardangebot der Würstelstände. Käsekrainer können gesotten, gebraten oder gegrillt werden.

Karree mit Schopf

Der **Schopfbraten** führt vom Karree zum Kopf (das Nackenstück) und ist stark fettdurchzogen, daher ist er beim Braten auch äußerst saftig. Der „Schopf" wird auch gerne paniert und gebacken (Wiener Schnitzel) oder als Karbonade (in Scheiben geschnitten und in der Pfanne gebraten) serviert.

Fleischteil	Verwendung
Langes Karree	Im Ganzen natur gebraten oder gesurt (mit und ohne Rippen), Kotelett, als Selchkarree im Fond gegart oder gebraten
Kurzes Karree	Ohne Knochen im Ganzen gebraten, Schweinesteaks: aus dem ausgelösten, parierten Karree Für Koteletts ausgelöst: gegrillt, gebraten, gebacken.

Lungenbraten,

Filet (Schweinelendchen)	Zum Kurzbraten im Ganzen, z.B. Schweinefilet Als Portionsstücke: Medaillons, Spieße, Sautés
Schopf	Wird zwischen der 4. und 5. Rippe vom Karree getrennt. Ausgelöst und im Ganzen gebraten, geräuchert oder gesurt Portioniert als Schweinskarbonade zum Grillen oder Braten.

Spareribs

Fleischige Schweinsrippen Aus dem Karree abgelöst und geteilt, werden süß-sauer mariniert und gegrillt bzw. gebraten.

Schwein

VULCANO-Schinken

Gefülltes Schweinsbrüstl

Gekochtes Krenfleisch

Schweinsschulter
Die Schulter wird für Braten, Ragout und zur Schinkenerzeugung verwendet.

Fleischteil	Verwendung
Schulterteil, ausgelöst	Im Ganzen, gerollt, gebraten oder gesotten
	Für Ragouts (Curry, Szegediner-Krautfleisch)
Vordere Stelze	Im Ganzen gebraten, ausgelöst für Gulasch, Ragouts, gesurt und gebraten, geselcht und gekocht.

Schweinebrust, Schweinebauch
Brust und Bauchfleisch werden mit der Schwarte geschröpft, gefüllt und gebraten. Der Bauch kann auch mit einer Semmelfülle gefüllt werden, gesurt oder auch als **Kaiserfleisch** (geräuchertes Bauchfleisch) gekocht werden.

Fleischteil	Verwendung
Schweinsbauch/	
Brust ohne Rippenknochen	Gesotten für Krenfleisch
	Gebraten mit Semmelfülle
	Gesurt, gerollt und gebraten
	Für Ragouts
	Für Sulzen
	In Scheiben geschnitten, mariniert, zum Grillen
	Geräuchert für Rohspeck, gedämpft für Hamburger Speck.

Schinken
Räucherschinken bekommen ihr Aroma durch die zugesetzten Gewürze, Temperaturen und Dauer des Räuchervorganges sowie das dafür verwendete Holz. Gute Räucherschinken sind mager, saftig-zart und haben ein mildes, aber charakteristisches Aroma. Am Stück sind die Schinken lange haltbar; dünn aufgeschnitten schmecken sie am besten.
Rohschinken Diese Technik kannten schon die Römer, Einsalzen und anschließendes Räuchern oder Trocknen.
Kochschinken werden zuerst gepökelt, dann müssen die Fleischstücke ohne Knochen durch Pressen in Form gebracht werden. Zur Geschmacksverbesserung werden manche Kochschinken noch kurz heiß geräuchert, bevor man den Schinken dann bei geringer Temperatur kocht.

Weitere Schweineteile

Fleischteil	Verwendung
Schweinsbacken	Gesiedet (ebenso gesurt, geräuchert) oder gebraten
Kopf, Göderl	Gebraten (Kopf), gesiedet, für die Sulz- und Leberwursterzeugung
Schweinsnetz	Zum Einschlagen von gerollten Fleischstücken (vor Verwendung gründlich wässern).

Innereien vom Schwein
wie Zunge, Nieren, Lunge, Herz, Leber werden wie die Innereien vom Kalb verwendet.

Fleischteil	Verwendung
Schweinsnieren	Der Länge nach aufschneiden und Harnstrang entfernen, für die Weiterverarbeitung kurz in Milch einlegen (Geröstete Schweinsnieren)
Schweinsleber	Für Suppeneinlagen wie Leberknödel und Lebernockerln, geschnetzelt, gebacken
	Mit Faschiertem gemischt für Netzbraten.

Schröpfen von Schweinefleisch
Fleischstücke, die mit der Schwarte gebraten, werden vorher geschröpft. Das Fleisch erhält dadurch eine gleichmäßige Kruste und lässt sich leichter portionieren:
Fleischstücke mit der Schwarte nach unten in wenig Wasser blanchieren. Stelze im Ganzen kurz überkochen. Die Schwarte nicht zu tief in Tranchenstärke (einfach und quer) einschneiden.

Speck ▶ Speck stammt ausschließlich vom Schwein und bezeichnet jene fette Schicht, die zwischen Haut (Schwarte) und Muskelfleisch liegt. Speck wird meist gepökelt und geräuchert, findet aber auch als „grüner Speck", also unbehandelt, Verwendung.

Schweineschmalz, Schweinefett ▶ Das aus dem Rückenspeck oder Bauchfett des Schweines ausgelassene Fett ist streichfähig und von angenehmem Geschmack. **Verwendung:** zum Ausbacken, Braten und Kochen, ein starker Geschmacksverstärker.

Grammeln (Grieben) ▶ sind die festen Rückstände der Schwarten, die beim Auslassen von Rückenspeck, dem Trennung von Fett und den festen Teilen der Schwarte, entstehen.

Grammelfett ▶ eine Mischung aus Schweineschmalz und Grammeln. **Verwendung:** als Brotaufstrich auf Schwarzbrot, mit Salz und fein gehacktem Knoblauch gewürzt.

Steirisches Küchen Lexikon

Blunzengröstl

Schweinsbrüstl mit Kren

Knuspriger Schweinsbraten

Schweinsbraten

Steirisches Wurzelfleisch - Krenfleisch mit Salzerdäpfeln

Haussulz

Als Grundprodukt für Sülzen eignen sich eine Vielzahl von Produkten wie z. B. **Geflügel**, **Fleisch** (Rind-, Schweine-, Lamm- Wild-, Kaninchenfleisch), **Fische** (Karpfen, Lachs, Forelle), **Pilze** und **Gemüse**.

Zubereitung Natursulz: 1,5 kg **Schweinsschwarten** mit **Wurzelgemüse** (Karotten, Sellerie, Porree, Zwiebel) und 2 Liter **Wasser** für 2-3 Stunden auskochen, abseihen und auf rund 500 ml **Sulz-Basis-Flüssigkeit** einkochen.

Zubereitung der schnellen Sulz-Basis:
Die 12-14 Blatt **Gelatine** in kaltes Wasser nach und nach einlegen, auflösen, quellen lassen, leicht ausgedrückt in heißer 500 ml **Suppe** auflösen und dann der Grundmasse beifügen, kurz kühl stellen.

Haussulz, Zutaten für 8-10 Portionen
1 kg **Schweinskopf** (ohne Backenfett, aber mit Zunge),
1/2 **Zwiebel** (geschält), 1 **Knoblauchzehe**, **Essig**, **Salz**,
8-10 **Pfefferkörner**, **Thymian**, **Lorbeerblatt**.

Zubereitung: Den Schweinskopf sauber putzen, in einen Topf geben, mit kaltem Wasser bedecken, salzen, etwa 8-10 zerquetschte Pfefferkörner, Thymian, Lorbeerblatt, Knoblauchzehe und Zwiebel im Ganzen sowie einen guten Schuss Essig beifügen. Das Fleisch zugedeckt langsam weich kochen, dann abseihen, von den Knochen lösen, die Zunge abhäuten und alles kleinwürfelig schneiden.

Das geschnittene Fleisch mit der abgeseihten und entfetteten Schweinskopfsuppe gleich hoch auffüllen und nochmals etwa 10 Minuten langsam verkochen lassen.

Anschließend das Fleisch samt Sud in eine geeignete Sturzform füllen, kalt stellen und stocken lassen.

Die Haussulz vor dem Servieren mit einer **Marinade** aus mittelfein gehackter **Zwiebel**, **Salz**, **schwarzen Pfeffer**, gewässertem **Essig**, 2 EL steirischem **Kürbiskernöl** und feingeschnittenem **Schnittlauch** abschmecken.

Spanferkelrücken
auf Weinkraut und Erdäpfelsterz
Zutaten für 4 Portionen
4 Stück à 200 g **Spanferkelrücken mit Schwarte**, 250 ml **Suppe**, 1 EL **Butter**, **Salz**, **Pfeffer**, **Kümmel**, **Knoblauch** (gehackt).

Zubereitung: Die Spanferkelrückenstücke beidseitig salzen, pfeffern und in einer Pfanne anbraten. Mit Knoblauch und Kümmel einreiben und im vorgeheizten Backrohr bei ca. 200°C fertigbraten. Bratenrückstand mit Suppe ablöschen, einkochen und mit kalter Butter binden.

Beilagen: **Weinkraut** (Rezept Seite 25), **Erdäpfelsterz** (Rezept Seite 19).

Bauernschmaus

Bauernschmaus wird ein Gericht in einer großen Schüssel genannt, auf der für jeden Esser ein Stück **Schweinsbraten**, ein Stück **Geselchtes**, ein **Frankfurter** mit einem **Semmelknödel** auf **Sauerkraut** angerichtet ist. Sehr deftig, ein optisches Erlebnis, wenn die Schüssel auf den Tisch kommt, und ein kulinarisches, wenn jeder zugreifen kann und seinen Teller füllt.

Zutaten für 4 Portionen
4 **Schweinskarrees**, **Salz**, **Kümmel**, **Pflanzenöl**, 500 g **Rollschinken** oder **Selchschopf**, 2 Paar **Frankfurter Würstchen**, 4 große **Semmelknödel**, 500 g **Sauerkraut**, 50 g **Bauchspeck** (geräuchert), 1 kleine **Zwiebel**, **Salz**, 1 EL **Mehl**, 4 mittlere **Erdäpfel**, **Salzwasser** zum Kochen, **Petersilie** zum Garnieren.

Zubereitung: Das Schweinskarree mit Salz und Kümmel einreiben und in heißem Pflanzenöl kurz herausbraten (oder 4 Stücke eines fertigen Schweinsbratens nehmen).

Den würfelig geschnittenen Speck und den feingeschnittenen Zwiebel kurz anrösteten, Sauerkraut dazugeben, mit etwas Wasser auffüllen, weichdünsten, salzen und mit 1 EL Mehl binden.

Den ganzen Rollschinken weichkochen. Die Frankfurter in heißem Wasser ziehen lassen, dann die Würste kreuzweise einschneiden und in einer Pfanne kurz anbraten.

Die Erdäpfel schälen, vierteln und in Salzwasser weichkochen. Die Semmelknödel nach Rezept zubereiten.

Alle 4 Portionen auf einer großen Platte oder auf Holzteller anrichten, zuerst das Kraut, dann die übrigen Fleischspeisen, die Semmelknödel und mit der Petersilie garnieren.

Semriacher Hochzeitsschnitzerl
Zutaten für 2 Portionen
4 **Schweinsschnitzerl** (dünn geklopft), **Salz**, 250 g **Topfen** (20%), **Schnittlauch**, **Petersilie** (gehackt), 2 Scheiben (150 g) **Schinken**, **Mehl**, 1 **Ei** und **Semmelbrösel** zum Panieren, **Pflanzenöl** zum Herausbacken, **Zahnstocher** zum Befestigen.

Zubereitung: In einer Schüssel Topfen mit den gehackten Kräutern verrühren, etwas Salz und je eine Scheibe Schinken auf ein Schnitzerl geben, mit der Topfenkräutermasse bestreichen, zusammenklappen und mit Zahnstocher feststecken, mit Mehl, Ei und Semmelbrösel wie ein Wienerschnitzel panieren und in heißem Pflanzenöl herausbacken.

Beilagen: **Petersilerdäpfel** (Rezept Seite 19), **Grünen Salat mit steirischem Kürbiskernöl** anrichten.

Steirisches Wurzelfleisch
Krenfleisch mit Salzerdäpfeln
Rezepte: Zubereitung **Schweinsschopf** mit **Würzelgemüse** Rezept Seite 13), **Salzerdäpfel** (Rezept Seite 19).

Gefülltes Schweinshaxl auf Kürbissalat

Zutaten für 4 Portionen

4 Stück **Schweinshaxl**, 350 g **Schweinsschulter**, 100 g zerstoßenes **Eis**, 1 **Eiklar**, 1 EL **Butter**, 80 g **Hühnerleber**, 20 g getrocknete **Kürbiskerne**, **Madeira**, **Salz**, **Pfeffer**, **Thymian**, **Pastetengewürz**, 3 Liter **Schweinefond**, **Suppengemüse** (**Karotten**, **Sellerie**, **Lauch**).

Zubereitung: Die Schweinshaxln auslösen und in kaltem Wasser einweichen. Schweinefleisch gut durchkühlen und einmal durch den Fleischwolf drehen. In den Cutter geben und mit dem Eis zu einer feinen Farce cuttern. Das Eiklar und die Gewürze zugeben und verrühren. Inzwischen die Hühnerleber in kleine Würfel schneiden und in heißer Butter schwenken, sodass die Leberwürfel innen noch rosa sind. Die erkalteten Leberwürfel und die Kürbiskerne in die Fleischfarce einrühren. Die Farce in 4 Rollen mit 3 cm Durchmesser formen und in die Haxl-Schwarten einlegen und rollen. Nochmals gut durchkühlen und die Enden verschließen, anschließend in Alufolie einwickeln. Im Schweinsfond für 2,5 Stunden pochieren. Erkalten lassen und in Scheiben geschnitten auf dem Salat anrichten.

Mit Essig und steirischem Kürbiskernöl servieren.

Kürbissalat

Zutaten für 4 Portionen

Zubereitung: Den geschabten **Kürbis** mit **Dill**, **Kümmel**, **Salz**, **Pfeffer**, **Mostessig** und **Kürbiskernöl** gut vermischen. Für etwa 30 Minuten zugedeckt gekühlt stehen lassen.

Blunzen mit Erdäpfeln und warmem Krautsalat

Zutaten für 4 Portionen

800 g **Blunzen** (Blutwurst), 1 **Zwiebel**, 1 TL **Majoran**, **Pfeffer** aus der Mühle, 500 g speckige **Erdäpfel** (gekocht), 1 EL **Pflanzenöl** oder **Butterschmalz**.

Zubereitung: Die Blunzen ohne Haut in große Stücke schneiden und mit den fein geschnittenen Zwiebeln kurz in Pflanzenöl kross anbraten.

Warmer Krautsalat

500 g **Weißkraut**, 2 kleine **Zwiebeln** (schälen, fein hacken), 150 g **Hamburgerspeck** (kleinwürfelig schneiden), **Pflanzenöl**, **Essig**, **Salz**, **Pfeffer**, **Kümmel**.

Zubereitung: Vom Weißkraut die harten Strünke ausschneiden, die Blätter in leicht gesalzenem Wasser kurz überkochen, abseihen, abschrecken und in feine Streifen schneiden.

Die Zwiebelstücke und Speckwürfel in einer Pfanne in ein wenig Pflanzenöl anschwitzen, das Kraut zugeben, kurz mitdünsten und mit ein wenig gewässertem Essig ablöschen. Das gedünstete Kraut gut vermischen und mit Salz, Pfeffer und Kümmel würzen. Noch lauwarm servieren.

Südsteirische Schweinskoteletts

Zutaten für 4 Portionen

4 **Schweinskoteletts**, 500 g **Äpfel** (schälen, vierteln, Kerngehäuse entfernen), 200 g **Dörrzwetschken**, 125 ml **Weißwein**, **Salz**, **Pfeffer**, **Kümmel**, **Zucker**, 1 **Gewürznelke**, **Pflanzenöl**, 4 EL **Weinbrand**.

Zubereitung: Die Koteletts mit Salz, Pfeffer und Kümmel würzen, in heißem Pflanzenöl an beiden Seiten anbraten.

Den Bratenfond mit dem Weißwein ablöschen und über die Koteletts gießen. Die Apfelscheiben in wenig Wasser mit 1 EL Zucker und der Gewürznelke weichdünsten. Die Dörrzwetschken in Wasser anweichen und dann kleinschneiden. Zu den Koteletts in die heiße Pfanne geben und kurz mitgaren, eventuell ein wenig Weinbrand darübergießen.

Die Koteletts mit den mitgegarten Äpfel- und Zwetschkenstücken anrichten.

Gebratene Schweinsstelze

Zutaten für 2–3 Portionen

1 **Schweinsstelze** (750 g), 1 kleine **Zwiebel**, 5–7 **Knoblauchzehen**, **Salz**, **Pfeffer**, **Kümmel**, **Suppe** zum Übergießen.

Zubereitung: Die Stelze kurz in kochendes Wasser legen, herausnehmen und mehrere scharfe Schnitte durch die Schwarte bis zum Knochen machen. Anschließend mit **Salz**, zerdrücktem **Knoblauch** gut einreiben und mit **Kümmel** würzen.

Mit der Schwarte nach unten in eine Pfanne legen, mit Wasser aufgießen, die geschälte, geviertelte Zwiebel und einige Knoblauchzehen dazugeben und im vorgewärmten Backrohr bei 220 °C ungefähr 1,5 bis 2 Stunden braten. Kurz vor Ende der Bratzeit die Stelze mit dem Natursaft und etwas Suppe bepinseln, damit die Schwarte schön knusprig wird.

Anrichten: Die Schweinsstelze mit warmem Krautsalat servieren.

Fleischlaberln
Zutaten für 4 Portionen

500 g **Faschiertes** (Schweine- und Rindfleisch gemischt), 1 altbackene **Semmel**, 1 kleine **Zwiebel**, 2–3 **Knoblauchzehen**, 1 **Ei** (Größe M), 2 EL **Butter**, 1 EL **Petersilie** (feingehackt), **Semmelbrösel** nach Bedarf, **Pflanzenöl** zum Ausbacken, **Salz**, **Pfeffer**, **Majoran**.

Zubereitung: Die Semmel in kaltem Wasser einweichen, danach gut ausdrücken. Die Zwiebel schälen, fein hacken und zusammen mit der Petersilie in Butter oder Margarine anrösten.
Das Faschierte in eine Schüssel geben, ausgedrückte Semmel, Ei und die Zwiebel-Petersilien-Butter dazugeben. Die Knoblauchzehen schälen, durch die Presse in die Schüssel drücken. Gewürze hinzufügen und zu einem geschmeidigen Teig verarbeiten. Nach Bedarf etwas Semmelbrösel dazugeben. Aus der Masse runde Fleischlaberln formen.
Das Pflanzenöl erhitzen und die Fleischlaberln von beiden Seiten jeweils etwa 5–6 Minuten schön braun braten.
Nach Geschmack kann auch eine Sauce getrennt zu den Fleischlaberln serviert werden. Dazu den Bratensatz mit etwas Rindsuppe aufkochen und durch ein feines Sieb gießen.

Szegediner Gulasch
Zutaten für 8–10 Portionen

1,5 kg **Schweinefleisch** (**Hals**, **Schulter** oder **Brüstl**, nicht zu mager), 1 kg **Sauerkraut** (roh), 250 g **Zwiebeln**, 100 g **Pflanzenöl**, 2 EL **Paradeismark**, 3 EL edelsüßer **Paprika**, 2 l **Suppe** oder **Wasser**, **Salz**, **Pfeffer**, **Kümmel ganz**, 3 **Lorbeerblätter**, **Knoblauch**, etwas **Sauerrahm** und **Mehl** zum Binden.

Zubereitung: Feingeschnittene Zwiebeln in Schmalz goldgelb anrösten, Paradeismark einrühren, Hitze verringern, Paprika zugeben, im lauwarmen Pflanzenöl 1–2 Minuten durchrühren, mit warmer Suppe oder Wasser aufgießen, Hitze erhöhen, mit Salz, Pfeffer, Kümmel, Lorbeer und Knoblauch würzen.
30 Minuten nicht zugedeckt kräftig kochen lassen, Hitze reduzieren, und das würfelig geschnittene Fleisch zugeben. Nach 30 Minuten das Sauerkraut zugeben und auf kleiner Flamme ganz langsam weich köcheln lassen.
Zwischendurch, wenn notwendig, mit etwas Suppe oder Wasser aufgießen.
Am Schluss etwas Sauerrahm und Mehl verrühren und damit das Szegedinergulasch binden.

Anrichten: Mit Semmelknödel, Salz- und Kümmelerdäpfel servieren.

Schweinslungenbraten „Winzerart" mit Schupfnudeln
Zutaten für 4 Portionen

4 **Schweinsfilets** (à 200 g), etwas **Kümmel**, 1 TL **Knoblauch** (gehackter), **Salz**, **Pfeffer**, 1 EL eiskalte **Butter**, **Pflanzenöl** zum Braten, 350 ml **Rindsuppe**.

Zubereitung: Die Schweinsfilets zuputzten, salzen und leicht pfeffern. In der Pfanne rasch anbraten und im vorgeheizten Backrohr fertig braten. Nach etwa 4 Minuten Bratzeit mit Knoblauch und Kümmel einreiben und das Fleisch so braten, dass es innen noch rosa ist. Aus der Pfanne nehmen, das Fett abschütten, Bratenrücksatz mit Rindsuppe ablöschen und den Natursaft etwas einkochen lassen. Mit eiskalter Butter binden und über das in Scheiben geschnittene Fleisch gießen.

Schupfnudeln
Zutaten für 4 Personen

450 g rohe **Erdäpfel** (geschält), **Salz**, **Pfeffer**, **Muskat**, 1 EL **Butter**, 3 EL **Grieß**, 2 **Eidotter**, 6 EL **Mehl**, 2 EL **Butter**.

Zubereitung: Die Erdäpfel kochen, ausdämpfen lassen und durch eine Erdäpfelpresse drücken. Eidotter, Grieß, Gewürze, zerlassene Butter und Mehl dazugeben und kurz, aber nicht zu rasch durchkneten. Von der Masse eine Rolle mit 3 cm Durchmesser formen und davon kleine Stücke abstechen. Kleine, fingerdicke Nudeln formen und in kochendes Salzwasser geben. Für 3 Minuten im Wasser ziehen lassen. In Eiswasser kurz abschrecken, in Butter hellbraun rösten.

VULCANO

Genießen Sie das Leben. Erleben Sie VULCANO.

Die VULCANO-Fleischwarenmanufaktur aus Auersbach in Feldbach ist eine einzigartige Genussmanufaktur. Hier, mitten im sanft hügeligen Vulkanland der österreichischen Oststeiermark, werden die feinsten Edelprodukte kreiert, um Ihren Gaumen zu erfreuen.

Die Natur in Auersbach bildet das Herzstück des Vulkanlandes, denn hier lebt die Seele des Vulkans. Dementsprechend viel Tradition haben wir. Nur ist sie für uns keine Tradition, sondern die ganz normale Lebensweise. Wir schauen eher drauf, dass wir neue Wege beschreiten und der Zeit ein wenig voraus sind. Deshalb haben wir uns bereits im Jahr 2000 zusammengeschlossen, um gemeinsam eine Vision zu verwirklichen: Wir wollten den besten Schinken der Welt schaffen.
Seitdem haben wir viele Auszeichnungen erhalten und sind heute als Weltmeister der Perfektion über die Landesgrenzen hinaus bekannt. Aber als Qualitätsfanatiker gehen wir weiter: Wir wollen zu den Besten der Welt gezählt werden.

Eine große Philosophie
Franz Habel, Geschäftsführer und VULCANO-Bauer, leitet seit 2000 die Firma VULCANO. Direkt am eigenen Hof befindet sich die Verkaufsstelle von VULCANO-Produkten. Besichtigungen sind hier möglich – unter anderem kann auch der Stall mit der Auslaufhaltung besichtigt werden.

Die VULCANO-Edelschweine

Das VULCANO-Schwein ist ein steirisches Edelschwein der besonderen Art. Die ausgewählten, edelrassigen und vollfleischigen Schweine werden artgerecht gehalten und hochqualitativ gefüttert. Die stressfreie Schlachtung ist Basis für die hohe Qualität und führt damit zu einer geschmacklich vollkommenen Reinheit.

Die Verarbeitung
Der VULCANO-Schinken wird mit nur ein wenig Meersalz händisch trocken gesalzen, um den feinen Geschmack des Fleisches nicht zu überdecken, denn dieses trägt von Natur aus mehr als hundert Aromen in sich. Eine hauseigene Mischung aus Edelgewürzen wie Rosmarin, Koriander, Wacholder und anderen verleiht dem Schinken eine dezente, raffinierte Note.

Die Verwandlung
Die Reifung erfolgt bei relativ hohen Temperaturen von 18°–20°C über einen langen Zeitraum von bis zu 27 Monaten, teilweise bis zu 36 Monaten. Gewöhnliches Fett von geringer Qualität wird dabei oft weich, beginnt zu tropfen und wird sogar ranzig. Nicht Vulcano. Durch die besonders hohe Qualität der Schweinerasse, die artgerechte Haltung, spezielle Fütterung und den liebevollen Umgang mit den Tieren entwickelt sich der VULCANO-Schinken gerade in dieser Phase am besten und übersteht den Prozess nicht bloß, sondern erblüht in dieser Metamorphose zu neuem Leben.

VULCANO URSPRUNG - Die neue Schinkenwelt
Erleben Sie den Ursprung von Genuss und Geschmack.
VULCANO Ursprung führt Sie an die Quelle des Geschmacks und präsentiert Ihnen die Welt des Schinkens als ein Reich der Sinne – mit Informationen und Erlebnissen in einem einzigartigen Ambiente voller Genuss.
Auf drei Etagen und über 1.000 m² werden die Besucher in die Welt feinsten Schinkens entführt und erfahren alles über das Geheimnis dieser veredelten Delikatesse – bei Führungen, die die einzelnen Schritte der Produktion, Verarbeitung und Reifetechnik veranschaulichen:
Vom Edelstahlschinken am Eingang über den Willkommensraum, Arkadenweg, Schweinestall und das Regionale Speisekastl bis zum einzigartigen Sinnesraum mit ausgefallenen Installationen und Schwebenden Schinken. Die anschließende Schinkenbar, der Genussladen und Gewölbekeller sorgen dafür, dass hier wirklich alles am Gaumen zergeht. Als besonderes Extra werden die Besucher gleich zu Beginn von Vulcana begrüßt, dem Parade-Schweindl von VULCANO, das von Dominika Kalcher entworfen und gemalt wurde und dessen Geschichte von Folke Tegetthoff stammt, der sie in einem Film erzählt.
Die Sinnlichkeit der Information wird Ihre Augen, Ohren und Nase überraschen und Sie ganz sicher auf den richtigen Geschmack bringen. Genießen Sie den Ursprung.

Genussreich
Das Genussreich führt die Bereiche Essen und Trinken zu einer perfekten Harmonie zusammen. Fleischeslust trifft Weinkultur. In der Schinkenbar kann sich da jeder selbst seine Favoriten aussuchen. Dem Anspruch, zu den besten Schinken der Welt zu zählen, wird durch den unmittelbaren Vergleich mit den weltbesten Schinken vor Ort Rechnung getragen.

VULCANO-Schinkenmanufaktur
A-8330 Auersbach, Eggreith 26
Telefon: +43 3114 2151, Fax: +43 3114 2151 21
www.vulcano.at, E-Mail: schinken@vulcano.at
Geöffnet: Mo–Fr 9 bis 18 Uhr, Samstag 9–17 Uhr.
Vulcanothek Wien 1
A-1010 Wien, Herrengasse 14. Geöffnet: Dienstag bis Samstag

VULCANO

Luftgetrockneter Rohschinken
Ein sinnliches Erlebnis und eine Erfahrung von inspirierender Tiefe. Das Reifearoma ist von milder Feinheit geprägt, die Grundnote entschieden und beständig, alle Nuancen harmonisch balanciert. Jedes Blatt, hauchdünn geschnitten, die Quintessenz reinsten Geschmacks, verdichtet zum unnachahmbar ausgewogenen Genuss.

Rohschinken 8 Monate gereift
Durch ausgewogene Würze und Meersalz angenehm mild.

Rohschinken 15 Monate gereift
Feines, mildes und edles Reifearoma, zarter Genuss.

Rohschinken 27 Monate gereift
Feines, intensives und edles Reifearoma, etwas Besonderes.

Zart geräuchert
Jedes Stück ist ein Unikat. Das magere Kaiserteil, das zarte Karree, der würzige Schopf. Zart marmoriert, gut durchzogen, schonend gereift, resch geräuchert. Mit Koriander und Wacholder.

Kaiserteil: Das magere Teilstück vom Schwein, Koriander- und Wacholdergeschmack.
Karree mit und ohne Schwarte: Fleisch und Fett in ausgewogenem Verhältnis, zart marmoriert, schonend gereift.
Vulcano Lende: Karreerose ohne Speck und Schwarte, mager und leicht geräuchert.
Vulcano Schopf: Herzhaft würzig und gut durchzogen.
Vulcano Räucherspeck: Nicht Fett, sondern durchzogenes „weißes Fleisch" von unvergleichlichem Geschmack.

OSKAR
Weißer Speck vom Schweinerücken, geräuchert und resch im Biss, geschmacklich sensationell.

Rohwurst und Salami
Neue Klassiker mit ungekannten Geschmacksvariationen für ungeahnten Genuss. Kraftvolle Kürbiskerne, die edle Schärfe schwarzen Pfeffers. Die angenehme Milde von mediterran bis nussig. Dazu ein Hauch von Knoblauch. Die wohldosierte Prise erlesener Zutaten erfrischt den Gaumen wie eine Brise und erstaunt selbst erfahrenste Genießer.

Vulcano Pfeffersalami
Eine Würzige mit edlem Pfeffergeschmack.

Vulcano Original Auersbacher Salami
Auersbacher Original: milde Rohwurst.
Auersbacher Kürbiskern: würziger Geschmack mit gemahlenen Kürbiskernen.
Auersbacher Walnuss: nussiges Aroma mit kleinen Walnuss-Stücken.
Auersbacher Pfeffer: milde Rohwurst mit leichter Schärfe von ganzen Pfefferkörnern.
Vulcano Würstel: Hauswürstel mit gutem Knoblauch.
Vulcanossi: besonders milde Würstel.

Feine Spezialitäten
Raffinierte Kompositionen für anspruchsvolle Genießer, die sich gern überraschen und verführen lassen. Vollendetes Trüffelfilet, ausgewählte Aufschnitte, feine Früchte, eingehüllt in die milde Würze wohlgereiften Speckmantels, einzigartige Manduro-Spezialitäten mit ihrer unvergleichlichen Marmorierung. Ein Wechselspiel zarter Kontraste, die den Gaumen erfreuen.

Trüffelfilet: Schweinefilet, mit schwarzem Trüffel gereift.
Walnussfilet: Schweinefilet, mit Walnüssen gereift.

Vulcano Aufschnitt
Rohschinken: 8 Monate luftgetrockneter Schinken.
Karree: 4 Monate leicht geräuchert.
Pfeffersalami: milde Rohwurst mit pfeffriger Note.

Manduro
Manduro ist eine spezielle Züchtung der freilebenden Rassen Mangalitza und Duropolje. Das zarte Fleisch wird besonders wegen seiner unvergleichlichen Marmorierung und aufgrund des hohen Fettanteils geschätzt.

Manduro Schopf
Der Eigengeschmack des mit feinem Fett durchzogenen Schopfs garantiert einen intensiven Eindruck am Gaumen.

Manduro Speck
Leicht durchzogener Bauchspeck, fünf Monate getrocknet und dank hohem Fettgehalt sehr mürbe, feine Note.

Manduro Oskar
Dieser Speck ist ein Muss für Genießer, rein weißes Fleisch, fünf Monate getrocknet, zart mürb und intensiv im Aroma.

Steirisches Küchen Lexikon

VULCANO-Schinkenteller

Alle VULCANO-Spezialitäten zeichnen sich durch einen einzigartigen Geschmack aus, der schwer zu beschreiben, aber leicht zu erleben ist. Er entsteht unter anderem durch die besonders lange Reifung bei besonders hohen Temperaturen. Es liegt aber auch an unserem Zugang zu den Tieren und der Art, wie wir mit ihnen umgehen und leben.

Wir schätzen unsere Schweine und behandeln sie mit Respekt. Sie werden mit ausgewählten Getreidesorten hochwertigst gefüttert, die Fütterung selbst dauert länger als normalerweise üblich. Selbstverständlich werden sie artgerecht gehalten. Die Ställe sind überdacht, es gibt viel Auslauf, genug Platz und alles was sie brauchen, um sich wohlzufühlen.

Ein erstklassiges Markenprodukt aus einer der traditionsreichsten Regionen Europas: Hergestellt mit liebevoller Sorgfalt, echtem handwerklichem Können und viel Fingerspitzengefühl.

VULCANO Tipp

Die VULCANOS – Wir wollen zu den Besten der Welt gezählt werden.

Nach ländlicher Art messerrückendick geschnitten mit krustigem Schwarzbrot oder auf mediterrane Art – hauchdünn geschnitten mit in Olivenöl gebratenem Baguette, leicht gewürzt mit Rosmarin oder einer Prise Meersalz.

Versuchen Sie auch würzigen Käse wie Parmesan, kraftvollen Bergkäse oder nussigen Emmentaler – als Begleitung zum VULCANO-Schinken. Sie werden es genießen, mit jedem Biss. Denn diese Arbeit und dieser Anspruch sind unser Leben. Und Sie sind eingeladen, ein Teil davon zu sein.

VULCANO-Schinken mit Steirischer Ölkürbissulz

Zutaten für 4 Personen, 25 Minuten
240 g **VULCANO-Schinken,**

Zutaten für die Sulz: 400 g grüner steirischer **Ölkürbis** (ohne Schale und Kerne), 1 mittlere **Zwiebel** (fein geschnitten), 3 **Knoblauchzehen** (fein geschnitten), 1 EL **Rapsöl**, **Salz**, **Pfeffer**, 1 **Paradeiser**, 3 Zweige **Bohnenkraut** (oder Thymian), 1/16 l **Wasser**, **Apfelessig**, 4 Blatt **Gelatine**, **Kürbiskerne**, **Kürbiskernöl**.

Zubereitung: Vier beliebige Formen mit einer Füllmenge von 125 ml vorkühlen. Die Blattgelatine in kaltem Wasser einlegen. Den Kürbis in 1 cm große Würfel schneiden, die Paradeiser vierteln und den Strunk herausschneiden, in kleine Würfel schneiden und mit dem Paradeisersaft aufbewahren.

Das Rapsöl in einer Pfanne erhitzen, und die feingeschnittenen Zwiebel und Knoblauch anschwitzen. Die Bohnenkrautblätter abzupfen und die Kürbiswürfeln zugeben, bei mittlerer Hitze kurz weiterrösten, die Paradeiserwürfel mit dem Saft beigeben, mit einem Spritzer Apfelessig und Wasser ablöschen. Bei mittlerer Hitze in etwa 15 Minuten bissfest garen, Salz und Pfeffer abschmecken und die eingeweichte Blattgelatine einrühren. Diese Masse im kalten Wasserbad kurz abkühlen lassen, dann in die vorgekühlten Formen einfüllen. Für mindestens 2 Stunden gut durchkühlen lassen.

Anrichten: Die Formen mit den Sulzen kurz im heißen Wasser eintauchen, auf die Teller stürzen und mit dem hauchdünn geschnittenen VULCANO-Schinken, Bohnenkraut, gehackte Kürbiskerne und etwas Kürbiskernöl anrichten.

Risotto mit VULCANO-Schinken

Zutaten für 4 Personen, 30 Minuten
250 g **Risotto-Reis** (Rundkorn), 150–200 g **VULCANO-Schinken**, 4 **Feigen** (in Viertel geschnitten), 1 Liter **Rindsuppe**, 3–5 EL **Butter**, eine Prise **Muskatnuss**, schwarzer **Pfeffer** aus der Mühle, **Salz**.

Zubereitung: Zuerst 2 EL Butter in einer Kasserolle erhitzen, darin die Feigen und 100 g fein geschnittenen VULCANO-Schinken anrösten. Den Reis dazugeben und kurz durchschwenken, danach immer wieder mit Brühe aufgießen und unter ständigem Umrühren garen. Nach 18 bis 20 Minuten Rühren ist der Risotto fertig und wird mit Muskatnuss, Pfeffer aus der Mühle sowie einem 1 EL Butter verfeinert, eventuell auch mit etwas Salz abschmecken. Vom Herd nehmen und noch für 1–3 Minuten ziehen lassen.

Den restlichen Schinken in Streifen schneiden und in Butter leicht knusprig (kross) braten.

Risotto auf den Tellern verteilen und mit den gerösteten Schinkenstreifen oder den mit VULCANO-Schinkenstreifen gefüllten Feigen garniert servieren.

Wer mag, gibt bei Tisch noch ein wenig frisch gemahlenen Pfeffer darüber.

VULCANO

Rückensteak vom VULCANO-Schwein im Rohschinkenkleid mit Salbei und Reibetaschi

Zutaten für 4 Personen, 85 Minuten

4 **Rückensteaks** à 180 g, 80 g **VULCANO-Schinken** (8 Monate gereift), 4 **Salbeiblätter**, 8 EL **Pflanzenöl, Salz, Pfeffer, Thymian, Rosmarin** (frisch), weiße **Pfefferkörner**, 80 g **Zucchini**, 80 g **Paprika**, 80 g gelbe **Rübe**, 40 g **Olivenöl, Basilikum, Oregano, Salz, Pfeffer, Balsamico.**

Zubereitung: Die Rückensteaks leicht plattieren, jedes mit einem Salbeiblatt belegen und mit VULCANO-Schinken umwickeln. Dann in eine Frischhaltebox legen, etwas Pflanzenöl darüber gießen, und mit Thymian und Rosmarin bestreuen. Kühl stellen und für 6 Stunden marinieren.

Das Gemüse waschen, gelbe Rüben schälen, Zucchini, Paprika in mundgerechte Stücke schneiden. Das kleingeschnittene Gemüse mit Olivenöl, Salz, Pfeffer und Kräutern marinieren. Die Karotten in Scheiben schneiden und bissfest kochen.

Die marinierten und in VULCANO-Schinken eingewickelten Rückensteaks gemeinsam mit zwei Thymian- und Rosmarinzweigen langsam zartrosa braten. Danach das Fleisch in Folie wickeln und noch für 20 Minuten im Backrohr bei 75°C rasten lassen. Das Gemüse in einer Pfanne kurz schwenken, würzen und servieren.

Reibetaschi

500 g **Erdäpfeln**, 2 **Eier** (Größe M), 20 g **Petersilie, Salz, Muskat, Pflanzenöl.**

Zubereitung: Geschälte Erdäpfel mit einer Reibe raspeln, einsalzen und zugedeckt im Kühlschrank ziehen lassen. Dadurch wird den Erdäpfeln Wasser entzogen. Die Erdäpfelmasse kräftig ausdrücken, Ei, Muskat, Petersilie und eine Prise Salz zugegeben. Die Reibetaschi in heißem Pflanzenöl langsam knusprig braten.

Ölkürbisritschert mit VULCANO-Schinkenchips und Trüffelfilet

Zutaten für 4 Personen, 60 Minuten

8 Scheiben **VULCANO-Rohschinken** (15 Monate gereift), 1/2 **VULCANO-Trüffelfilet,** 200 g **Bohnen**, 300 g **Rollgerste**, 1 Handvoll **Liebstockblätter**, 2 **Salbeiblätter,** 2 **Lorbeerblätter**, 300 g steirischer **Ölkürbis** (in 2 cm Würfel geschnitten), 50 ml **Apfelessig**, 20 g geröstete **Kürbiskerne** als Garnitur, 100 g **Zwiebel** (fein geschnitten), 1 **Knoblauchzehe** (fein gehackt), 1,5 Liter **Selchsuppe, Rindsuppe** oder **Gemüsefond**, 100 g mehlige **Erdäpfel** (in Würfel geschnitten), **Salz**.

Zubereitung: Bohnen und Rollgerste über Nacht in Wasser einweichen. Geschnittene Zwiebel und Knoblauch in Pflanzenöl anrösten. Die Kürbiswürfel mitdünsten, mit Apfelessig ablöschen und mit einem Liter Suppe aufgießen. Bohnen, Rollgerste sowie Gewürze zugeben und auf kleiner Flamme langsam für 1,5-2 Stunden köcheln lassen. Öfters umrühren. Eventuell ein Stück geräucherten Speck oder eine Speckschwarte mitkochen. Wiederholt umrühren und bei Bedarf noch Suppe zugießen. Nach ca. 1 Stunde die Erdäpfelwürfel dazugeben und fertig köcheln lassen. Einige Salbeiblätter in etwas Pflanzenöl langsam leicht knusprig rösten und zum Ritschert geben.

Abschmecken und mit dem knusprig gebratenem VULCANO-Schinken und den Trüffelfiletscheiben garnieren, mit etwas Kernöl beträufeln und servieren. Von der Konsistenz her soll ein Ritschert leicht cremig und nicht zu fest sein.

Salbeiblätter können beim Anrichten auch als Dekor verwendet werden.

Rehrücken mit VULCANO-Rohschinken, Selleriepüree, Kohlsprossen und Speckzwetschken

Zutaten für 4 Personen, 45 Minuten

1 **Rehrücken** (zugeputzt), 150 g **VULCANO-Rohschinken** (dünn geschnitten), 100 g **Rehkeule**, 200 ml **Schlagobers**, 1 **Sellerie**, 1 kg **Kohlsprossen**, 2 **Schalotten**, 100 g **Schopf** (geräuchert, in Würfel geschnitten), 12 **VULCANO-Speckzwetschken, Salz, Pfeffer, Muskat.**

Zubereitung: Rehrücken in einer Pfanne scharf anbraten und leicht würzen. Die 100 g Rehkeule und 100 ml Schlagobers werden zu einer Farce verarbeitet, die VULCANO-Rohschinkenblätter werden mit der Farce bestrichen und der ausgekühlte Rehrücken wird damit umwickelt. Danach nochmals leicht anbraten und bei 160°C im Backrohr für 10 Minuten garen. Den Sellerie schälen, in Würfel schneiden und mit dem restlichen Schlagobers weichkochen und abschmecken. Den Stiel der Kohlsprossen ausschneiden und die Blätter runternehmen. Die Blätter kurz im kochenden Salzwasser blanchieren und danach die Schalotten und Schopfwürfel in Butter anschwenken.

TIPP: Als Garnitur passen sehr gut leicht angebratene **VULCANO-Speckzwetschken** dazu.

Steirisches Küchen Lexikon

Kalbsvogerl

Kalbsvogerl

Kalbsbraten

Gefüllte Kalbsbrust

Kalbsbraten mit Serviettenknödel und Mischgemüse

Nährwerte [Vitamine]   Rezepte   Kalb

Kalbfleisch, jung und zart.

Das qualitativ beste Kalbfleisch stammt vom Milchkalb. Aufgrund neuer Fütterungs- und Aufzuchtsmethoden wie die Mutterkuhhaltung sind die jungen Kälber heute schwerer als früher, und deshalb sind die einzelnen Fleischteile auch größer.

Die Kalbfleischteile und die Verwendung in der Küche

Nierenbraten ▶ ist der halbierte Rücken mit Niere. Das Rückgrad muß aber ausgehackt werden. Die Rippenknochen bleiben am Fleisch oder werden je nach Verwendung ausgelöst.
Kalbslungenbraten, Lende ▶ wird zu Medaillons verarbeitet, die Spitzen eignen sich sehr gut für Geschnetzeltes.
Der **Kalbsschlegel ▶** wird in **Kalbsschale** (Natur- oder Kaiserteil für Schnitzel und Kalbsrouladen), **Kalbsfricandeau** (kann gespickt oder ungespickt im Ganzen gebraten werden, auch sehr gutes Schnitzelfleisch), **Kalbsnuss, Kalbsrose** – auch kleine Nuss (ein saftiges Fleisch für Braten und Schnitzel) unterteilt. Kleinteile und die **Kalbsstelze** (kann gespickt oder ungespickt im Ganzen gebraten werden), finden als **Kalbsvögerl, Ossobuco,** in Ragouts und **Gulasch** Verwendung.

Stücke vom vorderen Stutzen

Die **Kalbsbrust** wird meist im Ganzen verwendet und gefüllt.
Die **Vorderstelzen** werden wie die Hinterstelzen verarbeitet.
Das **Karree** ist beim Kalb ein Fleischteil, der beim Schwein Schopf genannt wird. Eignet sich gut zum Braten und Dünsten.
Kalbsinnereien ▶ Alle Innereien des Kalbes – ob **Bries, Herz, Lunge (Beuschl), Kopf, Zunge, Nieren** oder **Hirn** – erfreuen sich unter den Feinschmeckern größter Beliebtheit, die mit Mass und Ziel genossen werden sollten.

Kalbsfond Zutaten für 1,5 Liter

1,5 kg **Kalbsknochen**, 150 g **Zwiebeln**, 1 **Kräutersträußchen**, 100 g **Karotten**, 50 g **Sellerie**, 50 g **Lauch** (Porree), 1 **Gewürzsäckchen**, 1 **Lorbeerblatt**, 10 zerdrückte **weiße Pfefferkörner**.
Zubereitung: Die Kalbsknochen waschen, hacken und blanchieren. In 3 l kaltem Wasser zustellen, aufkochen und bei schwacher Hitze etwa 1,5 Stunden kochen lassen, dabei öfters abschäumen. Nach 60 Minuten die geschälten Zwiebeln, das Gewürzsäckchen und das Kräutersträußchen dazugeben. Den Kalbsfond durch ein Tuch seihen, nochmals aufkochen und abschäumen.

Gefüllte Kalbsbrust Zutaten für 10 Portionen

1 **Kalbsbrust** (ohne Knochen), **Salz, Pfeffer, Pflanzenöl** oder **Kalbsnierenfett** zum Anbraten, **Petersilie** für Beilage.
Zubereitung: Kalbsbrust beim Fleischer vorbestellen und vorbereiten lassen, Knochen bzw. Rippen auslösen und eine Tasche in die Brust schneiden lassen (untergreifen). Die ausgelösten Rippen und eventuelle Abschnitte von der Kalbsbrust zum Unterlegen beim Braten verwenden. Die Kalbsbrust gut mit Salz und Pfeffer würzen, mit der Semmelmasse füllen und die Öffnung mit einem langen Spieß verschließen oder mit Spagat zubinden. Auf die Knochen legen, Oberseite der Brust mit Kalbsnierenfett oder Pflanzenöl gut einfetten, mit etwas Suppe untergießen und im vorgewärmten Backrohr bei anfangs 220°C etwa 1 Stunde braten. Sobald die Kalbsbrust eine schöne Farbe bekommen hat, die Hitze auf 150°C verringern und noch etwa 1,5 Stunden fertig braten. Die fertige Kalbsbrust mit einem Elektromesser in nicht zu dünne Scheiben (Tranchen) schneiden und mit dem abgeseihten Natursaft anrichten.

Semmelfülle

125 ml **Pflanzenöl**, 1/2 **Zwiebel** (feingeschnitten), 500 ml **Milch**, 500 g **Semmelwürfel** bzw. **Knödelbrot** (getrocknet), **Salz, Petersilie, Majoran,** etwas **Liebstöckl**, 6 Freiland-**Eier** (Größe M).
Zubereitung: Zwiebeln in Pflanzenöl goldgelb anrösten, Milch zugießen und aufkochen lassen, zum Knödelbrot geben und gut mit dem Kochlöffel durchmischen. Mit Salz und Kräutern würzen.
Dann zur abgekühlten Masse die Eidotter geben und gut durchkneten, Eiweiß halbsteif aufschlagen und unter die Semmelmasse rühren, etwas rasten lassen.
Beilagen: Petersilerdäpfel (Rezept Seite 19) und Blattsalate mit steirischem Kürbiskernöl.

Geschmorte Kalbsvögerl Zutaten für 4 Portionen

1 kg **Kalbsvögerl** (ausgelöste Kalbsstelze oder Haxe),
1 **Zwiebel, Pflanzenöl** oder **Kalbsnierenfett**, 250 ml **Suppe, Salz,** weißer **Pfeffer** aus der Mühle, **Butter** und **Mehl** zum Binden.
Die ausgelösten Muskelstränge der Kalbsstelze in der Längsrichtung teilen. Die Haut, welche den Muskel umschließt, nicht wegschneiden. Mit Salz und Pfeffer würzen, in Fett rundum anbraten und aus der Pfanne geben.
Feingeschnittene Zwiebeln leicht anrösten, angebratene Kalbsvögerl zugeben und mit Suppe untergießen. Am Herd zugedeckt oder im vorgewärmten Backrohr bei sanfter Hitze für etwa 2–2,5 Stunden langsam weichschmoren.
Die Kalbsvögerl aus der Pfanne geben, Saft abseihen und mit etwas Mehlbutter (2 Teile flüssige Butter, 1 Teil Mehl) binden. Bei sanfter Garung bleiben die Kalbsvögerl auch ohne Spicken sehr saftig.
Beilagen: Erbsen- oder Schwammerlreis sowie **Petersilerdäpfel** (Rezept Seite 19), **Blattsalate** mit steirischem Kürbiskernöl.

Kalbsbries

Kalbsbries

Kalbsgulasch

Kalbsvogerl

Wienerschnitzel vom Kalb mit Petersilerdäpfel

Kalb

Wiener Schnitzel

Ein Schnitzel ist eine aus den Rippen geschnittene, stets ohne Knochen zubereitete dünne Fleischscheibe vom Kalb, die – klassisch mit Semmelbrösel paniert – als „Wiener Schnitzel" weltweit auf den Speisekarten zu finden ist.

Der Name „Schnitzel" wird erst seit dem Jahr 1848 in der Wiener Küche verwendet und bezeichnet ein kurz gebratenes Stück Fleisch, das auch vom Schwein, Pute oder auch vom Wild stammen kann.

Zutaten für 4 Portionen
600 g zugeputztes **Kalbfleisch** (aus dem Kaiserteil, Nuss oder Fricandeau), 2 **Freiland-Eier** (Größe M), **Salz,** glattes **Mehl, Semmelbrösel, Pflanzenöl** oder **Butter** zum Backen, **Zitrone** und **Petersilie** zum Garnieren

Zubereitung:
Das Fleisch in gleichmäßige, etwa 1/2 cm dicke Schnitzel quer zur Faser schneiden. Die Fasern sind dann kurz, das Fleisch behält die Form und lässt sich nach der Zubereitung leicht zerteilen.

Schnitzel mit der glatten Seite eines Fleischklopfers oder dem Boden einer schweren Pfanne klopfen. Die Schnitzel am besten dabei zwischen Frischhaltefolien oder ein Tiefkühlsackerl legen. Zart klopfen, an den Rändern eventuell vorhandene kleine Sehnen einschneiden und leicht salzen.

Die Schnitzel zuerst in Mehl, dann in kurz verschlagenem Ei und zuletzt mit den Semmelbröseln panieren, Brösel ganz leicht andrücken, Schnitzel hochheben und leicht schütteln, damit die überschüssigen Semmelbrösel abfallen können. Damit das Wiener Schnitzel seine klassischen Blasen in der Panier bekommt, darf das Ei nur kurz verschlagen und nicht mit Milch oder Wasser verlängert werden.

In einer Pfanne mit Butter unter öfterem vorsichtigem Schwenken der Pfanne oder einer Fritteuse mit mittelheissem Pflanzenöl (150°C) goldgelb ausbacken, bei dieser Temperatur des Pflanzenöles kann das Ei in der Panade richtig soufflieren.

Die fertigen Schnitzel zuerst für kurze Zeit auf Küchenpapier abtropfen lassen.

Anrichten:
Mit einer Zitronenscheibe und etwas Petersilie servieren.

Beilagen:
Petersil- oder **Buttererdäpfel, Blattsalate, Erdäpfelsalat** mit steirischem **Kürbiskernöl, Mayonnaisesalat**.

Kalbsbries
mit Erdäpfelpüree und Mischgemüse

Zutaten für 4 Portionen
Der Name Bries ist auf die Struktur bezogen; Bries heißt im Wiener Dialekt das Bröselige, Runzelige. Ein Bries ist eine paarige Drüse (Thymus) aus der Brust des Kalbes, bei dem diese noch stark entwickelt ist. Ein Bries ist ein bekömmliches und zartes Gericht, das in Butter braungebraten, in Suppen, Knödel als Fülle oder Ragouts zubereitet wird.

Ein Kalbsbries sollte vor dem Kochen immer blanchiert werden.
Es wird zunächst in kaltem Wasser gewässert, zugestellt und langsam auf 90°C erhitzt. Dann wird das Wasser abgeschüttet, das Bries nochmals mit frischem, kaltem Wasser bedeckt und wieder erhitzt. Das wird mehrmals wiederholt. Anschließend lässt man das Bries im kalten Wasser abkühlen, hebt es aus dem Wasser und trocknet es auf Küchenpapier.

Zutaten Kalbsbries:
2 **Kalbsbriese**, etwas **Milch**, **Salz, Pfeffer**, 2 EL **Petersilie**, 2 EL **Essig**, 1 EL **Zitronensaft**, 150 g **Butter** oder **Pflanzenöl** zum Braten, 1 EL **Mehl**.

Zubereitung Kalbsbries:
Das Bries wird zuerst ausgewässert, man legt es für 2 bis 3 Stunden in kaltes Wasser, das man öfters wechselt. Danach kommt das Bries noch für etwa 10 Minuten in Essigwasser, abtropfen lassen und danach vorsichtig die Haut abziehen. Das Bries der Länge nach in fingerdicke Scheiben schneiden, und die Scheiben in Milch-Salzwasser mit 1 EL Essig für 15 bis 20 Minuten kochen. Die gekochten Briesscheiben auf einem Küchenpapier abtrocknen lassen.

Die Briesscheiben in Mehl wenden und auf beiden Seiten in einer Pfanne in Butter oder Pflanzenöl goldbraun braten. Erst nach dem Braten salzen und mit Pfeffer aus der Mühle würzen.

Beilagen:
Erdäpfelpüree, Rezept Seite 19 und **Mischgemüse**.

Kalbsnieren im Ganzen gebraten,
auf Orangensauce mit Topinamburpüree

Zutaten für 4 Portionen
2 **Kalbsnieren**, **Salz, Pfeffer**, 1/16 l **Rotwein** (Zweigelt), 1/16 l **Portwein**, 125 ml **Kalbsfond**, 3 EL **Orangenmarmelade**.

Zubereitung:
Die Kalbsnieren mit Salz und Pfeffer würzen. In einer Pfanne von allen Seiten anbraten und im Backrohr bei 150°C etwa 10 Minuten garen. 2 Minuten vor Ende der Garzeit mit etwas Orangenmarmelade bestreichen. Die gebratenen Kalbsnieren für 10 Minuten rasten lassen.

Den Portwein und Rotwein auf die Hälfte einkochen lassen. Mit Kalbsfond aufgießen und noch etwas kochen lassen. Die Marmelade einrühren und die Sauce abseihen.

Topinamburpüree

250 g **Topinambur**, 1/16 l **Schlagobers**, 1/2 **Zitrone**, **Salz, Curry-Pulver**.

Zubereitung Püree:
Die Topinambur gut waschen, bürsten und in Stücke schneiden. Im Topf mit Wasser, Salz und etwas Zitronensaft kochen, abseihen, etwas Flüssigkeit zurückbehalten. Die Topinambur mit Flüssigkeit und flüssigen Schlagobers pürieren. Mit Curry-Pulver vorsichtig abschmecken und eventuell mit etwas Flüssigkeit auf die gewünschte Konsistenz bringen.

Die Niere in Scheiben schneiden, auf Orangensauce anrichten, mit Püree servieren, mit frittierten Topinamburchips garnieren.

Beilagen:
Mischgemüse, wie **grüne Bohnen, Karotten** und **Sellerie**.

Kalbsgulasch
Zutaten für 4 Portionen
1 kg **Kalbsvogerl** (ausgelöste Wade oder Haxe) oder Kalbsschulter), 250 g **Zwiebeln**, 4 EL **Pflanzenöl**, 1 EL **Paradeismark**, 1 EL edelsüßer **Paprika** (ca. 20 g), 500 ml Kalbssuppe oder Wasser,
Salz, 2 bis 3 **Lorbeerblätter**, **Zitronenschale**, 125 ml **Süß- oder Sauerrahm**,
1 EL glattes **Mehl** (ca. 20 g).

Zubereitung:
Das Kalbfleisch in nicht zu kleine Würfel schneiden. Zwiebeln fein schneiden und im Pflanzenöl goldgelb anrösten, Paradeismark zugeben, kurz mitrösten, Hitze reduzieren bzw. Topf vom Feuer nehmen und etwas abkühlen. Paprika einrühren, 1–2 Minuten im Fett anrühren. Mit kalter Suppe langsam nach und nach aufgießen. Mit Salz, Lorbeerblättern und Zitronenschale würzen.

Für 15 Minuten kräftig durchkochen und auf kleiner Flamme für weitere 45 Minuten nicht zugedeckt köcheln lassen. In dieser Zeit können sich Zwiebeln und Paprika richtig auskochen und die blähende Stoffe des Zwiebels verkochen in dieser Zeit.

Gulaschsaft abschmecken, eventuell abseihen und die rohen Kalbfleischstücke einlegen und im Gulaschsaft ca. 1,5 bis 2 Stunden ganz langsam und nicht zugedeckt köcheln lassen.

Je langsamer das Gulasch kocht, umso harmonischer und kompakter wird der Geschmack, und das Fleisch wird gleichmäßig weich. Süß- oder Sauerrahm mit Mehl verrühren, in das Gulasch einrühren und kurz durchkochen.

Beilagen:
Semmelknödel (Rezept Seite 18), **Teigwaren**, wie hausgemachte **Bandnudeln** (Rezept Seite 24).

Cordon bleu vom Kalb mit Petersilerdäpfeln
Zutaten für 4 Portionen
4 **Kalbsschnitzel** (à 160 g), 150 g **Schinken** (aufgeschnitten), 150 g **Emmentaler** (aufgeschnitten), **Mehl**, 2 **Eier** (Größe M), **Brösel**, **Pflanzenöl** oder **Butterschmalz** zum Ausbacken, **Butter**, 600 g **Erdäpfel**, 1 Bund **Petersilie**, 1 **Zitrone**, **Salz**.

Zubereitung:
Die Schnitzel aufschneiden, auseinanderklappen, leicht klopfen und salzen. Ein Käseblatt mit einem Schinkenblatt umhüllen und ins Schnitzelfleisch legen. Das Schnitzel zuklappen, die Ränder festklopfen oder mit Zahnstocher fest verschließen.

Panieren:
Die Eier verquirlen. Schnitzel in Mehl wenden, durch die Eier ziehen und in den Bröseln wenden. Das Pflanzenöl erhitzen. Schnitzel beidseitig im Öl goldgelb backen, aus der Pfanne heben und auf Küchenkrepp abtropfen lassen.

Die richtige Brattemperatur kann man ermitteln, indem man einige Brösel in das Pflanzenöl wirft. Steigen die Brösel zischend an die Oberfläche, ist das Bratfett gerade richtig heiß.

Schnitzel auf Teller anrichten und mit den Petersilerdäpfeln als Beilage servieren. Eine Zitrone waschen und in Spalten schneiden. Mit Zitronenspalten und Petersilie garnieren.

Beilagen:
Petersilerdäpfel (Rezept Seite 21), **Erdäpfelsalat** mit steirischem **Kürbiskernöl** (Rezept Seite 20), **Erbsenreis** und **Blattsalate**.

Kalbsrahmschnitzel
Zutaten für 4 Portionen
4 **Kalbsschnitzel** (pro Portion 160 g Schnitzel), **Kalbsnuss** oder **Kalbsschale** und **Schlussbraten**.

Zutaten für die Champignon-Sauce:
150 g **Champignons**, 1 kleine **Zwiebel**, 1/16 l **Weißwein**, 125 ml **Suppe**, 250 ml **Schlagobers**, **Salz**, **Pfeffer**, **Butter**, **Pflanzenöl**, **Schnittlauch**.

Zubereitung:
Die Champignons putzen, waschen und in etwa 1/2 cm dicke Scheiben schneiden. Die kleine Zwiebel schälen und fein hacken.

Die Kalbsschnitzel zwischen Frischhaltefolie legen und behutsam klopfen und mit Salz und Pfeffer würzen.

Die Schnitzel in einer Pfanne in heißem Pflanzenöl beidseitig anbraten, die Hitze reduzieren und Schnitzel fertigbraten. Jeder dieser Arbeitsgänge dauert etwa 1–2 Minuten. Die Schnitzel aus der Pfanne heben und warmstellen.

Im Bratrückstand je 1 EL Pflanzenöl und Butter erhitzen, den feingehackten Zwiebel und die Champignons darin anschwitzen, mit Wein und Suppe ablöschen, Schlagobers zugießen und die Sauce cremig einkochen. Mit Salz und Pfeffer würzen und abschmecken.

Die Schnitzel in die Champignonsauce geben und für eine Minute ziehen lassen. Vor dem Servieren mit geschnittenem Schnittlauch bestreuen.

Beilagen:
Erbsenreis und **Blattsalate** mit steirischem **Kürbiskernöl.**

Kalbskarree mit Spitzmorcheln und Spargelspitzen und Nudeln

Zutaten für 4 Portionen

800 g **Kalkskarree** (mit Rippenknochen, zugeputzt), **Pflanzenöl** zum Braten, **Salz**, **Pfeffer** aus der Mühle, 80 g frische **Spitzmorcheln** (oder 40 g getrocknete), 1 **Schalottenzwiebel** (fein gehackt), **Pflanzenöl**, 1/16 l **Weißwein**, 1 TL edelsüßer **Paprika**, gehackte **Petersilie**, 250 ml flüssiges **Schlagobers**, 8 Stangen weißer **Spargel** (bissfest gekocht), **Salz**, 1 EL **Butter**.

Zubereitung: Das Kalbskarree in Portionsstücke mit je 200 g schneiden. Mit Salz und Pfeffer würzen und in Pflanzenöl langsam rosa braten.

Spitzmorchelsauce

Die Spitzmorcheln der Länge nach halbieren und in kaltem Wasser mehrmals kurz einweichen.

Feingehackte Schalottenzwiebeln in Pflanzenöl anschwitzen, die vorsichtig ausgedrückten Spitzmorcheln dazugeben und kurz durchrösten. Den Paprika dazugeben und mit dem Weißwein ablöschen. Petersilie und Gewürze beigeben und einkochen lassen. Schlagobers zugeben und kurz köcheln lassen.

Die gekochten Spargelstangen in 4 cm Stücke schneiden und zur Sauce geben. Bis zum Anrichten warm stellen.

Anrichten: Die Sauce auf den Teller geben und darauf das in Kotelettes geschnittene Kalbskarrée anrichten. Die Nudeln, die vorher mit Butter und Brösel verrührt wurden zum Kalbskarrée geben.

Beilage: **Nudeln** (Nudelteigrezept siehe rechts oder Seite 24).

Kalbsrückensteak in Steinpilzrahmsauce

Zutaten für 4 Portionen

4 **Kalbsteaks** vom Rücken (à 160 g), 250 g **Steinpilze**, 250 ml **Kalbsfond**, 250 ml **Schlagobers**, **Stärke** zum Binden der Sauce.

Zubereitung: Die Kalbsteaks würzen, in einer heißen Pfanne beidseitig anbraten und im Rohr bei 120°C für etwa 10–15 Minuten ruhen lassen.

Steinpilzrahmsauce

Zubereitung: Den Kalbsfond mit dem Schlagobers gut verkochen und eventuell mit etwas Stärke binden.

Die Steinpilze putzen, feinblättrig schneiden, in Butter anbraten und in den reduzierten Kalbsfond geben.

Selbstgemachter Nudelteig

500 g **griffiges Mehl**, 20 g **Grieß**, 6 **Eidotter**, 2 **Eier** (Größe M), **Salz**, **Muskat**, **Olivenöl**.

Zubereitung: Alle Zutaten zu einem Teig verkneten, 30 Minuten ruhen lassen, dann dünn ausrollen, schneiden und in Salzwasser kochen. Danach abschrecken und in heißer Butter schwenken, mit Salz und Muskatnuss würzen.

Gerollter Kalbsnierenbraten

Zutaten für 4–5 Portionen

1 kg ausgelösten **Nierenbraten**, 50 g **Selchspeck**, 2 EL **Pflanzenöl**, **Salz**, **Pfeffer**.

Zubereitung: Den Speck in sehr dünne Scheiben schneiden.

Nierenbraten leicht klopfen und würzen. Fett von den Nieren ablösen, auf der Speckseite mit den Speckscheiben belegen. Anschließend das Fleisch von der dicken Seite her einrollen, so daß die Nieren in der Mitte liegen. Mit Spagat zubinden. Das Pflanzenöl erhitzen, Braten von allen Seiten anbraten, dann im Rohr fertigbraten. Öfters mit heißem Wasser übergießen. Wenn der Braten fertig ist, den Spagat entfernen und aufschneiden.

Beilagen: **Erdäpfelpüree** mit **Röstzwiebel**.

Kalbsragout

Zutaten für 4–5 Portionen

500 g **Kalbsschulter**, 1 **Zwiebel**, 150 g **Gemüse** (Erbsen, Karotten, Karfiol), 1 EL **Mehl**, 2 EL **Rahm**, **Zitronensaft**, **Salz**, **Petersilie**, **Pflanzenöl**.

Zubereitung: Die Zwiebel schälen, fein hacken und in heißem Pflanzenöl anlaufen lassen. Das Fleisch würfelig schneiden, zur Zwiebel geben, gut durchrösten, das kleinwürfelig geschnittene Gemüse dazugeben, würzen, mit etwas Wasser aufgießen und weichdünsten.

Mit dem Mehl stauben und den Rahm einrühren.

Die Petersilie fein hacken und beim Anrichten über das Kalbsragout streuen.

Beilagen: **Semmelknödeln** (Rezept Seite 18).

Steirisches Küchen Lexikon

Tafelspitzsulz

Gekochtes Rindfeisch

Rindsrouladen

Rosa gebratene Beiried

Steirischer Rindsbraten mit Apfelmostsauce und Sterzschnitten

Rindfleisch ist in der steirischen Küche von großer Bedeutung

Eine große Tradition dabei hat die Siedefleischküche. Die verschiedenen Fleischteile des Rindes von Rücken, Schulter, Brust und Knöpfel (Keule) haben dabei wegen ihres Fettgehaltes unterschiedliche Zubereitungsmethoden.

Das beste Rindfleisch liefern Mastochsen, Kalbinnen und junge Masttiere. Qualitätsfleisch erkennt man an der weißen Fetteindeckung, der fettdurchzogenen Fleischstruktur sowie an der kräftigen hellroten bis dunkelroten Farbe.
Rindfleisch soll grundsätzlich vor dem Verkochen „abgehangen" sein, um das beste Geschmacksresultat zu liefern. Das geschieht meistens schon beim Fleisch- und Lebensmittelhandel.

Welcher Fleischteil ist wofür geeignet?
Je nach der zu kochenden Speise wählt man die dafür geeignete Garmethode: Kochen, Schmoren, Braten oder Ausbacken. Jedes Fleischstück hat seine eigene Methode der geschmacklich besten Zubereitung, diese und die Namen der verschiedene Fleischteile zu kennen, ist eine der Grundwissenschaften der Kochkunst. Viele Fleischteile haben in verschiedenen Ländern andere Bezeichnungen. Ein **Fleischer, Fleischhauer** (Ö) ➤ **Metzger** (D) kennt die genauen Namen und weiß, welche Speisen damit zubereitet werden. Fragen bringt mehr Produktwissen und Kocherfolg, und dann schmeckt's besser.

Rindfleisch, die Grob- und Feinaufteilung
Das Rind wird halbiert, die Rinderhälften werden zwischen sechstem und siebentem Brustwirbel in hinteres und vorderes Viertel getrennt.
Hinterviertel: Knöpfel (Rindschlegel), Englischer, Platte
Vorderviertel: Schulter, Hals und hinteres Ausgelöstes, Brustteil

Fleisch zum Kochen, Braten und Schmoren
Tafelspitz (Ö) ➤ Das beliebteste und bekannteste Rindfleischgericht ist der Tafelspitz. Dieses Kochfleisch ➤ **Siedefleisch** wird aus der Hüfte geschnitten (Hüftdeckel), hat ein zartes Fettranderl an der Oberseite – mit dem er auch gekocht wird – und ist sowohl zum Kochen als auch zum Dünsten geeignet. Der Tafelspitz ist ein sehr feinfaseriges, saftiges und hochwertiges Fleischstück.
Schulterscherzel (Ö) ➤ **Bürgermeisterstück, Hüftspitze** (D) ➤ ist im Aussehen dem Tafelspitz ähnlich, hat aber eine gröbere Fleischstruktur und auch eine zarte Fetteindeckung. Zum Kochen, Kurzbraten und Schmoren geeignet.
Hieferschwanzel, die Rose (Ö) ➤ **Schwanzrolle** (D) ➤ ist ein dreieckiger Keulenmuskel; das fast fettfreie, gleichförmige, lange und helle Fleischstück hat eine trockene Fleischstruktur. Zum Kochen und Dünsten (Schmoren) geeignet.

Weißes Scherzel (Ö) ➤ **Oberschale** (D) ➤ ist ein schmaler, runder, hellfarbener Muskel, der entlang des schwarzen Scherzels verläuft. Das klassische Rindfleischstück für Rindsrouladen, sehr gut zum Schmoren oder als Braten geeignet.
Schwarzes Scherzel (Ö) ➤ ist ein sehr gutes Siede- und Dünstfleisch im Ganzen oder für Schnitzel und Rouladen.
Wadschinkenstück, auch Gschnatter oder hinteres Pratzel (Ö) genannt, ist das klassische österreichische Gulaschfleisch, ist aber auch für Ragouts bestens geeignet.
Tafelstück (Ö) ➤ **Unterschale** (D) ➤ Ideal für eine fettreduzierte Küche, der verlängerte Tafelspitz ist ein eher trockener Fleischteil, als Braten, zum Kochen und Schmoren geeignet.
Beinfleisch (Ö) ➤ **Kugel, Nuss** (D) ➤ Die Teilstücke des Beinfleisches sind ausgezeichnetes Schmor- und Bratenfleisch, auch zum Kurzbraten geeignet.
Mageres Meisel (Ö) ➤ **Schaufelstück** (D) ➤ Dieses Schulterfleisch zeichnet sich durch eine zarte Fetteindeckung und kompaktes feinfaseriges, geschmacksintensives Rindfleisch mit einem schmalen gallertartigen Kern aus; zum Kochen und Schmoren.
Kavalier-Spitz (Ö) ➤ **Schaufeldeckel** (D) ➤ Ein geschmacksintensives Fleischstück aus der Schulter mit grober Faserstruktur; zum Kochen, als Braten und für Gulasch geeignet.
Kruspel-Spitz (Ö) ➤ **Falsches Filet, Schulterfilet** (D) ➤ Ein fast fettfreies, feinporiges und kerniges Schulterfleischstück, das zum Kochen, Braten und für ganze Braten verwendet wird.
Querrippe, Spannrippe (D) ➤ Saftiges Rippenfleisch mit oft starker Fetteindeckung; sehr gutes Kochfleisch.
Hals (Ö) ➤ **Fehlrippe** (D) ➤ Der hintere Teil des Halses hat einen relativ hohen Fettanteil und ist von Bindegewebe durchwachsen, wird nur zum Kochen verwendet.

Weitere Teile vom Rind
Knochenmark ➤ als Beigabe zu Siedefleisch, für Suppeneinlagen und auf Schwarzbrottoast.
Kuttelfleck, Pansen und Netzmagen (Ö) ➤ für saucige Kuttelgerichte wie der Flecksuppe.
Leber ➤ für Suppeneinlagen, wie Leberknödel/-nockerl.
Milz ➤ für Suppeneinlagen wie Milzschnitten.
Ochsenmaul ➤ wird gekocht, für Ochsenmaulsalat.
Ochsenschlepp (Ö) ➤ Schwanzstück für Suppe, wird auch gedünstet und häufig gefüllt.
Rinderbacken ➤ werden im Ganzen geschmort oder im Fond gegart.
Zunge ➤ zum Kochen, meist aber geräuchert oder gepöckelt.

Lungenbraten gebacken  — **Zwiebelrostbraten**  — **Ochsenschlepp dünsten**

Teilstücke vom Rind

Lungenbraten (Rindslende, Rindsfilet)
Der Lungenbraten ist das feinste und auch teuerste Fleischstück des Rindes. Er wird ganz von den deckenden Fettschichten und Häuten befreit zubereitet.
Garmethoden: Lungenbraten wird im Ganzen entweder natur, gespickt, in Blätterteig oder Schweinsnetz gehüllt, gebraten bzw. gebacken.
Schmoren, Braten von dunklem Fleisch auf dem Rost oder Grill wie Lungenbraten, Rostbraten, Hochrippe, Hüferscherzel, Nuss.
Gerichte: Chateaubriand, Filetsteak, Tournedos, werden in der Pfanne oder am Rost zubereitet.
Beilagen: Semmelknödel, Serviettenknödel, frittierte Erdäpfel, Folienerdäpfel, Bandnudeln (Teigwaren), Schupfnudeln, Gemüse, Preiselbeeren.

Rostbraten

Der Rostbraten wird auch als Rostbratenried, hohe Beiried, hohe Rippe oder Rippenstück bezeichnet, er ist der fettdurchzogene Teil des Rückens in der Nähe des Halses.
Garmethoden: Braten, Grillen, Dünsten, Schmoren von Portionsstücken.
Gerichte: Zwiebelrostbraten (Röstzwiebel, Essiggurke), Girardirostbraten (Sauerrahmsauce mit fein geschnittenen Champignons, Selchspeck, Zwiebeln, Kapern und Senf).
Saucen zum Rostbraten: Schwammerlsauce, Zwiebelsauce, Senfsauce.
Beilagen: Braterdäpfel, Semmelknödel, Serviettenknödel, Bandnudeln und Teigwaren, Schupfnudeln, Gemüse (in Fächer geschnittene Essiggurke, Brokkoli).

Beiried ist die Fortsetzung des Rückens zur Keule (Knöpfel) hin. Sie eignet sich zum Braten im Ganzen (Roastbeef), roh portioniert mit Knochen für T-Bone-Steak oder Porterhouse-Steak und ausgelöst für Entrecôte und Rumpsteak.
Garmethoden: Braten im Ganzen, Schmoren, Braten von dunklem Fleisch auf dem Rost oder Grill.
Gerichte: Gespickter Rindsbraten, Entrecôte vom Grill oder Rost.
Beilagen: Semmelknödel, Serviettenknödel, frittierte Erdäpfel, Folienerdäpfel, Bandnudeln (Teigwaren), Schupfnudeln, Gemüse, Preiselbeeren.

Schmorfleisch (Dünsten)

Fleischteile: Vorderes Ausgelöstes, Hals bzw. alle zum Dünsten geeigneten Rindfleischteile.
Garmethode: Schmoren (Dünsten) von Portionsstücken in der Pfanne auf dem Herd.
Gerichte: Majoranfleisch, Ragouts wie Zwiebelfleisch (doppelte Menge Zwiebeln, Paradeismark und Knoblauch), Senffleisch (mit scharfem Senf), gedünsteter Ochsenschlepp.
Beilagen: Nockerln, Spätzle, Teigwaren, Schupfnudeln, Semmelknödel, Serviettenknödel, Salz- oder Petersilerdäpfel.

Siedefleisch (Kochfleisch)

Garmethode: Sieden, wie Tafelspitz, Schulterscherzl, Kavalierspitz, Brustkern und Hüferschwanzel.
Durch das Kochen entsteht ein Gewichtsverlust von zumindest 30%. Bei Rindfleisch mit hohem Knorpel- und Fettanteil liegt der Garverlust bei 35%.
Gerichte: Gekochter Tafelspitz, saures Rindfleisch.
Klassische Beilagen: Cremespinat, Rösterdäpfel, kalte Schnittlauchsauce, Apfelkren, Semmelkren.

Gulaschfleisch

Garmethode: Naturdünsten von grob würfelig geschnittenen Stücken des hinteren Wadschinkens.
Gerichte: Bauerngulasch (mit Semmelknödel), Fiakergulasch (Spiegelei, ein Frankfurter Würstchen und ein in Fächerform geschnittenes Essiggurkerl), Gulaschsaft mit Frankfurter.
Beilagen: Semmelknödel, Serviettenknödel, Semmel, Salzerdäpfel.

Rinderfaschiertes

Für die Herstellung von Faschiertem muss das Fleisch sehnenfrei sein. Das Faschierte soll am gleichen Tag der Herstellung verkocht werden.
Garmethode: Frittieren – backen in heißem Fett, Braten auf dem Rost oder Grill und im Backrohr.
Gerichte: Faschierte Laibchen (Fleischlaibchen), Hamburger, Stephanibraten, gefüllte Paprika, Krautrouladen.
Beilagen: Erdäpfelpüree mit Röstzwiebeln, Petersilerdäpfel, Salzerdäpfel, Blatt- oder Mischsalate mit einfacher Marinade.

Rindfleisch

Siedefleisch

Gekochtes Rindfleisch mit Kürbisgemüse und Erdäpfel
Zutaten für 6–8 Portionen
Kochzeit 3 Stunden.
1 **Schulterscherzel** vom Rind (ca. 2,5 kg), 3 Liter **Wasser**, 250 g **Wurzelgemüse** (Karotten, gelbe Rüben, Sellerie, Petersilwurzel), 150 g **Lauch**, 2 mittelgroße **Zwiebel** mit der Schale, 12 **Pfefferkörner, Salz**, 2 **Lorbeerblätter**, etwas **Muskatnuss**.
Zubereitung: Das Rindfleisch (Schulterscherzel) waschen, in einem Topf das Wasser aufkochen lassen. Rindfleisch sowie Pfefferkörner, Lorbeerblätter vorsichtig in das kochende Wasser geben und danach leicht wallend kochen. Nach zwei Stunden der Kochzeit das Gemüse dazugeben (Zwiebel halbiert auf der Schnittfläche ohne Fett in der Pfanne bräunen). Zum Schluss der Kochzeit mit Salz abschmecken, das Rindfleisch quer zur Faser aufschneiden und mit den Beilagen anrichten. Mit frischem Schnittlauch bestreuen.

Geröstete Erdäpfel
500 g speckige **Erdäpfel** (gleiche Größe), 80 g **Zwiebel** (fein geschnitten), **Pflanzenöl** zum Anrösten, **Salz, Pfeffer** aus der Mühle, **Petersilie** (frisch gehackt).
Zubereitung: Die Erdäpfel kochen, schälen und blättrig schneiden. Den feingeschnittenen Zwiebel in Pflanzenöl leicht braun werden lassen. Die Erdäpfelscheiben dazugeben, leicht salzen und anbraten, etwas frisch gehackte Petersilie darüberstreuen.

Beilagen: Kürbisgemüse (Rezept Seite 81).

Faschiertes

Gefüllte Paprika
Zutaten für 4 Portionen
8 **Paprikaschoten** (grün, rot, gelb), 250 g **Schweinefleisch** (faschiert), 250 g **Rindfleisch** (faschiert), 200 g **Reis** (gekocht), 60 g **Zwiebel**, 3 EL **Pflanzenöl**, 1 **Knoblauchzehe**, 1 EL **Petersilie**, gehackt, **Salz, Pfeffer** aus der Mühle, **Majoran** (gerebelt).
Zubereitung: Die Paprikaschoten mit einem spitzen Messer rund um den Deckel einschneiden, den Stiel herausziehen und die weißen Samenkörner herausputzen und waschen.
In einer Schüssel das faschierte Schweine- und Rindfleisch mit Reis und etwas Wasser locker vermengen, den feingeschnittenen Zwiebel in Pflanzenöl goldbraun anrösten, abkühlen lassen und mit den Gewürzen, den kleingeschnittenen Knoblauch, der Petersilie und dem Faschiertem gut vermischen. Die Masse in die Paprikaschoten einfüllen, die Deckel mit den Stielen als Verschluß auf die Öffnung drücken.
Die gefüllten Paprika in eine Bratpfanne einlegen, rundum mit Pflanzenöl bestreichen, und zugedeckt schwach wallend im Backrohr bei 180°C dünsten.

Gefüllte Paprika

Das ideale Fleisch für Schnitzel
Die portionsgerechten Schnitzel vom Kalb oder Schwein sollten sie am besten gleich vom Fleischer schneiden lassen. Er schneidet das Fleischstück auch in der richtigen Schneiderichtung.

Schale, Kaiserteil (Ö) ➤ **Oberschale** (D) ➤ Dieser eher magere Keulenteil ist in Österreich das klassische Fleisch für Wiener Schnitzel und Naturschnitzel. Es ist feinfasrig und großflächig und daher ideal als Einzelschnitzel zu schneiden und portionieren.

Fricandeau (Ö) ➤ **Unterschale** (D) ➤ Dieser Fleischteil ist eine günstigere Alternative zum Kaiserteil, muss aber unbedingt mit dem sogenannten Faltschnitt geschnitten werden.

Kalbsrückenrose (Ö) ➤ **Kalbsrückenfilet** (D) ➤ Wird in der gehobenen Gastronomie als teures Schnitzelfleisch bevorzugt.

Schlussbraten (Ö) ➤ **Hüfte** (D) ➤ Das Fleisch aus der Hüfte ist für besonders saftige Schnitzel.

Schweinsschopf (Ö) ➤ **Schweinenacken** (Kamm) (D) ➤ ist das fettdurchzogene Fleisch für gebackene Wienerschnitzel.

Hühner- oder Putenschnitzel werden aus Brustfleisch ohne Haut und Knochen geschnitten.

Steirisches Küchen Lexikon

Gekochtes Rindfleisch mit Schnittlauchsauce und Apfelkren

Gekochtes Beinfleisch mit Gurkensauce und Rösterdäpfel

Rindfleisch

Gekochtes Rindfleisch (Tafelspitz)
mit Schnittlauchsauce, Apfelkren und gerösteten Erdäpfeln
Zutaten für 5-7 Portionen

1,5 kg **Tafelspitz**, 250 g **Rinderknochen**, 250 g **Wurzelgemüse**, **Lorbeerblatt**, **Salz**, **Petersilstängel**.

Zubereitung: Überbrühte Rinderknochen mit kaltem Wasser zustellen, Wurzelgemüse, Lorbeer, Petersilstängel und etwas Salz zugeben, für etwa 45 Minuten ziehen lassen, Fett und Schaum abschöpfen, Fleisch einlegen und bei 85°C für ca. 3–4 Stunden weich köcheln (Nadelprobe). Zwischendurch mit kaltem Wasser aufgießen, abfetten bzw. abschäumen. Nicht mehr aufkochen lassen und kein Suppenpulver verwenden, das Fleisch kann sich mit dem Pulver rot färben.
Nach dem Kochen das Fleisch sofort in kaltem Wasser abschrecken, bei Bedarf kalt aufschneiden.

Küchenpraxis: Durch das Abschrecken verhindert man ein Austrocknen des Rindfleisches und vermeidet so auch die unansehnliche dunkle Verfärbung der Fleischoberfläche.

Schnittlauchsauce
25 g **Weißbrot** ohne Rinde in lauwarmer **Milch** einweichen, gut ausdrücken, 1 gekochtes **Ei**, 1 **Eidotter** (20 g), **Salz**, **Pfeffer**, **Essig**, **Senf**, **Zucker**.

Zubereitung: alle Zutaten mischen und mit 125 g **Pflanzenöl** aufmixen, mit reichlich Schnittlauch abschmecken.

Apfelkren
700 g **Äpfel** schälen und fein reiben, 100 g–150 g **Kren** schälen und fein reiben (reißen), 50 g **Staubzucker**, 20 g **Salz**, 2 EL weißes **Salatöl**, 1 EL **Essig**. Alles gemeinsam vermengen.

Geröstete Erdäpfel
Zutaten für eine Pfanne mit ⌀ 32 cm

400 g speckige **Erdäpfel** mit der Schale in **Salzwasser** am Vortag halbroh kochen.

Zubereitung: Am nächsten Tag die Erdäpfel schälen und auf einer groben Reibe reiben (reißen). In einer beschichteten Pfanne etwas **Pflanzenöl** erhitzen, die geschabten **Erdäpfel** flach verteilen und knusprig anbraten. Mit **Salz**, **Pfeffer**, **Majoran** würzen, eventuell fein geschnittenen **Zwiebel** darüberstreuen. Mit Hilfe eines passenden Deckels vorsichtig umdrehen, schräg halten, langsam goldgelb fertigrösten.

Gekochtes Beinfleisch
mit Gurkensauce und Rösterdäpfeln
Zutaten für 4-5 Portionen

1,2 kg **Beinfleisch**.

Zubereitung: Das Beinfleisch wie eine Rindsuppe oder einen gekochten Tafelspitz zustellen und auch so kochen.

Gurkensauce
70 g **Zwiebel**, 20 g **Butterschmalz**, 120 g **Gurken** (geschält und gewürfelt), 1 **Gurke** (geschält und fein gehobelt), 250 ml **Rindsuppe**, 20 g **Butter**, 25 g **Mehl**, 200 g **Rahm**, 1/2 Bund **Dille**, 1 **Knoblauchzehe**, **Salz**, **Pfeffer**, **Kümmel** (gemahlen).

Zubereitung: Fein gehackte Zwiebel in Butterschmalz glasig anschwitzen. Gewürfelte Gurke beigeben und kurz mitrösten. Mit Rindsuppe aufgießen und mit Salz, Pfeffer und Kümmel würzen. Aufkochen lassen. Anschließend Rahm beigeben und 5 Minuten kochen lassen. Geschmolzene Butter mit Mehl mischen und damit die Sauce binden. Aufkochen lassen und mit dem Stabmixer pürieren. Zum Schluss die gehobelten Gurkenscheiben und den feingehackten Dill untermengen und 5 Minuten kochen lassen.

Beilagen: Gurkensauce und geröstete Erdäpfel.

Gekochter Brustkern vom Schöckellandrind
mit Semmelkren
Zutaten für 4–6 Portionen

600 g **Brustkern** vom **Schöckellandrind**, **Salz**, **Pfefferkörner**, **Zwiebel**, **Wurzelwerk**.

Zubereitung: Das Fleisch waschen und in den gesalzenen, kochenden Wurzelsud legen und langsam weich kochen.

Semmelkren
3 altgebackene **Semmeln,** 250 ml **Suppe,** 1 mittelgroße **Krenwurze** (frisch gerissen), **Salz**.

Zubereitung: Die Semmeln blättrig schneiden, in kochender Suppe versprudeln, vor dem Anrichten den gerissenen Kren darunterrühren, mit Salz abschmecken.

Beilagen: Geröstete Erdäpfel (Rezept Seite 81).

Zwiebelrostbraten

Schwammerlrostbraten

Zwiebelrostbraten

Zwiebelrostbraten

Zwiebelrostbraten mit Erdäpfeln, Gemüse und Brokkoli

Rindfleisch

Zwiebelrostbraten
mit frittierten Zwiebelringen
Zutaten für 4 Portionen
4 **Rostbraten** (à 180 g, 1–2 cm dick geschnitten), **Salz,** schwarzer **Pfeffer,** 1 EL **Dijon-Senf,** 1 EL griffiges **Mehl** zum Stauben.
Sauce: 400 g **Zwiebeln,** 50 ml **Pflanzenöl** zum Braten, 30 g **Butter,** 400 ml **brauner Fond** oder **Suppe,** 125 ml **Rotwein** (Blaufränkisch), **Schnittlauch.**
Garmethode: Zum **Kurzbraten** eignet sich nur Fleisch von guter Qualität, d.h., das Fleisch ist gut abgelagert und marmoriert. Sonst empfielt sich die Garmethode **Braundünsten** (Schmoren).
Kurzbraten Zubereitung: Die Fleischstücke leicht plattieren, Ränder bzw. Sehnen einschneiden, würzen, eine Seite mit Mehl bestauben und danach die Mehlseite mit Senf bestreichen.
Pflanzenöl in einer Schwenkpfanne erhitzen, Fleisch mit der bemehlten Seite nach unten in das heiße Öl einlegen und auf beiden Seiten anbraten. Um ein Ankleben zu verhindern, die Pfanne leicht schwenken. Aus der Pfanne nehmen und warmstellen. Die Bratenstücke unbedingt rasten lassen. Das Fleisch wird dadurch saftiger und zarter im Biss.
Sauce: Das Fett abgießen, zum Bratenrückstand Butter geben und die restlichen Zwiebelstreifen goldgelb anrösten. Nach und nach mit dem Fond oder der Suppe aufgießen und kurz reduzieren lassen. Mit dem Rotwein (Blaufränkisch) wird die Sauce noch feiner. Die Rostbratenstücke in der Sauce erwärmen und noch einmal abschmecken.
Anrichten: Rostbraten mit der Sauce anrichten, mit den frittierten Röstzwiebeln und Schnittlauchröllchen bestreuen.
Frittierte Zwiebelringe Garnitur: Drei Viertel der Zwiebelmenge (300 g) in dünne Ringe, die restliche Menge in Streifen schneiden. Für die Röstzwiebeln die Zwiebelringe mit Mehl und Salz gut vermengen, unter ständigem Rühren in Pflanzenöl hellbraun frittieren, mit einem Schaumlöffel herausheben und auf Küchenkrepppapier abtropfen lassen, leicht salzen.
Braunschmoren Zubereitung: Die Pfanne mit dem Rostbraten in der Sauce mit Alufolie abdecken und im Backrohr bei 80°–100°C etwa 30–45 Minuten weich dünsten lassen. Das Fleisch kann noch ganz zart rosa sein, damit es saftig ist, aber die Flachsen bzw. Fettränder sollten weich sein.
Anrichten: Rostbraten mit der Sauce anrichten, mit den frittierten Röstzwiebeln und Schnittlauchröllchen bestreuen.
Klassische Beilagen: **Petersil-Erdäpfel,** **Braterdäpfel,** **Semmelknödeln** und einem geschnittenen **Essiggurkerl-Fächer.**
Gemüsebeilagen: **Brokkoli, Grillparadeiser** oder **Mischgemüse.**

Weitere Rostbratenarten
Esterházyrostbraten: mit Wurzelgemüse und Rahmsauce.
Girardirostbraten: Sauerrahmsauce mit fein geschnittenen Champignons, Selchspeck, Zwiebeln, etwas Kapern und Senf.
Vanillerostbraten: Reichlich Knoblauch und Zwiebel im Bratenrückstand anschwitzen, Fond aufgießen, einreduzieren und mit Butter oder Stärke binden.
Znaimer Rostbraten: Braune Sauce mit Sauerrahm und blättrig geschnittenen Salz- oder Essiggurken garnieren.

Girardirostbraten
Zutaten für 4 Portionen
4 **Rostbraten** (à 180 g, 1–2 cm dick geschnitten), **Salz,** schwarzer **Pfeffer,** 2 EL **Dijon-Senf,** 1 EL griffiges **Mehl** zum Stauben.
Sauce: 50 g **Zwiebeln,** 150 g **Champignons,** 150 g **Selchspeck,** 1 **Essiggurkel,** 1 TL **Kapern,** 1 TL **Senf,** 1 EL **Ketchup,** 125 ml **Sauerrahm,** 250 ml **Weißwein** (Weißburgunder), **Mehl, Salz, Pfeffer,** gehackte **Petersilie, Pflanzenöl.**
Zubereitung: Die Rostbraten leicht plattieren, Ränder bzw. Sehnen einschneiden, würzen, eine Seite mit Mehl bestauben und danach die Mehlseite mit Dijon-Senf bestreichen.
Pflanzenöl in einer Schwenkpfanne erhitzen, Fleisch mit der bemehlten Seite nach unten in das heiße Pflanzenöl einlegen und auf beiden Seiten anbraten. Um ein Ankleben zu verhindern, die Pfanne leicht schwenken. Aus der Pfanne nehmen und warmstellen. Die Bratenstücke unbedingt rasten lassen. Das Fleisch wird dadurch saftiger und zarter im Biss.
Den Bratenrückstand mit 250 ml Weißwein aufgießen. Die Zwiebel fein hacken, Selchspeck würfelig, Champignons blättrig schneiden und in Pflanzenöl hell anrösten. Das Gurkerl klein schneiden und dazugeben. Mit dem Fleisch weich dünsten, mit den gehackten Kapern, Senf und Ketchup würzen. Mehl mit dem Rahm versprudeln, zum Fleisch geben und einmal aufkochen. Vor dem Anrichten mit gehackter Petersilie bestreuen.

Schwammerlrostbraten mit Schupfnudeln
Zutaten für 4 Portionen
4 **Rostbraten** (à 180 g, 1–2 cm dick geschnitten),1 EL griffiges **Mehl,** 1 EL **Dijon-Senf, Sonnenblumenöl** zum Braten, 1 EL **Butter,** 1 EL **Zwiebel** (gehackt), 1 **Knoblauchzehe** (fein gehackt), 1 EL **Petersilie** (feingehackt), 250 ml **Rindsuppe, Salz, Pfeffer,** 2 EL **Sauerrahm,** 1 MSP **Stärkemehl,** 200 g **Eierschwammerln** (feingeschnitten) und 200 g **Steinpilze** (geschnitten).
Zubereitung: Die Rostbraten leicht plattieren, eine Seite mit Mehl bestauben, danach die Mehlseite mit Senf bestreichen und die Rostbraten in einer Pfanne mit Sonnenblumenöl auf beiden Seiten kurz anbraten.
Die Rostbraten herausnehmen, Butter, Knoblauchzehe, Zwiebel gehackt dazugeben und anrösten. Die Schwammerln hinzufügen und durchrösten, bis die Schwammerln kein Wasser mehr ziehen. Mit Mehl leicht stauben und mit Rindsuppe aufgießen. Einkochen lassen und den mit Stärkemehl abgerührten Sauerrahm abbinden. Diese Sauce aufkochen lassen und über die Rostbraten geben.
Beilagen: **Schupfnudeln aus Erdäpfelteig (**Rezept Seite 22**).**

Steirisches Küchen Lexikon

Rindsgulasch

Zutaten für 8–10 Portionen

1,60 kg **Rindfleisch** (hinterer Wadschinken), 800 g **Zwiebeln**, 150 ml **Pflanzenöl**, 80 g **Paprikapulver** (edelsüß), 1,5 l **Wasser** oder **Suppe**, 100 ml **Essigwasser** (20 ml Essig mit 80 ml Wasser verdünnt), 30 g **Salz**, 4 **Knoblauchzehen**, 1 TL **Kümmel** (gemahlen), **Majoran**, 2 **Lorbeerblätter**, weißer Pfeffer, 1/2 **Chilischote**, **Zitronenzesten**, glattes **Mehl** zum Stauben.

Rindsgulasch-Zubereitungs-Hinweis:
Fleisch und Zwiebeln werden in einem **Verhältnis von 2:1** verwendet. Die Gewürze – ohne Paprika und Zitrone – können auch zu einer Paste verarbeitet werden und mit dem rohen Fleisch vermengt werden.

Saftgulasch wird mit einem Teil Zwiebeln mit einem Teil Fleisch hergestellt, also Zwiebeln und Fleisch in einem **Verhältnis 1:1**. Ein Saftgulasch wird auch nicht gestaubt. Zum Binden können geriebene Erdäpfel, angerührtes Mehl verwendet werden.

Verwendet man in Streifen geschnittene Zwiebeln, so wird der angedünstete Gulaschansatz vor dem Dünsten püriert.

Zubereitung Rindsgulasch: Das Gulaschfleisch in 1,5 cm dicke (30–40 g) Scheiben schneiden. Die Zwiebeln fein schneiden und in reichlich Pflanzenöl unter Rühren gleichmäßig goldgelb rösten. Kurz durchrühren, das Paprikapulver einstreuen und verrühren. Mit dem Essigwasser ablöschen (durch das Essigwasser behält der Paprika seine intensive Farbe), und mit Wasser (oder Suppe) langsam aufgießen, etwa 30 Minuten köcheln lassen.

Das gewürfelte Fleisch zum Gulaschansatz geben, ein wenig Salzen, die Gewürze, wie Majoran, Lorbeerblätter, Kümmel, Knoblauch, Chilischote, Zitronenschale beifügen, abschmecken und auf kleiner Flamme noch 1–2 Stunden nicht zugedeckt köcheln lassen. Je langsamer das Gulasch kocht, desto besser wird der Geschmack, und das Fleisch wird gleichmäßig weich. Etwas **Sauerrahm** und **Mehl** mit 1/16 l Wasser verrühren und den obenauf schwimmenden Fettspiegel des Gulasches damit binden, nochmals abschmecken und kurz aufkochen.

Klassische Beilagen: Semmeln, Salzerdäpfel (Rezept Seite 21), **Semmel-** oder **Serviettenknödel** (Rezept Seite 18).

Weitere Gulascharten

Fiakergulasch: Spiegelei, ein einzelnes Frankfurter Würstel, das kreuzförmig der Länge nach bis zur Hälfte eingeschnitten und frittiert wird, sowie ine in Fächer geschnittene Essiggurke.

Bauerngulasch: mit kleinen Semmelknödeln.

Znaimer Gulasch: mit einer in Fächer oder in Julienne geschnittenen Essiggurke und Salzerdäpfel.

Reisfleisch

Zutaten für 8–10 Portionen

mit 1,60 kg **Rindfleisch** (hinterer Wadschinken, Gulaschfleisch), gekocht wie Rezept **Rindsgulasch**.
300 g **Rundkornreis** (nicht gekocht, gewaschen), eventuell etwas **Sauerrahm**, **Mehl**, 50 g **Hart-** bzw. **Reibkäse**.

Zubereitung: Das Fleisch für das Reisfleisch gleich wie im Rezept Gulaschfleisch (Naturdünsten) zubereiten.
Nach ca. 1 Stunde etwa die Hälfte des Gulaschsaftes abgießen, den rohen Rundkornreis zugeben und alles zugedeckt im Rohr in etwa 30 Minuten langsam weich dünsten lassen. Saft passieren, eventuell etwas Wasser untergießen und abschmecken.
Am Schluss den abgeschöpften Gulaschsaft mit etwas Sauerrahm und Mehl (verrührt) binden.

Anrichten: Das fertige Reisfleisch in einen nassen Schöpfer drücken und auf die Teller stürzen. Mit Gulaschsaft den Reisgupf umgießen, und mit etwas geriebenem Hartkäse bestreuen.

Beilagen: Blattsalate oder **Mischsalate** mit steirischer **Kürbiskernöl-Marinade**.

Rindfleisch

Rinderfilet mit Paradeiserrisotto und jungem Knoblauch

Zutaten für 4 Portionen

600 g **Rinderfilet,** 2 Stück junger **Knoblauch,** 12 **Kirschparadeis,** 2 EL **schwarze Oliven** (in Viertel geschnitten), 2 EL **Basilikumstreifen, Balsamico, Salz, Pfeffer, Olivenöl, Rosmarin, Thymian,** 1 **Lorbeerblatt, Zucker,** 2 dl **Kalbsjus,** 100 g **Risottoreis,** 15 g **Schalotten** (fein geschnitten), 300 ml **Gemüsefond,** 30 g **Butter,** 50 ml **Weißwein** (Weißburgunder), 40 g **Hartkäse** (gerieben).

Zubereitung: Die Schalotten würfelig schneiden und in Olivenöl farblos anschwitzen, Reis, Lorbeer, Thymian, Rosmarin und Kirschparadeiser dazu und kurz durchschwenken. Mit Weißwein ablöschen, einkochen und mit dem Tomatenfond nach und nach aufgießen, bis das Risotto gerade noch „bissfest" ist. Vor dem Servieren mit den Basilikumstreifen, kalter Butter und geriebenem Hartkäse vollenden.

Die Olivenviertel kurz anschwitzen, mit Balsamico ablöschen und reduzieren, mit dem Kalbsjus auffüllen, den Jus mit 1 EL Olivenöl montieren.

Den Knoblauch halbieren und auf der Schnittfläche goldgelb braten. Mit Zucker karamellisieren, mit Salz und Pfeffer würzen und mit 1 dl Orangensaft ablöschen, zugedeckt im Rohr 15 Minuten weich dünsten. Das Rinderfilet binden, anschließend mit Salz und Pfeffer würzen. Das Filet in Olivenöl mit Thymian und Rosmarin anbraten und im Rohr bei 100°C etwa 25 bis 30 Minuten rosa braten, Kerntemperatur 52°–55°C.

Bis zum Tranchieren warm stellen.

Geschmorte Ochsen-Fledermaus mit Serviettenknödel

Zutaten für 4–6 Portionen

1 kg **Ochsen-Fledermäuse, Dijon-Senf,** 500 g **Röstgemüse** (Karotten, Sellerie, Zwiebeln), **Tomatenmark,** 500 ml **Rotwein** (Zweigelt), 1 Liter **Rindsuppe, Wacholder, Pfefferkörner, Salz, Pfeffer,** 250 ml **Schlagobers,** 2 EL **Sauerrahm,** 2 EL **Mehl.**

Zubereitung: Die Fledermäuse (Fleischstücke) von Haut und Sehnen befreien und mit Salz und Pfeffer würzen. Scharf anbraten, wenden und die angebratene Seite mit Dijon-Senf bestreichen. Anschließend aus dem Topf nehmen.

Nun das in kleine Würfel geschnittene Röstgemüse im Bratenrückstand braun rösten, das Tomatenmark dazugeben und mit dem Zweigelt ablöschen. Dann mit der Rindsuppe aufgießen und mit Wacholder, Pfefferkörner und Salz würzen. Wenn die Flüssigkeit kocht, die Ochsenfleischstücke (Fledermäuse) einlegen und darin etwa 1 Stunde weich dünsten. Zum Schluss die Fledermäuse aus dem Fond in kaltes Wasser geben, und die Sauce mit Schlagobers, Sauerrahm und Mehl binden und passieren.

Beilagen: Serviettenknödel (Rezept Seite 18) und **Gemüse**.

Gebratene Ochsenbeiried mit pikantem Marillenstrudel

Zutaten für 4 Portionen

4 **Beiriedschnitten** zu 180 g, **Salz, Pfeffer, Pflanzenöl,** 20 g **Butter,** 1/16 l **Zweigelt,** 125 ml **Fond** (Rindsuppe), **Maizena.**

Zubereitung: Die Beiriedschnitten salzen, pfeffern und in etwas Pflanzenöl scharf anbraten. Anschließend bei 70°C im Rohr für fünf Minuten rasten lassen. Im Bratenrückstand die Butter zerlassen, mit dem Zweigelt ablöschen, dann mit dem Fond aufgießen und schließlich mit Maizena abziehen.

Pikanter Marillenstrudel

250 g **Topfen,** 50 g flüssige **Butter,** 50 g **Brösel,** 3 **Eidotter, Salz, Pfeffer, Muskat,** 8 **Marillen,** 1 Paket **Strudelteig.**

Zubereitung: Alle Zutaten wie Topfen, Butter, Brösel, Eidotter, Salz, Pfeffer und Muskat in einer Schüssel gut verrühren und auf 15x10 cm große Strudelteigblätter verteilen.

Mit je 3 Marillenhälften belegen, einrollen und im vorgeheizten Backrohr bei 200°C goldbraun backen.

Tafelspitzsülzchen
Zutaten für 10–12 Portionen
2 längliche **Terrinenformen**
500 g **Tafelspitz** (gekocht), 200 g **Karotten**, 100 g **Sellerie**, 80 g **gelbe Rüben**, 300 ml **Rindsuppe**, 1/16 l **Madeira**, 10 Blatt **Gelatine**, 1 Bund **Petersilie** (fein gehackt), frische **Kräuter**, **Klarsichtfolie** zum Auslegen der Terrinenform, **Blattsalate**.

Zubereitung: Die Gelatineblätter in kaltem Wasser einweichen. Den gekochten Tafelspitz in dünne Streifen schneiden. Karotten, Sellerie und gelbe Rüben in etwa 5 cm lange Streifen schneiden.
Die Rindsuppe und Madeira aufkochen lassen. Die Gelantineblätter auspressen und in die heiße Suppe geben und gut durchrühren. Das in Streifen geschnittene Gemüse hinzufügen und alles kurz kochen lassen.
Die Tafelspitzscheiben mit feingehackter Petersilie mischen, Gemüse und Suppe hinzu geben und alles gut vermischen.
Die Terrinenformen mit Klarsichtfolie auslegen und die Sulzmasse einfüllen. Vor dem Stocken noch die frischen Kräuter dazugeben. Für drei Stunden kühl stellen. Aus der Form stürzen, das geht mit der Klarsichtfolie sehr einfach, und mit einem Elektromesser aufschneiden.
Anrichten: Mit Blattsalat anrichten.

Vinaigrette
4 EL **Petersilie** (gehackt), 1 **Essiggurkerl**, 2 EL **Zwiebeln**, 1 gekochtes **Ei**, **Sonnenblumenöl**, **Apfelmostessig**, **Salz**, **Pfeffer**.
Zubereitung: Alle Zutaten fein hacken, mit Sonnenblumenöl, Apfelmostessig, Salz und Pfeffer abschmecken und zur Tafelspitzsulz servieren.

Gefüllter Ochsenschlepp mit Kraut, Knödel
Zutaten für 8–10 Portionen
1 Stück ausgelöster **Ochsenschlepp**, 1 **Schweinsnetz**, 500 ml **Rotwein** (Blaufränkisch), 1 **Sellerieknollen**, 2 **Karotten**, 2 **gelbe Rüben**, **Salz**, **Pfeffer**, **Thymian**.
Hendlfarce:
150 g **Hühnerfleisch**, 50 g **Toastbrot** ohne Rinde, 25 g **Schlagobers**, 1 **Eiweiß** und 1 **Eidotter**, 30 g **Morcheln**, 40 g **Semmelwürfel**, **Salz**, **Muskat**, **Ingwer**.

Zubereitung Hendlfülle: Das Hendlfleisch fein faschieren, mit geschnittenem Toastbrot vermischen, Eiweiß und Eidotter mit 20 g Obers verrühren und zur Hühnerfleischmasse geben, mit Salz, Muskat, Ingwer würzen. Diese Masse mit dem restlichen Schlagobers kuttern, abkühlen und die feingeschnittenen Morcheln und Semmelwürfel unter die Farce heben.
Das Netz ausbreiten, Ochsenschlepp aufbreiten, mit der Farce bestreichen und zu einer Rolle formen, zusammenbinden. In einem Bräter anbraten, Rotwein (Blaufränkisch) und Gemüse dazugeben und im Rohr bei 140°C etwa 2 Stunden lang zugedeckt garen. Aus der Form nehmen, den Bratenrückstand pürieren – durch ein Sieb streichen und mit Salz, Pfeffer und Thymian abschmecken.

Anrichten: Serviettenknödel in Scheiben schneiden – in Butter langsam bräunen. Den Ochsenschlepp in Scheiben schneiden – je 2 Scheiben auf vorgewärmte Teller anrichten.
Eine Scheibe Serviettenknödel mit Kraut bedecken – darüber wieder eine Scheibe Serviettenknödeln und diesen Vorgang nochmals wiederholen.
Die Sauce mit Butter im Mixer aufmixen und auf Teller angießen!

Gebratene Beiried in Dörrzwetschkensauce
Zutaten für 4 Portionen
800 g **Beiried** (zugeputzt), **Salz**, **Pfeffer**, **Dijon-Senf**, **Pflanzenöl**.
Dörrzwetschkensauce
125 ml **Rotwein** (Zweigelt), 500 ml **Portwein**, 100 g **Zwiebeln** (feingeschnitten), 125 ml **brauner Fond**, 50 g **Butter**, **Salz**, **Pfeffer**, 50 g **Dörrzwetschken**.

Zubereitung: Aus dem Fleisch vier nicht zu dünne Tranchen schneiden, mit Dijon-Senf, Salz und Pfeffer einreiben, in Pflanzenöl rundherum anbraten, im Rohr bei 180°C etwa 10 Minuten rosa braten. Danach das Fleisch für 15 Minuten rasten lassen.
Schalotten im Bratenrückstand anrösten, mit Rotwein und Portwein ablöschen, zum Kochen bringen, auf 1/4 reduzieren, mit braunem Fond auffüllen, abermals auf 1/4 reduzieren, durch ein feines Sieb passieren, kleinwürfelig geschnittene Dörrzwetschken dazu geben, mit Butterflocken montieren, mit Salz und Pfeffer abschmecken.

Grießknödel
250 g **Grieß**, 100 g **Butter**, 500 ml **Milch**, 3 **Eier**, **Salz**, **Muskat**, **Pflanzenöl** zum Ausbacken.
Zubereitung: Für die Grießknödel Milch, Butter, Salz und Muskat aufkochen. 200 g Grieß einfließen lassen, dabei ständig rühren, bis sich die Masse vom Geschirr löst, überkühlen lassen. Eier sowie restlichen Grieß einmengen, die Masse erkalten lassen, Knödel formen, schwimmend im heißen Fett goldgelb ausbacken.
Beilagen: Speckkohlsprossen und Grießknödeln.

Rindfleisch

Rindsbraten mit Apfelmostsauce und Sterzschnitten

Zutaten für 4 Portionen
900 g **Rindsnuss**, **Salz, Pfeffer, Pflanzenöl** zum Braten.

Zubereitung: Die Rindsnuss gut zuputzen (von Haut und Sehnen befreien). Mit Salz und Pfeffer würzen und in einer Pfanne mit Pflanzenöl auf allen Seiten scharf anbraten. Im vorgewärmten Backrohr bei 180°C weiterbraten und immer wieder mit dem Bratensaft begießen. Eventuell beim Braten etwas Wasser (Bodenbedeckt zugießen)! Bratzeit je nach Größe etwa 90 Minuten!

Apfelmostsauce
500 ml **Apfelmost**, 500 ml **Apfelsaft**, 500 ml **Geflügelfond**, 1 **Zwiebel**, 1 **Karotte**, 1/2 **Sellerieknolle**, 1/2 Stange **Lauch** (nur die weißen Teile vom Lauch nehmen), eine Prise **Piment**.

Zubereitung: Für die Sauce die in Scheiben geschnittene Zwiebel mit dem ebenso in Scheiben geschnittenen Wurzelwerk (Karotten, Sellerie und Lauch) in Pflanzenöl gut anschwitzen und mit Most, Apfelsaft und Geflügelfond aufgießen. Auf mindestens die Hälfte der Menge einkochen.
Mit dem Mixstab pürieren und mit den Gewürzen abschmecken.

Sterzschnitten
250 g **Sterzgrieß** (Polentagrieß), 500 ml **Geflügelfond, Salz, Muskat**, 2 EL **Butter**, 1 EL geriebener **Hartkäse** (Moosbacher).

Zubereitung: Für die Sterzschnitten den Geflügelfond aufkochen und den Sterzgrieß unter ständigem Rühren einrieseln lassen. Butter, Salz, Muskat und Käse zugeben und zu dicklicher Konsistenz (auf kleiner Flamme) kochen. Die Masse sollte dickcremig sein. In eine vorbereitete, mit Frischhaltefolie ausgelegte Kastenform füllen und stocken lassen. Vor dem Anrichten in fingerdicke Scheiben schneiden und in Öl-Butter-Gemisch auf beiden Seiten kurz, aber knusprig anbraten.

Anrichten: Den Braten beim Anrichten in Scheiben schneiden, mit Sauce begießen und mit Sterzschnitten anrichten.

Rindsrouladen

Zutaten für 10 Portionen
4 **Rindsschnitzel** à 160 g (aus der Schale, Rose oder dem Tafelstück), **Salz,** schwarzer **Pfeffer** aus der Mühle, **Dijon-Senf**, **Mehl** zum Stauben, **Pflanzenöl** zum Anbraten.

Fülle: 200 g Frühstücksspeck, 150 g **Essiggurkerl**, 200 g **Karotten**, 200 g **Sellerieknolle**, 150 g **Zwiebel** (würfelig geschnitten), 100 ml **Pflanzenöl**, 30 g **Paradeismark**, 250 ml **Rotwein** (Blaufränkisch), 1 Liter **brauner Fond, Rindsuppe** oder **Wasser**, 20 g **Kapern, Thymian, Lorbeerblätter, Knoblauch, Senf**, 125 ml **Crème fraîche**, 40 g **Butter** zum Montieren, **Petersilie**.

Zubereitung Fülle: Essiggurken, Karotten und Sellerie in 5 mm dicke Streifen schneiden (fein geschnitten schmeckt besser), die kleingeschnittenen Zwiebeln leicht anschwitzen.

Zubereitung Rouladen: Rindsschnitzel leicht plattieren, mit Salz und Pfeffer würzen, mit Senf leicht bestreichen, und mit Zutaten für die Füllung belegen und fest einrollen. Mit dem Schweinsnetz umwickeln, und mit Spagat, Rouladennadeln oder Zahnstochern fixieren.
Rouladen außen würzen, mit Mehl leicht stauben und rundum gut anbraten. Die Rouladen herausnehmen und im Bratrückstand den restlichen in Streifen geschnittenen Speck, Gemüseabschnitte und Tomatenmark einige Minuten mitrösten.
Mit Rotwein ablöschen und einkochen, bis eine schöne dunkelbraune Farbe entsteht. Mit Suppe (Fond, Wasser) aufgießen und kurz aufkochen lassen.
Die angebratenen Rouladen, gehackte Kapern, etwas Senf und Gewürze beigeben und am Herd auf kleiner Flamme zugedeckt 1 Stunde weich schmoren.
Dabei die Rouladen mehrmals wenden, die Rouladen aus der Kasserolle heben und warm stellen.
Die Sauce passieren, die glatt gerührte Crème fraîche einrühren, aufkochen, montieren, gehackte Petersilie beigeben und nochmals abschmecken.

Anrichten: Von den Rouladen die Zahnstocher, Spagat oder Rouladennadeln entfernen, mit dem Elektromesser schräg halbieren und mit der Sauce umgießen und mit Erdäpfelpüree anrichten.

Varianten für die Füllung
Gekochter Schinken, Speckstreifen, Käsestreifen, Würstchen, Essiggurkerln, Zwiebel, Pilze, Paprikastücke, Wurzelgemüse wie Karotten, gelbe Rüben, Sellerie oder Stangensellerie, Porree, Kräuter.

Klassische Beilagen: Erdäpfelpüree, Teigwaren (Bandnudeln), sautierte **Pilze**, glacierte **Schalotten, Nockerln, Servietten-** oder kleine **Erdäpfelknödel**, frische **Blattsalate**.

Gefüllte Lammbrust mit Grießknödel

Weidelamm mit gebackener Polenta und Gemüse

Lamm – zum Braten, Schmoren, Grillen, Backen oder Sieden

Das Lammfleisch erobert die heimische Küche – sehr zum Wohlgefallen derer, die Lammspezialitäten als kulinarische Bereicherung zu schätzen gelernt haben. Lammfleisch ist außergewöhnlich zart und aromatisch und läßt sich auf vielerlei Arten zubereiten.

Vom Milchlamm zum Hammel
Man unterscheidet Fleisch-, Woll- und Fellschafe.

Milchlämmer
sind ganz junge Lämmer (2–4 Monate), die sich ausschließlich von der Muttermilch ernähren. Milchlämmer sind nicht besonders empfehlenswert, der Fleischanteil ist noch sehr gering, und es ist auch noch keine Fettabdeckung vorhanden. Dadurch ist auch kaum ein Eigengeschmack vorhanden.

Lämmer
sind die jungen Schafe bis zu einem Jahr. Für den Feinschmecker sind diese, etwas größeren Lämmer zu empfehlen (8 bis 10 Monate), die ein viel saftigeres, marmorierteres Fleisch besitzen.

Hammelfleisch
Unter Hammelfleisch versteht man allgemein das Fleisch junger Schafe und Hammel, im engeren Sinne jedoch das Fleisch nicht zu alter Hammel (kastrierte männliche Schafe = Schöpsen).

Schaffleisch
Als Schaffleisch im engeren Sinn bezeichnet man das Fleisch alter Schafe und Böcke.

Styria-Lamm: eine Spezialität aus dem steirischen Bergland, ist Fleisch von höchstens 6 Monate alten Lämmern, die in kleinbäuerlichen steirischen Betrieben im Sommer auf der Alm und im Winter im Laufstall gehalten werden. Natürliche Aufzucht bedeutet unter anderem, dass die Lämmer mit würzigen Gräsern, frischem Heu und heimischem Getreide ernährt werden. Je nach Teilstück kann Lammfleisch zum Braten, Schmoren, Grillen, Backen oder Sieden verwendet werden.

Zubereiten und Würzen von Lamm
Zum Kochen sollte nur gut abgehangenes bzw. abgelegenes Fleisch verwendet werden.
Am geschmackvollsten ist Lamm, wenn es in großen Stücken langsam im Ofen gebraten wird (Brattemperatur knapp über 100°C, E-Herd 150°–160°C).
Überschüssiges Fett erst nach dem Braten wegschneiden, da es Geschmack und Saftigkeit erhält und das Fleisch beim Braten schützt.
Vor dem Braten kann Lammfleisch mit Pflanzenöl und Kräutern mariniert werden.
Als Gewürze eignen sich neben Salz und Pfeffer, Knoblauch, Thymian, Salbei, Rosmarin, Lorbeer, Majoran, Oregano, Estragon, Wacholder, Petersilie aber auch exotische Gewürze wie Minze, Ingwer, Zimt oder Curry.
Die Kräuter und Gewürze sollen nur den feinen Eigengeschmack vom Lamm unterstreichen – daher maßvolle Anwendung. Die Kräuter sollten nicht direkt auf das Fleisch gestreut werden, da sie meist beim Anbraten verbrennen und unangenehm schmecken. Durch Beilegen der angehackten Kräuter zum Braten im Rohr erreicht man, dass das Aroma am besten zur Geltung kommt.
Nach dem Braten lässt man die Stücke einige Minuten rasten, damit sich der Fleischsaft verteilen kann und beim Anschneiden nicht verloren geht.
Zum Mitbraten bzw. als Beilage eignen sich unter anderem folgendes Gemüse: Zwiebel, Kartoffel, Paprika, Zucchini, Melanzani, Paradeiser, Kohl, Sellerie, Bohnen oder Bohnschoten, Spinat, Karotten und Petersilienwurzen.

Gefüllte Lammbrust
mit Rosmarinsaft und Grießknödel
Zutaten für 4–5 Portionen
1 **Lammbrust** (ca. 1,20 kg), 1 **Zwiebel**, 1 **Knoblauchzehe**, 250 ml **Milch**, 2 **Semmeln**, 2 EL **Butterschmalz**, 350 g **Faschiertes** vom **Schwein**, **Kalb** oder **Lamm**, 2 **Eier** (Größe M), 1 EL glattes **Mehl**, 2 frische **Rosmarinzweige**, **Salz, Pfeffer, Majoran.**

Zubereitung Lammbrust: Die Lammbrust untergreifen, mit Salz und Pfeffer innen und außen würzen. Zwiebel und Knoblauch feinhacken und in einer Pfanne mit Butterschmalz ohne Farbe anschwitzen. Semmel in Milch einweichen und gut ausdrücken. In einer Schüssel das Faschierte, Semmeln, Zwiebel, Knoblauch und Eier vermischen. Mit Salz, Pfeffer und Rosmarin würzen. Dann die Lammbrust mit der Masse füllen und mit Zahnstochern verschließen. Lammbrust, Rosmarinzweige und 2 EL Butterschmalz in eine Pfanne geben und bei 180°C für etwa 60 Minuten garen. Mehrmals mit Suppe oder Lammfond aufgießen. Nach dem Ende der Garzeit den Braten aus dem Backrohr herausnehmen und den Saft mit Butter und Mehl binden. Zuletzt den Saft passieren.

Beilagen: **Semmelknödel** (Rezept Seite 18), **Grießknödel** (Rezept Seite 19), und **Mischgemüse**.

Lammkarree im Ganzen mit Kräuterkruste

Zutaten für 4–5 Personen

1 **Lammkarree mit Knochen** (ca. 1,50 kg)*, 1 **Zwiebel**, 125 ml **Rotwein** (Zweigelt) oder **Wasser**, **Rosmarin**, **Thymian**, **Lorbeer**, **Knoblauch**, **Salz**, **Pfeffer**, **Dijon-Senf**, 3–4 Scheiben frisches **Toastbrot** (entrinden und in einem Cutter mit Thymian zu feinen Bröseln hacken).

* Das Lammkarree vom Fleischer vorbereiten lassen, dazu den Lammrücken mit etwas längeren Rippenknochen längs halbieren, weiters den Rückgratknochen abschneiden, so dass nur das Rückenfilet mit den Rippenknochen bleibt. Dadurch lassen sich nach dem Braten kotelettartige Tranchen schneiden.

Zubereitung:
Lammkarree mit Salz und Pfeffer würzen, auf der Fettseite mit einem scharfen Messer einschneiden, in einer großen Pfanne mit heißem Pflanzenöl zuerst auf der Fettseite, dann auf der zweiten Seite scharf anbraten, aus der Pfanne heben und in einer Bratenpfanne warm halten. Zwiebel grob schneiden, kurz im Lammfett anrösten, mit Rotwein ablöschen, Gewürze dazugeben, zum Karree gießen und im Backrohr bei 130°C für 2–2,5 Stunden braten. Anschließend in Koteletts aufschneiden und in die ursprüngliche Karreeform bringen. Mit scharfem Senf bestreichen und mit reichlich Weißbrotbröseln, die mit frischem gerebeltem Thymian vermischt wurden, bestreuen. Bei starker Oberhitze (Grillschlange) auf mittlerer Schiene goldgelb überbacken. Das Überbacken mit der Grillschlange dauert nur 20–30 Sekunden.

Mit **Mischgemüse** und **Natursaft** servieren.

Saltimbocca vom Lamm mit VULCANO-Schinken

Zutaten für 4 Personen

2 kg **Lammrückenknochen** und **Sehnen**, 200 g **Zwiebel**, 100 g **Karotten**, 50 g **Stangensellerie**, 1 EL **Tomatenmark**, 500 ml **Rotwein** (Blaufränkisch), 1 **Lorbeerblatt**, 1 **Rosmarinzweig**, 1,5 Liter **Rindsuppe** oder **Lammfond**, 1 MSP **Speisestärke**, **Salz**, **Pfeffer**, 1 EL **Balsamessig**, 30g **Butter**, 2 **Knoblauchzehen**, 6 frische **Salbeiblätter**.

Für Lamm-Saltimbocca:
8 kleine **Lammkoteletts** (je 80g), **Salz**, **Pfeffer**, 8 frische **Salbeiblätter**, 8 dünne Scheiben **VULCANO-Schinken**, 20 g **Butterschmalz**.

Zubereitung Lammfond:
Die Lammknochen klein hacken, mit den Sehnen in einer großen Kasserolle anbraten. Das Fett abgießen. Gemüse waschen, putzen und klein schneiden und zusammen mit dem Tomatenmark unter die Knochen mischen. Alles kräftig anrösten und mit etwas Rotwein ablöschen und einköcheln. Den restlichen Rotwein, die Gewürze und die Kräuter dazugeben. Mit Rindsuppe oder Lammfond auffüllen, sodass die Knochen bedeckt sind. Eine Stunde kochen lassen – durch ein Tuch passieren und auf 100 ml Flüssigkeit einreduzieren. Vor dem Servieren mit etwas angerührter Speisestärke binden und mit Salz, Pfeffer und Balsamicoessig abschmecken. Die Butter mit ausgedrückten Knoblauchzehen und gehackten Salbeiblättern vermischen und zum Schluss unter die Sauce rühren. Die Lammkoteletts flachdrücken, eine Seite mit Salz und Pfeffer würzen und umdrehen. Mit je einem Salbeiblatt belegen und mit einer Scheibe VULCANO-Schinken abdecken. Fest andrücken. Butterschmalz in einer Pfanne erhitzen, die Koteletts mit der VULCANO-Schinkenseite nach unten hinein geben und knusprig anbraten. Vorsichtig wenden und in das auf 220°C vorgeheizte Backrohr stellen. In 2–3 Minuten rosa braten. Die Koteletts mit Alufolie abdecken und bei geöffneter Backrohrtüre noch einige Minuten rasten lassen.

Gebackene Lammschnitzel

Zutaten für 4 Personen

600 g **Lammschnitzel** vom Schlögel, **Salz**, **Pfeffer**, **Dijon-Senf**, **Mehl**, 2 **Eier**, **Semmelbrösel** zum Panieren, **Pflanzenöl** zum Backen, **Petersilie**, **Zitrone**.

Zubereitung:
Lammschnitzel nicht zu dünn ausklopfen, mit Salz, Pfeffer würzen und außen mit etwas Senf bestreichen. Mit Mehl, Ei und Bröseln panieren. In heißem Pflanzenöl backen und auf Küchenpapier abtropfen lassen. Frische Petersilie kurz in heißem Öl frittieren, abtropfen lassen und leicht salzen.
Gebackene Lammschnitzel mit frittierter Petersilie und Salat servieren.
Anstelle von Semmelbröseln können feine Brösel von entrindetem Weißbrot (Toast) mit Kräutern vermischt, oder auch geschrotete Kürbiskerne zum Panieren verwendet werden.

Beilagen: **Erdäpfel** (Rezept Seite 19) und **Mischgemüse**, **Erdäpfelsalat** mit steirischem **Kürbiskernöl** (Rezept Seite 20), **Gemischter-Salat**, **Blattsalate**.

Rücken vom Weidelamm mit gebackener Polenta und Bohnen-Paradeiser-Gemüse

Zutaten für 4 Portionen

1 kg **Lammkarree** mit Knochen, **Dijon-Senf**, **Salz**, **Pfeffer**, **Pflanzenöl**, frischer **Rosmarin**, frischer **Thymian**.

Zubereitung: Das Lammkarree salzen, pfeffern und in Pflanzenöl scharf anbraten. Anschließend rundum mit Dijon-Senf bestreichen, mit Rosmarin und Thymian bestreuen und im Rohr bei 160°C für etwa 10 Minuten fertig braten.

Gebackene Polenta

500 ml **Milch**, 200 g **Polentagrieß**, 100 g **Butter**, **Salz**, **Pfeffer**, **Muskat**, 3 **Eidotter**, **Strudelteigblätter** (Lebensmittelhandel erhältlich) auf 10x10 cm Größe schneiden.

Zubereitung: Die Milch mit der Butter aufkochen, den Grieß einrühren und 5 Minuten kochen lassen. Anschließend die Masse in eine gebutterte Form geben und bei 180°C für 30 Minuten backen.
In die erkaltete Polenta die Eidotter unterrühren. Die Masse mit einem Dressiersack auf eine Seite der Strudelteigblätter aufspritzen und mit Ei bestreichen. Die 10x10 cm Teigblätter zu kleinen Strudeln zusammenrollen und in Pflanzenöl herausbacken.

Bohnen-Paradeiser-Gemüse

500 g **Bohnen**, 3 mittelgroße **Paradeiser**, **Butter**, **Salz**, **Pfeffer**.

Zubereitung: Die Bohnen in Salzwasser weich kochen. Die Paradeiser kurz blanchieren, die Haut abziehen und vierteln. Zum Schluß die Bohnen in Butter anschwitzen, mit Salz und Pfeffer würzen und mit den geviertelten Paradeisern noch mal durchschwenken.

Geschmortes Lammhaxerl

Zutaten für 4 Portionen

4 **Lammhaxerl**, 1 **Sellerieknolle**, 4 **Karotten**, 1 Stange **Lauch**, 10 mittelgroße **Knoblauchzehen**, 2 **Zwiebeln**, **Pfefferkörner**, **Thymian**, **Rosmarin**, **Salbei**, **Lavendel**, **Lorbeerblätter**, **Minze**, 500 ml **Rotwein** (Zweigelt), 1 Liter brauner **Lammfond**.

Zubereitung: Die Lammhaxerl in eine Kasserolle geben, mit Rotwein bedecken und 24 Stunden beizen. ¡Lammhaxerl abtrocknen, salzen, pfeffern und in Olivenöl anbraten. Das Wurzelgemüse würfelig schneiden, anrösten, mit 250 ml Rotweinbeize löschen, einkochen und mit braunem Lammfond aufgießen. Die Lammhaxerl beifügen und im vorgewärmten Backrohr bei etwa 170°C für 2,5–3 Stunden weich dünsten, dabei öfters übergießen.

Rotweinzwiebeln

750 g rote **Zwiebeln**, 30 g **Butterschmalz**, 70 g **Zucker**, 500 ml **Rotwein** (Zweigelt), **Salz**, **Pfeffer**, **Thymian**, 1 TL **Honig**.

Zubereitung: Zucker in Butterschmalz bräunen, Zwiebeln leicht anrösten, mit Rotwein aufgießen und weich dünsten, bis der Rotwein verdunstet ist, notfalls Rotwein nachgießen. Mit Gewürzen und Honig abschmecken.

Polentascheiben

200 g **Polentagrieß**, **Pflanzenöl**, 400 ml **Rindsuppe**, 125 ml **Schlagobers**, 1 **Ei**.

Zubereitung: Grieß in 1 EL Pflanzenöl anrösten, mit Suppe und Schlagobers aufgießen und dickcremig einkochen. Zugedeckt ausdünsten lassen, zwischendurch öfters umrühren. Das Ei unterrühren, die Masse abkühlen und in eine mit Klarsichtfolie ausgelegte Terrinenform streichen und auskühlen lassen. In Scheiben schneiden und in Pflanzenöl goldbraun braten.

Zutaten für 1 Liter Lammfond

1,5 kg **Lammknochen und Parüren** (Fleischreste, Sehnen), 150 g **Wurzelgemüse**, 1 **Zwiebel**, 1 EL **Paradeismark**, 125 ml **Rotwein** (Blauer Zweigelt), 3 Liter **Lammsuppe** oder **Rindsuppe**.

Zubereitung: Die Knochen und Parüren klein hacken, langsam anrösten, das Wurzelgemüse zugeben (Karotten, Sellerie, Petersilwurzen und Zwiebeln) und weiterrösten. Dann den 1 EL Paradeismark hinzufügen und weiterrösten, bis eine dunkelbraune Farbe entsteht. Mit Rotwein (Zweigelt) ablöschen und einkochen. Mit kalter Suppe oder Wasser aufgießen. Bis zum Aufkochen erhitzen, dann sofort Hitze reduzieren und auf kleiner Flamme 3 Stunden köcheln lassen. Zwischendurch abschäumen bzw. abfetten und je nach persönlichem Geschmack mit weiteren Gewürzen abschmecken.

Gewürze: Lorbeerblätter, Knoblauch, Thymian und Rosmarin. **Beim Kochen des Fond noch kein Salz verwenden!**
Werden Suppen und Saucen bereits beim Ansetzen gesalzen, wird durch das Einkochen die Suppe oder Sauce zu salzig; das Wasser verdunstet bzw. wird reduziert, und dadurch wird der Grundgeschmack stärker, aber auch das Salz. Daher Suppen und Saucen erst kurz vor dem Anrichten salzen!

Gemüse grillen	Grillen
Spieße grillen	Fische grillen
Grillvorbereitung	

Nährwerte [Vitamine] | Rezepte | Grillen, Marinaden und Dip

Sommerzeit ist Grillzeit

Wenn die Sonne scheint, wird der Griller angeheizt, hier gibt es einige kleine Tipps, wie es noch besser wird. Steaks, Schweins-Koteletts, Rinderfilet mit Kräuterkruste, Barbecue-Ribs und Burger und viele Rezepte für Saucen, Marinaden und Gewürzmischungen.

Hitze+Fleisch+Gemüse = Genuss+Vergnügen

Richtiges Grillen will gelernt sein – ein paar einfache Regeln machen die glühende Leidenschaft verdaulicher.

An lauen Sommerabenden versammeln sich ganze Familien und Freundeskreise am häuslichen Freiluftherd. Doch: nicht alles was am Rost brutzelt ist auch bekömmlich.

Die Bezeichnung „Grillen" stammt aus dem englischen Küchensprachschatz. Grill heißt übersetzt soviel wie Rost. Unter der Garmethode Grillen versteht man das urtümlichste und einfachste Braten – durch Strahlungs- und Kontaktwärme. Die Wärmestrahlen treffen auf die Oberfläche des Lebensmittels und lassen das Eiweiß sofort gerinnen. Dadurch bleiben die Aromastoffe gut erhalten. Grillen ist aus ernährungswissenschaftlicher Sicht empfehlenswert, kaum eine andere Zubereitungsart ist so fettarm und so geschmackvoll.

Vorbereiten zum Grillen: Marinieren

Das Fleisch mit Pflanzenöl einreiben oder in Marinade legen, dann bleibt es saftiger. Bevor das Fleisch auf den Grill gelegt wird, unbedingt abtupfen, damit kein Öl in die Glut tropft. Wenn Fett oder Marinaden in die Glut tropfen und qualmend verbrennen, werden unangenehme Kohlenwasserstoffe gebildet. Fleisch zum Grillen mit Pfeffer und Kräutern würzen – Majoran und Oregano haben ein kräftiges Aroma, Thymian hilft bei der Fettverdauung, Basilikum, Rosmarin und Salbei geben dem Fleisch eine mediterrane Note. Knoblauch verbrennt leicht, daher erst gegen Ende des Grillens zufügen, Petersilie, Schnittlauch und Dille nach dem Garen drüberstreuen. Sparsam gesalzen wird erst am Teller, damit das Salz nicht vorzeitig dem Fleischstück den Saft entzieht.

Das Würzen mit Salz

Beim Grillen ist Salz eines der wichtigsten Gewürze. Aber Salz ist nicht gleich Salz. Vom klassischen Kristallsalz, groben oder feinen Meersalzen, über Gewürz- und Kräuter-Salz in unterschiedlichsten Geschmackskombinationen bis hin zu feinen Bergkristallsalzen reicht die Angebotspalette.

Grobes Meersalz hat den Vorteil, beim Marinieren oder direkten Würzen seine Würze erst langsam an das Gargut abzugeben, wodurch dem empfindlichen Fisch weniger Flüssigkeit entzogen wird. Natürlich kann man Spieße und Grillstücke nach eigenem Geschmack und Herzenslust würzen, aber es gilt dabei immer die alte Griller-Philosophie: „Weniger ist mehr."

Grillmethoden

Auf dem Rost: Gegart wird auf einem erhitzten Rost oder einer Grillplatte. Für den Geschmack ist der Holzkohlengrill am besten. Zum Grillen nur gut abgehangenes, pariertes Fleisch verwenden und dieses gleichmäßig dick aufschneiden. Dunkles Fleisch bräunt schneller als helles Fleisch. Grilladen aus hellem Fleisch oder Fisch sind an der Oberfläche nur hellbraun und trotzdem gar.
Geeignet für: Stücke aus Rücken und Schlegel von Schwein und Rind, Geflügel, Fische im Ganzen oder portioniert, Krustentiere, Paprika, Paradeiser, Zucchini, Erdäpfel, verschiedene Würste.
Auf dem Spieß: Gegart wird bei trockener Hitzebestrahlung (durch Holzkohlenglut, heiße Luft oder Infrarotstrahlung). Die Fleischstücke werden auf Spießen fixiert und gedreht.
Geeignet für: Ganz zarte Fleischstücke, Geflügel, Wildgeflügel.

Fische am Grill

Um ganze Forellen oder Saiblinge zu grillen, ohne dass die Haut am Rost kleben bleibt, braucht man schon einige Erfahrung und einen gut eingebratenen Griller mit Eisenrost.

Zum direkten Grillen über der Glut empfiehlt Adolf Ritter, Hobbyforellenzüchter in Rothleiten, einen Fischkorb, mit dem man die Fische auf dem Rost sehr gut wenden kann. Damit die Fischkorbdrähte jedoch nicht selbst auf dem Gargut kleben bleiben, sollte der Korb mit Öl eingepinselt werden, bevor er mit den zum Grillen bestimmten Fischen befüllt wird.

Gegrillte Forellen

Zutaten für 4 Portionen
4 mittlere **Forellen** (je 300 g ausgenommen), 20 g **Petersilie**, 4 **Knoblauchzehen** (geschält), 4 **Limetten**, **Meersalz**, schwarzer **Pfeffer** aus der Mühle. **Marinade:** Fisch-Gewürzmischung

Zubereitung: Die bereits ausgenommenen Forellen mit dem Saft einer Limette innen und aussen stark betropfen, innen salzen und dann die Bauchhöhle mit Petersilie und klein gehacktem Knoblauch füllen und mit Holzspießen verschließen (die Holzspieße vorher in Wasser einlegen, dann verbrennen sie am Grill nicht so schnell). Die Forellen beidseitig in einem Abstand von 2–3 cm nicht zu tief einschneiden, rundum mit der **Fisch-Gewürzmischung** dick einstreichen, mit einer Frischhaltefolie einwickeln und für 30 Minuten kühl stellen.

Die Forellen auf den mittelheißen Grill legen und beidseitig grillen (gesamt ca. 20 Minuten). Die Forellen mit einer Sauce und je einer geviertelten Limette (zum Nachwürzen) servieren.

Gemüse grillen

Grillen

Fleischspieße grillen

Fleisch- und Gemüsespieße grillen

Grillen, Marinaden und Dip

Vor dem Grillen marinieren

Es gibt einige gute Gründe, die durch die Technik des Grillens bestimmt sind. Eine Marinade auf Ölbasis verhindert, dass Kräuter und Gewürze verbrennen, und gleichzeitig wird Fleisch, Fisch und Gemüse dadurch aromatisiert. Das Öl nimmt die Aromen der Gewürze an und gibt sie an das Grillgut weiter. Die Marinierzeit hängt vom persönlichen Geschmack und vom Fleisch ab.

Bei dünnen Schweinsschnitzeln reicht eine Stunde, Rind- und Lammfleisch können über Nacht oder sogar mehrere Tage in der Marinade bleiben, aber immer gut verschlossen in einer Frischhaltebox im Kühlschrank.

Hühner- und Schweinefleischspieße (Sate)

Zutaten für 40 Spieße
40 **Bambusstäbchen** (je 20 cm lang),
500 g **Hühnerbrustfilet** (ohne Haut),
500 g **Schweinefleisch**.

Zutaten Marinade
3 **Schalotten** und 4 **Knoblauchzehen** (grob gehackt), frischer **Ingwer** (in Scheiben geschnitten), 1 EL **Kreuzkümmel**, 1 EL **Koriander**, 1 EL **Kurkuma**, alle Gewürze vorher rösten und mahlen (mörsern), 1 TL **Currypulver**, 2 EL helle **Sojasauce**, 4 EL **Pflanzenöl**, 400 ml **Kokosmilch**, 2 EL **Zucker**, 1 TL **Salz**, **Erdnuss-Sauce** oder **Gurken-Chili-Dip**.

Zubereitung: Zuerst das Schweinefleisch kalt abwaschen und trocknen. Dann quer zur Faser in dünne Streifen (etwa 10 cm lang und 4 cm breit) schneiden. Das Hühnerbrustfilet ebenfalls in mundgerechte Streifen schneiden und alles in eine Schüssel legen.

Im Mixer oder Mörser Schalotten, Knoblauch, Korianderwurzel und Ingwer zu einer Paste verarbeiten.

Die Paste auf dem Hühner- und Schweinefleisch verteilen, ebenso die Gewürzmischung aus Koriander, Kreuzkümmel, Kurkuma, Currypulver, Sojasauce, Pflanzenöl, Kokosmilch, Zucker und Salz. Mit den Händen oder einem Löffel umrühren, bis die Fleischstreifen rundum bedeckt sind. Mit einer Plastikfolie abdecken und für mindestens 5 Stunden oder über Nacht in den Kühlschrank stellen. Die Fleischstücke gelegentlich wenden.

Die Bambusstäbchen für etwa eine Stunde ins Wasser legen, damit sie beim Grillen nicht verbrennen.

Dann ein Stück mariniertes Hühner- oder Schweinefleisch auf einen der Spieße stecken, bei kleineren Fleischstücken zwei.

Den Grill anheizen. Die Sate-Spieße auf Holzkohle für 5–7 Minuten oder mit einem elektrischen Griller 10 Minuten pro Seite grillen, bis das Fleisch durch und die Oberfläche leicht braun ist. Häufig wenden und während des Grillens mit der Marinade bestreichen.

Anrichten: Die Sate-Spieße heiß mit Erdnuss-Sauce oder Gurken-Chili-Dip servieren.

Feinwürzige Rosmarin-Spieße

Ein kleiner, aroma-intensiver Trick ist die Verwendung von Rosmarinzweigen für die Spieße. Hühnerfilets erhalten dadurch von innen her noch eine zusätzliche Geschmacksnote.

Dafür wählt man gut verholzte Rosmarinzweige aus, die zuerst durch einen schrägen Schnitt zugespitzt werden, um das Auffädeln der Fleischstücke zu erleichtern. Anschließend werden die Rosmarin-Holzspieße für mindestens eine Stunde in Wasser eingelegt. Das hat den Vorteil, dass sie später am Rost nicht gleich verbrennen.

Schmackhafte Bratwürste

können zum Grillen mit vielfältigen Aromen und Gewürzen geschmacklich noch interessanter gemacht werden. Die verschiedensten Gewürze, Ölmischungen, Saucen, neue Grilltechniken und vor allem die Variationsmöglichkeiten beim Anrichten schaffen viel Genuss und bringen dem Grillmeister Anerkennung und seinen Gästen kulinarische Erfüllung. Werden Bratwürste auf dem Grill zubereitet, ist es wichtig, dass die Wurst rundherum schön dunkelbraun gegrillt ist, denn nur dann sorgen die Grill-Röstaromen für das zusätzliche Geschmackserlebnis.

Marinieren

Das Grillen von Schweinefleisch

Mariniertes Schweinefleisch zum Grillen erfreut sich allerorts besonderer Beliebtheit. Fertig zugeschnitten, portioniert und vor allem fertig gewürzt, warten in den Fleischtheken eine ganze Palette von Steaks, Burgern und Spieße auf den Grillfreund.

Der echte Grillkönner rümpft dabei die Nase, aber wenn man mit den vorbereiteten Grillstücken richtig umgeht, schmecken sie richtig gut. Durch das längere Marinieren ist das Fleisch sehr mürb und zart. Vorgewürzte Rippchen können auch mit nur einer kurzen Grillzeit direkt über der Glut weich und saftig sein. Fertig marinierte Rippchen („Spare Ribs") können schon vor dem Grillen in einzelne Rippchen geschnitten werden, so dass sie dadurch rundherum schön knusprig werden und als „Fingerfood" beim Grillen den ersten Heißhunger stillen.

Grill-Praxis-Tipps:

Einer der häufigsten Fehler beim Grillen von fertig marinierten Fleischstücken ist, dass die viele Marinade, mit der die Fleischstücke bedeckt ist, auch mit auf den heißen Rost kommt.

Der Grill-Würzsud ist mit seinen Ingredienzen und seiner Intensität dazu bestimmt, während der Marinierzeit langsam in das Fleisch einzudringen und dieses durch und durch zu aromatisieren. Wird nun ein Fleischstück nach der Marinierzeit zum eigentlichen Grillen vorbereitet, sollte es also sehr gründlich mit Küchenkrepp abgetupft werden, denn sonst kann das Fleischstück schwer überwürzt schmecken.

Aufgrund der immer noch sehr präsenten Aromaten und Gewürzen auf der Oberfläche, wie Paprika und andere hitzeempfindlichen Gewürze, sollte nicht allzu heiß gegrillt werden. Um unangenehme, bittere Geschmacksnoten zu vermeiden, grillt man auf einer eher niederen Temperatur und besser noch, mit geschlossenem Deckel. Um trotz der niederen Temperatur eine schöne Grillmarkierung zu erreichen, ist für diesen optischen und kulinarischen Grilleffekt ein Gusseisenrost oder -einsatz erforderlich.

Grillen mit Spießen

Fertige Spieße grillen, ist eine unkomplizierte Tätigkeit, es schadet aber nicht, wenn man dabei einige kleine Tricks anwendet. Fleisch-, Geflügel-, Fisch-Spieße kann man fertig portioniert einkaufen und am Kugelgrill direkt, also über der Glut, bei mittlerer Hitze grillen. Spieße vertragen keine allzu große Hitze, deshalb soll die Temperatur am Rost niedriger als etwa bei einem T-Bone-Steak oder einer Bratwurst sein. Die klein geschnittenen Teile sind schnell durch, und dann besteht die Gefahr, dass sie bei zu starker Hitze übergaren und austrocknen.

Schweinsfilet-Spieße

sind die Klassiker der gehobenen Freiluft-Brater, das Ausgangsprodukt – ein ungewürztes Schweinsfilet – soll lediglich mit einer Prise groben Meersalz und erst nach dem Grillen mit frischen, grob gemahlenem Pfeffer bestreut werden. Mehr braucht es nicht, das zarte Fleisch bekommt auf dem heißen Grill alle geschmacklich angenehmen Röstaromen mit, und es wäre schade, diesen feinen Geschmack durch zu starke Würzung zu überdecken. Ein Filet-Spieß sollte nicht zu lange grillen, das Fleisch soll innen leicht rosa sein, dann ist es saftig und geschmackvoll.

Schweinskotelett

Zutaten für 4 Portionen

4 **Schweinskoteletts** (je 180 g mit Knochen und Schwarte), 8 **Jungzwiebeln**, **Meersalz**, schwarzer **Pfeffer** aus der Mühle.

Zubereitung: Die Knochen der Koteletts kurz in heißes Wasser tauchen, dann mit einem kleinen Messer blank schaben. Die Schwarte in kurzen Abständen einschneiden.

Die Schweinskoteletts in einer Marinade nach eigenem Geschmack in einer Frischhaltebox für 24 Stunden kühl stellen und darin marinieren lassen.

Vorbereitung zum Grillen: Die Jungzwiebeln putzen und den größeren Teil vom Grün abschneiden. Die Zwiebeln längs halbieren, die Koteletts aus der Box nehmen und die Marinade abstreifen. Die Koteletts noch mit Meersalz und schwarzem Pfeffer würzen, auf den mittelheißen Grill legen und beidseitig grillen (gesamte Grillzeit etwa 15 Minuten). Gegen Ende der Garzeit die halbierten Jungzwiebeln dazu legen und mitgrillen.

Serviervorschlag: Pro Portion je ein Kotelett und zwei Zwiebelhälften mit einer Sauce anrichten und eventuell einen Folien-Erdäpfel mit Schnittlauch-Sauerrahm dazu geben.

Steirisches Küchen Lexikon | 97

Ripperl grillen

Ripperl grillen

mit Speckmantel

Schweinskotelett grillen

Forellen grillen

Das Grillen von Rindfleisch

Wiesenkräuter, frische Luft, Sonne und nicht zuletzt ein beständiger Kontakt zur Mutter durch die Milch: Die artgerechte Mutterkuh-Haltung macht das Fleisch vom Jungrind besonders zart und mürbe – also ideal zum Grillen und Kurzbraten.
Der Grund dafür sind feine Fettäderchen in den Muskeln, die beim Erhitzen schmelzen und dem zarten Fleisch von innen Aroma und Saft verleihen. Jungrind ist so zart, dass viele Fleischteile in Minutenschnelle durch sind. Die besten Fleischteile zum Grillen sind Schale, Nuss, Hüferl, weißes Scherzel, Tafelstück, Beiried, Rostbraten.
Fleisch vom Jungrind ist aufgrund der natürlichen Fütterung und Weidehaltung fett- und cholesterinarm (Gustostücke enthalten nur knapp 2% Fett), dafür aber reich an hochwertigem Eiweiß, Mineralstoffen und Vitaminen.

Was man beim Grillen von Faschiertem, Burger und Cevapcici wissen sollte

Die Fleischauswahl: Der Fettanteil macht das faschierte Fleisch saftig, deshalb sollte man zum Grillen besser Faschiertes aus der Lende oder Keule wählen. Ein Schulterstück hat einen Fettanteil von 18%, ein mageres Keulenfleisch nur 12%.

Die Würze bringt den Geschmack

Rindsfaschiertes allein ergibt ein ziemlich eintönig schmeckendes Fleischlaberl. Das Faschierte sollte zuerst mit Salz und Pfeffer gemischt werden. Weitere Aromazutaten wie Worcestersauce, Chilisauce und feingeschnittene Zwiebeln verbessern nicht nur den Geschmack, sondern machen ein damit gewürztes faschiertes Laberl auch saftiger.

Die Form bestimmt den Geschmack

Die ideale Form für einen Hamburger ist 2 cm dick. Wenn er dünner ist, wird er beim Grillen innen trocken, bevor er außen eine schöne Kruste hat. Ist er erheblich dicker und nicht gleichmäßig geformt, kann er außen schon ganz dunkel und unappetitlich sein, bevor er innen durchgegart ist.
Die Oberfläche eines Fleischlaberls wölbt sich leicht am Grill, das kann man leicht dadurch vermeiden, indem man in der Mitte des roh geformten Laberls mit dem Daumen eine Vertiefung eindrückt.

Nur einmal umdrehen – und das war's

Grundsätzlich sollte die Grillzeit einer Seite so gewählt werden, dass jedes Fleischlaberl im richtigen Moment nur einmal gewendet wird. Diesen erkennt man, wenn man mit der Grillzange vorsichtig unter das Fleischlaberl fährt und es anheben will. Klebt das Fleisch am Rost, den Versuch abbrechen und es eine Minute später nochmal versuchen. Kann man das Fleischlaberl an einer Seite hochheben, ist es zum Wenden bereit.

Klassische Fleischlaberl

Grillmethode: Direkte starke Hitze (230°–290°C) und direkte mittlere Hitze (175°–230°C).
Grillzeit: 11–13 Minuten
Den Grillrost mit einer Bürste reinigen. Die Fleischlaberl über direkter starker Hitze bei geschlossenem Deckel 8–10 Minuten grillen, bis sie halb durch (medium) sind. Nur einmal wenden.

Was man beim Grillen von Steaks wissen sollte

Rindfleisch sollte nicht zu früh vor dem Braten gesalzen werden, da das Salz dem Fleisch Flüssigkeit entzieht. Bei einem Würzzeitraum von 20–30 Minuten vor dem Braten ist dieser Effekt sogar wünschenswert, da das Salz sich in der entstehenden Flüssigkeit auflöst. Kommt das Steak dann auf den heißen Rost, verbinden sich Salz und die anderen Gewürze zu einer Kruste mit einem intensiveren Geschmack.
Ein gut gegrilltes Steak soll außen knusprig gebräunt, aber innen zart und saftig sein. Vor dem Grillen sollten die Steaks 20–30 Minuten lang die Zimmertemperatur annehmen. Dadurch werden sie innen schneller heiß und bleiben saftiger.

Die Hitze bringt den Geschmack

Scharfes Anbraten bringt hunderte von Aromen an der Fleischoberfläche zur Entfaltung. Steaks werden deshalb über direkter Hitze gegrillt, bis ihre Oberfläche dunkelbraun gefärbt ist.

Dickes Fleisch braucht Aufmerksamkeit und Bewegung

Normale Steaks gelingen über direkter starker Hitze sehr gut. Steaks, die viel dicker als 2,5 cm sind, kann man nicht ausschließlich über direkter Hitze grillen. Sind beide Seiten über direkter Hitze schön angebraten, legt man sie in eine Zone des Grills, die nicht so heiß ist, bei indirekter Hitze werden sie dann fertig gegart.
Über starker Hitze verlieren die Steaks Feuchtigkeit (Fett und Fleischsäfte). Deshalb ist beim Grillen der wichtigste Moment für das Gelingen eines Steaks, es rechtzeitig vom Grill zu nehmen, bevor es zu viel Feuchtigkeit verliert. Der kurze Zeitraum, in dem Steaks von rosa/rot *(medium rare)* zu halb durch *(medium)* und zu fast durch *(medium well)* garen, währt gewöhnlich nur 1–2 Minuten.

Steaks

Grillmethode: Direkte starke Hitze (230°–290°C) und direkte mittlere Hitze (175°–230°C).
Grillzeit: 6–9 Minuten
Den Grill auf einer Seite für direkte starke Hitze, auf der anderen Seite für mittlere Hitze vorbereiten. Grillrost mit der Bürste reinigen. Die Steaks aus der Marinade nehmen und abtropfen lassen. Die Steaks über direkter starker Hitze bei geschlossenem Deckel bis zum gewünschten Gargrad grillen (6–8 Minuten für rosa/rot *(medium rare)*. Einmal wenden. Nach dem Grillen soll man vor dem Servieren die Steaks für 3–5 Minuten ruhen lassen.

Universal-Marinade
Würzig, scharf und passt überall
Zutaten: 1 kleine, grob gewürfelte **Zitrone**, 1 grob gehackte **rote Chilischote**, 3 EL **Weißweinessig**, 2 EL **Sojasauce**, 2 EL **Rapsöl**, 1/2 TL gemahlener **Piment**, 1/2 TL **Knoblauch** (fein gehackt), 1/4 TL **Zimt** (gemahlen), 1/4 TL grobes **Meersalz**, 1/4 TL schwarzer **Pfeffer** (frisch gemahlen), 1 kräftige Prise gemahlener **Muskatnuss**.
Zubereitung: Alle Zutaten in einer Küchenmaschine zu einer feinen Paste vermischen, die Grillstücke bestreichen und für 2 Stunden marinieren lassen.
Harmoniert am besten mit Rind, Lamm, Schwein, Geflügel, Fisch, Gemüse.

Sommer und Sonne-Marinade
Kräuterwürzig und erfrischend
Für etwa 125 ml
Zutaten: 4 EL **Olivenöl**, 3 EL **Rotweinessig**, 1/2 TL grobes **Meersalz**, 1/2 TL **Knoblauch** (fein gehackt) 1/2 TL **getrockneter Oregano**, 1/4 TL **rote Chilischote** (zerstoßen), 1/4 EL abgeriebene Schale von 1 **Zitrone**.
Zubereitung: Alle Zutaten in einer Küchenmaschine zu einer Paste vermischen, die Grillstücke damit bestreichen und für 2 Stunden marinieren lassen.
Harmoniert am besten mit Rind, Lamm, Schwein, Geflügel, Fisch, Gemüse.

Zitronen-Salbei-Marinade
Erfrischende Zitrone mit würzigen Senfaromen
Für etwa 250 ml
Zutaten: 2 EL körniger **Kremser Senf**, 1 EL abgeriebene Schale von 1 **Bio-Zitrone**, 4 EL frisch gepresster **Zitronensaft**, 4 EL **Olivenöl**, 3 EL fein gehackter frischer **Salbei**, 2 EL fein gehackte **Schalotte**, 2 EL körniger **Kremser Senf**, 1 EL fein gehackter **Knoblauch**, 1 EL grob zerdrückte schwarze **Pfefferkörner**.
Zubereitung: Alle Zutaten in einer Küchenmaschine vermischen.
Harmoniert am besten mit Rind, Lamm, Schwein, Geflügel, Fisch, Gemüse.

Taste-of-Asia-Marinade
Süß, würzig und aromatisch
Für etwa 500 ml
Zutaten: 250 ml **Ananassaft**, 125 ml nicht zu salzige **Sojasauce**, 1 fein gewürfelte **Zwiebel**, 1 EL dunkles **Sesamöl**, 1 EL frisch geriebener **Ingwer**, 1 EL **Knoblauch** (fein gehackt), 1 EL brauner **Zucker**, 1 EL frisch gepresster **Zitronensaft**.
Zubereitung: Alle Zutaten der Marinade in einem Topf vermischen, kurz aufkochen und einreduzieren lassen, dann die Grillstücke darin einlegen und für weitere 2 Stunden mit der Marinade ziehen lassen.
Harmoniert am besten mit Rind, Lamm, Schwein, Geflügel, Fisch und Gemüse.

Sate-Marinade
Für eine exotische Stimmung
Für etwa 500 ml
400 ml **Kokosmilch**, 3 **Schalotten** und 4 **Knoblauchzehen** (grob gehackt), 2,5 cm frischer **Ingwer** (in Scheiben geschnitten), 1 EL **Kreuzkümmel** (gemahlen), 1 EL **Koriander** (geröstet und gemahlen), 1 EL **Kurkuma** (gemahlen), 1 TL **Currypulver**, 2 EL helle **Sojasauce**, 4 EL **Pflanzenöl**, 2 EL **Zucker**, 1 TL **Salz**.
Zubereitung: Alle Zutaten der Marinade vermischen, die Steaks damit marinieren und darin zwei bis drei Stunden an einem kühlen Ort ziehen lassen.

Ananas-Soja-Ingwer-Marinade
Würzig-süß und ein wenig spicy
Für etwa 250 ml
200 ml **Ananassaft**, 200 ml **Sojasauce**, 50 g brauner **Zucker**, 1 TL **Ingwer** (gemahlen), 1 EL **Knoblauch** (fein gehackt), 1 roter **Paprika**.
Zubereitung: Alle Zutaten der Marinade in einem Topf vermischen, kurz aufkochen und einreduzieren lassen, dann die Grillstücke darin einlegen und für weitere 2 Stunden mit der Marinade ziehen lassen.
Harmoniert am besten mit Gemüse, Obst und Geflügel.

Zitronen-Pfeffer-Marinade
Zum Bepinseln für Ripperl
Zutaten: 70 g grobes **Meersalz**, 30 g **Kräutersalz**, 20 g brauner **Zucker**, 15 g **Sichuan-Pfeffer** (geschrotet), 4 g **Chili** (getrocknet), 20 g gemahlener **Rosmarin**, Schalenabrieb von 3 **Zitronen**, 1 **Rosmarinbüschel** als Pinsel.
Zubereitung: Alle Zutaten in einer Küchenmaschine gut vermischen.
Harmoniert am besten mit Geflügel, Fisch, Gemüse.

Gewürzmischung für Ripperln
Zutaten: 2 EL **Knoblauch** (ganz fein gehackt), 1 TL gemahlener **Zimt**, 1 EL grobes **Meersalz**, 1 TL schwarzer **Pfeffer** (frisch gemahlen).
Zubereitung: Alle Zutaten für die Gewürzmischung in einer kleinen Schüssel vermengen. Die Rinderrippenstücke mit dieser trockenen Gewürzmischung bestreuen und dann mit Rindsuppe bedecken und in Einweg-Aluschalen auf dem Grill garen. Nach der Kochzeit die Ripperln herausnehmen, mit der Ripperl-Spezial-Sauce bestreichen und am Grill knusprig bräunen. Mit der restlichen Sauce servieren.

Ripperl-Spezial-Sauce
Zutaten: 2 getrocknete **Chilischoten**, 2 mittelgroße **Zwiebeln** (gewürfelt), 1 TL **Oregano** (getrocknet), 1 TL **Kreuzkümmel** (gemahlen), 1 **Knoblauchzehe** (zerdrückt), 2 EL **Apfelessig**, 1 EL **Zucker**, 1 TL grobes **Meersalz**, 125 ml **Ketchup**, 500 ml **Wasser**.
Zubereitung: In einer Pfanne die Chilis für 3–5 Minuten rösten. Dabei flach drücken, bis sie biegsam und ziegelrot werden. Aus der Pfanne heben und abkühlen lassen. Aufschneiden, Stielansatz, Samen und Trennhäute entfernen. Mit Wasser übergießen und für 20 Minuten einweichen. Abgießen und die Einweichflüssigkeit auffangen.
Die gerösteten Chilischoten, Zwiebeln und alle Gewürze in einen Standmixer geben. 120 ml Einweichflüssigkeit dazu und alles zu einer dicken Paste mixen. Diese Mischung in einem Topf mit Essig, Zucker und Salz aufkochen. Leicht andicken lassen, vom Herd nehmen, das Ketchup einrühren und abkühlen.

Steak-Marinade
Feuriger Senf, pikant abgeschmeckt
Zutaten: 6 EL **Olivenöl**, 1 EL **Thymian** (gehackt), 1 EL **Dijon-Senf**, 2 EL **Balsamico**, 1 EL fein gehackter **Knoblauch**, 1 TL **Selleriesalz**, **Zesten** (Schalenabrieb) von 1 **Zitrone**.
Zubereitung: Alle Zutaten der Marinade vermischen, die Steaks damit marinieren und darin zwei bis drei Stunden an einem kühlen Ort ziehen lassen.
Harmoniert am besten mit Rind, Lamm und Schwein.

Schweinefleisch-Marinade
Die Würze für Schweinskoteletts
Zutaten: 1 kg **Zwiebeln**, 200 ml weißer **Balsamico**, 10 g **Petersilie** (gehackt), 1 TL **Pfefferkörner** (zerdrückt).
Zubereitung: Die Zwiebel schälen, halbieren und in dünne Streifen schneiden, mit Balsamico, Petersilie und Pfefferkörnern vermischen. Die Hälfte der Zwiebelmischung in eine Frischhaltebox geben, Koteletts einlegen und bedecken. Die Koteletts für 24 Stunden kühl stellen und marinieren lassen.

Eine Fisch-Gewürzmischung
Die richtige Würze für Forellen
Zutaten: 1 TL **Thymian** (getrocknet), 1 TL **Pimentkörner**, 1 MSP **Muskat** (gerieben), 1/4 TL **Zimt** (gemahlen), 1 EL **Pfefferkörner**.
Zubereitung: Zuerst die Gewürze im Cutter zerkleinern und mit 1 TL **Worchestersauce**, 3 EL **Pflanzenöl**, 1 EL **Salz**, 1 TL **Zucker** verrühren. Die gewaschenen Forellen innen und aussen mit der Gewürzmischung einstreichen, mit Frischhaltefolie zudecken und für eine Stunde kühl stellen.

Eine klassische Barbecue-Sauce
Scharf, würzig und erfrischend
Für etwa 350 ml
Zutaten: 175 ml **Apfelsaft**, 125 ml **Ketchup**, 3 EL **Apfelessig**, 2 TL **Sojasauce**, 1 TL **Zucker**, 1 TL **Worchestersauce**, 1 rote **Chilischote** (grob gehackt), 1/2 **Knoblauchzehe** (fein gehackt), 1/4 TL **Meersalz**, 1/4 TL **schwarzer Pfeffer** (gemahlen).
Zubereitung: Die Zutaten in einem kleinen Topf vermischen. Auf mittlerer Hitze für einige Minuten sanft köcheln und etwas einreduzieren.
Harmoniert am besten mit Rind, Lamm, Schwein, Geflügel.

Barbecue-Sauce mit Senf
Scharfer Senf belebt den Gaumen
Für etwa 250 ml
Zutaten: 1 EL **Dijon-Senf**, 125 ml **Ketchup**, 125 ml **Wasser**, 1 EL **Weißweinessig**, 3 EL **Zucker**, 2 EL **Worchestersauce**, 1/2 TL grobes **Meersalz**, 1 rote **Chilischote** (grob gehackt), 1 **Knoblauchzehe** (fein gehackt), 1/4 TL **schwarzer Pfeffer** (gemahlen).
Zubereitung: Alle Zutaten in einen kleinen Topf geben und mit dem Schneebesen verrühren. Bei mittlerer Hitze aufkochen und bei niedriger Stufe für 10 Minuten sanft köcheln, öfters umrühren.
Harmoniert am besten mit Rind, Lamm, Schwein, Geflügel, Fisch.

Feurige Barbecue-Sauce
Heiß für Gaumen und Seele
Für etwa 500 ml
Zutaten: 4 rote **Chilischoten** (grob gehackt, etwa 20 g), 2 EL **Rapsöl**, 2 EL **Sojasauce**, 2 EL **Balsamessig**, 3 mittelgroße **Knoblauchzehen** (zerdrückt), 1 TL **Kreuzkümmel** (gemahlen), 1/2 TL **Oregano** (getrocknet), 1/4 TL grobes **Meersalz**, 1/4 TL **Sichuan-Pfeffer** (gemahlen).
Zubereitung: Die Stiele der Chilis entfernen und dann quer in etwa 5 cm breite Streifen schneiden. Die Samen – die die Schärfe ausmachen – größtenteils entfernen. Aber nicht alle, einige sollen schon noch für Feuer sorgen. Das Rapsöl in einer Pfanne stark erhitzen und darin die Chilistreifen für etwa 2–3 Minuten rösten, bis sie sich aufblähen und die Farbe verändern. Dann die Chilis einmal wenden.
Die gebratenen Chilistreifen und das Öl in eine kleine Schüssel geben, mit 250 ml heißem Wasser übergießen und für 30 Minuten in dieser Flüssigkeit weichen lassen.
Dann diese Chili-Wasser-Mischung mit den restlichen Zutaten in einem Standmixer zu einer glatten Sauce verarbeiten. Der Sichuan-Pfeffer bringt eine feine und fruchtige Limetten-Schärfe in die Sauce.
Harmoniert am besten mit Rind, Lamm, Schwein, Geflügel.

Erdnuss-Sauce
Würzig, cremig und feurig
Für etwa 300 ml
Zutaten und Zubereitung: 100 g ungesalzene **Erdnüsse** in einer Pfanne rösten, mit 200 ml **Kokosmilch** auffüllen, 1 TL rote **Currypaste**, 2 EL **Zitronensaft** und 2 EL **Zucker** dazugeben. Aufkochen und im Mixer zu einer glatten Sauce zerkleinern. Mit etwas **Fischsauce** abschmecken.
Harmoniert am besten mit Rind, Lamm, Schwein, Geflügel, Gemüse.

Gurken-Chili-Dip
Kräuterwürzig, scharf und erfrischend
Für etwa 350 ml
Zutaten: 250 ml **Weinessig**, 85 g **Zucker**, 2 TL **Meersalz**, 8–10 rote **Chilis** (fein gehackt), 2 TL **Korianderwurzel** (fein gehackt), 2 EL **Knoblauch** (geschält, fein gehackt), 2 kleine **Gurken**.
Zubereitung: Essig, Zucker und Salz in einem Topf zum Kochen bringen und kurz ziehen lassen. Chilis, Knoblauch und Korianderwurzel dazugeben und bei schwacher Hitze bis zur Konsistenz von flüssigem Honig einkochen. Abkühlen lassen. Die Gurke in kleine Stücke schneiden und dem Dip zugeben.
Harmoniert am besten mit Rind, Lamm, Schwein, Geflügel, Gemüse.

Grüne Chilisauce
Scharf, kräuterfrisch und belebend
Für etwa 350 ml
Zutaten: 3 lange, milde, grüne **Chilischoten**, 3 **Frühlingszwiebeln** (Wurzelenden entfernen, grob hacken), 1 Handvoll **Korianderblätter** (samt den Stielen), 1 kleiner **Knoblauch** (geschält, fein gehackt), 125 ml **Sauerrahm** (20%), 125 ml **Mayonnaise**, fein abgeriebene Schale von 1 **Limette**, 1/4 TL **Meersalz**.
Zubereitung: Die Chilischoten am Grill oder im Backrohr grillen, bis die Haut stellenweise schwarz wird und Blasen wirft. Gelegentlich wenden. Dann die Chilis in einer kleinen Schüssel zugedeckt für 10 Minuten abkühlen lassen. Anschließend mit einem scharfen Messer die verkohlte Haut abziehen, Stielansätze, Trennhäute und alle Samen entfernen. Die Schoten in mehrere Stücke zerteilen und in einen Standmixer geben. Frühlingszwiebeln, Koriander und Knoblauch hinzugeben, und alles zu einer groben Paste verarbeiten. Die restlichen Zutaten wie Sauerrahm, Mayonnaise, Limettenschale und Meersalz dazugeben und 1–2 Minuten zu einer glatten Sauce verarbeiten. Wenn sie zu dick ist, mit etwas Wasser verdünnen. Abschmecken und eventuell nachwürzen. Vor dem Servieren noch für mindestens 30 Minuten kalt stellen.
Harmoniert am besten mit Rind, Lamm, Schwein, Geflügel, Fisch, Gemüse.

Paprika-Knoblauch-Sauce
Für etwa 125 ml
Zutaten: 1 großer **roter Paprika**, 5 EL **Sauerrahm** (20%), 4 EL **Mayonnaise**, 1 EL frisches **Basilikum** (fein gehackt), 2 TL **Knoblauch** (fein gehackt), 2 EL **Balsamico-Essig**, 1/4 TL **Meersalz**.
Zubereitung: Die Paprikaschoten am Grill oder im Backrohr über direkter Hitze und bei geschlossenem Deckel grillen, bis die Haut stellenweise schwarz ist und Blasen wirft. Dann die Paprika in einer kleinen Schüssel zugedeckt für 10 Minuten abkühlen lassen. Anschließend bei allen die Haut abziehen, Stielansatz, Trennhäute und alle Samen entfernen.
Anschließend die Paprikastücke klein schneiden und mit den restlichen Zutaten (Sauerrahm, Mayonnaise, den Gewürzen und Kräutern, feingehackten Knoblauch und Balsamico) in einer Küchenmaschine zu einer glatten Sauce verarbeiten.
Vor dem Servieren noch für ungefähr 20 Minuten kalt stellen.
Harmoniert am besten mit Rind, Lamm, Schwein, Geflügel, Fisch, Gemüse.

Cremige Kren-Sauce
Steirisch, würzig und feurig
Zutaten: 200 g **Sauerrahm** (20%), 2 EL **Steirischer Kren** (frisch gerieben), 2 EL glatte **Petersilie** (fein gehackt), 2 TL **Dijon-Senf**, 2 TL **Worchestersauce**, 1/2 TL grobes **Meersalz**, 1/4 TL **schwarzer Pfeffer** aus der Mühle.
Zubereitung: Alle Zutaten in einer Schüssel vermischen, abdecken und vor dem Servieren für etwa 30 Minuten kalt stellen.

Klare Fischsuppe

Forellenfilet gerollt

Wurzelkarpfen

Saibling im Sterzmantel

Zander, Hecht und Karpfen

Nährwerte [Vitamine]   Rezepte   Steirische Fische

Steirische Fische in Fluss und Teich

Die Entwicklung zur gesunden Ernährung und körperlichen Wohlbefinden macht Fisch zu einem immer beliebteren Lebensmittel. Alle Ernährungsberater empfehlen Fischgerichte mindestens ein- bis zweimal in der Woche als Hauptmahlzeit.

Heimische Fische haben viele Vorzüge. Zum einen ist Fischfleisch leicht verdaulich und sehr gut bekömmlich. Der Eiweißgehalt liegt je nach Fischart zwischen 16 und über 20 Prozent. Fischeiweiß zählt zu den hochwertigsten Proteinen, der menschliche Körper kann 100 Gramm Fischeiweiß in 94 Gramm körpereigenes Eiweiß umbauen. Fisch enthält auch reichlich Vitamine – z.B. Vitamin A und D, aber auch B-Vitamine – und wichtige Mineralstoffe. Cholesterin kommt so gut wie nicht vor. Fisch ist weiters ein guter Lieferant von Omega-3-Fettsäuren. Diese speziellen Fettsäuren sind für den Menschen lebensnotwendig. Wir müssen sie über die Nahrung aufnehmen, weil der Körper sie selbst bilden kann. Omega-3-Fettsäuren spielen eine wichtige Rolle u.a. in der Vorbeugung von Herz-Kreislauf-Erkrankungen.

Süßwasserfische

Von den gut 20.000 bekannten Fischarten kommen etwa 5.000 im Süßwasser vor. Die bei uns am häufigsten verwendeten heimischen Fische sind Forelle, Saibling, Karpfen, Hecht, Zander, Huchen, Rheinanke oder Felchen und Wels.
Alle diese Fische können bei Bedarf für diverse Grundrezepte verwendet werden.
Wichtig für das Gelingen und den Geschmack ist ein optimales Grundprodukt. Bei einigen Fischen, wie z.B. bei Teichfischen, kann durch falsche Fütterung oder nicht optimale Teichbedingungen eine negative Geschmacksveränderung auftreten. Daher ist es wichtig, schon beim Einkauf auf Frische und Qualität zu achten.

Bei der Zubereitung von frischen Fischen sollten man die „3-S-Regel" beachten:
1. **Säubern:** den Fisch kurz unter kaltem Wasser waschen und abtrocknen.
2. **Säuern:** mit Zitronensaft oder Essig beträufeln.
3. **Salzen:** den Fisch erst kurz vor der Zubereitung salzen, da Salz dem Bindegewebe Wasser entzieht und dadurch der Geschmack intensiver wird.

Verwendung in der Küche

Heimische Fische eignen sich zum (sanften) **Kochen, Pochieren** (Garziehen in heißer Flüssigkeit), **Dünsten, Braten und Grillen**. Reste, die beim Filetieren übrig bleiben, können als Grundlage für **Fischfond** (Fischsuppe) verwendet werden. Karpfenfilets werden auch geräuchert angeboten.

Inhaltsstoffe Forelle		Inhaltsstoffe Zander	
Portionsgröße 150 g:		Portionsgröße 150 g:	
Kilokalorien/Kilojoule	102/426	Kilokalorien(kcal)/Kilojoule	83/346
Eiweiß, Protein (g)	20	Eiweiß, Protein (g)	19
Fett gesamt (g)	3	Fett gesamt (g)	1
Cholesterin gesamt (mg)	56	Cholesterin gesamt (mg)	30
Kohlenhydrate (g)	0	Kohlenhydrate (g)	0
Ballaststoffe (g)	0	Ballaststoffe (g)	0
Wasser (g)	76	Wasser (g)	78
Mineralstoffe		**Mineralstoffe**	
Natrium (mg)	60	Natrium (mg)	28
Kalium (mg)	415	Kalium (mg)	380
Kalzium (mg)	12	Kalzium (mg)	50
Magnesium (mg)	26	Magnesium (mg)	50
Phosphat (mg)	245	Phosphat (mg)	190
Eisen (mg)	0,4	Eisen (mg)	0,7
Zink (mg)	0,5	Zink (mg)	0,8
Vitamine		**Vitamine**	
Carotine, einschl. Beta-Carotine (µg)	0	Carotine, einschl. Beta-Carotine (µg)	0
Vitamin E (Tocopherol) mg	0,7	Vitamin E (Tocopherol) mg	0,1
Vitamin B1 (Thiamin) mg	0,08	Vitamin B1 (Thiamin) mg	0,16
Vitamin B2 (Riboflavin) mg	0,08	Vitamin B2 (Riboflavin) mg	0,25
Vitamin B6 (mg)	0,20	Vitamin B6 (mg)	0,24
Vitamin B12 (mg)	4,5	Vitamin B12 (mg)	1,0
Folat (100 g/µg)	9	Folat (100 g/µg)	5
Vitamin C (mg)	1	Vitamin C (mg)	1

Steirische Fische in Fluss und Teich und die Mindestfanglängen

Aitel, Hecht, Koppe, Zander (40 cm), **Zingel** (25 cm), **Äsche** (32 cm), **Huchen** (85 cm), **Schied** (40 cm), **Schneider, Schmerle, Hasel, Nase** (30 cm), **Rotauge, Strömer, Güster** (25 cm), **Nerfling** (30 cm), **Rußnase** (30 cm), **Sichling** (30 cm), **Zobel** (30 cm), **Zope** (30 cm), **Barbe** (30 cm), **Barsch, Brochse** (25 cm), **Elritze, Gründlinge, Rotfeder, Sterlet** (50 cm), **Wels** (70 cm), **Karausche, Karpfen, in Fließgewässern** (35 cm); **Laube, Schleie** (25 cm), **Aalrutte** (35 cm), **Bachforelle** (23 cm), **Seeforelle** (50 cm), **Seesaibling** (28 cm), **Bitterling, Goldsteinbeißer, Kaulbarsch** (10 cm), **Steinbeißer, Bachsaibling** (23 cm), **Regenbogenforelle** (23 cm), **Neunauge. Flusskrebse** wie **Edelkrebs** (12 cm) und **Steinkrebs** (10 cm).

Die Zubereitung von Fluss- und Teichfischen

Steirische Fluss- oder Teichfische sollten mindestens einmal wöchentlich fixer Bestandteil einer gesunden Ernährung sein. Sie versorgen uns mit hochwertigem Eiweiß, Mineralstoffen und Spurenelementen. Der österreichische Durchschnittsverbrauch an Fisch beträgt 5 kg pro Person und Jahr.

Speziell der Karpfen versorgt uns aber mit einem relativ hohen Anteil an mehrfach ungesättigten Fett-, Linol- bzw. Omega-3-Fettsäuren. Diese wirken sich günstig auf einen erhöhten Cholesterinspiegel aus. 250 g Frischfisch deckt bereits den Tagesbedarf an tierischem Eiweiß.

Fisch-Grundzubereitungsarten

Da die Fische verschieden festes Fleisch besitzen, empfiehlt es sich, vorher eine Probegarung vorzunehmen. Saucen und Beilagen rechtzeitig vorbereiten.

Pochieren und Dämpfen sind die sanftesten Garmethoden für Fisch.

Pochieren: Vor allem für ganze Fische mit Haut geeignet. In nicht kochendem gut gewürztem Fischfond (klare Fischsuppe von Gräten mit Gemüse, Weißwein und Kräutern) ziehen lassen.

Dämpfen: Vor allem für Fischfilets ohne Haut geeignet. Auf Gitter (Bambus, Edelstahl) über gut gewürztem Kräuter- oder Fischfond, oder mit wenig Fischfond und Kräutern in Alufolie.

Dünsten: Mit wenig Fischsud zugedeckt im eigenen Saft und Dampf gegart (für festfleischige oder ganze Fische).

Schmoren: Feste und deftige Fische (Hecht, Zander), im Ganzen oder in dicke Tranchen geschnitten, werden erst angebraten und dann unter Zugabe von gekochtem Gemüse oder Zwiebeln mit etwas Fischfond und Wein zugedeckt geschmort.

Aus dem Backrohr: Ganze Fische oder große Filets werden in Pergament, Alu- oder Bratenfolie, Blätter- oder Strudelteig, Salzkruste (1 kg grobes Meersalz mit 2–3 Eiweiß vermischen) im Backrohr gegart.

Aus der Pfanne: Festfleischige Filets mit Haut oder ganze Fische geschröpft in griffigem Mehl, oder zarte Filets bzw. Fische ohne Haut in Bröseln (am besten frisch geriebenes Weißbrot) wälzen und in reichlich heißem Fett kurz anbraten. Hitze reduzieren, Fisch umdrehen und fertiggaren. Fischfilets erst wenden, wenn sich eine schöne Kruste gebildet hat, sonst klebt er an!

Frittieren: Zum Frittieren nur Pflanzenöle oder Fette verwenden, die dazu geeignet sind. Die Temperatur soll je nach Größe der Fische 150°–180°C sein. Nicht zu viele Fische auf einmal frittieren. Zum Frittieren eignen sich vor allem feste weißfleischige Fische. Kleine Fische werden im Ganzen frittiert, größere Fische werden als Filets geteilt. Größere Fische, die im Ganzen fritiert werden, sollte man vorher an den dicken Stellen etwas einschneiden (schröpfen), damit sie gleichmäßig durchgaren können.

In Mehl wenden: Kleine Fische eventuell zuerst in gesalzene Milch einlegen, anschließend in griffigem Mehl wenden. Überschüssiges Mehl abschütteln und sofort in heißem Pflanzenöl goldbraun backen.

Panieren: Kleinere Fischstücke (Filets) mit Salz und Zitrone würzen, in glattem oder griffigem Mehl und kurzverschlagenem Ei wenden, anschließend in frischen Bröseln panieren. Sofort nach dem Panieren frittieren (zu den Bröseln können Nüsse, Mandeln oder Kokosraspeln sowie Kräuter gemengt werden).

In Backteig: Trockene Fischstücke in nicht zu dünnen Wein- oder Bierteig tauchen und anschließend in heißem Fett frittieren (Karpfen, Zander). Alle frittierten Fische vor dem Anrichten auf Küchenpapier oder Tuch abtropfen lassen.

Grillen: Das Grillen ist eine der ältesten Garmethoden überhaupt. Anfangs wurden große Fleischstücke oder ganze Fische am Spieß gebraten. Erst später kam der Rost dazu, auf dem kleinere Fische gegrillt wurden.

Beim Grillen ganzer Fische auf Holzkohle ist darauf zu achten, dass größere Fische höher über der Glut sein müssen als kleinere. Bei großen Fischen am besten tiefe Einschnitte in die Haut machen (schröpfen), damit sie an den dicken Stellen durchgaren können.

Als Schutz vor zu großer Hitze kann der Fisch mit Kräutern in Alufolie auf dem Rost gegart werden, wodurch die Haut nicht verbrennt und das Aroma verstärkt wird. Für zartfleischige Fische bewähren sich spezielle Grillkörbe zum Wenden und Garen.

Grillen auf Stein: Beim Grillen auf Stein (Schiefer, Granit) können Fische mit Kräutern und etwas Butter gefüllt werden.

Beim Grillen auf Stein ist die Anfangshitze etwa so hoch wie in der Pfanne, dennoch ist die Hitzeeinwirkung insgesamt sanfter, was vor allem für kleinere Fische von Vorteil ist.

Räuchern: Als Räuchermittel für Fisch eignet sich nur harzfreies Holz wie Buche, Eiche, Ahorn, Erle, aber auch Holz von Obstbäumen und Wacholder- oder Rebenholz. Im Handel gibt es bereits fertiges Räuchermehl aus einer oder mehreren Holzarten. Nun kann man heiß oder kalt räuchern. Der Unterschied liegt in der Höhe der Temperatur und der Dauer des Räucherns. Heißgeräuchertes über 60°C, Kaltgeräuchertes unter 30°C. Zum Räuchern eignet sich neben den speziellen elektrischen Räuchergeräten auch ein hoher Topf mit passendem Deckel. Nachdem man am Boden das Räuchermehl verteilt hat, stellt man einen passenden Gitterrost im Abstand von 10–15 cm darüber. Darauf werden die gewürzten Fische oder Filets gelegt. Mit

Deckel verschließen und entweder im Rohr mit Unterhitze oder auf Gas- oder E-Herd erhitzen, bis es zur Rauchbildung kommt. Dabei sollte vor allem bei kleineren Fischen die Hitze nicht zu hoch werden. (Notfalls ohne Fisch bis zur Rauchbildung erhitzen und anschließend ohne Hitze fertig räuchern).

Gewürze für Fische
Salz, Pfeffer, Paprika, Lorbeer, Safran, Wacholder, Kümmel, Senf, Zitrone, Limetten, Senfkörner u.v.m.

Kräuter
Dill, Basilikum, Estragon, Schnittlauch, Petersilie, Fenchelgrün, Salbei, Thymian, Oregano, Rosmarin, Koriander, Majoran.

Gemüse
Zwiebel, Knoblauch, Porree, Paradeiser, Zucchini, Fenchel, Stangensellerie, Sellerie, Karotten, Kohlrabi, Spinat, Petersilwurzen, Paprika, Champignons.

Würzstoffe
Weißwein (trocken), Sekt, Vermouth, Pernod, Rosé, Olivenöl, Weinessig u.v.m.

Beilagen zum Fisch
Erdäpfel, Reis und Getreide, Nudeln und sämtliche Gemüsearten (siehe Gemüse für Fisch), Blätterteig gebacken, Weißbrot.

Die Frischemerkmale bei ganzen Fischen

Augen: Feuchte, pralle und glasklare Augen (nicht eingefallen oder trüb).

Kiemen: Leuchtend rot, die einzelnen Kiemenblättchen sind klar und deutlich erkennbar (nicht verklebt, verschleimt, hellgelb oder sogar braun, was auf Krankheiten hinweisen kann).

Haut: Natürliche Farbe und Glanz, keine Druckstellen, klarer durchsichtiger Schleim (nicht unnatürlich grau oder gelb, trocken, mit Druckstellen).

Flossen: Gut erhalten, sauber glänzend (nicht durch Fang oder Transport beschädigt, oder verklebte, trockene Flossenspitzen).

Bauchhöhle: Sauber ausgenommen und geruchlos, leuchtend rote Blutreste (nicht fleckig, angetrocknete bzw. dunkle Blutreste, unangenehmer Geruch).

Geruch: Frischer Fisch hat keinen sehr ausgeprägten Geruch (Kiemen-Test). Bei kalten Temperaturen (Fisch auf Eis gelagert) lässt sich ein eventuell vorhandener schlechter Geruch nicht leicht feststellen.

Die Verarbeitung von ganzen Fischen

Vorbereitung: Die **ganzen Fische** werden sorgfältig entschuppt (mit stumpfem Messer von der Schwanzflosse aus in Richtung Kopf), ausgenommen und in klarem Wasser gereinigt.

Beim Braten oder Grillen im Ganzen wird der Fisch mit **tiefen Einschnitten** versehen (**geschröpft**). Generell sollte der Fisch nach dem Schlachten bzw. vor dem Zubereiten je nach Größe mindestens 8–10 Stunden zum Entspannen abliegen.

Verarbeitung durch Schröpfen und Filetieren: Ganze Fische werden geschröpft (beidseitig das Filet in etwa 3–4 mm Abständen bis zur Hauptgräte einschneiden) und im Ganzen zubereitet, oder in Koteletts bzw. Hufeisen geteilt sowie filetiert.

Nach dem Filetieren oder Garen können die Karkassen (Kopf und Gräten) für Suppe und Fond ausgekocht werden. Kopf und Gräten mit etwas Wurzelgemüse kalt zustellen, nach dem Aufkochen nur für 30 Minuten köcheln lassen, abseihen und bis zur gewünschten Geschmacksstärke einkochen lassen.

Lagern, Kühlen: Fische am besten mit einem feuchten Tuch zudecken. Frischfisch kann im Kühlschrank bei 1°–4°C für 2–3 Tage gelagert werden. Nicht in Plastiksackerl lagern, rascher Verderb! Auf einem Gitter mit gestoßenem Eis (Tauwasser muß abrinnen können) kann Fisch 4–5 Tage gelagert werden.

Tiefkühlen: Grundsätzlich sollte nur fangfrischer, ausgenommener und entspannter Fisch tiefgekühlt werden. Filets sollten einzeln verpackt und dann tiefgekühlt werden.

Auftauen: Es gibt grundsätzlich zwei Möglichkeiten:

1.) Die schnellere, auch bessere Art gefrorenen Fisch aufzutauen besteht darin, ihn ohne Verpackung unter kaltes, leicht fließendes Wasser zu legen.

2.) Gefrorener Fisch kann auch im Kühlschrank auf einem Gitter, wo das Auftauwasser abtropfen kann, aufgetaut werden.

Verwerten, Verkochen: Fisch kann fast zu 100% verwertet werden. Kopf, Gräten und Flossen für Fond oder Suppe. Innereien als spezielles Fischgericht, wie Fischröster zubereiten oder bei Strudeln dazuverwenden, oder auch für Suppen und Fond verwenden. Nur die Haut der Fische (ausgenommen Räucherfisch) sollte nicht für Suppen oder Fond verwendet werden (tranig, bitter).

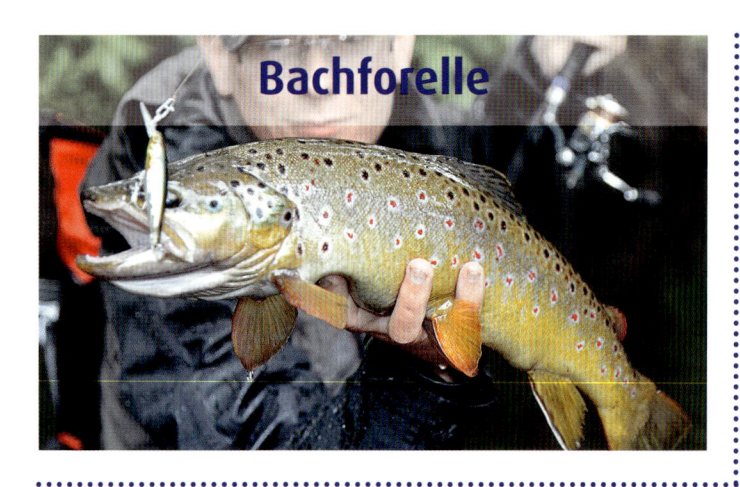

Bachforelle	Edelfischsülze
Forellenfilet gebraten	**Forelle blau**
Forellen gebacken und gebraten	**Forelle blau**

Steirische Fische

Unsere Forellen

Die Forelle *(Salmo trutta)* ist eine Fischart aus der Familie der Lachsfische *(Salmonidae)*. Nach der Lebensweise werden drei Formen unterschieden: die anadrom wandernde Meerforelle sowie die zeitlebens im Süßwasser verbleibenden Formen der Seeforelle und Bachforelle. Forellen sind beliebte Sportfische, unter natürlichen Umständen erreichen Bachforellen Körperlängen von 25 bis 50 cm. Unter Zuchtbedingungen wird sie als unempfindlicher und ertragreicher Speisefisch ab 200 g für die Küche verwendet. Die Bach- oder Regenbogenforelle ist zwar ein Gebirgsbachspezialist, heutzutage eher ein Aquafarm-Fischangebot. Bei Bachforellen ist die Grundfärbung sehr variabel und meist dem Gewässeruntergrund gut angepasst.

Zubereitung: im Ganzen gebraten, blaugekocht oder geräuchert, als Filet, mit verschiedenen Panaden wie Sterzmantel, geschrottete Kürbiskerne usw.

Regenbogenforelle

Die Regenbogenforelle *(Oncorhynchus mykiss,* früher: Salmo gairdneri und S. irideus) ist ein ursprünglich aus Nordamerika stammender Salmonide, der in der zweiten Hälfte des 19. Jahrhunderts in England als Speisefisch für den Königshof gezüchtet wurde. Mangels naturschutzrechtlicher Einschränkungen wurde sie auch als Angelfisch in den freien Gewässern Europas eingebürgert und gehört heute zum „normalen" Fischbestand in vielen Bächen und Flüssen.

Forellen auf Sulmtaler Art

Zutaten für 4–5 Portionen
1 kg **Forellen** (mit je 200 g–250 g), 100 g **Sterzmehl** (Polentagrieß fein), 50 g **Mehl**, **Knoblauchzehe** (zerdrückt), **Zitronensaft**, **Salz**, **Pfeffer**, **Pflanzenöl** und **Butter** zum Braten.

Zubereitung: Die Forellen ausnehmen, waschen und innen und außen mit Küchenpapier abwischen. Die Bauchhöhlen mit dem Zitronensaft kräftig beträufeln, mit Salz, Pfeffer würzen und mit der zerdrückten Knoblauchzehe einreiben. Mehl und Polentagrieß vermischen und die Forellen darin wenden. Die Forellen in heißem Pflanzenöl für 15–20 Minuten braten, öfters umdrehen.

Forelle blau im Wurzelsud mit Petersilerdäpfeln

Zutaten für 4 Portionen
4 **Forellen** (je 200 g–250 g)
Für 2 Liter Fischsud: 2 Liter **Wasser**, 1 Stange **Lauch**, 2 Stück **Sellerie**, 1 kleiner Bund **Petersilie**, 2 Zweige **Thymian**, 1–2 **Lorbeerblätter**, 2 **Karotten**, 2 **Schalotten** oder **Zwiebeln**, 250 ml **Weißwein** (Welschriesling), 2 EL **Salz**, 10 **Pfefferkörner**, 2 **Gewürznelken**.
Zum Verfeinern **Ingwer** oder **Fenchel**.

Zubereitung: Wurzelsud aus Karotte, gelber Rübe, Sellerie, Schalotten, Thymian, Petersilblättern, weißen Pfefferkörnern, Lorbeerblättern, Weißwein, Wasser, Salz zubereiten und etwa 20 Minuten köcheln lassen. Die frischen, ausgenommene Forelle in den Sud gleiten lassen und bei kleiner Hitze sanft köcheln lassen.

Anrichten: Mit Petersilerdäpfeln und brauner Butter servieren.

Beilagen: Petersilerdäpfel und Gartengemüse nach Saison.

Petersilerdäpfel

Zubereitung: Die Erdäpfel schälen, vierteln, in Salzwasser nicht zu weich kochen. Abseihen, mit Butter und frischgehackter Petersilie (oder auch Dille) verfeinern.

Wels mit Chinakohl-Radicchio-Gemüse und roten Rüben

Zutaten für 4 Portionen
600–700 g **Wels** (ausgenommen und geputzt), etwas **Mehl**, 200 g **Chinakohl**, 1 **Radicchio**, 2 EL **Butter**, 2 EL **Pflanzenöl**, 1/2 **Zitrone**, **Salz**, **Pfeffer**.

Zubereitung: Den Wels auf der Hautseite bemehlen und in einer heißen Pfanne in Pflanzenöl braten, dabei nicht umdrehen. Mit der Fleischseite unten auf einen Teller geben. Die Pfanne mit einer Küchenrolle trocken wischen. Frische Butter in die Pfanne geben – dann Zitronensaft, Salz, Pfeffer, und darin den Wels auf schwachem Feuer etwa 2 Minuten lang auf der Fleischseite schwenken, dann herausheben. In der heißen Pfanne den geschnittenen Chinakohl und Radicchio kurz anbraten, mit Salz, Pfeffer und etwas Butter abschmecken.

Rote-Rüben-Würfel

2 rote **Rüben** (mittlere Größe), 1 TL **Essig**, 2 EL **Kren** (gerieben), etwas **Kreuzkümmel** (gemahlen), 1 EL **Butter**, **Zucker**, **Salz**.

Zubereitung: Die roten Rüben kochen, schälen, in Rauten oder kleine Würfel schneiden, mit Kreuzkümmel, Essig, etwas Zucker und Salz abschmecken und kurz mit Butter im Sautier glacieren.

Steirisches Küchen Lexikon

Der Geschmack ist eine Frage der Haltung

Ursprünglich stammt der Karpfen aus Asien, die Römer brachten ihn nach Europa. Im Mittelalter wurden Karpfen zunehmend in Teichen gehalten – der Karpfen ist seit damals ein wesentlicher Bestandteil unserer Esskultur. Karpfen sind prädestiniert für eine Zucht in flachen Teichen. Der Mythos vom „fetten Karpfen" gilt heute längst nicht mehr! Der Fettgehalt liegt mit 3 bis 7 Prozent im unteren Bereich. Geschmack und Konsistenz des Karpfens hängen aber stark von den Haltungsbedingungen und der verwendeten Zufütterung ab (Getreide, Mais, Soja, Pelletsfutter). Geringe Besatzdichten in den Seen, viel Bewegungsfreiheit und die richtige Zufütterung sind entscheidend für den guten Geschmack und das feste Fleisch von Karpfen. Damit die Fische nicht fett werden und „lettln", müssen sie mindestens 50 Prozent des Futterbedarfs im Teich selbst suchen. Zugefüttert wird nur Getreide und Gras.

Spiegelkarpfen

(Cyprinus carpio morpha noblis) Er ist eine weit verbreitete Zuchtform. Sein Aussehen ist durch wenige, vergrößerte, metallisch glänzende Schuppen charakterisiert, die unregelmäßig an den Körperseiten verteilt sind. Der Spiegelkarpfen ist meist sehr hochrückig und rund.

Schuppenkarpfen

Der Schuppenkarpfen, mit vollständigem Schuppenkleid, ist hochrückiger als der Wildkarpfen. Gleichmäßige Schuppenanordnung. Der Kopf ist leicht abgesetzt.
Die Länge beträgt bei Speisekarpfen meist circa 35 cm bei einem Gewicht von ungefähr einem Kilogramm. Sie werden in der Teichwirtschaft nach zwei Jahren vermarktet.

Wildkarpfen

Von den Karpfen gibt es diverse Formen, die aber alle der Art *Cyprinus carpio* angehören: Der Wildkarpfen ist die Urform, hat ein vollständiges Schuppenkleid und einen flachen spindelförmigen Körper mit unregelmäßiger Schuppenanordnung.

Graskarpfen, Weißer Amur

Die Art stammt ursprünglich aus China, wo sie in ruhigen, tiefen Flüssen und Seen in den Ebenen vorkommt. Der Graskarpfen *(Ctenopharyngodon idella)*, auch Weißer Amur genannt, ist die einzige Fischart aus der monotypischen Gattung *Ctenopharyngodon* in der Familie der Karpfenfische *(Cyprinidae)*. Graskarpfen haben einen langgestreckten Körper und werden maximal 120 Zentimeter.

Tolstolob - Silberamur

Der Silberkarpfen *(Hypophthalmichthys molitrix)*, auch Tolstolob oder Silberamur genannt, ist ein geselliger Freiwasserfisch aus der Familie der Karpfenfische. In den 1960er Jahren wurde er in mitteleuropäische Teiche ausgesetzt, oft zusammen mit Graskarpfen. Äußere Merkmale sind die kleinen, unterhalb der Kopfmitte liegenden Augen und die große, stark oberständige Mundspalte.

Döbel oder „das Aitel"

Der Döbel *(Leuciscus cephalus)* auch Alet, Eitel oder Aitel), ist eine Fischart aus der Familie der Karpfenfische *(Cyprinidae)*. Der im Durchschnitt 30 bis 40 Zentimeter lange und 1 kg schwere Döbel hat einen gestreckten, torpedoförmigen Körper. Der Kopf ist groß und das endständige Maul breit.
Zubereitung: im **Ganzen gebraten, blaugekocht** oder **geräuchert**, als **Filet**, mit **verschiedenen Panaden** wie **Sterzmantel**, usw.

Steirische Fische

Verwendung in der Küche

Karpfen und Forellen eignen sich zum **Dünsten, Braten und Grillen.**

Reste, die beim Filetieren übrig bleiben, können als Grundlage für **Fischfond** (Fischsuppe) verwendet werden.

Karpfen- und Forellenfilet werden auch geräuchert angeboten.

Fischfond

2 kg **Fischabschnitte** (Fische mit weißem Fleisch), **Fischgräten**, 60 g **Butter,** 125 ml trockener **Weißwein**, 1 Stange **Porree** (der weißen Teil in dünne Ringe geschnitten), 3 **Schalotten** (fein geschnitten), 1 **Staudensellerie**, 1 **Lorbeerblatt**, 2 **Thymianstängel**, 1 TL weiße **Pfefferkörner**, 1/2 **Fenchelknolle**, 2 **Petersilienwurzeln** und 2 Scheiben **Zitrone**.

Zubereitung: Die Fischabschnitte unter kaltem Wasser waschen, abtropfen lassen. Das geschnittene Gemüse in Butter kurz andünsten. Die Fischgräten und Fischabschnitte zufügen, mit dem Weißwein aufgießen. Bei kleiner Hitze die Flüssigkeit um 2/3 einkochen lassen und dann mit 2,5 Liter kaltem Wasser aufgießen, die Gewürze zufügen und zum Kochen bringen. Den entstandenen Schaum abschöpfen. Das soll während des Kochens mehrmals erfolgen, damit der Fond klar wird.

Nach etwa 2 bis 3 Stunden den Fond durch ein mit einem Passiertuch ausgelegtes Spitzsieb gießen und kalt stellen. Den Rest des Fischfonds, der nicht gleich benötigt wird, kann man einfrieren..Nach etwa 2 bis 3 Stunden den Fond durch ein mit einem Passiertuch ausgelegtes Spitzsieb gießen und kalt stellen. Den Rest des Fischfonds, der nicht gleich benötigt wird, kann man einfrieren.

Klare Fischsuppe mit Einlage

Zutaten für 4 Portionen

280 g **Zanderfilet**, 280 g **Welsfilet**, 1,4 Liter **Fischfond**, 5 g **Paprikapulver**, 1 gelber **Paprika**, 1 roter **Paprika**, 2 kleine **Paradeiser** (entkernt und geviertelt), 1 **Zwiebel**, 2 **Knoblauchzehen**, **Kümmel**, **Salz**, **Pfeffer**, **Zitronensaft**, 20 g **Butter**, **Pflanzenöl**.

Zubereitung: Der feingeschnittene Zwiebel und Knoblauch mit den gewürfelten Paprika, den Paradeisviertel in Pflanzenöl anrösten, Paprikapulver dazugeben, kurz verrühren und mit Fischfond ablöschen. Kümmel dazugeben und langsam kochen lassen. Wenn die Paprikastücke weich sind, die zerkleinerten Fische dazugeben und 10 Minuten ziehen lassen. Mit Salz, Pfeffer, Zitronensaft, Knoblauch abschmecken, mit Butter montieren und Chili schärfen.

Fischgröstl

Zutaten für 4 Portionen

500 g filetierter **Karpfen** mit Haut (gut zugeputzt und geschröpft), 500 g gekochte **Erdäpfel**, 200 g rote und gelbe **Paprika**, 100 g **Zwiebel**, **Salz**, **Pfeffer**, **Butter**, **Pflanzenöl**, **Kümmel**, frischer **Majoran**, **Zitronensaft**, **Schnittlauch** (fein geschnitten).

Zubereitung: Die gekochten Erdäpfel blättrig schneiden und in Butter goldbraun braten, mit Salz, Pfeffer, Kümmel und etwas frischem Majoran würzen, die rote Zwiebel und geschnittenen Paprikawürfel dazugeben und mit den Erdäpfeln braten. Den Karpfen in gleichmäßige Stücke schneiden und mit Salz, Pfeffer und dem Zitronensaft würzen. Die Hautseite bemehlen und in Pflanzenöl resch braten.

Anrichten: Erdäpfel mit Paprika, Zwiebel und Karpfenstücke auf Teller anrichten und mit Schnittlauchröllchen garnieren.

Beilage: Gemischter Salat mit **Kürbiskernöl**.

Karpfen, im Ganzen gebraten

Zutaten für 4 Portionen

1 Tee- oder Kaffeetasse zum Unterstellen 1 **Spiegelkarpfen** (ca. 1,8 kg, geschuppt und ausgenommen), 125 ml trockener **Weißwein**, je 2 rote und weiße **Zwiebeln**, je 1 roter und grüner **Paprika**, 4 Zehen **Knoblauch**, 500 g speckige **Erdäpfel**, 1 **Thymianzweig** (frisch), 1 EL gehackte **Petersilie**, 1 **Zitrone**, **Salz**, **Butter**, griffiges **Mehl**, 2–3 **Lorbeerblätter**, **Suppe**.

Zubereitung: Den ausgenommenen Karpfen schröpfen, innen und außen mit Salz würzen und mit viel Zitronensaft beträufeln. Zitronensaft weicht auch die feinen, eingeschnittenen Gräten auf. Thymianzweige und die Lorbeerblätter in die Bauchhöhle des Karpfens legen und den Fisch für 30 Minuten marinieren lassen.

Das Backrohr auf 200°C vorwärmen. Den Karpfen auf beiden Seiten mit griffigem Mehl bestauben und in eine passende Pfanne setzen. Den Fisch mit der Bauchöffnung auf eine umgestülpte Tasse setzen, dadurch verhindert man, daß der ganze Fisch während des Bratens umfällt. Durch das stehende Braten wird er auch auf beiden Seiten gleichmäßig knusprig und kann dann bei Tisch auch gut portioniert werden. Wenn man dem Rückgrat entlang schneidet, kann man die Filets in Stücken von der Hauptgräte heben.

Weißwein, Zwiebelringe, kleingeschnittenes Gemüse und Knoblauch rund um den Fisch verteilen. Fisch ins vorgeheizte Backrohr schieben und auf der unteren Schiene in etwa 40 bis 50 Minuten stehend knusprig braten. Wenn notwendig mit ein wenig Suppe aufgießen.

Steirisches Küchen Lexikon | 109

Karpfenfilet „schröpfen"

✱ Das Schröpfen eines Karpfenfilets
Durch „Schröpfen" wird ein Karpfenfilet praktisch grätenfrei. Dazu werden beim ganzen Karpfen auf beiden Seiten vom Kopf in Richtung Schwanz mit einem scharfen Messer tiefe Einschnitte im Abstand von 3 bis 4 mm in das Filet gemacht. Die zahlreichen kleinen Gräten werden dabei durchtrennt, und durch das Beträufeln mit Zitronensaft werden die kurzen Gräten weich und sind später beim Essen nicht mehr spürbar.

Forellenfilet geräuchert

Fischsulz

Zanderfilet mit Senf

Fischsuppe-Ansatz

Zanderfilet mit Senf-Polenta-Kruste

Fischsuppe

Steirische Fische

Pikante Fischsulz mit Eierschwammerln und Kürbiskernmarinade

Zutaten für 8–10 Personen

Zutaten Fischeinlage: 1,5 kg gemischte Fische wie **Karpfen**, **Zander**, geräucherte **Forelle** für die Sulz-Einlage.

Zutaten Sulz: 1,25 kg **Schweinsschwarte**, 4 l **Wasser**, 250 ml trockener **Weißwein**, 1 Bund **Wurzelgemüse**, 2 **Karotten**, 2 gelbe **Rüben**, 1/2 Knolle **Sellerie**, 3 **Lorbeerblätter**, 1 Bund **Dille**, 1 Pkt. **Safran**, 3 **Knoblauchzehen**, **Wacholderbeeren**, **Salz**, **Pfefferkörner**, **Butter**.

Marinade: Weinessig, Kürbiskernöl.

Zubereitung: Karotten, Rüben und Sellerie waschen, putzen, würfelig schneiden und in Salzwasser weichkochen.

Den Karpfen schuppen, ausnehmen und filetieren.

Die Schwarten gut auswässern und mit Wasser und Weißwein kalt stellen. Fisch-Karkassen (Kopf und Gräten) ebenfalls gut waschen und zu den Schwarten geben. Das Wurzelgemüse, alle Gewürze (ohne Salz) und die Stengel von der Dille zugeben.

Alles für etwa 2 Stunden lang kochen und auf 500 ml Flüssigkeit einkochen. Durch ein feines Sieb oder Tuch abseihen und abkühlen lassen. Erst jetzt salzen.

Die Karpfenfilets salzen und in eine ausgebutterte Pfanne legen. Mit 1/16 l Flüssigkeit (Wasser, Weißwein oder Fischsud) begießen und für 12 Minuten in das auf 200°C vorgeheizte Rohr schieben. Karpfenfilets abkühlen lassen, in Würfel schneiden, von eventuellen Gräten befreien und mit gekochten Gemüsewürfeln, gehackter Dille und fein geschnittem Schnittlauch vorsichtig vermischen.

In die Kastenform füllen, mit dem abgekühlten und gewürzten Fond begießen. Mindestens 12 Stunden kaltstellen.

Die Sülze in Scheiben schneiden und mit Salat anrichten. Mit etwas Salatmarinade begießen (z.B. Kürbiskernöl, Weinessig und gehackter Zwiebel).

Zanderfilet mit Senf-Polenta-Kruste

Zutaten für 4 Portionen

2 **Zanderfilet** (à 150 g–200 g), **Salz**, **weißer Pfeffer** aus der Mühle, 4 EL **Dijonsenf**, 60 g **Polenta** (Sterzmehl), **Pflanzenöl**.

Zubereitung: Die Zanderfilet mit Wasser reinigen und abtrocknen lassen, mit einem scharfen Messer auf der Hautseite in 3 cm Abstand einschneiden, dann die Filets in je 2 Stücke portionieren, beidseitig salzen und pfeffern. Die Hautseite mit Senf bestreichen und in Polentamehl wenden. In einer Pfanne etwas Pflanzenöl erhitzen und den Fisch mit der Hautseite knusprig braten. Nach 1–2 Minuten wenden, die andere Seite braten, herausnehmen und abtropfen lassen.

Der ganz in einer Polentakruste eingehüllte Zander bleibt besonders saftig und behält sein vorzügliches Aroma.

Anrichten: Die Zanderstücke mit dem Kürbisgemüse auf Tellern anrichten und mit der Fischsauce umgießen.

Beilagen: **Kürbisgemüse** (Rezept Seite 165).

Saltimbocca vom Zander mit VULCANO-Rohschinken auf Fenchel-Eierschwammerl-Risotto

Zutaten 4 Portionen

140 g **Risottoreis**, 3 **Schalotten** (feinwürfelig geschnitten), **Olivenöl**, 50 ml **Weißwein** (Weißburgunder), 500 ml **Geflügelfond**, **Salz**, **Muskat**, 150 g **Butter**, 100 g **Parmesan** (gerieben), 1 **Fenchel** (fein geschnitten).

Zubereitung Risotto: Die Schalottenwürfel im Olivenöl glasig anschwitzen, Reis zugeben, kurz mitrösten, mit Weißwein ablöschen und mit heißem Geflügelfond langsam aufgießen. Mit Salz und Muskat würzen und für etwa 15 bis 20 Minuten körnig kochen. Zum Schluss mit Butter und geriebenen Parmesan aufmontieren und mit Fenchelkraut abschmecken.

Eierschwammerl

250 g **Eierschwammerl**, **Sonnenblumenöl**, **Salz**, 1 **Schalotte** (feinwürfelig geschnitten), **Schnittlauch**.

Zubereitung: Die Eierschwammerl trocken putzen, zerkleinern und in einer Pfanne mit Sonnenblumenöl anbraten, mit Salz, Butter, feinwürfelig geschnittenen Schalotten und Schnittlauch abschmecken.

Die angebratenen Eierschwammerl mit dem Risotto vermischen.

Saltimbocca vom Zander

1 **Zander** (ca.1 kg), **Salz**, **Koriandersamen**, **Zitronensaft**, 50 g **VULCANO-Rohschinken**, **Sonnenblumenöl**, einige **Salbeiblätter**.

Zubereitung: Zander filetieren, entgräten und in Portionsgrößen schneiden. Die Haut einschneiden, mit Salz, Zitronensaft und Koriandersamen würzen. Die Grätenseite mit Salbeiblätter und Vulcanoschinken belegen und feststecken.

In Sonnenblumenöl braten, außen knusprig und innen glasig.

Anrichten: Fenchel-Eierschwammerl-Risotto auf den Tellern anrichten und die Zander-Saltimbocca darauf setzen.

Karpfen im Ganzen gebraten

Karpfen Inhaltsstoffe	
Portionsgröße 150 g:	
Kilokalorien/Kilojoule	115/480
Eiweiß, Protein (g)	18
Fett gesamt (g)	5
Cholesterin gesamt (mg)	75
Kohlenhydrate (g)	0
Ballaststoffe (g)	0
Wasser (g)	75
Mineralstoffe	
Natrium (mg)	30
Kalium (mg)	385
Kalzium (mg)	63
Magnesium (mg)	50
Phosphat (mg)	245
Eisen (mg)	0,7
Zink (mg)	0,9
Vitamine	
Carotine, einschl. Beta-Carotine (µg)	0
Vitamin E (Tocopherol) mg	0,5
Vitamin B1 (Thiamin) mg	0,07
Vitamin B2 (Riboflavin) mg	0,05
Vitamin B6 (mg)	0,15
Vitamin B12 (mg)	1,0
Folat (100 g/µg)	4
Vitamin C mg	1

Hecht Inhaltsstoffe	
Portionsgröße 150 g:	
Kilokalorien/Kilojoule	82/342
Eiweiß, Protein (g)	18
Fett gesamt (g)	1
Cholesterin gesamt (mg)	63
Kohlenhydrate (g)	0
Ballaststoffe (g)	0
Wasser (g)	79
Mineralstoffe	
Natrium (mg)	75
Kalium (mg)	300
Kalzium (mg)	20
Magnesium (mg)	25
Phosphat (mg)	215
Eisen (mg)	0,6
Zink (mg)	0,7
Vitamine	
Carotine, einschl. Beta-Carotine (µg)	0
Vitamin E (Tocopherol) mg	0,9
Vitamin B1 (Thiamin) mg	0,01
Vitamin B2 (Riboflavin) mg	0,06
Vitamin B6 (mg)	0,15
Vitamin B12 (mg)	2,0
Folat (100 g/µg)	3
Vitamin C mg	11

Hecht gebraten

Ausseer Saibling

Hecht gebraten

Steirische Fische

Der Hecht im Karpfenteich

Der Hecht *(Esox lucius)* ist ein einheimischer Raubfisch, der in Europa weit verbreitet ist. Er wird als Speisefisch geschätzt, lässt sich wegen seiner Aggressivität allerdings schwer züchten. Der Hecht hat einen lang gestreckten, walzenförmigen Körper. Der relativ lange Kopf hat ein entenschnabelähnliches, oberständiges Maul. Die Durchschnittsgrößen liegen bei 50 bis 100 cm. Längen bis zu 150 cm oder Gewichte von über 20 kg sind möglich. Die Maximallänge wird nur von Rognern (Weibchen) erreicht, die Milchner (Männchen) erreichen meist nicht mehr als 90 cm. Als Speisefisch ist der Hecht geschätzt. Das Fleisch ist wegen des geringen Fettgehalts relativ trocken, der Energiegehalt liegt bei etwa 90 kcal (372 kJ) pro 100 g. Sein Fleisch wird vorzugsweise zu **Fischbällchen** verarbeitet („Hechtnockerl"). Damit er nicht so trocken wird, kann man ihn auch **filetieren** und **sauer einlegen**.

Hecht im Ganzen gebraten mit Gemüse
Zutaten für 4–6 Portionen
1 **Hecht**, ca. 2 kg (ausgenommen und geschuppt), 1 **Thymianzweig**, 1 ganze **Knoblauchzehe**, 2 **Lorbeerblätter**, 4 **Zwiebeln**, 4 **Karotten**, 2 **Lauchstangen**, 2–3 **Limetten, Salz, Pfeffer** aus der Mühle, **Limettensaft**, 300 g **Erdäpfel** (gewaschen und in Würfel geschnitten), 200 g **Kürbis** (würfelig geschnitten), **Pflanzenöl** und **Butter** zum Braten des Gemüses.
Zubereitung: Den Hecht auf beiden Seiten fein einschneiden (vom Rücken zum Bauch), danach innen und außen gut salzen und mit Limettensaft beträufeln (Limettensaft würzt den Fisch nicht nur, sondern weicht auch die Gräten auf). Einen Thymianzweig und zwei Lorbeerblätter in die Bauchhöhle legen und den Fisch gut mehlieren. Das Mehl soll sich gut in die Einschnitte hineinlegen, damit der Hecht an den Schnittstellen nicht zusammenklebt. Den ganzen Hecht in ein tiefes Backblech stellen. Die Erdäpfel kochen, schälen und in gleich große Stücke schneiden, und zu den durchgeschnittenen Knoblauch und den Kürbiswürfeln geben. Mit Olivenöl beträufeln und im vorgeheizten Backrohr bei 180°C etwa 25 Minuten garen.
Das Gemüse putzen und zurechtschneiden, die Zwiebel in Keile, die Karotten in dünne Streifen, den Lauch in 1 cm dicke Ringe schneiden. Danach das Gemüse in Butter langsam braten, bis es weich ist. Zum Fisch geben und unter mischen. Nochmals für 10 Minuten im Backrohr garen. Anschließend für weitere 10 Minuten warm stellen und servieren.
Beilagen: Mitgebratenes Gemüse und Petersilerdäpfel (Rezept Seite 21).

Hechtgulasch mit Salzerdäpfel
Zutaten für 4 Personen
600 g **Hecht** (küchenfertig vorbereitet), **Zitrone, Salz,** 20 g **Mehl,** 50 g **Butter,** 20 g **Speck,** 100 g **Zwiebel,** 1 KL edelsüßer **Paprika,** 1/2 EL **Essig,** 10 g **Mehl,** 10 g **Paradeismark,** 1/16 l **Sauerrahm**.
Zubereitung: Den Hecht gut reinigen, entgräten und abhäuten. Mit Zitronensaft beträufeln und salzen. 1/2 Stunde stehen lassen, trocknen und in große Stücke schneiden. Die Hechtstücke in Mehl wälzen und in heißen Fett braten, anschließend warm stellen.
Den kleinwürfelig geschnittenen Speck in Fett rösten und die feingehackte Zwiebel beigeben, gelb anrösten, mit Mehl stauben und alles gemeinsam anrösten. Paprika und Essig dazugeben. Anschließend mit Wasser aufgießen, Paradeismark und Sauerrahm dazugeben und die Sauce gut verkochen lassen. Die Sauce seiht man über den angerichteten Fisch.
Beilagen: Salzerdäpfel (Rezept Seite 21), Spätzle (Rezept Seite 23).

Ausseer Saibling im Sterzmantel
Zutaten für 4 Portionen
4 **Saiblinge** (mit je 250 g), **Salz, Pfeffer, Zitronensaft,** 6 EL **Sterzmehl** (Polentagrieß fein), **Pflanzenöl** und **Butter** zum Braten.
Zubereitung: Die Saiblinge mit Wasser waschen und innen und außen mit Küchenpapier abwischen. Außen und innen mit Salz und Pfeffer würzen und die Innenseiten zusätzlich kräftig mit Zitronensaft einreiben. Die Saiblinge im Sterzmehl wenden.
Das Pflanzenöl in einer Pfanne erhitzen und die Saiblinge einlegen. Auf beiden Seiten knusprig braten und kurz vor dem Garwerden die Butter beigeben.
Beim Anrichten noch mit zerlassener Butter beträufeln.
Beilagen: Petersilerdäpfel (Rezept Seite 21), Kürbisgemüse und Blattsalate.

Saibling-Lasagne mit knusprigem VULCANO-Schinken und Jungzwiebelragout
Zutaten für 4 Personen
8 **Bachsaibling-Filets** (à 70 g), 24 dünn-geschnittene **VULCANO-Schinkenblätter,** gekochte **Nudelteigblätter,** 3 Bund **Jungzwiebel,** 1 **Paradeiser** (würfelig geschnitten), 1/16 l **Weißwein** (Rheinriesling), **Muskatnuss,** etwas **Zucker, Butter,** Steirisches **Walnussöl, Zitronensaft, Mehl**.
Zubereitung: Die zugeputzten Bachsaibling-Filets mit Salz und Zitronensaft beidseitig würzen und in Mehl wenden. In Walnussöl mit der Hauptseite anbraten, wenden und warm stellen. VULCANO-Schinken kurz anbraten.
Für das **Zwiebel-Ragout** die Jungzwiebel waschen und putzen. Halbieren und in Butter anschwitzen. Etwas Zucker beigeben und mit Weißwein ablöschen. Mit Schlagobers aufgießen und mit Salz, Pfeffer und Muskatnuss würzen. Paradeiserstücke einrühren und abschmecken.

Kren, Schnittlauch, Petersilie, Jungzwiebel

Im eigenen Garten kultivierte Kräuter

Die Kunst des Würzens: Kräuter

Kräuter haben viele Geschmacksvarianten, mal sanft und süßlich, mal kräftig und würzig. Kräuter sind für jeden Feinschmecker mehr als nur zum geschmacklichen Verbessern von Speisen.

Sie sind eine Freude für das Auge und ein Erlebnis beim Essen. Sie umgeben uns, bereichern mit ihrem Wachstum unser Leben, im Garten, auf dem Balkon, in der Küche auf der Fensterbank – und warten darauf, von uns gepflückt und verkocht zu werden.

Die Aromen und Düfte der unterschiedlichen Kräuter wecken bei uns tiefe Empfindungen und Gefühle. Gewürzkräuter sind auf Grund ihrer unterschiedlichen Düfte und Wirkungsweisen auch Stimmungsmacher. Die vielen gesundheitsfördernden Eigenschaften von Kräutern und ihre therapeutische Wirkungsweise als Tee oder verkocht in Speise haben von alters her den Menschen geholfen. Heute gibt es kein ernährungsbewusstes Kochen von regionalen Gerichten ohne Kräuter, die den Speisen ihre besondere, unverwechselbare Note geben.

Jedes Kräutlein hat seinen eigenen Geschmack, der von seiner Herkunft geprägt ist. Wir unterscheiden heimische, mediterrane und exotische Kräuter.

Würzen heißt im richtigen Augenblick würzen

Leider wird meist viel zu früh gewürzt und die Aromastoffe gehen beinahe verloren. Die Aufgabe von Gewürzen wäre, den Magen- und Darmtrakt keimfrei zu machen, den Stoffwechsel anzuregen und dann verdaut man das, was man gegessen hat. Wenn man Gewürze zwei Stunden lang mitkocht, werden sie inaktiv und wertlos. Wenn Du einmal mengenmäßig über die Strenge geschlagen hast: Kümmel, Anis und Fenchel sind entblähende Gewürze und Muskat hilft das Fett besser zu verdauen, aber erst kurz vor dem Servieren in das Gericht reiben.

Wie man Gewürze richtig verwendet

Eine Prise von diesem, eine Messerspitze von jenem – beim Dosieren von Gewürzen ist Fingerspitzengefühl angesagt. Gewürze sollen eine zusätzliche Note und Charakter verleihen.

Eine gar nicht so einfache Aufgabe für die Köchin/den Koch von heute. Ein paar Tipps und Tricks im Umgang mit Gewürzen können also nicht schaden.

Der Einkauf von Gewürzen und die Verwendung

Gewürze lassen sich gut auch in größeren Gebinden kaufen, da sie dann in Relation sehr viel preiswerter sind. Auch Granulat, Pulver und grob gemahlene Gewürze lassen sich in bedarfsgerechten Gläschen abfüllen und einfrieren. Durch das Einfrieren vermeidet oder vermindert man sehr stark geschmackliche Einbußen, die durch Verflüchtigung oder Abbau der ätherischen Öle entstehen.

Fast alle Gewürze, bis auf Paprikapulver, sollten nach Möglichkeit frisch gemahlen oder in einem Mörser zerstoßen werden. Nur so bleiben die leicht flüchtigen Aroma- und Duftstoffe erhalten. Diese haben nicht nur auf den Geschmack, sondern auch auf die gesundheitliche Wirkung enormen Einfluß. Vorsicht bei sehr billigen Gewürzen! So manches dieser „Gewürze" entpuppt sich als aromatischer Reinfall, ist es doch mit billigen Zutaten gestreckt oder sogar mit optisch ähnlichen, gefärbten Bestandteilen versetzt.

Welche Gewürze passen nicht zusammen?

Im Prinzip kann man fast alles mischen. Lediglich zwei Grundregeln sollte man beachten:

Man sollte nach Möglichkeit nicht mehrere Gewürze mit intensivem (vordergründigem) Geschmack kombinieren, da dies den Geschmackssinn beeinträchtigt. Ein Beispiel: Rosmarin und Thymian, Bohnenkraut mit Rosmarin oder Estragon. Estragon duldet überhaupt kein Gewürz neben sich.

Auch nicht gut geeignet sind Mischungen aus Gewürzen, die mitgekocht werden, und solchen, die man nicht kochen darf. Beispiel: Piment und Basilikum.

Hitzeempfindlich

Safran nie zu lange mitkochen, Hitze schadet dem zarten Aroma. Die Fäden in etwas warmem Wasser auflösen und erst zum Ende der Garzeit untermischen. Auch Muskat soll erst zum Ende der Kochzeit zugegeben werden. Besonders Muskat immer frisch reiben, da geriebener Muskat wesentlich aromatischer ist als bereits gemahlener. Paparikapulver ist empfindlich gegen große Hitze, deshalb nur behutsam rösten, da das Pulver ansonsten bitter wird.

Mitkochen

Kümmel, Nelken, Zimt und Lorbeer geben ihr Aroma vergleichsweise langsam ab und dürfen ruhig länger erhitzt werden. Sie sind nicht zufällig häufiger Begleiter von Schmorgerichten und (exotischen) Eintöpfen.

Bauerngarten mit Gemüse und Kräutern

Majoran

Oregano

Petersilie

Quendel

Salbei

Sellerie

Heimisch kultivierte Gartenkräuter

Petersilie ▶ Die Petersilie ist das bekannteste und am weitesten verbreitete Küchenkraut Europas sowie des gesamten Mittelmeerraums. Ihre Wurzel, aber auch ihre Blätter sind unverzichtbarer Bestandteil von Suppengrün. Als frisches Grün zum Garnieren für nahezu alle Speisen geeignet, kaum eine Zutat, zu der Petersilie mit ihrem würzigen Geschmack nach Sellerie und Muskat nicht passt.
Wirkung: Entwässernd, gegen Mundgeruch, antibakteriell.
Inhaltsstoffe: Vitamin A, Vitamin C, Kalzium, Kalium, Eisen, ätherische Öle.
Verwendung: Die Blätter für Suppen, Aufstriche, Pesto, Salate und zum Darüberstreuen die aromatische glatte Petersilie, zum Garnieren von Speisen die krause Petersilie verwenden. Zum Mitschmoren bei Suppen, Eintöpfen, Fonds eignet sich die feste Wurzelpetersilie.

Salbei ▶ Das würzige, fast strenge Aroma, das an Kampfer erinnert, kommt am besten zur Geltung, wenn man die Blätter mitkocht oder in Butter oder Olivenöl brät.
Wirkung: Antibakteriell, entzündungshemmend, schweißtreibend, bei Halsentzündungen.
Inhaltsstoffe: Ätherische Öle (Thujon, Cineol), Bitterstoffe, Gerbstoffe.
Verwendung: Frisch schmecken Salbeiblätter milder und duftiger. Für Fleisch- und Fischgerichte und als Würze für Würste. Die getrockneten Blätter werden auch als Tee bei Mundinfektionen zum Gurgeln verwendet.

Dill ▶ Der Dill ist in der Naturheilkunde schon lange gebräuchlich. Bereits die Ägypter kannten den Dill und seine heilende Wirkung. Doch auch im antiken Griechenland und Rom wurde der Dill bereits kultiviert. Die Gladiatoren im alten Rom rieben sich vor den Kämpfen mit Dill-Öl ein, um Wunden vorzubeugen. Das fein gefiederte Grün des Dillkrautes schmeckt, kurz vor der Blüte geerntet, am intensivsten.
Verwendung: Klassisch ist die Würzung von Fisch, Gurke und Senf. In der Kombination mit Säure und Zucker entfaltet Dill sein leicht herbes Aroma am besten. Dill soll man nur frisch über die fertigen Gerichte streuen.

Fenchel ▶ Der Fenchel ist schon seit Jahrtausenden als Heilpflanze weltweit geschätzt. Er kommt ursprünglich aus dem Mittelmeerraum, war aber auch schon in der altchinesischen Heilkunde bekannt. Früher bekamen Mütter nach der Entbindung Fenchel geschenkt, einerseits um Fliegen von ihrem Baby abzuhalten, andererseits um einen Tee zuzubereiten, welcher die Milchproduktion anregen sollte. Auch heute sind Fenchelfrüchte noch häufig Bestandteil von Milchbildungstees.

Kerbel ▶ Der süßliche, frische, leicht anisartige Geschmack der filigranen Kerbelblättchen ist im Frühjahr am intensivsten. Kerbel soll kurz vor dem Servieren der Speise untergerührt werden. Wilder Wiesenkerbel ist weniger süß und zeigt geschmacklich feine Anklänge an Sellerie.

Kresse ▶ Brunnen-, Garten- oder Kapuzinerkresse bringen durch ihren hohen Anteil an Senfölen und Bitterstoffen pfeffrig-scharfe und frisch-würzige Aromen in die mit ihnen gewürzten Speisen. Kresse soll sparsam und nur frisch verwendet werden. Einfach schön und voller Vitamine, das sind die Kapuzinerkresseblüten.

Majoran ▶ Ein uraltes, hochdelikates Küchenkraut mit feinen Ölen mit kräftig würzigem, zartbitterem Geschmack und starkem Aroma. Wegen seinem kräftigen Aroma kommt er häufig bei Fleischgerichten, aber auch bei Fisch oder Gemüse zum Einsatz. In der Naturheilkunde wird Majoran unter anderem bei Verdauungsproblemen sowie bei Schnupfen und Husten geschätzt. Majoran galt bei den alten Griechen als Liebesmittel, er war Aphrodite, der Göttin der Liebe, geweiht.
Wirkung: Krampflösend, schleimlösend, gegen Erkältungskrankheiten, blähungswidrig, nervenstärkend.
Inhaltsstoffe: Vitamin C, ätherische Öle, Gerbstoffe.
Verwendung: Diese beflaumten Blätter passen zu kräftigen Eintöpfen mit Kohl, zu Hülsenfrüchten und fettem Fleisch, für Suppen, Saucen, Erdäpfelgerichten. Majoran ist sehr gut trocknen, aber auch in gefrorener Form schmackhaft. Majoran ist zum Mitkochen geeignet, wegen seiner empfindlichen ätherischen Öle darf man ihn aber nur kurz erhitzen.

Liebstöckel ▶ In früheren Zeiten galt der Liebstöckel als Liebespflanze. So meinte im Altertum der griechische Arzt Dioskurides, dass der Liebstöckel zu unkeuschen Gelüsten verhelfe. Im Mittelalter erwähnte Hildegard von Bingen seine heilende Wirkung und empfahl den Liebstöckel bei Lungenschmerzen und Wassersucht. Auch heute noch ist die Wassersucht eines der Anwendungsgebiete in der Naturheilkunde. Heute vor allem als „Maggikraut" bekannt, intensiv-würzig, aromatisch-markant wie die dunkle Flüssigwürze schmeckt Liebstöckel.
Wirkung: Entwässernd, gegen Heiserkeit, gegen Bronchitis.
Inhaltsstoffe: Vitamin C, Cumarin, Gerbstoffe, Harze, ätherische Öle.
Verwendung: Sehr beliebt für Suppen (Maggikraut), Eintöpfen und Salaten. Seit den Römern wird dem Liebstöckel eine leicht aphrodisierende Wirkung nachgesagt.

Salbei ▶ Der (Echte) Salbei ist ein ausdauernder Halbstrauch, dessen Stängel in den unteren Teilen verholzen. Seine Blätter sind schmal, weich und filzig. Die Blätter werden – frisch oder getrocknet – in der Naturheilkunde und in der Küche verwendet.

Rosmarin ▶ Der kräftig würzige Duft und der harzige, leicht bittere Geschmack machen Rosmarin zum besten Begleiter für Lamm, Geflügel und in kleinen Mengen auch für Gemüse.
Wirkung: Fördert die Verdauung, durchblutungsanregend, appetitanregend, blähungswidrig.
Inhaltsstoffe: Rosmarin ist stark eisenhältig und soll daher naturbelassen nur sehr sparsam verwendet werden.
Verwendung: Beim Kochen wird am besten ein ganzer Zweig mitgeschmort, wenn man es nicht zu intensiv möchte, nur einige Nadeln abstreifen und mitkochen.

Thymian	Rosmarin	Lavendel
Getrocknete Kräuter	Ananas-Salbei	Salbei
Knoblauch	Zitronenmelisse	Salbei
Gartenkräuter		Schnittlauch

Kräuter und Gewürze

Mediterrane Gartenkräuter

Basilikum ➤ Aromatisches Würzkraut, das Basilien- oder Königskraut *(Ocimum basilicum von griech. basileús = König, Herrscher)*, die königliche Gewürzpflanze. Der dritte König Balthasar soll es schöner als eine Rose gefunden haben, heute ziert der Königsbalsam als Blattware Suppen, Saucen und Salate, ist Standardgewürz zu Paradeiser. Bereits vor 4000 Jahren nutzten die Inder Basilikum als Gewürz. Im alten Ägypten diente er als Grabbeigabe für Pharaonen. Sein Name bedeutet soviel wie „königliche Heilpflanze" und leitet sich aus dem Griechischen ab. Im Volksmund wird Basilikum daher auch gerne „Königskraut" genannt. Basilikum wurde in der Antike als Aphrodisiakum und Zaubermittel verwendet. Nach Mitteleuropa kam das Glückskraut im 12. Jahrhundert.

Die Blätter werden am besten kurz vor und während der Blüte abgezupft, wenn sie im Sommer am intensivsten duften und schmecken. Die kleinen Blätter haben das stärkste Aroma, Basilikum soll nur frisch verwendet werden. Es sind einige Spielarten auf den Bauernmärkten. Der Blätter- und Dufterkenner kostet und riecht fingerreibend: Neben dem klassischen süß-scharfen Aroma gibt es eine Ingwer-, Limonen- und beim Thai-Basilikum eine Anisvariante. Basilikum krönt allein als grüner Farbtupfer den weißen Käse im Paradeis-Salat, würzt das ➤ Pesto, macht auch Suppen, Saucen und Eiergerichte raffinierter. Basilikum erst in letzter Minute dekorieren oder einstreuen, der Essigkontakt verändert das Aroma.

Oregano ➤ wird auch wilder Majoran oder Dost genannt. Durch das Trocknen wird sein Geschmack noch intensiver. Seine vielen Arten haben die unterschiedlichsten Blattgrößen. Das klassische Kraut für die Paradeissauce als Untergrund für Pizzen braucht Feuchtigkeit und Hitze, damit sich sein würzig herbes, dezent btteres Aroma entfalten kann.

Rucola ➤ Einst wuchs es, in deutschen Landen mit dem Namen „Rauke", aber erst der Umweg und der Reimport über Italien haben den Rucola in unseren Küchen populär gemacht. Mit dem herben, leicht nussigen Geschmack ist Rucola vielseitig verwendbar, als eigenständiger Salat, als Rohkost, zum Würzen oder gedünstet als Gemüse.

Thymian ➤ Ein mitgeschmorter Thymianzweig verleiht mediterranen Speisen einen kräftigen, würzigen Geschmack, einen herrlichen Duft und machen zusätzlich die Speise bekömmlicher. Zitronenthymian verleiht damit gewürzten Speisen eine erfrischende Note. Wenn die Blätter getrocknet werden, intensiviert sich das Aroma.

Bergbohnenkraut ➤ Wegen des scharf-würzigen Geschmacks nennt man das Bergbohnenkraut auch Pfefferkraut oder Winterbohnenkraut. Es aromatisiert Hülsenfrüchte, Erdäpfel, Lammfleisch und kräftige Gemüse perfekt und macht sie auch besser verträglich. Gezielt eingesetzt, kann es sogar Pfeffer ersetzen.

Lorbeer ➤ Beim Trocknen der stark aromatischen Blätter verflüchtigen sich die ätherischen Öle und Gerbstoffe etwas, die Lorbeerblätter werden dadurch etwas milder und bekömmlicher. Sparsam dosiert – ob frisch oder getrocknet – passt ein Lorbeerblatt gut in Eintöpfe und zu Saurem, immer mitgaren und vor dem Servieren entfernen.

Zitronenmelisse ➤ Die Blätter werden auch als Heilpflanze verwendet (Melissengeist als Tee), der zarte Zitrusduft und das Zitronenaroma sind typisch für diese Gewürzpflanze. Wenn möglich die ganzen Blätter verwenden und nie mitkochen. Im Garten ist die Zitronenmelisse leicht zu kultivieren, sodass im Sommer immer frische Blätter für Salate oder als Garnitur für süße Gerichte gepflückt werden können. Einige Blätter in Wasser sind ein wohlschmeckendes und gesundes, sommerliches Erfrischungsgetränk.

Bouquet garni ➤ Petersilstängel, Thymian und Lorbeerblatt sind die Grundlage des Gewürzsträußchens, das in Suppen, Saucen oder Fonds von Anfang an **mitgekocht** wird.

Zubereitung: 1 Bund Petersilie (nur die Stängel ohne Blätter), 1 Bund frischer Thymian, 2 grüne Lauchblätter, 1 Lorbeerblatt, Küchengarn zum Binden.

Alle Kräuter waschen, damit ein kleines Bündel machen, mit dem Lorbeerblatt und den Lauchblättern umwickeln und mit dem Küchengarn verschnüren. Mit der damit zu würzenden Speise mitgaren, hinterher herausnehmen und zum Biomüll geben.

Schnittlauch

Herkunft und Charakteristika: Diese ausdauernde Pflanze ist weltweit verbreitet. Sie wird in Gartenbaubetrieben intensiv angebaut, lässt sich aber auch problemlos zu Hause in Kräutergärten oder Töpfen ziehen.

Die grünen, röhrenförmigen, hohlen, glatten Blätter haben einen lauch- und zwiebelartigen Geschmack und besitzen einen bemerkenswert hohen Vitamin-C-Gehalt.

Wirkung: Schleimlösend, stärkt Verdauungssystem und Kreislauf, antibakteriell, entwässernd, senkt den Cholesterinspiegel.

Inhaltsstoffe: Vitamin A, B, C, ätherische Öle, Saponine

Saison, Einkauf, Lagerung: Schnittlauch ist eigentlich überall erhältlich, frisch auf dem Markt oder als Topfware und tiefgefroren im Supermarkt. Die ständig nachwachsenden Röhrenblätter werden von Mai bis Oktober im Freiland geerntet. Geerntet wird er vor der Blüte, da er anschließend viel von seinem Aroma verliert. Schnittlauch lässt sich aber auch problemlos einfrieren.

Verwendung: Frischer Schnittlauch schmeckt würzig-frisch nach Zwiebeln und passt gut zu allen Gerichten, die nach einem frischen Zwiebelgeschmack verlangen, beispielsweise Eier- und Topfenspeisen, Fischgerichte, Erdäpfel und Kräuterbutter. Die Blätter werden fein geschnitten und den Gerichten zum Schluss zugesetzt (nicht mitkochen, da er sonst seine Vitamine verliert). Zum Garnieren lässt sich Schnittlauch vielseitig einsetzen – fast jede Suppe schmeckt mit dem kleinen Grün gleich viel besser!

Gemüse: Knoblauch

Knoblauch ist das am weitesten bekannte Nahrungsmittel, das auch in der Heillehre angewendet wird. Seine gesundheitsfördernde Wirkung, die bereits im antiken Griechenland und von den Ägyptern gepriesen wurde, ist die Stärkung des Kreislauf und der Immunabwehr.

Knoblauch ist nicht nur ein herrliches Universalgewürz, er ist auch außerordentlich gesund: er senkt das Blutfett, ist gut für den Kreislauf, für den Blutzucker, er reinigt das Blut, schützt die Leber und ist gut für das Immunsystem. Und er riecht und für manchen schwer verträglich! Knoblauchgeruch verschwindet, wenn man einige Anissamen oder einige Blätter Petersilie kaut.

Antibiotische Wirkung gegen viele Infektionserreger

Knoblauch ist sowohl gegen eine Reihe von bakteriellen, viralen und pilzbedingten Infektionen wie Grippe, Erkältung, Gastroenteritis als auch bei schlecht heilenden Wunden wirksam.

Senkt erhöhte Blutfettwerte

Diese Wirkung wurde von zahlreichen Untersuchungen bestätigt. 1 bis 2 frische Knoblauchzehen täglich können den Cholesterinspiegel um 10 Prozent senken.

Fördert den Blutfluss

Studien zufolge erhöht Knoblauch die Gefäßdehnung und senkt dadurch das Risiko für Blutgerinnsel.

Reguliert Bluthochdruck

Mäßige Mengen an Knoblauch senken den Blutdruck.

Gegen hohe Blutzuckerwerte

Hemmt den Anstieg des Blutzuckerspiegels nach dem Essen. Wichtig vor allen für Diabetiker.

Anti-Krebs-Wirkung

Populationsstudien erbrachten, dass Menschen, die regelmäßig viel Knoblauch essen, ein um mehr als die Hälfte geringeres Risiko für Magenkrebs haben.
Empfohlene Menge
Die Wirkung von 1 bis 2 frischen Knoblauchzehen (ca. 9 g) täglich auf die Herzfunktionen macht sich bereits nach wenigen Wochen bemerkbar. Die gleiche Menge wird als Schutz vor Infektionen empfohlen. Da die gesunden Substanzen von Knoblauch vor allem im flüchtigen Öl der frischen Knolle enthalten sind, sollte Knoblauch nicht zu stark gekocht und erst zum Schluss zugesetzt werden.

Knoblauchzehen schneiden oder quetschten

Pressen Sie Knoblauch nicht, Sie verschwenden dabei wertvolle Aromen. Das Quetschen setzt Öle frei, wodurch sich nützliche Schwefelverbindungen bilden können. Um diese flüchtigen Komponenten ein zu fangen, sollte Knoblauch möglichst rasch nach dem Zerkleinern gegessen werden.
Verwenden Sie zum Zerkleinern der Knolle eine Knoblauch- bzw. Ingwerreibe oder schneiden Sie den Knoblauch in dünne Scheiben bzw. kleine Würfel. Dies hat nichts mit übertriebenen Kochgehabe zu tun, ein bekannter Küchenchef hat folgenden Vergleich dazu erstellt: Knoblauch zu pressen wäre das Gleiche, wie wenn Sie eine Orange nehmen, sie aufschneiden und auspressen, den Saft wegschütten und dann an der ausgepressten Orange herumzuzeln, nur dass sie beim Knoblauch das gute Knoblauchgewebe wegschmeissen.

Nur frischer Knoblauch enthält alle gesunden Substanzen, die ihn in der Therapeutik so wertvoll machen. Die frischen Zehen sind, im Gegensatz zur Fertigprodukten wie Knoblauchpaste oder –pulver oder getrocknetem Knoblauch, sehr aromatisch und würzen jedes Gericht. Frischen Knoblauch im Kühlschrank aufbewahren.

Knoblauch Inhaltsstoffe
Portionsgröße 50 g

Kilokalorien/Kilojoule	136/568
Eiweiß, Protein (g)	6
Fett gesamt (g)	+
Cholesterin gesamt (mg)	0
Kohlenhydrate (g)	28
Ballaststoffe (g)	2,0
Wasser (g)	62
Mineralstoffe	
Natrium (mg)	50
Kalium (mg)	620
Kalzium (mg)	38
Magnesium (mg)	25
Phosphat (mg)	135
Eisen (mg)	1,4
Zink (mg)	1,0
Vitamine	
Carotine, einschl. Beta-Carotine (µg)	10
Vitamin E (Tocopherol) mg	0,1
Vitamin B1 (Thiamin) mg	0,20
Vitamin B2 (Riboflavin) mg	0,08
Vitamin B6 (mg)	0,38
Folat (100 g/µg)	5
Vitamin C (mg)	14

Knoblauch wird immer nur in **kleinen Mengen** verzehrt, deshalb ist der Beitrag zum Energie-, Vitamin- und Mineraltagesbedarf sehr gering.

Kräuter und Gewürze

Bärlauch

▶ Der jedes Frühjahr wachsende Wilde oder Waldknoblauch *(Allium ursinum)* hat 20 bis 25 Zentimeter hohe lanzettenlange Blätter mit knoblauchartiger Würze. Zumeist sind es nur zwei Blätter pro Bärlauchpflanze. Im späteren Frühling zieht der Bärlauch ein und verschwindet, um im nächsten Jahr wieder zu erscheinen. Gesammelt werden die jungen Bärlauch-Blätter zwischen März und Mai, aber immer noch vor der Blüte.

Wirkung: Durchblutungsanregend, verdauungsfördernd, antibakteriell, schleimlösend.

Inhaltsstoffe: Schwefelhaltige ätherische Öle, Vitamin A, Vitamin C, Allicin (antibiotische Wirkung).

Verwendung: Sehr pikant werden Suppen, Salate, Saucen, Pesto, Gemüse, Füllungen von Omeletts, Reisgerichte, Fisch oder Fleisch zubereitet, wenn gehackter Bärlauch Zwiebeln oder Knoblauch ersetzt.

Gebratene Forellen mit Bärlauch-Butter

Zutaten für 4 Portionen

4 **Forellen** (ausgenommen je 250 g), 5–10 Blätter **Bärlauch**, 2 **Zitronen**, 200 g **Butter**, griffiges Mehl, Pflanzenöl, Salz.

Zubereitung: Die Bärlauchblätter waschen. Die Blätter feinnudelig schneiden. Eine Zitrone in Scheiben schneiden, den Saft der zweiten Zitrone auspressen.

Die Forellen aussen und innen waschen, salzen, mit dem Zitronensaft beträufeln und in griffigem Mehl wenden. In einer flachen Pfanne das Pflanzenöl erhitzen, und die Forellen auf jeder Seite für etwa 7 Minuten braten. Die Forellen warmstellen. Das Öl aus der Pfanne abgießen und die 200 g Butter bis zum Aufschäumen erhitzen. Die feinnudelig geschnittenen Bärlauchstreifen hinzufügen und würzen. Kurz vor dem Servieren die Bärlauchbutter über die Forellen gießen, die Forellen mit den feinen Bärlauchstreifen dekorieren und anrichten.

Bärlauch-Topfenaufstrich mit Wildkräutern

1 Handvoll **Bärlauchblätter**, 250 g **Speisetopfen**, 2 EL **Sauerrahm**, 1 TL **Zitronensaft**, Salz, Dijon-Senf, Pfeffer, 1 Handvoll **Wildkräuter**, **Vollkornbrot**.

Zubereitung: Den Topfen und den Sauerrahm glatt rühren, mit dem Zitronensaft, Dijon-Senf, Zucker, Salz und Pfeffer abschmecken. Die gut gewaschenen Bärlauchblätter fein hacken und in den Aufstrich mischen. Auf Vollkornbrot streichen und mit gehackten Wildkräutern bestreuen.

Frischkäse-Bärlauch-Terrine mit Wiesenkräutern

Zutaten für 4–5 Portionen

1 kleine Terrinenform
70 g **Bärlauch,** fein gehackt, 10 g **Petersilie,** fein gehackt, 2 **Zucchini** grün, 250 g **Frischkäse** natur, 50 g **Crème fraîche**, 80 g **Mascarino**, 100 g geschlagenes **Obers**, 5 Blatt **Gelatine**, Salz, Pfeffer, 1 TL **Zitronensaft**.

Zubereitung Terrine: Die Terrinenform mit einer Klarsichtfolie auslegen. Die Zucchini der Länge nach in dünne Streifen schneiden und die Terrinenform damit auslegen. Für die Bärlauchmasse den Frischkäse mit der Crème fraîche, dem Mascarino, dem Zitronensaft, dem gehackten Bärlauch und Petersil, Salz und Pfeffer gut verrühren, abschmecken und die in wenig heißem Obers aufgelöste und vorher eingeweichte Gelatine unterrühren. Zuletzt das geschlagene Obers unterheben.

Die Masse in die Terrinenform füllen und mit weiteren Zucchinistreifen abdecken. Zum Stocken in den Kühlschrank stellen.
Die kalte Terrine in 2 cm dicke Scheiben schneiden und mit dem Wiesenkräutersalat und Kirschparadeiser anrichten.

Zutaten Wiesenkräutersalat

50 g **Vogerlsalat, Löwenzahn, Schafgarbe, Spitzwegerich, Gänseblümchen,** junge **Brennnesselblätter** (kurz in heißes Wasser getaucht und im Eiswasser abgeschreckt), **Salz, Traubenkernöl** und **Walnussöl, Weinessig** und **Balsamessig**.

Zubereitung Salat: Für den Salat die Wiesenkräuter und den Vogerlsalat waschen und trocken schleudern. Mit Traubenkernöl, Walnussöl, Essig und Salz marinieren!

Bärlauchsuppe

Zutaten für 4 Portionen

1 Handvoll **Bärlauchblätter** (je nach Anzahl der Blätter wird der Geschmack intensiver), 1 kleiner **Erdapfel** (eine mehlige Sorte), 500 ml **Rind- oder Geflügelsuppe**, 125 ml **Schlagobers**, Salz, weißer Pfeffer.

Zubereitung: Einen gekochten Erdapfel schälen. Die Bärlauchblätter gut waschen und fein wiegen. Die Rindsuppe gemeinsam mit dem Schlagobers aufkochen. Die Bärlauchblätterstreifen und den gekochten Erdapfel dazugeben, kurz ziehen lassen. Mit dem Pürierstab gut durchmixen. Die fertige Bärlauchsuppe mit Salz und weißem Pfeffer abschmecken.
Als Einlage für die Bärlauchsuppe passen geröstete Semmelwürfel oder ein pochiertes Hühnerei (5 Minuten gekocht) oder auch kleinen Wachteleier, die für 3 Minuten gekocht werden.

Gemüse: Zwiebel, Frühlingszwiebel und Schalotten

Vielseitige, kompakte Schalenkugel eines Lauchgewächses, biologisch definiert als „angeschwollene Blattbase mit kegelförmigem Zwiebelkuchen" und Universalgewürz als Gemüse, Gewürz-, Küchen- und Sommerzwiebel (Allium cepa; von griech. käpia = die Duftende, franz. oignon, engl. onion, ital. cipolla).

Die Zwiebel ist sicherlich eine der ältesten Kulturpflanzen überhaupt. Sie wird schon seit mehr als 5000 Jahren angebaut und dient als Heil-, Gewürz- und Gemüsepflanze. Bei den alten Ägyptern wurde sie nicht nur den Göttern geweiht, sie wurde auch als Zahlungsmittel eingesetzt. Bei den Römern zählten Zwiebeln zu den Grundnahrungsmitteln.

Zwiebeln haben eine recht scharfe zwiebelgemüsige Verwandtschaft in ➤ Knoblauch, wie ➤ Lauch, ➤ Porree, wie ➤ Schalotten und ➤ Schnittlauch und wurden seit altersher klein, länglich silbrig, rot oder riesig gezüchtet und gemocht.

Frühlingszwiebeln ➤ Werden üblicherweise roh verzehrt und liefern uns somit alle gesunden Nährstoffe..

Die Vielseitigkeit der Zwiebel mit ihren etwa 100 Arten, Formen, Übergrößen, Winzigkeiten, Schärfegraden ist so bewundernswert wie die Kreativität der Köche, die sie zerkleinern, roh garnieren, musen, schmoren, kochen, braten, dämpfen, füllen oder in der Zwiebelsuppe. Jedes zweite steirische Gericht enthält Zwiebeln.

Als Speicherorgan hat die Zwiebel allerhand Gutes und Gesundes, z.B. Enzyme, die nach dem Anschneiden bei Sauerstoffzutritt aktiv werden Propenylcysteinsulfoxid in Propanthialsulfoxid umsetzen, das als Gas zu Tränen reizt. Der Prozeß lässt sich halbwegs unterdrücken, wenn die zu schneidende Zwiebel 30 Minuten vorher im Kühlschrank lag oder 10 Minuten in die Gefriertruhe kam.

Zwiebeln sind appetitanregende, vielseitig gesundheitsfördernde, aber auch atemberaubende Zutat in Zwiebelfleisch, Zwiebelleberwurst, Zwiebelsauce und – suppe, Zwiebelwurst. Dagegen helfen ein Glas warme Milch, ein Esslöffel klein gehackter Petersilie, etwas Zitronensaft oder auch ein Apfel.

Gegen den Anstieg der Blutfettwerte

Menschen, die regelmäßig rohe Zwiebeln essen, weisen bessere Blutfettwerte auf. In einem Versuch mit Risikopatienten konnte mit Zwiebeln der Bluthochdruck in 13 von 20 Fällen gesenkt werden. Zwiebel essen senkt auch den Cholesterinspiegel und erhöhen gleichzeitig „gutes" HDL-Cholesterin.

Stärkung der Abwehrkräfte

Bewährte Hausmittel gegen infektiöse Erkrankungen wie Erkältungen, Husten, Bronchitis oder Mageninfektionen. Langzeitstudien erbrachten, daß frisch geschnittene Zwiebeln Asthma lindern und Hilfe bei Bronchialstauungen bringen können. Regelmäßiger Zwiebelgenuss vermindert auch das Krebsrisiko. Dieser Schutz ist auf Alliumverbindungen und Flavoniode zurück zu führen.

Zwiebel Inhaltsstoffe

Portionsgröße 50 g

Kilokalorien/Kilojoule	28/117
Eiweiß, Protein (g)	1
Fett gesamt (g)	+
Cholesterin gesamt (mg)	0
Kohlenhydrate (g)	5
Ballaststoffe (g)	1,8
Wasser (g)	88

Mineralstoffe

Natrium (mg)	3
Kalium (mg)	160
Kalzium (mg)	20
Magnesium (mg)	10
Phosphat (mg)	30
Eisen (mg)	0,2
Zink (mg)	0,2

Vitamine

Carotine, einschl.	
Beta-Carotine (µg)	7
Vitamin E (Tocopherol) mg	0,1
Vitamin B1 (Thiamin) mg	0,03
Vitamin B2 (Riboflavin) mg	0,02
Vitamin B6 (mg)	0,15
Folat (100 g/µg)	10
Vitamin C (mg)	7

Empfohlene Menge pro Mahlzeit

Den größten Gesundheitswert haben rohe, frisch geschnittene Zwiebeln, aber auch gekochte Zwiebeln entfalten gesundheitsfördernde Eigenschaften. Empfehlenwert sind 60 g rohe oder gekochte Zwiebeln pro Mahlzeit oder eine halbe Zwiebel.

Viele Menschen bevorzugen zum Rohessen die milderen und süßer schmeckenden Zwiebelsorten. Zwiebeln sollten immer kühl und trocken gelagert werden. Zwiebelfertigprodukte wie Trokkenzwiebeln haben nicht nur wenig Aroma, sondern auch den größten Teil der gesunden Inhaltsstoffe des frischen Gemüses verloren. Für den Erhalt ihrer wertvollen Substanzen sollten Zwiebeln erst kurz vor dem Servieren oder Kochen geschnitten werden.

Holunderblüten | **Holunderbeeren** | **Preiselbeeren**

Hagebutten | **Hagebuttenstrauch** | **Hagebutten**

Wildfrüchte

Holunder ▶ Wirkung: Der Volksmund spricht: „Vom Holunder zieht man den Hut herunter." Bekannt ist der Holunder vermutlich schon seit der Steinzeit. Bereits im antiken Griechenland erkannte Hippokrates seine Heilkraft gegen Verstopfung, Wassersucht und Frauenbeschwerden. Auch bei Theophrastus von Eresos, Plinius und Dioskurides wurde der Holunder erwähnt. Bei den Kelten galt er als heiliger Baum, bei den Germanen war er der Göttin Holle (Frau Holle) geweiht. Die Flavonoide schützen vor Arteriosklerose und wirken antikanzerogen.
Inhaltsstoffe: Die tiefdunklen, reifen Beeren enthalten organische Säuren, Gerbstoffe und 18 mg Vitamin C/100 g Frucht sowie Flavonoide. Der Holunder hat einen harzig bitteren, herzhaft kräftigen Geschmack.
Verwendung: Im Frühsommer sowohl als Blüten als auch im Herbst die Beeren als Säfte und Sirup, Vorspeisen, Hauptspeisen und als süße Nachspeise zu verwenden. Die Früchte werden wegen ihres intensiven dunkelroten Farbstoffes auch zur Farberzeugung verwendet. Die Beeren nur im gekochten Zustand essen.
Hagebutte ▶ Vermutlich war die Hagebutte bereits in der Steinzeit bekannt und diente schon damals zur Herstellung von Mus. Heute wird sie vorwiegend zur Zubereitung von Tees verwendet, aber auch andere Produkte, wie zum Beispiel Hagebuttenmarmeladen, sind sehr reich an Vitamin C.

Wirkung: Immunsystemstärkend, entzündungshemmend.
Inhaltsstoffe: Je 100 g frische Hagebutte (von Hundsrose oder Apfelrose) enthalten zwischen 800 und 2900 mg Vitamin C, dazu Carotinoide und weitere Vitamine, Fruchtsäuren und Pekitin.
Verwendung: Hagebuttenmus, Marmelade für Brotaufstriche, Vorspeisen und süße Suppen, Hagebuttenwein.
Hopfen ▶ Die antibakterielle Wirkung des Hopfens erwähnte bereits Hildegard von Bingen, indem sie darauf hinwies, dass seine Bitterkeit Fäulnis verhindert. Albertus Magnus lobte den Hopfen als Heilpflanze, er erwähnte unter anderem seine schlaffördernde Wirkung.
Wirkung: Beruhigend und lindern Hitzewallungen bei Frauen in den Wechseljahren.
Inhaltsstoffe: Hat einen besonders würzigen, bitteren, harzigen Geschmack, ätherische Öle, Bitterstoffe, Flavonoide, Gerbstoffe.
Verwendung: Suppen, Vorspeisen, Hopfentee, Bier
Preiselbeeren ▶ In der Volksmedizin als Mittel gegen Durchfall.
Inhaltsstoffe: Enthält 3–18% Mehrfachzucker, wenig Schleim, Saponine und ätherische Öle, Flavonoide, Pektin.
Verwendung: als Fruchtmus, Marmelade zu Fleisch, Mehlspeisen.
Wacholder ▶ In der Naturheilkunde schätzte bereits Sebastian Kneipp die Heilwirkung des Wacholders. Er setzte ihn als Mittel gegen Rheuma ein. Darüber hinaus wirkt der Wacholder unter anderem desinfizierend und harntreibend.

Wildkräuter und Wildpflanzen

Mit frischen Wildkräutern würzen ist im Frühjahr besonders gesund, sie enthalten mehr Vitamine und Mineralstoffe als alle Blattsalate. Die Kunst besteht in der Auswahl und im Sammeln der essbaren Wildpflanzen zum richtigen Reifezeitpunkt, und dann die geeignete Verarbeitungsform zu wählen. Das Wissen über Inhaltsstoffe und deren gesundheitliche Wirkungen der einzelnen Kräuter für unsere Ernährung ist eine von Generation zu Generation weitergegebene Erfahrung.

Bärlauch ➤ ist ein Verwandter des Knoblauchs. Er bevorzugt schattige Laubwälder und breitet sich an manchen Stellen großzügig aus. Diesen Plätzen verleiht er dann im Frühjahr den typischen Knoblauchgeruch. Der Wilde oder Waldknoblauch *(Allium ursinum)* hat in lanzettenlangen Blättern zwar knoblauchartige Würze, aber keine, die Atem oder Haut anhängt.
Wirkung: Durchblutungsanregend, verdauungsfördernd, antibakteriell, schleimlösend.
Inhaltsstoffe: Schwefelhaltige ätherische Öle, Vitamin A, Vitamin C, Allicin (antibiotische Wirkung).
Verwendung: Sehr pikant werden Suppen, Salate, Saucen, Pesto, Gemüse, Füllungen von Omeletts, Reisgerichte, Fisch oder Fleisch zubereitet, wenn gehackter Bärlauch Zwiebeln oder Knoblauch ersetzt.

Brennnessel ➤ Die (große) Brennnessel ist aufgrund ihrer Brennwirkung auf der Haut fast jedem wohl schon seit seiner Kindheit bekannt. Früher sagte man, dass in der Brennnessel aufgrund des Brennens auf der Haut ein dämonisches Wesen sitze. Am Johannistag aß man Palatschinken mit einer Brennnesselfülle, um gegen Nixen- und Elfenzauber immun zu sein. Zu Neujahr gab es Brennnesselkuchen.
Wirkung: Verdauungsfördernd, blutbildend, entwässernd, entzündungshemmend.
Inhaltsstoffe: Vitamin A, Vitamin C, Kalzium, Kieselsäure, Eisen, Magnesium, Gerbstoffe, ätherische Öle.
Verwendung: Brennnesselspinat, als Blattgemüse, für Salate, Suppen.

Kapuzinerkresse ➤ Sie kann andere Pflanzen vor Schädlingsbefall bewahren, besonders Erbsen, Bohnen und Beeren.
Wirkung: Bedingt durch den hohen Vitamin C-Gehalt gegen Erkältungen, blutreinigend und steigert die Abwehrkräfte.
Inhaltsstoffe: Senfölglykoside, Vitamin C, Vitamin A.
Verwendung: Frisch gepflückt für Salate, aufs Brot, die Blütenknospen als Kapernersatz.

Lavendel ➤ Aufgrund seines Duftes und seiner beruhigenden Wirkung wurde der Lavendel bereits im alten Rom als Badezusatz verwendet. Vermutlich erhielt er auch seinen Namen vom lateinischen Wort „lavare", das „waschen" bedeutet. Hildegard von Bingen empfahl den Lavendel gegen Lungenbeschwerden. In der Naturheilkunde wird er gerne Teemischungen mit beruhigender Wirkung beigesetzt.

Löwenzahn ➤ Aus dem wilden Löwenzahn ist eine wirklich nützliche Gemüsepflanze gezüchtet worden.
Wirkung: Gallenmittel, regt Magensaft und Pankreassaft an, entwässernd.
Inhaltsstoffe: Kalzium, Vitamin C, Vitamin B2, Kalium, Bitterstoffe, Harze, Inulin (Ballaststoffe).
Verwendung: Die Blätter als Wildsalat; die gelben Blüten als Brotaufstrich; die Wurzeln getrocknet als Kaffeeersatz.

Sauerampfer ➤ Gartensauerampfer hat einen erfrischenden, säuerlichen Geschmack. Er kann roh unter Salaten gemischt werden.
Wirkung: Blutbildend, verdauungsfördernd, schleimlösend, entzündungshemmend.
Inhaltsstoffe: Vitamin C, Eisen, Gerbstoffe, Oxalsäure.
Verwendung: Wie Spinat, für Salate, Suppen.

Ringelblume ➤ Die Ringelblume kann als Heilpflanze sowohl äußerlich als auch innerlich angewandt werden. Innerlich wird sie bei Verdauungsbeschwerden und in der Frauenheilkunde genutzt.
Wirkung: Wundheilende Wirkung, antimikrobielle Wirkung, Immunstimulation.
Inhaltsstoffe: Die Blüten enthalten 0,02% ätherische Öle, Saponine, Bitterstoffe, Flavanoide.
Verwendung: Zum Kochen wird die Ringelblume manchmal als Safranersatz verwendet, die Blüten zum Salat oder aufs Butterbrot, Ringelblumensalbe bzw. -öl.

Heilpflanzen

Ackerschachtelhalm ➤ Der Ackerschachtelhalm ist ein Unkraut, welches von Sebastian Kneipp als Heilpflanze entdeckt wurde.
Wirkung: Wegen des hohen Anteils an Kieselsäure wird er auch bei Nierenerkrankungen eingesetzt, früher auch zum Putzen von Zinn, weshalb er auch als Zinnkraut bekannt ist.

Birke ➤ Die Birke galt schon zu Urzeiten als heiliger Baum und war ein Symbol des Lebens und der Fruchtbarkeit. Charakteristisch für die Birke ist ihre weiße, weiche und glatte Rinde, mit – vor allem bei älteren Bäumen – dunklen, rauen Stellen. Im Frühjahr beginnt die Birke zu blühen, wobei sie gelbliche männliche und grüne weibliche Blüten trägt.

Eisenkraut ➤ Das (Echte) Eisenkraut ist eine mehrjährige, selten einjährige, krautige Pflanze. Es ist seit der Antike als Heilpflanze bekannt, und dementsprechend ranken sich zahlreiche Mythen rund um das Eisenkraut. So wurde es zum Beispiel zur rituellen Reinigung von Tempeln verwendet. Im alten Rom sowie in Griechenland trugen hohe Würdenträger Kopfschmuck aus Eisenkraut, und bei den Ägyptern war es Teil von Zeremonien und wurde „Träne der Isis" genannt.

Efeu ➤ Der Efeu ist eine immergrüne, mehrjährige Pflanze. Er ist durch seine Haftwurzeln in der Lage, an Bäumen und Mauern hochzuklettern und ist somit der einzige einheimische Wurzelkletterer in Mitteleuropa. Er kann ein Alter von 450 Jahren erreichen.

Anis ▶ Der Anis ist als Gewürz- und Heilpflanze vermutlich schon 1500 v. Chr. von den Ägyptern verwendet worden. Er galt dereinst in vielen ländlichen Gebieten als Aphrodisiakum. Auch glaubte man, Anis helfe Tauben bei der Eingewöhnung, weshalb Bauern ihren Taubenschlag mit Anisöl bestrichen.

Acker-Ringelblume ▶ Die Acker-Ringelblume ist nah verwandt mit der bekannten Garten-Ringelblume. Wie die Garten-Ringelblume kann sie als Heilpflanze sowohl äußerlich als auch innerlich angewandt werden. Innerlich wird sie bei Verdauungsbeschwerden und in der Frauenheilkunde genutzt. Vorwiegend findet sie aber Verwendung zur äußerlichen Behandlung von Wunden.

Baldrian ▶ Hildegard von Bingen setzte den Baldrian als Heilmittel bei Seitenstechen und Gicht ein. Als Schlaf- und Nervenmittel ist der Baldrian seit ca. 300 Jahren bekannt. Sein wissenschaftlicher Name „Valeriana" wird vom lateinischen Wort „valere", abgeleitet, welches soviel wie „gesund sein" bedeutet. Daran mag man schon seine Bedeutung als Heilpflanze erkennen.

Brennnessel ▶ Die (große) Brennnessel ist aufgrund ihrer Brennwirkung auf der Haut fast jedem wohl schon seit seiner Kindheit bekannt. Früher sagte man, dass in der Brennnessel aufgrund des Brennens auf der Haut ein dämonisches Wesen sitze. Am Johannistag aß man Palatschinken mit einer Brennnesselfülle, um gegen Nixen- und Elfenzauber immun zu sein.

Dill ▶ Der Dill ist in der Naturheilkunde schon lange gebräuchlich. Bereits die Ägypter kannten den Dill und seine heilende Wirkung. Doch auch im antiken Griechenland und Rom wurde der Dill bereits kultiviert. Die Gladiatoren im alten Rom rieben sich vor den Kämpfen mit Dill-Öl ein, um Wunden vorzubeugen.

Eiche ▶ Bei den Germanen war die Eiche ein heiliger Baum, ihre Rinde wurde schon in der Antike als Heilmittel gegen Darm-, Haut- und Rachenerkrankungen genutzt. In der heutigen Zeit wird die Blüte der Eiche als Bachblüte „Oak" eingesetzt.

Fenchel ▶ Der Fenchel ist schon seit Jahrtausenden als Heilpflanze weltweit geschätzt. Er kommt ursprünglich aus dem Mittelmeerraum. Früher bekamen Mütter nach der Entbindung Fenchel geschenkt, einerseits um Fliegen von ihrem Baby abzuhalten, andererseits um einen Tee zuzubereiten, welcher die Milchproduktion anregen sollte. Heute sind Fenchelfrüchte noch Bestandteil von Milchbildungstees.

Fingerhut ▶ Der Fingerhut wird in der Medizin seit dem 18. Jahrhundert angewandt. Der englische Mediziner William Withering gilt hier als Pionier und Entdecker des Fingerhuts. Angeblich vermittelte ihm eine Kräuterfrau ihr Wissen über die Pflanze. Withering gelang es dann, den Fingerhut erfolgreich gegen Wassersucht einzusetzen.

Goldmelisse ▶ Die Goldmelisse ist eine mehrjährige krautige Pflanze, die nach Zitrone riecht. Sie stammt aus Nordamerika und wurde in Europa als Zierpflanze eingeführt. Aufgrund ihrer attraktiven roten Blüten schmückt sie auch heute zahlreiche europäische Gärten.

Hopfen ▶ Die antibakterielle Wirkung des Hopfens erwähnte bereits Hildegard von Bingen, indem sie darauf hinwies, dass seine Bitterkeit Fäulnis verhindert. Albertus Magnus lobte den Hopfen als Heilpflanze, er erwähnte unter anderem seine schlaffördernde Wirkung.

Kamille ▶ Die (Echte) Kamille gehört zu den beliebtesten und bekanntesten heimischen Heilpflanzen. Bereits in der Antike nutzten die Ägypter die Kamille zur Behandlung von Erkältungen, Fieber, Schmerzen und in der Frauenheilkunde. Im alten Rom wurde sie zur Beruhigung bei Depressionen oder Schlafstörungen eingesetzt.

Königskerze ▶ Ihren Namen hat die Königskerze aufgrund ihrer majestätischen Erscheinung und ihrer früheren Verwendung, denn die Stängel wurden in Wachs, Öl, Harz oder Pech getaucht und als Fackeln genutzt. Sie wurde früher auch Herba lucernaria (Lampenkraut) genannt.

Steirisches Küchen Lexikon | 125

Robert, ein Vater kocht für seine Tochter Julia: Gemüse

Manchmal eine Notwendigkeit (Vitamine), manchmal eine Delikatesse. Auf jeden Fall solltest du Gemüse so kochen, daß es noch Biß hat. Zerkochtes Gemüse ist ein Greuel.

Karotten

Ich finde, Karotten passen zu sehr vielem, ich mag sie zu Steaks oder Braten, aber auch nur in Scheiben geschnitten und vermischt mit Erdäpfelpüree. Karotten bekommst du das ganze Jahr über in guter Qualität im Supermarkt. Aber im Frühjahr freue mich schon auf die „jungen" Karotten. Karotten haben etwas Süßes, das durch karamelisierten Zucker betont wird.

Zutaten für 4–6 Personen

500 g **Karotten** (am schmackhaftesten sind junge), 1 MSP **Salz**, 60 g Butter, 2 EL **Zucker**, 3 EL geschnittene **Petersilie,** nach Belieben auch 1 EL **Balsamico-Essig**.

Zubereitung: Junge Karotten waschen, schälen und in 3 mm dicke Scheiben schneiden.

✷ In einen Topf mit wenig Wasser geben (etwa 250 ml, sie sollen knapp bedeckt sein), Salz und 2/3 der Butter zufügen und köcheln lassen, bis fast alles Wasser verdampft ist.

✷ Karotten herausnehmen und zur Seite legen.

✷ Zucker in den Topf geben und Platte auf höchste Stufe stellen, damit der Zucker schmilzt und schließlich bräunt, mit etwas Wasser (oder Essig) ablöschen und restliche Butter zufügen.

✷ Karotten wieder in den Topf geben und Petersilie hineinmengen, alles gut vermischen, gegebenenfalls noch salzen und servieren.

Anmerkungen

✔ In der Haut der Karotten sind die Vitamine. Daher nur schälen, wenn es wirklich nötig ist.

✔ Ich mag Gemüse nicht zu durch, die meisten Gäste aber schon. Für mich würde ich die Karotten kürzer dünsten und eventuell etwas von dem Wasser vor dem Weiterkochen abgießen.

✔ Der Erhalt von Vitaminen ist ein gutes Argument, Gemüse nicht zu stark durchzukochen.

✔ Beachte, daß die Kochzeit bei in Scheiben geschnittenen Karotten viel kürzer ist als bei ganzen. Wie immer geht es dabei um die Lösung der Wärmeleitungsgleichung.

Abgeschmalzene Bohnschoten

Frische Bohnschoten sind für mich Boten des Frühlings, und eigentlich esse ich sie viel zu wenig. Sie sind eine sehr gute Beilage, aber abgeschmalzene Bohnschotten esse ich auch gerne als kleines Essen am Abend.

Zutaten für 6 Personen

1 kg frische (knackige) **Bohnschoten,** 1 EL **Salz,** 1 EL fein geschnittene **Petersilie**, 2 gepreßte **Knoblauchzehen**, 80 g **Semmelbrösel**, 125 g **Butter** (bei gekochten Bohnen nur 60 g).

Zubereitung: Die Bohnschoten waschen und die Enden abbrechen (du kannst dabei den Faden herausziehen, der eventuell in der Schote ist), reichlich Wasser (2 l) in einem großen Topf zum Kochen bringen, salzen und Bohnen hineingeben.

✷ Kochen, bis sie gerade durch sind (etwa 10 Minuten; ich nehme gegen Garende eine Schote aus dem Topf und probiere sie, sie soll noch bißfest sein), wenn sie fertig sind in ein Sieb gießen.

✷ Die Hälfte der Butter in den Topf geben und bei geringer Hitze schmelzen, Knoblauch hineingeben und leicht anrösten.

✷ Schoten und Petersilie in den Topf zurückgeben und gut mit Butter vermischen und salzen. Die gekochten Bohnschoten sind damit fertig. Inzwischen in einem kleinem Topf die restliche Butter schmelzen, Brösel hineingeben und unter ständigem Rühren bräunen. Weiterrühren, bis kleine Klümpchen entstehen.

Schoten auf Tellern anrichten, Brösel darüber geben und servieren.

Anmerkungen

✔ Beim Kaufen nehme ich immer eine Schote und zerbreche sie; wenn sie frisch sind, muß es knacken.

✔ Es gibt sehr unterschiedliche Bohnschotensorten: runde und flache, gelbe und grüne, ich mag sie alle. Wenn's geht grüne runde Schoten für gekochte und gelbe „Butterschoten" für abgeschmalzene Bohnen.

Spargel

Auf den ersten Spargel freue ich mich schon das ganze Jahr. Ich lasse mich aber nicht vom südländischen „Flugspargel" verlocken sondern warte, bis der heimische (Marchfelder) Spargel am Markt ist.

Spargel ist ein sehr gutes Hauptgericht und mundet mit etwas zerlassener Butter und Weißbrot hervorragend. In Stuttgart ist es üblich, ihn mit Flädle (so nennen die Schwaben unsere Palatschinken) und Schinken zu essen, und mit einer Sauce Hollandaise. Vor allem die Sauce erfordert hier etwas Arbeit.

Spargel ist auch eine hervorragende Beilage zu allen Arten von gebratenem Fleisch (Steaks, Schweinsfischerln, etc.).

Zutaten für 2–3 Personen als Hauptgericht oder für 4 Personen als Beilage

1 kg frischen, weißen **Spargel** (mindestens 2 cm dick), 2 EL **Salz**, 1 EL **Zucker**.

Zubereitung: Spargel schälen und die unteren Enden abschneiden, inzwischen in einem Spargeltopf Wasser zum Kochen bringen, Salz und Zucker zufügen und Spargelstangen hineinstellen und etwa 10 bis 15 Minuten kochen.

Anmerkungen:

✔ Ich kaufe nur ganz frischen Spargel. Ob er frisch ist, erkennst du an den Schnittflächen.

✔ Der Spargel soll mindestens 2 cm dick sein. Bei dünnen Spargeln macht das Schälen viel mehr Arbeit. Es gibt auch sehr dicke Spargel, hier dauert das Kochen entsprechend länger.

✔ Zum Schälen einen Gemüse- oder Spargelschäler verwenden. Du sollst knapp unterhalb des Kopfes beginnen. Bitte paß auf, daß keine Schale übrig bleibt, das ist grauslich.

✔ Der Spargel soll nach meiner Meinung nach dem Kochen noch innen etwas hart sein (Biß haben). Das kann nicht schlecht sein, schließlich könnte man Spargel auch roh essen.

✔ Wenn du keinen Spargeltopf hast, in dem der Spargel stehend gekocht werden kann, geht auch ein großer Topf, in dem die Stangen liegen.

Robert, ein Vater kocht für seine Tochter Julia: Beilagen

Minzerdäpfel, Rosmarinerdäpfel, Erdäpfelgratin: Was soll man hier viel sagen? Beilagen braucht man einfach, wie einen Bissen Brot (Brot ist auch eine sehr gute Beilage). In der Regel sollen Beilagen einen eher dezenten Geschmack haben, um die Hauptspeise nicht zu dominieren.

Dann bilden sie eine wunderbare Basis, um mit Gewürzen bestimmte Geschmacksrichtungen zu betonen. Beilagen haben aber auch die Funktion, uns die Energie zuzuführen, die wir zum Überleben brauchen (man kann ja nicht ausschließlich Steaks essen). Daher hatten sie in der DDR den charmanten Namen „Sättigungsbeilagen".

Erdäpfelgratin

Das ist eine fürstliche Beilage, die jedem Festmahl gut zu Gesicht steht. Es steckt einige Arbeit drinnen, aber die kann auch schon Stunden, bevor die Gäste kommen, erledigt werden. Ist der „Erdäpfelauflauf" einmal im Rohr, so macht er keine Arbeit mehr.
Ich hab Erdäpfelgratin besonders gerne zu Lamm oder auch zum englischen Roastbeef.

Zutaten für 6–8 Personen

800 g mehlig kochende **Erdäpfel** (z.B. Bintje), 700 ml **Milch**, 125 ml süßer **Rahm**, 2 **Eier**, 150 g geriebenen **Gruyère** (kann auch **Tiroler Bergkäse** oder **Emmentaler** sein), 80 g **Butter**, 1 **Knoblauchzehe**, **Salz**, **Pfeffer** und **Muskatnuß**.

Zubereitung:
Zuerst Milch einmal aufkochen, abkühlen lassen und die Haut abschöpfen.

✽ Erdäpfel schälen, in gleich dicke Scheiben schneiden und dann waschen, dann auf ein Hangerl oder Küchenpapier schütten und mit Küchenpapier trocken tupfen.

✽ Getrocknete Erdäpfelscheiben auf einem Geschirrhangerl ausbreiten, salzen, pfeffern und mit Muskatnuß bestreuen, dann 2/3 des geriebenen Käses drüberstreuen und vermischen.

✽ Feuerfeste Auflaufform mit Knoblauch ausreiben und buttern. Die Erdäpfelmischung in der Form verteilen. Wenn's zur Hauptspeise paßt, kannst Du die restliche Knoblauchzehe fein hacken und untermischen.

✽ Eiklar und Eidotter in die abgekühlte Milch (unter 61°C; sonst stockt das Eiweiß) geben und gut vermischen, dann vorsichtig über die Erdäpfel schütten; nötigenfalls noch Milch nachgießen.

✽ Den restlichen Käse, Butterflöckchen und den süßen Rahm darauf verteilen. Die Flüssigkeit soll die Erdäpfel gerade eben bedecken.

✽ Den Auflauf ins vorgeheizte Rohr schieben und backen, bis eine goldgelbe Kruste entstanden ist und die Küche unglaublich gut duftet.

Anmerkungen

✔ Wenn du die Milch abkochst, muß sie abkühlen, bevor du die Eier zufügst, sonst könnten die Eier gerinnen.

✔ Beim Kochen werden die Erdäpfelscheiben zunächst praktisch in der Milch gekocht. Dabei ist jede Scheibe völlig von der Flüssigkeit umgeben. Wenn die Scheiben ungleich dick sind, ist auch die Gardauer die Scheiben unterschiedlich (die Zeit für die Wärmezufuhr skaliert mit dem Quadrat der Dicke).

✔ Beim Schneiden der Erdäpfel tritt Stärke aus, welche die Scheiben verkleben kann. Ich mag das nicht. Daher wasche ich die geschnittenen Erdäpfel. Das ist ganz einfach: in ein großes Sieb geben, unter dem Küchenhahn durchbrausen und abtropfen lassen.

Minzerdäpfel

Diese könnten auch als Zwischengericht verwendet werden. Dieses köstliche Gericht kann man nur im Frühling machen, wenn die „Heurigen-Erdäpfel" gerade auf den Markt kommen. Ich lernte es bei einem Besuch bei einem befreundeten Professor in England, der die Erdäpfel sogar erst ausgegraben hat.
Es paßt sehr gut zu allen Arten von Fleisch oder Fisch (mein Freund reichte es zu Lamm), aber wenn die ersten Heurigen kommen, ißt man Minzerdäpfel auch gerne als kleines Zwischengericht (oder Nachtmahl).

Zutaten für 4 Personen

600 g **Heurige-Erdäpfel** (am besten mit 3–5 cm Durchmesser), 1 Büschel frische **Pfefferminze**, 100 g **Butter**, etwas **Salz** aus der Mühle.

Zubereitung:
Die Erdäpfel sorgfältig waschen und dann abtrocknen.

✽ Büschel Minze mit einem Nudelwalker (oder einem Hammer) etwas quetschen,

✽ in einen großen Topf geben und mit 2 Liter Wasser auffüllen, die ungeschälten Erdäpfel dazu geben und das Wasser zum Kochen bringen, dann bei geringer Hitze mit Deckel weiter köcheln lassen. Inzwischen die Butter schmelzen.

✽ Wenn die Erdäpfel gar sind (Nadelprobe) aus dem Topf nehmen, warten, bis sie trocken sind, mit Butter übergießen und servieren.

Anmerkungen

✔ Durch das Bearbeiten der Minze mit dem Nudelwalker platzen ein paar Zellwände auf und das Aroma der Kräuter wird leichter freigesetzt. Mann kann die Kräuter auch in einem Mörser zerreiben, das ist aber viel mehr Arbeit.

✔ Die Schale junger Erdäpfel ist genießbar und enthält viele Vitamine.

✔ Der Minzgeschmack geht in die Schale der Erdäpfel. Du wirst sehen, das schmeckt wirklich gut.

Rosmarinerdäpfel

Das ist eine gute Beilage, für die du nicht viel Zeit brauchst.

Zutaten für 4 Personen

600 g **Erdäpfel**, 3 EL **Olivenöl**, **Salz** aus der Mühle, 3–4 Zweige **Rosmarin**.

Zubereitung:
Das Backrohr auf 180°C vorheizen,

✽ Erdäpfel schälen und in gleich dicke Scheiben (etwa 5 mm) schneiden, dann waschen und mit Küchenpapier trocken tupfen,

✽ 2 EL Olivenöl auf ein Backblech geben und die Erdäpfelscheiben drauflegen,

✽ die Erdäpfelscheiben wenden (damit die Scheiben überall mit Olivenöl bedeckt sind), und ins heiße Backrohr schieben.

✽ Wenn die Oberseite Blasen wirft und leicht braun wird, wenden und nochmals mit etwas Öl bepinseln (dann werden sie knusprig),

✽ fertig backen (sie sollen goldbraun sein, dann erst salzen und zum Schluß noch für 3 Minuten mit dem Rosmarin im Rohr lassen,

✽ in eine Schüssel geben und nachwürzen.

Salatsaucen
Die Freude einer würzigen Vinaigrette

Das französische Wort „vinaigre" (Essig) gab dieser Zubereitungsart den Namen. In der Steiermark wird traditionell „Mostessig" oder „Weinessig" verwendet.

Marinaden
Marinaden weist eine klare Konsistenz auf und besteht nur aus Essig, Öl, Gewürzen und Kräutern. Die Zutaten müssen gut verrührt werden. Der vorbereitete Salat wird mit der Marinade vermischt.

Salate mit cremigen Dressings
Cremige Saucen mit mildem oder kräftigem Käse umschmeicheln sanft den Gaumen. Erfrischend leichte Dressings durch Beigabe von Joghurt, Eidotter, Rahm, Topfen, Frischkäse oder Senf haben Dressings eine cremige bis dickflüssige Konsistenz, als würzige Variationen mit frischer Mayonnaise. Der vorbereitete Salat wird mit dem Dressing überzogen, oder auch zu gebratenem und gegrilltem Gemüse.

Mediterane Marinade
Zutaten: Weinessig, Olivenöl, Salz, Knoblauch zum Ausreiben der Salatschüssel, frische Kräuter.
Verwendung für Blattsalate, Rohgemüsesalate, Salat von gekochtem Gemüse.

Zitronenmarinade
Zutaten: Zitronensaft, Oliven-, Distel- oder Sonnenblumenöl, Salz, Kräuter.
Verwendung für Blattsalate, Rohgemüsesalate, Salat von gekochtem Gemüse, Rohkost.

Kräutermarinade (Vinaigrette)
Zutaten: Wein- oder Apfelessig, Oliven- oder Sonnenblumenöl, frische Kräuter, Kresse oder Sprossen.
Verwendung für Blattsalate, zusammengesetzte Salate.

Joghurt-Dressing
Zutaten: Zitronensaft, Joghurt, Salz, weißer Pfeffer, evtl. Dill oder Melisse.
Verwendung für Blattsallate, Rohgemüsesalate, Rohkost.

Blauschimmelkäse-Dressing
Zutaten: Weinessig, Blauschimmelkäse, Olivenöl, Zitronensaft, Salz, Pfeffer.
Verwendung für Blattsalate, Rohgemüsesalate.

Kürbiskern-Buttermilch-Dressing
Sehr erfrischend
Für 4 Portionen, Zubereitungszeit: 15 Min.
70 g Petersilie, 150 g Buttermilch, 150 g Frischkäse (16% Fett), 1 EL Apfel-Balsamessig, 2 EL Blütenhonig, 1 TL Kräutersalz, grünen Pfeffer, 3 EL steirisches Kürbiskernöl.
Zubereitung: Die Petersilie waschen und trocken schleudern. Mit der Buttermilch in einem hohen Becher mit dem Pürierstab fein pürieren. Den Frischkäse dazu geben und weiter mixen bis eine gleichmäßige cremige Konsistenz erreicht ist.
Mit Essig, Blütenhonig, Salz und grünen Pfeffer würzen, das steirische Kürbiskernöl nach und nach unterrühren. Nochmals abschmecken.
Harmoniert am besten zu Gurken, Staudensellerie, grünen Bohnen, Blumenkohl (gekocht), gekochte Erdäpfel.
Zusätzliche Verfeinerung: geröstete Kürbiskerne, pochierte oder gekochte Eier.

Gurken-Vinaigrette
Erfrischend und knackig
Sommerstimmung bringt diese Vinaigrette, in der die Gurkenwürfel in Verbindung mit einem Hauch Ingwer und einigen Korianderblättern erfrischende Aromen zaubern.
Für 4 Portionen, Zubereitungszeit: 15 Min.
1 kleine Salatgurke (200 g), Salz, 10 g frischer Ingwer, 1/2 TL grüne Pfefferkörner, 1/2 Bund Koriandergrün, 1 EL Hesperidenessig, 1 TL Zucker, 3 EL Orangensaft, 2 EL Traubenkernöl, 1 TL dunkles Sesamöl.
Zubereitung: Die Gurke waschen, schälen, längs halbieren, entkernen. Ein Viertel sehr fein würfeln, die restliche Gurke grob zerkleinern, salzen. Ingwer schälen und fein reiben. Pfefferkörner zerstoßen, Koriandergrün waschen, die Blätter und Stängel fein hacken. Essig mit Zucker und Orangensaft verrühren, beide Ölsorten unterschlagen, die grob zerteilte Gurkenstücke und Ingwer zugeben und in einem hohen Glas mit dem Pürierstab fein pürieren. Mit Salz und Pfeffer würzen. Das Koriandergrün und die Gurkenwürfelchen untermischen.
Harmoniert am besten zu Grazer Krauthäuptel, Kopfsalat, Avocado, rote Rüben, Sellerieknollen. Grünen Linsen, gekochten Schinken. Eine kleine Würze kommt mit fein gehackten grünen Chilischoten dazu.

Walnuss-Vinaigrette
Nussig-würzig, herzhaft
Für 4 Portionen, Zubereitungszeit: 15 Min.
70 g Walnusskerne, 1 Knoblauchzehe, 1 TL Honig, 5 EL Gemüsesuppe, Salz, Pfeffer, 2 EL Traubenkernöl, 2 EL Walnusskernöl.
Zubereitung: Walnusskerne ohne Fett rösten und grob hacken. Knoblauch fein hacken, dann mit 2/3 der Walnusskerne im Cutter zu einer Paste verarbeiten. Mit Honig und Suppe verrühren, würzen. Beide Ölsorten nach und nach unterrühren, die restlichen Walnusskerne untermischen.
Harmoniert am besten zu Friséesalat, Avocado, Rohkost aus Apfel, Stauden- oder Knollensellerie und Fenchel.

Pfefferminz-Joghurt-Dressing
Für 4 Portionen, Zubereitungszeit: 15 Min.
1 Zitrone, 2 Knoblauchzehen, 6 Pfefferminze-Stängel, 300 g Joghurt (10% Fett), 2 EL Olivenöl, 2 TL Zucker, Salz, schwarzer Pfeffer.
Zubereitung: 1 TL voll Zitronenzesten abreiben, 1 EL Zitronensaft auspressen, Knoblauch sehr fein hacken. Pfefferminzeblätter abzupfen und übereinander legen, in schmale Streifen schneiden. Joghurt mit Zitronensaft und Olivenöl glatt rühren, mit Zucker, Salz und Pfeffer würzen. Mit den Knoblauch und Pfefferminze vermischen.
Harmoniert am besten zu Gurken, Salaten, rohen und gegrillten Zucchini.

Ziegenkäse-Honig-Dressing
Für 4 Portionen, Zubereitungszeit: 10 Min.
250 g frischer Ziegenkäse, 2 EL Blütenhonig, 2 EL Milch, 1 EL weißer Aceto Balsamico, 2 kleine Chilies, Salz, grüner Pfeffer.
Zubereitung: Den Frischkäse am Besten mit einer Gabel zerdrücken, mit Honig, Milch und dem Balsamessig mit einem Schneebesen glatt rühren. Die Chilischoten halbieren, waschen, entkernen und klein schneiden. Unter das Dressing mischen, mit Salz und Pfeffer würzen. Nach Belieben mit etwas mehr Balsamessig abschmecken.
Harmoniert am besten zu Blattsalaten, Staudensellerie, gegrillten Zucchini.
Variante: Wird dieses Dressing ohne Milch zubereitet, ist es als dickflüssiger Dip für Gemüsesticks oder als Füllung für Ofenerdäpfel besonders schmackhaft.

Apfel-Vinaigrette
Intensiv-fruchtig
Für 4 Portionen, Zubereitungszeit: 15 Min.
400 ml Apfelsaft, 2 EL Apfel-Balsam-Essig, 2 EL Honig, 1/2 TL grüner Pfefferkörner, Salz, 4 EL Mandelöl.
Zubereitung: Die 400 ml Apfelsaft auf 150 ml reduzieren, auskühlen lassen. Apfel-Balsam-Essig und Honig verrühren, die grüne Pfefferkörner zerkleinern, Salz, Apfelsaft dazugeben und verrühren. Das Mandelöl nach und nach unterschlagen.
Harmoniert am besten zu Feldsalaten, Friséesalat, Löwenzahn, zarten Wildsalaten. Feine Ergänzung zu Steinpilzen, geräucherten Forellen.

Kräuter-Dressing
Kräuterwürzig und erfrischend
Für 4 Portionen, Zubereitungszeit: 15 Min.
1/4 Bund glatte Petersilie, 1/4 Bund Dill, 8 Stück Schnittlauchstängel, 1/2 Kästchen Kresse, 5 EL Milch, 2 TL Dijon-Senf, 60 g Frischkäse (16% Fettgehalt), 100 g Mayonnaise, Salz, schwarzer Pfeffer aus der Mühle.
Zubereitung: Petersil, Dill, Schnittlauch waschen und trocken tupfen, Petersilblättchen und Dillspitzen abzupfen und sehr fein hacken. Den Schnittlauch in feine Röllchen schneiden, die Kresse schneiden und fein hacken.
Die Kräuter mit der Milch in einem hohen Becher vermischen und mit dem Pürierstab fein pürieren. Frischkäse und Mayonnaise dazugeben und nochmals durchmixen. Mit Salz und Pfeffer nach eigenem Geschmack würzen.
Harmoniert am besten zu Zucchini sowohl roh, gebraten oder gegrillt, Gurken, Kopfsalat, Erdäpfel, Nudelsalat, gedünstetem Fisch.
Zusätzliche Verfeinerung: hartgekochte und gehackte Eier.

Essig, Öle und andere geschmackliche Verfeinerungen

Essigsorten für Salatsaucen
Weinessig: Weiß- und Rotweinessig, Sherryessig, Aceto Balsamico.
Obstessig: Apfelessig, Birnenessig.
Fruchtessig: meist mit Früchten versetzter Weinessig, z.B. Himbeeressig, Preiselbeeressig oder Johannisbeeressig.
Kräuter- oder Gewürzessig: angesetzt mit Kräutern und Gewürzen.

Ölsorten für Salatsaucen
Steirisches Kürbiskernöl, Sonnenblumenöl, Rapsöl, Olivenöl, Distelöl, Haselnussöl, Maiskeimöl, Sesamöl, Walnussöl und Würzöle.

Geschmackliche Verfeinerungen
Milchprodukte: Topfen, Frischkäse, Schimmelkäse, Sauerrahm, Schlagobers, Creme fraîche, Sojaprodukte als Milchersatz.
Aromate: frische Kräuter, Senf, Zwiebeln, Knoblauch, Jungzwiebel, Radieschen, Kresse.
Beigaben: Samen, Sprossen, Keime, Pilze, Oliven, Speck, Mayonnaise.
Das Geheimnis einer wohlschmeckenden Salatsauce liegt in der richtigen Dosierung von aromatischem Essig und wohlschmeckendem Öl.

Einfache Essig-Öl-Marinade
Zutaten: 1 Teil **Essig,** 3 Teile **Öl, Salz,** frische **Kräuter,** Ergänzungen nach Wunsch.
Verwendung für **Blattsalate, Rohgemüsesalate.**

Senf-Honig-Dressing
Süßlich-scharf, ganz ohne Öl
Für 4 Portionen, Zubereitungszeit: 5 Min.
2 EL **Dijon-Senf,** 2 EL **Blütenhonig,** 2 EL **Aceto Balsamico,** 6 EL **Geflügel-** oder **Gemüsesuppe, Salz** (nach persönlichen Geschmack würzen), **schwarzer Pfeffer.**
Zubereitung: Senf und Honig verrühren, erst den Balsam-Essig, dann nach und nach die Suppe unterrühren. Kosten und bei Bedarf noch nachwürzen.
Harmoniert am besten mit allen Blattsalaten, gegrilltem oder gedämpften Gemüse.
Kräuterempfehlung:
Schnittlauch, Petersilie, Kresse.

Kürbiskern-Avocado-Dressing
Mild, fruchtig-frisch, nussig
Für 4 Portionen, Zubereitungszeit: 10 Min.
1 kleine, reife **Avocado** (100 g Fruchtfleisch), 1 ½ EL **Limettensaft,** 40 g fein geschrottete **Kürbiskerne,** 20 g fein geschrottete **Mandelkerne,** 3 EL **Apfelsaft,** 1/2 TL grüne **Pfefferkörner** (getrocknet), **Kräutersalz,** 2-3 EL steirisches **Kürbiskernöl.**
Zubereitung: Die Avocado halbieren und den Stein entfernen. Das Fruchtfleisch mit einem Löffel herauslösen, mit der Gabel zerdrücken. Limettensaft und die fein geschrotteten Kürbis- und Mandelkerne untermischen. Den Apfelsaft nach und nach bis zur gewünschten Konsistenz zugeben und unterrühren. Pfefferkörner zerstoßen und zugeben. Das Drssing mit Salz und Pfeffer würzen. Für ein wenig zusätzlicher Schärfe sorgt eine kleine Prise Chili.
Harmoniert am besten mit gekochte Erdäpfel, Romanasalat, Gurke, grüne Paprikaschote, Staudensellerie, Zucchini, Frühlingszwiebeln (roh als Dipp oder geraspelt), Brokkoli-Röschen (bissfest gegart und abgekühlt).
Kräuterempfehlung:
Petersilie, Schnittlauch.

Marillen-Dressing
Gewürzbetont, fruchtig
Für 4 Portionen
Zubereitungszeit: 25 Minuten
80 g getrocknete **Marillen,** 150 ml **Geflügel-** oder **Gemüsefond,** 100 ml **Marillensaft,** 1 TL **Weinessig, Salz,** schwarzer **Pfeffer,** 1 MSP **Zimt,** etwas **Chayennepfeffer,** 2 TL **Marillenkernöl** oder **Walnussöl.**
Die Marillen mit dem Suppenfond und dem Marillensaft aufkochen, dann für 10-15 Minuten köcheln und im Sud abkühlen lassen. Fein pürieren und bei Bedarf noch etwas Marillensaft zugeben. Das Marillenpüree mit dem Essig verrühren, mit Salz, Pfeffer, Zimt und Pfeffer kräftig würzen. Das Öl tropfenweise unterschlagen.
Harmoniert am besten mit Blattsalaten, Karotten.
Harmonische Rezepterweiterung:
Pinien- oder Pistazienkerne, Thymian, Minze, Petersilie.

Zwetschken-Ingwer-Dressing
Süß und scharf zugleich
Für 4 Portionen, Zubereitungszeit: 20 Min.
15 g frischer **Ingwer,** 5 EL **Zwetschkenmarmelade,** 1 EL **Apfelessig,** 6 EL **Apfelsaft, Salz,** schwarzer **Pfeffer** aus der Mühle, 1 MSP **Zimt,** 2 TL **Distelöl.**
Zubereitung: Den Ingwer schälen und sehr fein hacken. Die Zwetschkenmarmelade mit Essig und Apfelsaft verrühren. Mit Salz, Pfeffer und Zimtpulver würzen. Das Öl mit dem Schneebesen tropfenweise unterschlagen und zum Schluss den Ingwer untermischen.
Feine Ergänzung als Sauce zu kalten Schweinsbraten, gebratenen Lebergerichten.

Apfel-Chili-Dressing
Sehr erfrischend, knackig im Biss
Für 4 Portionen, Zubereitungszeit: 20 Min.
2 Stangen **Staudensellerie,** 2 Stängel **Pfefferminze,** 1 rote **Chilischote,** 1/2 **Apfel,** 2 EL **Apfelessig,** 6 EL **Apfelsaft,** 1 EL **Traubenkernöl, Salz,** schwarzer **Pfeffer** aus der Mühle.
Zubereitung: Den Staudensellerie waschen und putzen und in der Längsrichtung in Streifen schneiden und diese in kleine Würfeln schneiden. Die Pfefferminze waschen und trocken tupfen, dann die Blätter abzupfen, in Streifen schneiden. Die Chilischote längs halbieren, die Kerne entfernen und in feine Streifen schneiden. Den Apfel waschen, entkernen und in kleine Würfel schneiden. Apfelessig, Apfelsaft mischen und das Öl unterschlagen, die Apfelwürfel, Chili, Selleriewürfel und Minzestreifen vermischen, mit Salz und Pfeffer abschmecken.
Harmoniert am besten mit Krautsalat, Linsen, Gemüsestreifen, als Dipp bei Frühlingsrollen und Glasnudelgerichten mit Gemüse.
Kräuterempfehlung:
Kresse, Petersilie, Schnittlauch, Koriandergrün.

Walnuss-Honig-Dressing
Herb-süßlich, pikant
Für 4 Portionen, Zubereitungszeit: 10 Min.
70 g **Walnusskerne,** 1½ EL **Kremsersenf,** 1 EL **Tannenhonig** (**Wald-**oder **Kastanienhonig**), 1 EL **Aceto Balsamico,** 4 EL **Suppe, Salz,** schwarzer **Pfeffer,** 2 EL **Walnussöl.**
Zubereitung: Walnuskerne im Cutter zerkleinern, das Nussmehl mit Senf, Honig und Essig verrühren. Die Suppe nach und nach unterschlagen. Mit Salz und Pfeffer würzen. Das Walnussöl tropfenweise unterrühren.
Harmoniert am besten mit Knollensellerie, Rote Rüben, Chicorée mit Apfel.
Kräuterempfehlung: Thymian, Rosmarin.

Rote-Rüben-Dressing
Erfrischend, süß-säuerlich
Für 4 Portionen, Zubereitungszeit: 10 Min.
150 g gekochte **rote Rüben,** 50 ml **Gemüsefond,** 2 EL **Apfelessig,** 2 EL **Apfelsaft,** 1 EL **Zucker, Salz, Pfeffer** aus der Mühle, 1½ EL **Sonnenblumenkernöl,** 4 Stängel **Dill.**
Zubereitung: Die roten Rüben grob würfeln, mit dem Suppenfond, Apfelessig und Apfelsaft fein pürieren. Das Püree mit Zucker, Salz und Pfeffer würzen. Das Öl tröpfchenweise unterschlagen. Den Dill abbrausen, trocken tupfen, fein hacken und unter das Dressing mischen.
Harmoniert am besten mit Salaten aus Apfel und Linsen, jungen Erdäpfeln, Sauerfischen.

Steirisches Küchen Lexikon | 129

Krenwurzen	 Kren gerieben	

Brettljause mit Kren	 Steirisches Wurzelfleisch (Krenfleisch)

Krenfleisch	 Krensuppe	 Gefüllte Klachl

Steirischer Kren Ö) ➤ Meerrettich (D)

Die Krenwurzel ist bereits seit der Antike als Heilpflanze und Küchengewürz bekannt. So wie heute wurde er als Gewürz zum Schärfen von Gerichten verwendet. In der Volksmedizin machte man sich damals wie heute seine reinigende und antibiotische Wirkung zunutze.

Steirisches Wurzelfleisch (Krenfleisch)
Zutaten für 4 Portionen
1 kg **Schweineschulter** oder **Schopf** (Hals), **Schweineknochen**, 300 g **Wurzelgemüse** (Sellerie, Karotten, gelbe Rüben), 2 **Lorbeerblätter**, schwarze **Pfefferkörner**, 2 Zehen **Knoblauch**, 2 EL **Weißweinessig**, 3 EL geriebener **Kren**, **Schnittlauch** (fein geschnitten).

Zubereitung: Das Gemüse – Sellerie, Karotten, gelbe Rüben – putzen und in feine Streifen schneiden. Die Schweineknochen kurz überbrühen und sofort kalt abgespült. Das Schweinefleisch mit den Knochen in leicht gesalzenen heißen Wasser mit den Putzabschnitten vom Wurzelgemüse und den Gewürzen – Lorbeerblätter, schwarze Pfefferkörner, Knoblauchzehen – einlegen, langsam köcheln lassen und den sich bildenden Schaum abschöpfen. Das Wasser soll das Fleischstück immer bedecken.

Wenn das Fleisch weich wird, etwas Kochsud abseihen und die Wurzelgemüsestreifen von Sellerie, Karotten und gelben Rüben in kurzen Zeitabständen einlegen und kurz kochen.

Den Wurzelsud mit dem Weißweinessig abschmecken, das Fleisch in Scheiben schneiden und mit dem Wurzelgemüsestreifen anrichten. Etwas Suppe über das Fleisch gießen.

Zum Abschluß noch mit frisch geriebenen Kren und feingeschnittenen Schnittlauch bestreuen,

Beilage: Salzerdäpfel (Rezept Seite 19).

Krensuppe mit Rote-Rüben-Erdäpfelnockerl
Zutaten für 4 Portionen
500 ml **Schweinsfond**, 125 ml **Schlagobers**, 2 geschälte **Zwiebel**, 2 **Knoblauchzehen**, Salz, Pfeffer, Muskatnuss, etwas **Essig**, **Kren** (frisch gerissen), **Pflanzenöl** zum Anschwitzen.

Zubereitung Krensuppe: Zwiebel fein schneiden, in Pflanzenöl anschwitzen, ohne Farbe nehmen zu lassen, Knoblauch hineinpressen, etwas Essig dazugeben, mit Fond aufgießen und 10 Minuten leicht kochen lassen. Schlagobers dazugeben. Mit Salz, Pfeffer und Muskatnuss würzen, mixen und frisch gerissenen Kren dazugeben. Sofort passieren und anrichten.

Rote Rüben-Erdäpfelnockerl
400 g **Erdäpfel** (mehlig), 100 g **Weizenmehl**, 30 g rote **Rübenpüree**, 30 g **Butter**, **Salz**.

Zubereitung: Die Erdäpfel schälen und zugedeckt in wenig Salzwasser, im Dampf garen. Danach im offenen Backrohr bei 100°C auf einen Blech ausdampfen lassen. Durch die Erdäpfelpresse drücken und dann mit den restlichen Zutaten zu einer glatten Masse verarbeiten. Zugabe von Mehl hängt von der Mehligkeit der Erdäpfel ab.

Masse zu 3 cm dicken Stange formen und davon ein cm breite Nockerl abstechen. Im kochenden Salzwasser einige Minuten garen.

Krensuppe mit gefülltem Klachl
und Rote-Rüben-Kren

Gefüllte Klachl
Zutaten für 4 Portionen
1 **Schweinshaxl** (gewaschen und geputzt), 500 ml **Schweinsfond**, 125 ml **Schlagobers**, 2 geschälte **Zwiebeln**, 2 **Knoblauchzehen**, **Salz**, **Pfeffer**, **Muskatnuss** und etwas **Essig** zum Würzen, frisch gerissener **Kren**, **Pflanzenöl** zum Anschwitzen, **Wacholderbeeren**, **Pfefferkörner**, **Kümmel**, 1 **Knoblauchzehe**.

Zubereitung: Das Schweinshaxl in ein feuchtes Tuch binden, 6–8 Stunden im Fond ziehen und dann auskühlen lassen. Die Schwarte vorsichtig vom Fleisch des Haxls lösen.

Zutaten Fülle: 1 **Hühnerbrust**, 100 g **Schweinsschulter**, 200 g **Obers**, **Salz**, **Pfeffer**, **Kümmel**, **Knoblauch**, 2 EL gehackte **Petersilie**, je 100 g gekochte **Karotten und Sellerie.**

Zubereitung Fülle: Die Hendlbrust und Schweinsschulter fein faschieren, mit Obers mixen, mit Salz, Pfeffer, Kümmel und Knoblauch würzen, Petersilie dazugeben, durchrühren.

Das Fleisch des Schweinshaxls vom Knochen lösen, in 5 mm große Würfel schneiden und in die Farce geben. Karotten und Sellerie ebenfalls in 5 mm große Würfel schneiden und dazugeben.

Alles gut vermischen und in die Schwarte einfüllen, in geölte Alufolie eindrehen und etwa 40 Minuten im Fond ziehen lassen. Herausnehmen, Folie ablösen. Gefüllte Klachl in Scheiben schneiden und in der Krensuppe servieren.

Karfiol und Brokkoli	Bohnscharl	Gurken
Karotten	Erdäpfel	Kohl
Kohlrabi	Lauch	Melanzani
Paprika	Paradeiser	Zucchini

| Nährwerte [Vitamine] | Rezepte | Gemüse: Salate |

Saison-Erntezeiten von steirischem Gemüse

Unser steirisches Gemüse ist zu der Zeit am besten, wenn es von den natürlichen Wachstums- und Reifebedingungen unserer Region seine natürliche Ausreifung erreicht hat und dann geerntet wird. Der durchschnittliche Salat-Pro-Kopf-Verbrauch in Österreich liegt bei 7 kg.

Gartenfrische Salate – frisch, knackig und sehr gesund

Mit steigenden Temperaturen steigt auch die Lust auf leichtes Essen. Blattsalate haben jetzt Hochsaison. Ob Grazer Krauthäuptl, Kopfsalat, Eichblatt, Rucola, Eisberg, Lollo rosso, ... es gibt eine Vielzahl an Salaten, die wir den Sommer über genießen können. Übrigens: Die Lust auf Salat ist nicht neu. Am französischen Hof wurden nicht nur die Salatmischer in den Rang von Hofbeamten erhoben – für besonders gelungene Kombinationen lockten gar Orden zur Belohnung.

Salat gegen Mittagsschläfchen

Wenn dann die Freilandsaison gekommen ist, darf Salat bei keinem Essen mehr fehlen. Blattsalate erfrischen, sie bestehen hauptsächlich aus Wasser, Kopfsalat sogar zu 95 Prozent. Salate sind vom Nährwert im Sommer wesentlich wertvoller als im Winter. Durch die direkte Sonnenbestrahlung sind Freilandsalate besonders reich an Vitaminen und Mineralstoffen – besonders Vitamin C, einige B-Vitamine wie Folsäure, Carotinoiden, Kalium, Magnesium und auch Ballaststoffe. Alle Sorten enthalten viele gesundheitsfördernde sekundäre Pflanzenstoffe, wie das Lactucin. Dieser Bitterstoff wirkt appetitanregend und hilft gegen Ermüdungserscheinungen. Eine ordentliche Portion Salat erfrischt somit, hilft ein mögliches Mittagstief zu überwinden und ist auch gut gegen Stress.

Verwendung in der Küche

Kaum ein Gemüse ist so einfach zu verarbeiten wie Salat: waschen, trocknen, eventuell zerkleinern, marinieren und fertig! Blattsalate sollen möglichst gartenfrisch zubereitet werden. Salat soll nur kurz gewaschen werden – nie im Wasser stehen lassen. Dabei gehen nämlich Vitamine und Nährstoffe und auch Geschmack verloren. Feinschmecker trocknen die Salatblätter nach dem Waschen mit Salatschleuder, Sieb oder Küchentuch, dadurch wird der Blattsalat besonders knackig und resch, erst danach in mundgerechte Stücke zerteilen.
Um die wertvollen Vitamine beim Reinigen zu erhalten, möglichst große Blätter schon einige Zeit vor Gebrauch kurz durchwaschen und trockenschleudern. An den trockenen Blättern haftet die Salatsauce wesentlich besser. Der Geschmack bei Blattsalaten kommt vorwiegend von der Marinade. Für besonders wohlschmeckende Salate müssen guter milder Essig und beste Öle verwendet werden. Wichtig ist auch, die Salate immer frisch zuzubereiten und erst kurz vorm Servieren zu marinieren, da sie sonst zusammenfallen. Vor der Zubereitung sollten Salat und Marinade Raumtemperatur haben. Kalte Salate haben weniger Eigengeschmack. Am besten läßt sich der Salat mit den Händen locker mischen.
Für eine sommerliche Salatvielfalt sorgen die vielen angebotenen Salate. Doch nicht nur die Blattsalate selbst kann man bunt mischen, auch andere Gemüse wie Radieschen, Kohlrabi, Bundkarotten und vor allem Jungzwiebel und alle erdenklichen Kräuter passen gut zu Blattsalaten.

Salate und Rohkost

Salate werden sowohl als Beilage auch als Vorspeise oder Zwischenmahlzeit gegessen.
Beilagensalate können entweder als zusammengesetzte oder als gemischte Salate serviert werden.
Beim zusammengesetzten Salat werden die einzelne Salate unter Beachtung des Farbenspiels buketartig angerichtet.
Bei gemischten Salaten werden alle Zutaten miteinander vermischt.
Blattsalate: z.B. Grazer Krauthäuptel, Chicorée, Chinakohl, Eichblattsalat, Eissalat, Endiviensalat, Feldsalat etc.
Rohgemüsesalate: z.B. Gurken- oder Paradeissalat
Salate von gekochtem Gemüse: z.B. Bohnensalat (weiße Bohnen), Rote-Rüben-Salat, Erdäpfelsalat, Selleriesalat, Bohnscharlsalat etc.
Vorspeisensalate: sind meist Mischsalate, die aus Geflügel, Fleisch, Fisch, Gemüse, Käse oder Früchten bestehen.
Zusammengesetzte Salate bzw. Salatplatten: sind größer und reichhaltiger als der gemischte Salat.
Mischsalate sind Salatkompositionen, bei denen alle Teile miteinander vermengt und mit passender Salatmarinade oder passendem Dressing zubereitet werden.
Rohkost: Unter Rohkost versteht man junges, unbehandeltes Gemüse, das fein geschnitten wird oder naturbelassen bleibt. Es wird mit Marinaden oder Dressings zubereitet und mit Getreideflocken, gehackten Nüssen, Trockenfrüchten variiert. Naturbelassene Rohkost wird auch gerne mit Dips gereicht.

Grazer Krauthäuptl	Butterhäuptl	Eichblattsalat
Lollo rosso	Lollo bionda	Forellenschluss
	Vogerlsalat (Rapunzel)	Rucola
	Chicorée	Zuckerhut

Gemüse: Grüne Salate und Kopfsalat

Es gibt mehr als hundert verschiedene Sorten von Kopfsalaten und grünen Salaten. Obwohl sie hauptsächlich aus Wasser bestehen, enthalten die Blattsalate wertvolle Vitamine, Mineralien und Antioxidanzien. Sie haben auch den Vorteil, dass sie fast immer roh, als Salat, gegessen werden.

Unzähligen Studien in den letzten Jahrzehnten zufolge senkt der regelmäßige Verzehr von Kopfsalat und anderen grünen Salaten die Gefahr, an Krebs zu erkranken, insbesondere an Magenkrebs.

Enthält die Antioxidanzien Vitamin C, E und Carotine

Ein hoher Verzehr von antioxidantienreicher Nahrung steht in Zusammenhang mit einem verringerten Risiko für Krebs, Herzerkrankungen, Schlaganfall und Katarakten. Dabei ist wichtig zu wissen, dass der Gehalt an Carotinen und Vitamin C in den grünen Außenblättern 50mal höher ist als in den blassgelben Blättern des Salatherzens.

Reich an Folat und Eisen

Folat und Eisen sind wichtig bei und gegen Anämie. Unverzichtbar ist eine ausreichende Versorgung mit Folat während der Schwangerschaft für die gesunde Entwicklung des Ungeborenen (Spina bifida). Blasser Eisbergsalat enthält ebenso viel Folat wie grüner Kopfsalat, empfehlenswert auch Endiviensalat und Mangold. Endivie ist daneben eine hervorragende Eisenlieferant, ebenso zarter, grüner Kopfsalat mit 1,3 mg/100 g.

Empfohlene Menge

Genießen Sie Blattsalate nach Belieben, eine Portion Mangold oder Endivien-Salat liefert fast die Hälfte des in der Schwangerschaft empfohlenen Folat-Bedarfs.

Wählen Sie frische Salate mit grünen Außenblättern, möglichst aus biologischem Anbau. Die Salatblätter sollten frisch und knackig sein. Salate sollte zugedeckt und lichtgeschützt am besten im Kühlschrank aufbewahrt werden. Salate sollten immer frisch zubereitet werden, da sich die empfindlichen Nährstoffe an der Luft rasch zersetzen und die Blätter ihr Aroma verlieren.

Gründliches Waschen entfernt mögliche Rückstände. Die Blätter sollten mundgerecht zerrupft werden, nicht mit dem Messer geschnitten, und behalten, gut mit Dressing bedeckt, einige Zeit ihre gesunden Inhaltsstoffe.

Vogerlsalat mit warmen Erdäpfeln
Zutaten für 4–5 Portionen

250 g **Vogerlsalat**, 2 gekochte **Erdäpfel**, 2 gekochte **Eier**, eine **Salatmarinade** aus **Weinessig**, **Sonnenblumenöl** bzw. steirischem **Kürbiskernöl, Salz, Pfeffer.**

Zubereitung: Den Vogerlsalat gut waschen, abtropfen. Die Erdäpfel feinblättrig schneiden, zum Vogerlsalat geben und die Salatmarinade mit dem steirischem Kürbiskernöl über den Salat gießen. Salzen, pfeffern und mit den Eierscheiben garnieren.

Rucolasalat mit Kürbiskernöl
Zutaten für 4 Portionen

250 g **Rucola** (gewaschen), 250 g kleine **Paradeiser,** 1 roter **Zwiebel,** 1 gelber **Paprika,** 4 EL steirisches **Kürbiskernöl, Mostessig, Salz, Pfeffer.**

Zubereitung: Die kleinen Paradeiser waschen und vierteln. Den Paprika in feine Streifen schneiden, die Kerne entfernen. Den roten Zwiebel schälen und ebenfalls in Streifen schneiden.
Den gewaschenen Rucolasalat mit dem restlichen Gemüse vermischen, mit Mostessig und steirischem Kürbiskernöl beträufeln, mit etwas Salz und Pfeffer würzen und mit Weißbrot servieren.

Kopfsalat und grüner Salat

Der essbare Anteil von 50 g verzehrfertigem **Kopfsalat** und **grünen Salat** enthält:
(Durchschnittsmengen ohne Marinade)

Kilokalorien/Kilojoule	11/45
Eiweiß, Protein (g)	1
Cholesterin gesamt (mg)	0
Kohlenhydrate (g)	1
Ballaststoffe (g)	1,5
Wasser (g)	95

Mineralstoffe

Natrium (mg)	8
Kalium (mg)	175
Kalzium (mg)	20
Magnesium (mg)	8
Phosphat (mg)	25
Eisen (mg)	0,3
Zink (mg)	0,4

Vitamine

Carotine, einschl. Beta-Carotine (µg)	1100
Vitamin E (Tocopherol) mg	0,6
Vitamin B1 (Thiamin) mg	0,06
Vitamin B2 (Riboflavin) mg	0,08
Vitamin B6 (mg)	0,06
Folat (100 g/µg)	60
Vitamin C (mg)	13

Artischocke – Gut für die Leber
Wirkungsweise:
- ✔ fördert Galleabfluss aus der Leber
- ✔ beugt Gallensteinbildung vor
- ✔ senkt den Cholesterinspiegel
- ✔ regt die Nieren an
- ✔ reguliert den Blutzuckerspiegel

Hauptwirkstoffe: Cynarin, Kalium, Folsäure, Eisen, Zink.

Gegessen werden die Ansätze der Blütenblätter, wobei der Blütenboden – das Herz – als besonders delikat gilt. Artischocken wirken sehr appetitanregend.

Seit Jahrhunderten werden Artischocken von der Volksmedizin auf Grund seiner wohltuenden Wirkung auf Magen, Galle und Leber sehr geschätzt. Hauptwirkstoff ist Cynarin, ein Bitterstoff, der Leber und Galle bei der Verdauung unterstützt.

Blattsalate – Sind sehr reich an Magnesium und Bitterstoffen
Wirkungsweise:
- ✔ stärken Muskeln und Herz
- ✔ wirken entkrampfend
- ✔ steigern unsere Vitalität
- ✔ stärken das Immunsystem
- ✔ heben die Stimmung

Hauptwirkstoffe: Magnesium, Folat, Eisen, Vitamin C, Mangan, Bitterstoffe.

Eines der wertvollsten Gemüsesorten, das Diabetikern, Übergewichtigen und vielen anderen als leicht verdauliche, bekömmliche Rohkost, aber auch gekocht, zubereitet werden kann.

Grazer Krauthäuptl, Butterhäuptl, Kopfsalat, Zuckerhut, Lollo rosso, Forellenschluss, Eichblattsalat, Eissalat, Radicchio, Rapunzel, Endiviensalat, ein großes Angebot an Blattsalaten steht zur Verfügung.

Je dunkler das Grün der Blätter, desto reicher sind sie an dem Pflanzenfarbstoff Chlorophyll und an Magnesium, dem Vitalstoff der Zellen.

Chicorée, Endiviensalat, Radicchio und andere bitter schmeckende Salate stimulieren die Verdauungssäfte und die Leberfunktion. Ein Hausmittel gegen Gicht und Rheuma.

Folat und Eisen sind wichtig bei und gegen Anämie. Unverzichtbar ist eine ausreichende Versorgung mit Folat während der Schwangerschaft für die gesunde Entwicklung des Ungeborenen (Spina bifida). Blasser Eisbergsalat enthält ebenso viel Folat wie grüner Kopfsalat, empfehlenswert auch Endiviensalat und Mangold.

Bohnen – der Eiweißlieferant
Wirkungsweise:
- ✔ unterstützen den Muskelaufbau
- ✔ wirken vitalisierend und regenerierend
- ✔ unterstützen das Haarwachstum

Hauptwirkstoffe: Aminosäuren, Kalium, Folsäure, Kalzium, Magnesium, Zink, Eisen, Vitamin B12.

Man unterscheidet Fisolen (rundlicher Querschnitt, länglich und grün), Prinzessbohnen (kurze, grüne Hülsen), Butterbohnen (gelbe Bohnscharl) und Bohnscharl (flache grüne Bohnen). Der hohe Anteil an Nukleinsäuren (Eiweißbausteine) unterstützt die Regeneration der Zellen sowie den Muskelaufbau und ist besonders für Vegetarier unersetzlich.

Frische Bohnen sind sehr kalorienarm: 100 g haben nur etwa 31 kcal.

Lauch (Porree) – der Darmpolizist
Wirkungsweise:
- ✔ sorgt für eine gesunde Darmflora
- ✔ senkt Blutfettwerte
- ✔ hilft bei Blähungen und Durchfall
- ✔ fördert die Durchblutung
- ✔ hilft bei Venenleiden

Hauptwirkstoffe: Allizin, Beta-Carotin, Vitamin B1, Vitamin C, Eisen, Folsäure.

Wie alle Zwiebelgewächse enthält Lauch viele Mineralstoffe. Der gesundheitliche Wert ergibt sich aus seinen schwefelhaltigen ätherischen Ölen (Allyl-Senföl), die auch für den typischen Geschmack ausschlaggebend sind. Den Ölen werden antibiotische Wirkungen zugeschrieben. Lauch ist ein aktiver Darmpolizist; er unterstützt den Verdauungsapparat und ist der natürliche Feind von Darmpilzen und schädlichen Bakterien.

Brunnenkresse – der Blutreiniger
Wirkungsweise:
- ✔ regt den Stoffwechsel an
- ✔ reinigt das Blut
- ✔ stärkt das Immunsystem
- ✔ unterstützt die Verdauung
- ✔ schützt Herz und Gefäße
- ✔ stärkt Knochen und Zähne

Hauptwirkstoffe: Kalzium, Beta-Carotin, Folsäure, Vitamin B1, C, E, Zink, Eisen, ätherische Öle, Bitterstoffe.

Die Brunnenkresse ist eine mehrjährige Sumpf- bzw. Wasserpflanze und besticht mit ihrem senfähnlichen Geschmack. Diese alte Heilpflanze gilt als Aphrodisiakum, appetitanregend, stoffwechselfördernd, harn- und wehentreibend. Außerdem soll sie bei Diabetes helfen. Neben ihrer antioxidativen Wirkung und dem Schutz vor Infektionen ist sie vor allem für ihre blutreinigende Wirkung bekannt.

Chicorée – wirkt entgiftend
Wirkungsweise:
- ✔ fördert die Ausschüttung von Verdauungssäften
- ✔ entgiftet den Darm
- ✔ befreit von Verstopfung
- ✔ stabilisiert die Darmflora
- ✔ senkt Blutfettwerte

Hauptwirkstoffe: Bitterstoffe, Kalzium, Kalium, Vitamin A, B1, B2, C, Phosphor.

Der Chicorée ist ein naher Verwandter der Endivie. Er wächst im Dunkeln und hat deshalb viele Bitterstoffe. Er unterstützt die Verwertung anderer Kost bei der Verdauung und vor allem die Entgiftung des Körpers. Chicorée wirkt leicht harntreibend, infolge des Basenüberschusses säurebindend und wird daher für Diabetiker und Rheumatiker empfohlen.

Erbsen – die Nervenschoner
Wirkungsweise:
- ✔ Eiweißlieferant
- ✔ wirken vitalisierend und regenerierend
- ✔ senken Blutfettwerte
- ✔ fördern den Muskelaufbau
- ✔ regulieren die Darmtätigkeit

Hauptwirkstoffe: Aminosäuren, Kalium, Vitamin B1, Vitamin C, Zink, Magnesium, Vitamin B12.

Erbsen sind das eiweißreichste Gartengemüse. Sie enthalten 3mal soviel Ballaststoffe wie Spargel und sind reich an den Mineralstoffen Kalium, Magnesium und Eisen. Das Besondere: ein hoher Zink- und Vitamin B1-Gehalt wirkt beruhigend auf die Nerven. Es gibt mindestens 80 verschiedene Erbsensorten. Die bei uns bevorzugten Erbsen mit kleinen, runzeligen, Körnern. Sie schmecken recht süß und lieblich.

Brokkoli – ein natürliches Anti-Aging-Mittel
Wirkungsweise:
- repariert geschädigte Zellen
- unterstützt den Stoffwechsel
- beugt Muskelverspannungen vor
- stärkt Herzfunktion und Kreislauf
- Anti-Stress-Gemüse

Hauptwirkstoffe:
Beta-Carotin, Folsäure, Kalzium, Magnesium, Vitamin C, Eisen, Vitamin E, Zink.

Der Brokkoli ist ein naher Verwandter des Karfiols. Er braucht viel Sonne zum Gedeihen und gehört zu den gesündesten Gemüsesorten überhaupt. Brokkoli ist ein ausgezeichneter Radikalenfänger und sozusagen die natürliche Antwort auf Antiaging-Pillen. Brokkoli ist leicht verdaulich und daher für Schonkost geeignet.

Gurken – die Schlankmacher
Wirkungsweise:
- verbessert die Eiweißverwertung
- kräftigt Haut und Haare
- entgiftet und reinigt den Darm

Hauptwirkstoffe: Erepsin, Silizium, Kalium, Kalzium, Phosphor, Eisen. Kalorienärmer geht es wirklich nicht! Die Gurke enthält viel Wasser (96%), in dem die Biostoffe in idealer Weise gelöst sind. Gurken zählen zu den gesündesten und basenreichsten Gemüsesorten. Sie wirken harnsäurelösend und wassertreibend. Wichtigster Bestandteil ist Erepsin (ein dem Insulin ähnliches Ferment), ein Enzym, das im Darm Eiweiß spaltet. Man unterscheidet zwischen den länglichen Schlangengurken und den Feldgurken, die kürzer und stark gebogen sind.

Karfiol – voller Vitamine
Wirkungsweise:
- kräftigt das Immunsystem
- senkt den Blutdruck
- wirkt heilend auf Dickdarmschleimhäute
- hilft bei Gewichtsreduktion
- wirkt entwässernd

Hauptwirkstoffe: Beta-Carotin, Kalium, Vitamin B, C, E, Folsäure, Kalzium, Magnesium, Zink.
Karfiol (Blumenkohl) ist ein idealer Schlankmacher mit wenig Kalorien, aber voller Vitamine und Spurenelemente, der dazu noch satt macht.

Kohl – der schmackhafte Fitmacher
Wirkungsweise:
- kräftigt alle Schleimhäute im Körper
- wirkt Osteoporose entgegen
- stärkt Nägel und Haare
- wirkt positiv auf die Psyche
- stoppt den Alterungsprozess

Hauptwirkstoffe:
Kalzium, Beta-Carotin, Vitamin B1, B2, B3, B5, B6, Folsäure, Biotin, Vitamin C, Magnesium.
Ob Rotkohl, Grünkohl, Weißkohl, Wirsing, Kohlrabi oder Rosenkohl, es ist das ideale Wintergemüse, das unseren Körper mit hohen Vitamindosen in der kalten Jahreszeit vor Erkältungen schützt. Eine Portion Kohl enthält so viel Kalzium wie zwei Gläser Milch. Das Kalzium aus dem Kohl ist für unseren Körper zu 100 Prozent verwertbar.

Fenchel – wirkt gegen Blähungen
Wirkungsweise:
- entbläht den Darm
- senkt Blutfettwerte
- wirkt entgiftend und schleimlösend
- reguliert den Hormonspiegel

Hauptwirkstoffe: Aminosäuren, Beta-Carotin, Kalium, Folsäure, Vitamin C, Zink.

Der Gehalt von Vitamin C ist bei Fenchel doppelt so hoch wie bei Orangen! Schon die alten Griechen wussten um die Heilkraft der Fenchelknolle und schätzten ihr würziges Aroma. In der indischen Küche wird nach jeder Mahlzeit Fenchelsamen gereicht, der die Verdauung unterstützen und Blähungen verhindert. Die drei bekanntesten Fenchelarten sind der Gartenfenchel (als Tee und Gewürz zum Backen), der Gewürz- und Wildfenchel und der Gemüsefenchel.

Kukuruz, Mais – eine sehr gut schmeckende Nervennahrung
Wirkungsweise:
- stärkt die Nerven
- erhöht die Gehirnleistung und Konzentrationsfähigkeit
- stärkt Haut und Haare
- wirkt Stress entgegen

Hauptwirkstoffe: Kohlenhydrate, essentielle Fettsäuren, Vitamin B1, B3, B5, Mangan, Folsäure, Biotin, Selen, Zink.

In Italien macht man Polenta daraus, in Mexiko Tortillas und in Amerika Whisky. In der Landwirtschaft wird Mais hauptsächlich an Masttiere (Hühner) verfüttert. Einstweilen ist Mais eine köstliche Nährstoffbombe und wirkt besonders positiv auf Psyche und Nerven. Kukuruzspeisen (Polenta) sind nicht nur schmackhaft, sondern auch gute Energielieferanten.

Kürbis – Stärkung für die Prostata
Wirkungsweise:
- hilft bei Nieren- und Prostataleiden
- reguliert den Wasserhaushalt
- entgiftet
- wirkt beruhigend

Hauptwirkstoffe:
Beta-Carotin, Kalium, Vitamin B, C, E, Magnesium, Eisen, Zink (Kürbiskerne).

Die Schale der Kürbisse ist meist ungenießbar, mit Ausnahme des Hokkaido-Kürbis, dessen Schale kann mitgekocht und gegessen werden. Neben dem Fruchtfleisch, das einen hohen Anteil an Beta-Carotin, Mineralien und Vitaminen aufweist, sind die Kürbiskerne ein wahrer Bioschatz: hochwertige, ungesättigte Fettsäuren und Eiweißbausteine verjüngen die Körperzellen, sorgen für gesundes Wachstum und sollen besonders der Prostata gut tun. Wegen ihrer Heilkraft bei Blasen- und Prostataschwäche werden Kürbiskerne als Arzneimittel gehandelt. Sie enthalten größere Mengen an essentiellen Inhaltsstoffen wie Aminosäuren, Spurenelemente (Selen, Mangan, Zink, Kupfer), ungesättigte Fettsäuren und Vitamine, besonders Vitamin E. Die Heilwirkung des Kürbisses basiert auf sekundären Pflanzenstoffen wie Beta-Sitosterin u.a. Aus den nährstoffreichen Kürbiskernen wird in der Steiermark das dunkelgrünliche Kürbiskernöl gewonnen.

Linsen – die Eiweißlieferanten
Wirkungsweise:
- Eiweißlieferant
- aktivieren Libido und Potenz
- stärken das Immunsystem
- regulieren den Blutzuckerspiegel
- fördern Muskelaufbau

Hauptwirkstoffe: Aminosäuren, Eisen, Zink, Kalium, Vitamin B12, Folsäure.

Sie sind durch ihren hohen Eiweißanteil in der vegetarischen Küche unersetzlich. Aber es steckt noch mehr in ihnen: ein ungewöhnlich hoher Zinkgehalt mit vielseitigen positiven Einflüssen auf unsere Gesundheit.

Mangold – Schutz für die Schleimhäute
Wirkungsweise:
- schützt die Schleimhäute
- kräftigt das Immunsystem
- festigt Knochen und Zähne
- schützt vor freien Radikalen

Hauptwirkstoffe: Beta-Carotin, Kalzium, Magnesium, Vitamin C.

Je dunkler die Blätter, desto mehr Beta-Carotin, die Vorstufe des Vitamin A, enthält er. Mangold ist reich an Ballaststoffen und der beste Freund unserer Darmschleimhaut und Darmflora. Eine köstliche Alternative zu seinem Verwandten, dem Spinat.

Paradeiser – sie schützen wirksam unsere Zellstruktur
Wirkungsweise:
- stärkt die Zellstruktur
- verjüngt die Zellen
- schützt vor Krebs
- kräftigt das Herz
- beugt Infektionen vor
- fördert einen gesunden Schlaf

Hauptwirkstoffe: Vitamin B, C, Kalium, Zink, Selen, Beta-Carotin.

Für viele Hobby-Gärtner sind Paradeiser im eigenen Garten, im Gewächshaus, im Topf auf Balkon und Terrasse unverzichtbar. Aromatisch und sonnengereift sind sie eine Köstlichkeit, die kaum ein Gemüseladen bieten kann.

Paradeiser regen die Tätigkeit von Magen, Bauchspeicheldrüse und Leber an, darüber hinaus wirken sie sehr appetitanregend. Neben vielen anderen Vitaminen und Spurenelementen enthalten Paradeiser die zellschützenden Lykopene, die auch vor Krebserkrankungen schützen. Um an sie heranzukommen, die Frucht kurz mit etwas Pflanzenöl erhitzen, damit sie freigesetzt werden.

Doch Achtung: die grünen Teile der Paradeiser enthalten Solanin. Dieser Stoff ist leicht toxisch und kann Kopfschmerzen und Übelkeit verursachen. Die grünen, unreifen Teile sind nicht mit grünen Paradeis-Sorten zu verwechseln.

Paprika – fördert die Durchblutung
Wirkungsweise:
- verbessert die Durchblutung
- unterstützt das Immunsystem
- beugt Alterungsprozessen vor
- stärkt die Libido

Hauptwirkstoffe: Capsaicin, Beta-Carotin, Vitamin C, Vitamin B6, Zink.

Ein Anti-Aging-Gemüse und Muntermacher im besten Sinne. Der wichtigste Wirkstoff ist Capsaicin, der schon in der Antike gegen Durchblutungsstörungen eingesetzt wurde.

Pilze – reich an Spurenelementen
Wirkungsweise:
- stärken das Immunsystem
- liefern wertvolle Eiweißstoffe
- mindern das Krebsrisiko

Hauptwirkstoffe: Aminosäuren, Zink, Vitamin B3, B5, Jod, Mangan, Kalium, Selen.

Eine große Auswahl für Pilzliebhaber: Eierschwammerl, Steinpilze, Parasol, Champignons, Morcheln, Austernpilze, Shijtake und Trüffel. Während gezüchtete Pilze wie Champignons, Shijtake oder Austernpilze das ganze Jahr über zu bekommen sind, wachsen Steinpilze, Eierschwammerl oder Parasol im Sommer nur einige Wochen bis in den Herbst hinein. Besonders die natürlich in Wald und Wiese wachsenden Pilze gelten als Delikatesse und liefern wertvolle Mineralien.

Radicchio – Multitalent in violett-weiß
Wirkungsweise:
- fördert die Ausschüttung von Verdauungssäften
- entgiftet den Darm
- befreit von Verstopfung
- stabilisiert die Darmflora
- senkt Blutfettwerte

Hauptwirkstoffe: Intybin (ein Bitterstoff), Phosphor, Eisen, Kalium, Kalzium, Provitamin A und Vitamin C.

Dieses Blattgemüse kann auf viele köstlichen Arten zubereitet werden – ob als warme Vorspeise mit Zwiebeln, Karotten und Champignons, gegrillt oder – besonders schmackhaft – im Risotto.

Rettich und Radieschen – sommerliche Gesundheitshappen
Wirkungsweise:
- desinfizieren die Schleimhäute
- helfen bei Verdauungsbeschwerden
- unterstützen eine gesunde Darmflora
- stärken die Immunabwehr
- senken Blutfettwerte
- wirken schleimlösend

Hauptwirkstoffe: Vitamin C, Folsäure, Selen, Aminosäure, ätherische Öle.

Beide sind potente Bakterienjäger, robust und überlebensfähig. Die ätherischen Senföle, die sie enthalten, sind die beste Verteidigung gegen Feinde des Körpers wie Pilze und andere Krankheitserreger.

Spinat – der Muntermacher
Wirkungsweise:
- hilft bei Müdigkeit
- aktiviert den Stoffwechsel
- hebt den Blutzuckerspiegel
- stärkt Knochen und Zähne
- schützt die Schleimhäute

Hauptwirkstoffe: Kalzium, Kalium, Magnesium, Vitamin B, C, E, Beta-Carotin.

Spinat verfügt über die lebensnotwendigen Mineralstoffe Kalzium, Kalium, Magnesium und ist sehr kalorienarm. Durch einen Übertragungsfehler eines Wissenschafters wurde Spinat als regelrechter Eisenlieferant bekannt, doch die Berechnungen bezogen sich auf Trockenspinat. Er enthält also nicht so viel Eisen wie einst angenommen, nur etwa 3–4 mg/100 g.

Spargel – weiße, violette und grüne Frühlingsboten
Wirkungsweise:
- stärkt die Nerven
- wirkt zellverjüngend
- entwässert und entsäuert
- stärkt das Immunsystem
- blutreinigend

Hauptwirkstoffe: Vitamine B1, B2, Vitamine B3, B6, Vitamin C, Folsäure, Beta-Carotin, Kalium, Zink.

Spargel entwässert und entsäuert, stärkt das Immunsystem, hilft bei Konzentrationsschwäche, wirkt verjüngend auf die Zellen, stärkt die Nerven, unterstützt die Sehkraft. Spargel ist ein sehr kalorienarmes Gemüse und für Diabetiker geeignet. Der Nährwert pro 100 g beträgt 17 kcal/71 kJ. Spargel enthält Folsäure, Beta-Carotin, Vitamin B1, B2, B3, B6, Vitamin C, Kalium, Zink.

Bei Spargel unterscheidet man zwischen der grünen, violetten und weißen Sorte. Die unterschiedlichen Farben kommen anbaubedingt zustande. Spargel ist ein unvergleichbares Gemüse, das im Frühling sehnsüchtig erwartet wird, wie die ersten Erdbeeren. Spargel zählt zu den besten Verjüngungsmitteln, die die Natur zu bieten hat. Allein der Folsäureschub kann noch eine Woche nach dem Genuß belebend wirken.

Sellerie – das Vitamin-B-Paket
Wirkungsweise:
- wirkt antibakteriell und pilztötend
- desinfiziert Schleimhäute
- kräftigt Nerven und Gehirn
- hilft bei Harnwegsinfekten
- wirkt schleimlösend

Hauptwirkstoffe: Vitamin-B-Komplex, Terpene.

Verantwortlich für Wirkung und Geschmack sind ätherische Öle, die so genannten Terpene, die die Sellerieknolle zum Volksheilmittel machen. Sie töten Pilze und Bakterien und befreien so vor Infektionen. Der hohe Vitamin-B-Anteil ist reine Nervennahrung.

Rote Rüben – ein wahrer Jungbrunnen
Wirkungsweise:
- entgiftet und bindet Schwermetalle
- bringt Glanz in Haut, Haare und Nägel
- sorgt für positive Stimmung
- wirkt zellregenerierend
- aktiviert die Produktion roter Blutkörperchen
- stärkt die Knochen

Hauptwirkstoffe: Silizium, Folsäure, Kalium, Mangan.

Sie sind die Glücklichmacher aus dem Garten, ein Jungbrunnen für den Organismus und ein Geheimtipp für die Schönheit. Einzigartig ist die Kombination aus Silizium und anderen Nährstoffen, die seine Aufnahme in den Körper erst ermöglichen. Silizium stärkt die Knochen und entgiftet unser Gehirn von Schwermetallen.

Zucchini – gut für die Darmregulierung
Wirkungsweise:
- entgiftet und entsäuert
- kräftigt die Schleimhäute
- regt den Zellstoffwechsel an
- erhöht die Konzentration
- kräftigt Herz und Muskeln

Hauptwirkstoffe: Vitamin A, E, C, Eisen, Magnesium, Kalzium, Beta-Carotin.

Wie ihr großer Verwandter, der Kürbis, ist besonders die Zucchini-Schale reich an Beta-Carotin und Magnesium. Der große Muntermacher und Freund von Darm und Zellen. Zucchini sind leicht bekömmlich und daher für Schonkost besonders geeignet. Zucchini enthalten vor allem Kohlehydrate, Eiweiß, Kalzium, Phosphor, Eisen, das Provitamin A und Vitamin C.

Zwiebel – Ein natürliches Antibiotikum
Wirkungsweise:
- antiseptisch, beugt Infektionen vor
- Bioflavonoide senken Bluthochdruck und Blutfettwerte
- lindert Venenleiden und Gefäßkrankheiten
- hilft bei Durchblutungsstörungen
- desinfiziert Nasen-, Mund- und Rachenraum

Hauptwirkstoffe: Kalium, Folsäure, Eisen, Zink, Vitamin C.

Zwiebel ist bis heute als Heilpflanze in ihrer Vielfältigkeit ungeschlagen. Sie wirkt antiseptisch, enthält Glucosinolate, die krebsvorbeugend wirken, und als Hausmittel gegen Husten und Heiserkeit. Der Saft frischer Zwiebeln ist ein altes Hausmittel gegen Erkältungskrankheiten und Husten. Untersuchungen haben gezeigt, dass sich durch fermentierten Zwiebelsaft eine allergisch bedingte Reaktion der Atemwege bessern lässt. Außerdem hilft frischer Zwiebelsaft bei Insektenstichen (auf die betroffene Hautstelle wird die frisch halbierte Zwiebel mit der Schnittstelle nach unten aufgelegt).

Die Zwiebel enthält schwefelhaltige Verbindungen, die beim Zerkleinern der Zwiebel enzymatisch zersetzt werden und Augentränen verursachen. Verantwortlich dafür ist Allizin, das eine antibakterielle Wirkung hat und heilend wirkt.

Chinakohl | Staudensellerie | Krautkopf

Brokkoli

Blütenpracht

Salatmarinade mit steirischem Kürbiskernöl

Zutaten: 1 Teil steirisches **Kürbiskernöl**, 1 Teil **Essig** (Apfelmost- oder Weinessig), 1/2 Teil **Wasser**, 1 **Knoblauchzehe**, **Salz**, **Pfeffer**.

Zubereitung: Das steirische Kürbiskernöl und Essig mit dem Wasser verrühren, salzen und pfeffern. Den Knoblauch schälen, zerdrücken und zur Salatmarinade geben.

Krautsalat

Zutaten für 4–5 Portionen

500 g **Weißkraut**, **Salz**, **Pfeffer**, **Kümmel**, **Knoblauch**, **Weinessig**, **Sonnenblumen-** oder **Kürbiskernöl**.

Zubereitung: Den Krautkopf halbieren und den Strang herausschneiden. In feine Streifen schneiden, waschen und gut abtropfen. Mit Salz, Pfeffer, etwas Knoblauch, Kümmel, Essig und steirischem Kürbiskernöl marinieren und 2 Stunden ziehen lassen.

Schwarzer Rettichsalat

Zutaten für 4–5 Portionen

1 schwarzer **Rettich**, 2 **Äpfel**, **Salatsauce** mit steirischem **Kürbiskernöl**.

Zubereitung: Rettich und Äpfel schälen, hobeln und mit der Salatsauce gut vermengen.

Erdäpfelsalat

Zutaten für 4–5 Portionen

500 g rohe speckige **Erdäpfel** mit Schale, **Salz**, **Pfeffer**, **Senf**, feingeschnittener **Zwiebel**, **Weinessig**, **Sonnenblumen-** oder steirisches **Kürbiskernöl** und 125 ml **Rindssuppe**.

Zubereitung: Für den Erdäpfelsalat werden die Erdäpfel mit der Schale in Salzwasser gekocht und geschält. Etwas feingeschnittene Zwiebel mit der Rindssuppe aufkochen. Inzwischen die geschälten Erdäpfel noch heiß schneiden. Aus Senf, Essig, Kürbiskernöl, Salz, Pfeffer eine Marinade herstellen. Die geschnittenen Erdäpfel mit der aufgekochten Zwiebel übergießen und mit der Marinade marinieren, nochmals abschmecken und am besten lauwarm servieren.

Kürbissalat

Zutaten für 4–5 Portionen

500 g **Kürbisfleisch** (vom noch grünen steirischen Ölkürbis), 125 ml **Sauerrahm**, 1 TL gehackter **Dill**, 2 EL gemischte **Kräuter**, je 1/2 TL **Salz**, **Pfeffer**, **Zucker**, **Kümmel**, Saft einer **Zitrone**, 5 EL **Kürbiskernöl**.

Zubereitung: Das Kürbisfleisch sehr fein hobeln. In eine Schale geben, mit den Gewürzen und Zutaten, bis auf den Sauerrahm, gut vermischen, abdecken und für etwa 2 Stunden durchziehen lassen. Den Sauerrahm unterziehen und sofort servieren.

Käferbohnensalat

Ein Käferbohnensalat, mit feingeschnittenem Zwiebel, Apfelessig und Kernöl abgemacht, ist ein Klassiker der steirischen Küche. Er passt besonders gut zu Back- und Brathendl, Gegrilltem und auch zu einer Bretteljause.

Zutaten für 4–6 Portionen

250 g **Käferbohnen**, **Salz**, **Pfeffer**, 1 **Knoblauchzehe**, 2 milde **Zwiebel** (feingeschnitten), 2 **Lorbeerblätter**, 125 ml **Apfelessig**, 125 ml **Wasser**, 60 ml steirisches **Kürbiskernöl**.

Zubereitung: Die Käferbohnen über Nacht in kaltem Wasser einweichen. Mit frischem Wasser und Lorbeerblätter zustellen, salzen und weichkochen. Abseihen (nicht abschrecken) und auskühlen lassen. Mit feingeschnittenem Zwiebel, Knoblauch, Salz, Pfeffer, Essig und Kürbiskernöl marinieren.

Gurkensalat mit Sauerrahm

Zutaten für 4–5 Portionen

1 große **Gurke**, 2 gekochte **Erdäpfel**, 2 EL **Sauerrahm**, **Salz**, **Pfeffer**, 1 TL **Dill**.

Zubereitung: Die Gurke schälen und in feine Scheiben hobeln. Erdäpfel feinblättrig schneiden, mit den Gurken vermischen, salzen und pfeffern. Sauerrahm und feingehackten Dill dazugeben und gut durchrühren.

Roter Rübensalat

Rote Rüben sind eine hervorragende Beilage zu kräftigem Essen. Sie enthalten schwer verdauliche pflanzliche Fasern, die im Magen das Fett aufsaugen.

Zutaten für 4–6 Portionen

500 g **Rote Rüben**, 1/16 l **Essig**, 1 EL **Zucker**, **Kümmel**, **Salz**, 2 EL **Kren** (gerieben).

Zubereitung: Die Roten Rüben waschen, in Salzwasser weichkochen, abseihen, abschrecken, schälen und feinblättrig schneiden. Essig mit wenig Wasser, Salz, einer Prise Kümmel und Zucker aufkochen und heiß über die Roten Rüben gießen. Abdecken und kalt stellen. Vor dem Servieren mit frisch geriebenem Kren bestreuen.

Eiersalat mit Mayonnaise

Zutaten für 4–6 Portionen

4 **Eier** (Größe M), 1 **Eidotter**, 1 EL **Zwiebel** (feingehackt), 125 ml **Pflanzenöl**, 1 EL **Petersilie** (gehackt), 1 KL **Senf**, **Saft** einer 1/2 **Zitrone**, mit **Wasser** verdünnter **Essig**, **Salz**, **Pfeffer**, **Zucker**.

Zubereitung: Eidotter, Salz, Pfeffer, Senf, Zwiebel, Petersilie unter tropfenweiser Zugaben von Pflanzenöl zu einer cremigen Mayonnaise rühren. Mit Zitronensaft und gewässertem Essig cremig abmischen und mit einer Prise Zucker würzen. Die Eier hart kochen und im Eierschneider blättrig schneiden. Die Eierscheiben mit der frischen Mayonnaise vermischen.

Sellerie

Bohnscharl

Fenchel

Farbenprächtige Karotten

Frisch vom Feld

Gemüse: Karotten

Sie schmecken nicht nur vorzüglich, sondern zählen auch zu den nährstoffreichen Gemüsearten. Ihre orange Färbung stammt von den Carotinen, die nach ihrer Umsetzung in Vitamin A lebensnotwendig sind. Carotinreiche Lebensmittel erhalten die Gesundheit auf vielfältige Weise.

Vergessene Vielfalt
Kräftig orange, gelblich, weiß oder violett– früher war bei Karotten eine große Sortenvielfalt gebräuchlich. Obwohl violette Karotten heute mehr auf Bauernmärkten zu finden sind. Karotten sind ein unverzichtbarer Teil von „Suppengrün" und „Wurzelwerk".

Gut für Augen, Haut und Darm
Hauptwirkstoffe: Beta-Carotin, Vitamin C, Vitamin K, Selen, Eisen, Folsäure.

Ihre orange Farbe verdankt die Karotte ihrem hohen Gehalt an Beta-Carotin, einer Vorstufe des Vitamin A, das die Sehkraft verbessert, aber auch Haut und Haar gut tut. Von diesem Inhaltsstoff leitet sich auch der Name „Karotte" ab. Beta-Carotin ist fettlöslich und kann nur im Beisein von Fett im Körper aufgenommen werden. Aus diesem Grund werden zu Karottensalat oder -saft immer ein paar Tropfen Öl gegeben. Karotten enthalten auch beträchtliche Mengen an Kalium, Eisen, Mangan und Niacin. Der Zuckergehalt ist für Gemüse relativ hoch und sortenabhängig verschieden. Karotten erhöhen die Widerstandskraft gegen Infektionskrankheiten im Magen-Darm-Trakt und regulieren die Darmfunktion. Gekochte und passierte Karotten helfen bei Durchfall. Aber sie hat auch noch mehr zu bieten: neben weiteren Vitaminen enthält sie das seltene, kostbare Spurenelement Selen.

Schützen allgemein vor Krebserkrankungen
Menschen, die regelmäßig Karotten essen, erkranken seltener an Lungenkrebs, was auf den hohen Gehalt an Beta-Carotin zurückzuführen ist (das gilt auch für Raucher). Es wird vermutet, dass Karotten weitere, bisher weniger bekannte Schutzsubstanzen enthalten.

Breitangelegte Studien ergaben: Eine hohe Beta-Carotin-Aufnahme aus natürlich gewachsenen Nahrungsmitteln – wie Feldgemüse und Früchte – verringert die Gefahr von Erkrankungen der inneren Organe um bis zu 50 Prozent.

Karotten sind besonders bekömmlich in der Schonkost. Das liegt unter anderem am Pektingehalt. Pektine quellen im Verdauungstrakt schleimartig auf und schützen so die Magen- und Darmschleimhaut.

Regulieren erhöhter Blutfettwerte
In einem Langzeitversuch konnte durch den täglichen Genuss von 200 g rohen Karotten über einen Zeitraum von drei Wochen der Cholesterinspiegel von Risikopatienten um einige Prozent gesenkt werden. Nach dieser Diät stiegen die Werte wieder an.

Empfohlene Menge
Karotten sind die ergiebigste Quelle für Beta-Carotin, bereits eine große Karotte erhöht den Carotinhaushalt im Körper.

Karotten
Der essbare Anteil von einer Portionsgröße von **200 g** verzehrsfertiger **Karotten** enthält (Durchschnittsmengen):

	roh	gekocht	Saft
Kilokalorien	25	16	22
Kilojoule	104	67	93
Eiweiß (Protein) g	1	1	1
Cholesterin (mg)		0	
Kohlenhydrate (g)	5	3	5
Ballaststoffe (g)	3,6	2,5	0,2
Wasser (g)	88	90	92
Mineralstoffe			
Natrium (mg)	60	40	50
Kalium (mg)	330	180	220
Kalzium (mg)	35	30	25
Magnesium (mg)	13	10	5
Phosphat (mg)	35	28	30
Eisen (mg)	0,4	0,3	0,2
Zink (mg)	0,3	0,3	+
Vitamine			
Carotine, einschl. Beta-Carotine (100 g/µg)	7600	6000	2600
Vitamin C (mg)	7	5	4
Vitamin E (mg)	0,5	0,4	0,0
Vitamin B1 (mg)	0,07	0,06	0,01
Vitamin B2 (mg)	0,05	0,03	0,01
Vitamin B6 (mg)	0,27	0,20	0,01
Folat (100 g/µg)	26	20	2

Die Aussenhaut der Karotten kann schädliche Rückstände aus der Umwelt speichern, deshalb sollen sie immer geschält werden. Reifere, etwas gelagerte Karotten enthalten mehr Beta-Carotin als frische. Um Karotten knackig zu halten, sollte man sie im Gemüsefach aufbewahren. Karotten verleihen vielen Gerichten Farbe und ihr spezielles Aroma. Das Angebot reicht von jungen, süßlichen Karotten aus der frühen Ernte bis zu den aromatischen aus der Herbsternte. Beta-Carotin wird durch Kochen nicht zerstört. Rohe Karotten können geraspelt, zu Dip-Stäbchen geschnitten oder Suppen zugesetzt werden. Sie eignen sich gut für Salat oder Rohkost. Kombinationen mit Äpfeln, Nüssen, Sellerie oder Roten Rüben passen auch sehr gut.

Spinatstrudel mit Schafskäse

Zutaten für 2–4 Personen

100 g **Strudelteig** (tiefgekühlt), 1 TL **Butter**, 300 g **Blattspinat** (tiefgekühlt), 1 **Knoblauchzehe**, 1 **Eiklar**, 100 g **Mozzarella**, 100 g **Schafskäse**, 1 EL **Kräuter** (feingehackt), **Salz, Pfeffer, Muskat**.

Zubereitung: Den tiefgekühlten Blattspinat auftauen lassen und gut ausdrücken. Mit dem feingehackten Knoblauch, Salz, Pfeffer, Muskat und Kräutern würzen. Mozzarella und Schafkäse würfelig schneiden und dazugeben. Das Eiklar zu steifem Schnee schlagen und unter die Spinatmasse heben. Den Strudelteig laut Beschreibung vorbereiten und die Fülle darauf verteilen. Den Strudel im Backrohr bei 200°C etwa 30–35 Minuten backen und noch heiß servieren.

Beilage: Paradeisersalat

Spinatpalatschinken

Zutaten für 4 Portionen

8 **Palatschinken**, 320 g **Blattspinat** (blanchiert), 240 g **Paradeiser** (geschält, entkernt), 80 g **Zwiebel**, 50 g **Butter, Salz,** schwarzer **Pfeffer**, 20 g **Butter** (nußbraun gebräunt), 4 EL geriebenen **Hartkäse**.

Zubereitung: Paradeiser und Zwiebeln kleinwürfelig schneiden, die Butter in einer Pfanne schmelzen, die Zwiebeln darin glasig anlaufen lassen. Die Paradeiswürfel dazugeben, kurz andünsten, den blanchierten und ausgedrückten Blattspinat in die Pfanne zu den Zwiebel beigeben, erhitzen, mit Salz, Pfeffer würzen und die braune Butter untermengen. Heiße Palatschinken mit der Spinatmasse füllen und vor dem Servieren jede Palatschinke mit einem Löffel geriebenen Hartkäse bestreuen.

Salat mit gekeimten Linsen und Hühnerbruststreifen

Zutaten für 4 Portionen

250 g frische **Linsen**, 4 Stück **Hühnerbrüste**, 250 g gemischter **Blattsalat**, 125 ml **Weißwein** (Welschriesling), 1 **Knoblauchzehe**, 80 g **Butter**, 3 EL **Kürbiskernöl, Essig, Pflanzenöl, Salz, Pfeffer, Zucker**.

Zubereitung Linsen: Die Linsen in lauwarmem Wasser waschen. Ein gut befeuchtetes Küchentuch auf einem Tablett aufbreiten, die Linsen darauf verteilen und mit einem feuchten Küchentuch bedecken. Bei Zimmertemperatur die Linsen keimen lassen (beginnen nach etwa 2 Tagen zu keimen). Die beiden Tücher müssen stets feucht gehalten werden.

Zubereitung Linsensalat: Das Salzwasser aufkochen. Gekeimte Linsen 1 bis 2 Minuten überbrühen, abseihen und mit kaltem Wasser abspülen. Knoblauch schälen und mit dem Messers zerdrücken. 1 EL Butter bis zum Aufschäumen erhitzen. Linsen salzen, pfeffern, mit Knoblauch würzen und in Butter durchschwenken. Mit 3 EL steirisches Kürbiskernöl und etwas Essig vermengen. Die Blattsalate waschen und abtropfen. Für die Salatmarinade 6 EL Öl mit 3 EL Essig, Salz, Pfeffer vermengen und den Salat marinieren.

Zubereitung Hühnerbrust: Eine feuerfeste Form mit Butter ausstreichen. Backrohr auf 180°C vorheizen. Hühnerbrüste salzen und pfeffern, in die Form legen, mit Weißwein untergießen und mit Alufolie bedecken. 15 bis 20 Minuten im Backrohr garziehen lassen.

Anrichten: Die gebratenen Hühnerbrüste in Streifen schneiden. Hühnerbruststreifen, Linsenkeime mit Salat anrichten. Hühnerfleisch mit Bratrückstand beträufeln.

Erbsensuppe

Die Erbsensuppe ist in vielen Ländern ein traditionelles, bäuerliches Gericht. Je nach Jahreszeit und Rezept wird die Suppe mit frischen Kräutern wie Majoran und Thymian gewürzt, durch ein Sieb gestrichen und mit Speck, Selchfleisch oder Frankfurter Würstchen angereichert und mit Erdäpfeln, Zwiebeln und anderem Suppengemüse ergänzt.

Neben dem leicht süßlichen Erbsengeschmack bietet die Erbsensuppe einen hohen Eiweißanteil und viele Ballaststoffe. Erbsen sind außerdem ein guter Protein-Lieferant und wie die meisten Hülsenfrüchte in getrockneter Form außerordentlich lange haltbar. Frisch werden Erbsen eher selten verwendet, da sie unmittelbar nach der Ernte verarbeitet werden müssen, weil sie andernfalls rasch an Geschmack verlieren. Wesentlich häufiger finden Erbsen daher in tiefgekühlter Form Verwendung.

Zutaten für 4 Portionen

150 g **Erbsen** (frisch oder TK), 1 Bund **Schnittlauch, Salz, Pfeffer**, 50 g **Zwiebeln**, 1 **Knoblauchzehe**, 15 g **Butter**, 40 ml trockener **Weißwein**, 180 ml **Gemüsesuppe**, 4 EL **Sauerrahm**.

Zubereitung: Knoblauch und Zwiebel klein würfeln und in einem Topf mit der Butter anschwitzen, die Erbsen dazugeben und kurz mitanschwitzen, mit dem Weißwein ablöschen, mit Gemüsebrühe auffüllen und für 9 Minuten köcheln lassen.

Die Suppe mit einem Mixstab pürieren, nochmals aufkochen und mit Salz und Pfeffer abschmecken und mit einem Sauerrahmnockerl und Schnittlauchröllchen servieren.

Es gibt nix Bessers åls wås Guats

Gemüse

Karottensuppe
Zutaten für 4 Portionen
16 **Karotten**, 2 **Zwiebeln**, 1 **Petersilienwurzel**, 50 g **Butter, Salz,** etwas **Pfeffer, Zucker,** 2 Liter **Rindsuppe.**
Zubereitung: Die Karotten werden gewaschen und geputzt, die Zwiebeln und die Petersilie geschnitten und in einem Topf mit Butter langsam weichgedünstet, nach und nach mit der Rindsuppe aufgießen und 30 Minuten köcheln lassen.
Das Ganze wird mit dem Küchenmixer zerkleinert, anschließend noch einmal aufgekocht, das aufsteigende Fett und den Schaum abfischen und pikant mit Salz, Pfeffer und Zucker würzen.

Gemüse-Omelette
Zutaten für 4 Portionen
6 **Freiland-Eier** (Größe M), 500 g **Paradeiser**, 300 g grüne **Paprika**, 100 g **Zwiebeln**, 1 **Knoblauchzehe**, frische **Kräuter** wie **Basilikum, Thymian, Petersilie**, 2 EL **Pflanzenöl, Mineralwasser, Salz, schwarzer Pfeffer.**
Zubereitung: Die mittelgroßen Paradeiser blanchieren, abkühlen lassen, vierteln und entkernen. Zwiebel und Knoblauch in Scheiben schneiden. Die Paprika vierteln, entkernen und in feine Streifen schneiden. Das Pflanzenöl in einer Pfanne erhitzen, die Zwiebelscheiben, Knoblauch und die Paprikastreifen darin glasig werden lassen und die Paradeisstücke dazu geben. Das Gemüse leicht salzen, pfeffern und für eine Minute weich dünsten.
Die Eier in einer Schüssel aufschlagen, mit etwas Mineralwasser, Salz und Pfeffer versprudeln, in der Pfanne über das Gemüse gießen und stocken lassen. Die Kräuter werden erst kurz vor dem Anrichten darüber gestreut.

Selleriesuppe mit Räucherforelle
Zutaten für 4 Portionen
2 **Räucherforellenfilet** (je 150 g), 200 g **Sellerie**, 100 g **Erdäpfel**, 500 ml **Gemüsesuppe**, 20 ml **Schlagobers, Salz,** weißer **Pfeffer,** geriebene **Muskatnuss**, 1 **Knoblauchzehe**, 2 Scheiben **Toastbrot**, 1 EL **Butter**, 1 EL gehackte **Kräuter** (**Basilikum, Estragon,** etwas **Salbei**).
Zubereitung: Die Erdäpfel waschen, schälen, klein schneiden und in Salzwasser etwa zehn Minuten kochen. In ein Sieb abschütten und abtropfen lassen.
Den Sellerie schälen, in Würfel schneiden und in der Gemüsesuppe etwa 15 Minuten weich kochen. Schlagobers und vorgekochten Kartoffeln dazugeben und mit Salz, Pfeffer und Muskat würzen. Die Suppe mit einem Mixstab pürieren, aufkochen lassen und mit den Gewürzen abschmecken.
Inzwischen die Toastscheiben entrinden und in Würfel schneiden. Die Butter in einer Pfanne schmelzen und die Toastbrotwürfel samt Selleriestreifen unter Rühren anbraten, leicht salzen und pfeffern, und erst zum Schluss (damit diese nicht verbrennen) die gehackten Kräuter dazugeben. Die so entstandenen Croutons auf Küchenkrepp geben und die überschüssige Butter abtropfen lassen.
Die Räucherforellenfilets der Länge nach halbieren und in 5x5 cm große Würfel schneiden. Pro Suppenteller zwei Räucherforellenstücke hineinsetzen und mit der Suppe auffüllen. Die Croutons und die fritierten Selleriestreifen in der Suppe verteilen, und servieren.

Kohlrouladen
Zutaten für 2 Personen
500 g **Kohl**, 2 **Zwiebel**, 3 EL **Sonnenblumenöl**, 60 g **Naturreis**, 400 ml **Gemüsesuppe**, 1 **Paradeiser**, 30 g geriebener **Gouda-Käse**, 100 g **Sauerrahm, Salz, Pfeffer, Muskatnuß.**
Zubereitung: Für die Füllung die Zwiebeln schälen, fein hacken und die Hälfte davon in 1 EL Pflanzenöl andünsten. Reis waschen, unterrühren, mit 125 ml heißer Gemüsesuppe aufgießen und zugedeckt 15 Minuten bei schwacher Hitze quellen lassen. Kohl von den äußeren Blättern befreien, 8 große Blätter abteilen, in eine Schüssel legen, mit kochendem Wasser übergießen und 10 Minuten darin ziehen lassen. Paradeis vierteln. Zwei Drittel des Käses unter den Reis mischen, würzen. Je zwei gut abgetropfte Kohlblätter übereinander legen, ein Viertel der Reisfüllung und ein Paradeisstück darauf legen, zusammenrollen und mit Zahnstochern fixieren
Den restlichen Kohl in Streifen schneiden, mit den übrigen Zwiebeln in 2 EL Pflanzenöl andünsten, mit der restlichen Gemüsesuppe aufgießen und mit Muskatnuß würzen. Rouladen darauf legen und zugedeckt 20 Minuten dünsten. Den Backofen auf 200°C vorheizen. Die Rouladen herausnehmen, den Sauerrahm mit der Maisstärke verrühren und in das Gemüse rühren. Die Sauce einmal aufkochen lassen, abschmecken. Das Kohlgemüse in eine feuerfeste Form füllen, Rouladen darauf legen, mit dem restlichen Käse bestreuen und im Backrohr bei 180°C etwa 20 Minuten überbacken.

Steirisches Küchen Lexikon

Spargel – zarte Stangen in grün, weiß und violett

Schon 3.000 v. Chr. wussten die Pharaonen Ägyptens den „König des Gemüses" zu schätzen. Auch heute sind die zarten Stangen ein begehrtes Edelgemüse, dessen Wert auch dadurch steigt, da die Spargelsaison sehr kurz ist.

Spargel ist eine mehrjährige Pflanze, aus deren Wurzelstock Sprossen wachsen – die begehrten Spargelstangen. Wenn es warm wird, müssen die Bauern in mühevoller Handarbeit den Spargel mehrmals am Tag „stechen". Die Zartheit und das besondere Aroma von Spargel ist auf die besonders sorgfältige Bodenpflege zurückzuführen. Größere Reihenabstände führen zur besseren Durchlüftung der Pflanzen, die mit Absicht niedrig gehaltene Pflanzenanzahl pro Hektar und die naturgerechte Düngung mit reifem Kompost ermöglichen eine ausgewogene Versorgung mit wertvollen, geschmacksbildenden Mineralstoffen und lässt so auf natürliche Art einen Spargel wachsen, der einzigartig ist – in Zartheit und Geschmack.

Spargel – das „Bikinifigur"-Gemüse

Das sehr kalorienarme Gemüse – 100 Gramm Spargel liefern nur 15–20 kcal – ist nicht nur optisch dünn, sondern hält auch schlank. Spargel regt aufgrund des enthaltenen Asparagins die Nierentätigkeit an und wirkt „entwässernd".
Spargel ist ein guter Lieferant für Folsäure, Vitamin C, Beta-Carotin und Kalium. Die beliebten Spargelspitzen schmecken nicht nur fein, sie enthalten auch beinahe doppelt so viel Vitamin C und wesentlich mehr Mineralstoffe als der Rest der Stange.

Weiß, violett oder grün?

Spargelstangen werden in drei unterschiedlichen Farben angeboten: weiß, violett und grün. Dabei handelt es sich oft um ein und dieselbe Sorte. Allein das Sonnenlicht bestimmt die Farbe, denn durch die Sonnenstrahlung verfärben sich die zunächst vollständig mit Erde bedeckten weißen Spargelstangen zuerst violett und später dann grün. Tatsächlich aber steigt durch die Violett- und Grün-Färbung der Gehalt an Polyphenolen oder Anthocyanen erheblich an. Was eigentlich eine Qualitätssteigerung ist, gelten diese Farbstoffe doch als sekundäre Pflanzenstoffe, die vor Herz-Kreislauf-Erkrankungen schützen, Entzündungen hemmen, das Immunsystem stimulieren und Krebs vorbeugen können.
Es gibt drei Spargelqualitäten, die sich durch ihren Reifegrade/Farbe unterscheiden:
1. **Weißer Spargel:** unter der Erde gewachsen und geerntet, wenn er noch keinen Sonnenstrahl sah.
2. **Weißer Spargel mit violetten Köpfen:** wenn nur der Spargelkopf durch die Erde (den Sand) ans Sonnenlicht gekommen ist.
3. **Grüner Spargel:** über der Erde gewachsen und geerntet.

Einkauf, Lagern, Kochen und Essen

Am besten schmeckt Spargel, wenn er frisch geerntet wurde. Die Schnittenden sollen feucht und saftig aussehen und die Köpfchen sollen geschlossen sein. Frischer Spargel quietscht, wenn die Stangen aneinander reiben.

▶ **Solo Spargel:** Je dicker der Spargel, umso besser ist er.
▶ **Spargel schälen:** Egal ob weißer oder grüner Spargel, vor dem Kochen das holzige untere Ende großzügig abschneiden. Dickere Stangen mit dem Sparschäler vom Spargelkopf weg in Richtung Stielansatz schälen.

Ganz dünner grüner Spargel braucht nicht geschält zu werden, nur die holzigen Teile wegschneiden.

▶ **Spargelabfall beim Schälen:** Durchschnittlich 20 bis 30% sind der Abfall durch Schälen und Zurechtschneiden. Spargelschalen eher nicht weiterverwenden.
▶ **Spargel und seine Bitterstoffe:** Spargel besitzt je nach der Bodenbeschaffenheit, in der er wächst, mehr oder weniger Bitterstoffe. Am besten schmeckt Spargel nach 2-3 Tagen nach dem Stechen, dann verliert er bereits seine Bitterstoffe. Legt man die geschälten Spargelstangen vor der Verarbeitung in lauwarmes Wasser, verliert er weitere Bitterstoffe.
▶ **Spargel Kochzeit:** Damit der Spargel seinen feinen Geschmack beim Kochen entfalten kann, werden die gekochten Spargelstangen in viel, leicht gesalzenem, nicht zu stark kochendem Salzwasser bißfest gekocht.
▶ **Spargel stehend kochen:** Wenn Spargel stehend gekocht wird, sollen die Stangen mit einem Stoffband zusammen gebunden werden.

Weißen Spargel kochen: Je nach Sorte, Durchmesser und Alter des Spargels in etwa 15–25 Minuten kochen.

Grünen Spargel kochen: Dieser, viel dünnere Spargel hat eine kürzere Kochzeit, etwa 3–5 Minuten.

Spargel nach dem Kochen abschrecken: Sofort nach dem Kochen werden die Spargelstangen mit eiskaltem Wasser abgeschreckt und erst dann auskühlen lassen. Durch das Abschrecken und spätere Wiedererwärmen (nach einigen Stunden) verliert der Spargel einen Großteil seiner Bitterstoffe und wird sehr fein im Geschmack. Der Spargelgeschmack wird durch Zugabe von Butter beim Wiedererwärmen um vieles feiner.

▶ **Kalt servierter Spargel:** Ein kaltes Spargelgericht entfaltet seinen Geschmack erst bei Raumtemperatur, deshalb sollte der gekochte Spargel eine halbe Stunde vor dem Anrichten aus dem Kühlschrank genommen werden.

Gemüse: Spargel

Spargel Hollandaise
Zutaten für 4 Portionen
Etwa 1 kg geschälten und gekochten **Spargel**, gut abgetropft, auf einer großen, heißen Platte anrichten. Die **Sauce Hollandaise** am besten getrennt in einer Sauciere anrichten und erst bei Tisch über den Spargel gießen.

Sauce Hollandaise
2 **Eidotter, Salz,** 1 KL **Zitronensaft**, 2 EL **Spargelkochsud**, 200 g **Butter**.
Zubereitung: Die Eidotter mit Gewürzen und Flüssigkeit über Dunst cremig aufschlagen, Butter erwärmen und kurz köcheln, abschäumen (klären) und langsam unter ständigem Rühren in die Dottermasse einmengen. Sollte die Sauce zu dick sein, ist mehr Butter beizufügen.

Bunter Spargelsalat
Zutaten für 4 Portionen
600 g geschälter und gekochter **Spargel** (weißer und grüner), 2 mittelgroße **Paradeiser, Kerbel, Essig, Pflanzenöl, Salz,** weißer **Pfeffer** aus der Mühle.
Zubereitung: Zuerst die Spargelköpfe abtrennen und für die spätere Tellerdekoration aufheben. Die Spargelstangen schräg in mundgerechte, schmale Scheiben schneiden.
Die Paradeiser kreuzweise einschneiden, kurz in heißem Wasser überbrühen, kalt abschrecken, enthäuten, vierteln und entkernen. Das weiche Fruchtfleisch heraus schneiden, die Paradeisviertel in kleine Würfel schneiden.
Mit den Spargelscheiben und Kerbel vermischen, mit der Vinaigrette (2 Teile Pflanzenöl, 1 Teil Essig, mit Salz, Pfeffer würzen und alles gut verrühren) abmachen und auf gekühlten Tellern anrichten.

Grüner Spargel mit VULCANO-Schinken und Käse
Zutaten für 4–5 Portionen
1 kg **Spargel**, 16 Scheiben luftgetrockneten **VULCANO-Rohschinken**, 100 g **Emmentaler-Käse**, 1 hartgekochtes **Ei**, 2 **Paradeiser**, 250 g **Butter**, **Salz, Pfeffer, Petersilie, Zucker**.
Zubereitung: Den Spargel kurz waschen, grüner Spargel wird nicht geschält, nur die holzigen Teile wegschneiden.
Den grünen Spargel in kochendem, leicht gesalzenem Wasser einlegen, einmal aufkochen lassen und sofort aus dem Wasser heben. In Eiswasser kalt abschrecken und auf einem Küchentuch abtropfen lassen.
Die Paradeiser kreuzweise einschneiden, kurz in heißem Wasser überbrühen, kalt abschrecken, enthäuten, vierteln und entkernen. Die Petersilie grob hacken und den Käse (Emmentaler) fein reiben.
Je 3 Spargelstangen mit 2 Scheiben luftgetrocknetem VULCANO-Rohschinken umwickeln. Diese Spargel-Schinken-Päckchen mit Butter bestreichen, in eine Pfanne legen, mit den Paradeiserstreifen belegen und mit geriebenem Emmentaler bestreuen, die Oberfläche mit Butterflocken belegen, salzen und pfeffern.
Im vorgeheizten Backrohr bei starker Oberhitze (220°C) für 5–8 Minuten überbacken. Das geschälte und kleingehackte Ei darüberstreuen und mit frischer Petersilie bestreuen.
Anrichten: Vor dem Servieren noch mit etwas **flüssiger Butter** beträufeln.

Stangenspargel mit VULCANO-Schinken
Zutaten für 2 Personen
150 g weißer **Stangenspargel**, 100 g **VULCANO-Schinken**, **Zesten** (dünne Streifen) und **Saft** von zwei unbehandelten **Orangen**, 1 **Eidotter**, **Kresse, Salz, Pfeffer,** 1/2 EL **Mohnöl**, geschabter **Kren**, 80 g **Erdäpfel**.
Zubereitung: Den geschälten Spargel im Spargelfond (Schalen mit Zucker, Salz und Butter sieden und abseihen) kochen. Inzwischen Zesten von der Orangenschale abziehen, schälen, vier Orangen-Filets herausschneiden und den Saft auspressen. Diesen mit dem Eidotter über Dampf zu einem cremigen Sabayon aufschlagen. Das Mohnöl einrühren und mit Salz und Pfeffer würzen.
Den fein geschnittenen VULCANO-Schinken mit dem Spargel gefällig auf einem Teller anrichten und mit dem Orangen-Mohn-Sabayon überziehen. Orangenfilets und die blanchierten Zesten platzieren und mit Kresse bestreuen.
Beilage: Buttererdäpfel mit **geschabtem Kren.**

Kraut und Sauerkraut – würzig und gesund

Kraut ist nicht nur ein kulinarisch beliebtes Gemüse, die alte Kulturpflanze Kraut galt schon in der Antike bei Griechen, Römern und Kelten auch als Heilmittel. Kraut wurde zur Darmreinigung und auch in Form von Wickeln bei Rheuma, Gicht, Schwellungen und Prellungen verwendet.

Vitaminspender – nicht nur im Winter

Kraut hat einen besonders hohen Vitamin-C-Gehalt. Eine Besonderheit ist der Gehalt an Ascorbigen, das durch Kochen zu Vitamin C umgewandelt wird. Kraut gehört damit zu den wenigen Gemüsesorten, deren Vitamin-C-Gehalt durch Kochen sogar noch höher wird!

Kraut ist ein guter Lieferant von B-Vitaminen, von Folsäure und B6, sowie von Kalium, Magnesium und Calcium. Kraut enthält auch reichlich Ballaststoffe. Der spezifische Krautgeschmack kommt von Glucosinolaten, diese wirken krebshemmend. Trotz all der vielen wertvollen Nähr- und Wirkstoffe in Kraut ist es mit 23 Kalorien pro 100 Gramm sehr kalorienarm.

Lagerung und Konservierung

Frühkraut ist für den sofortigen Verzehr gedacht und nicht gut lagerfähig. Im Kühlschrank kann es eine Woche gelagert werden. Da Kraut ethylenempfindlich ist, nicht gemeinsam mit Obst oder Fruchtgemüse lagern.

Verwendung in der Küche

Vor der Verwendung die äußeren Blätter und große Blattrippen entfernen, den Krautkopf vierteln und den harten Mittelstrunk herausschneiden. Das Kraut muss nur außen gewaschen werden, die inneren Blätter liegen so kompakt aneinander, dass kein Schmutz dazwischen kommt.

Kraut schmeckt im Sommer milder als das im Herbst geerntete Kraut, es wird daher gern roh für Salat oder Rohkost verwendet. Traditionell kommt Kraut aber auch in Suppen, zu Krautfleisch, Rouladen und als Fülle in den Krautstrudel. In der asiatischen Küche wird Kraut mit anderen Gemüsen in Pfanne oder Wok gebraten.

Übrigens: Besser verdaulich wird Kraut, wenn es vor dem Garen einige Zeit mit Essig oder Wein mariniert wird. Kümmel mindert die blähende Wirkung von Kraut.

Krautfleckerln

Zutaten für 6–8 Portionen

1 kleiner **Weißkrautkopf**, 200 g **Mehl**, 1 **Zwiebel**, 2 **Freiland-Eier** (Größe M), 125 ml **Rindsuppe**, 3 EL **Butter**, 1 EL **Zucker**, **Essig**, **Salz**, **Pfeffer**, **Kümmel**, **Pflanzenöl**.

Zubereitung Fleckerl- oder Nudelteig: Das Mehl hügelartig auf die Arbeitsfläche sieben, eine Vertiefung eindrücken, eine Prise Salz und die Eier dazugeben. Zu einem glatten Teig verarbeiten. Falls nötig etwas kaltes Wasser zufügen. Den Teig etwa 15 Minuten lang gut durchkneten, bis er einen seidigen Glanz bekommt. Den Teig in einer Schüssel mit einem Tuch bedecken und eine halbe Stunde rasten lassen.

Die Arbeitsfläche bemehlen und den Nudelteig dünn darauf ausrollen und kurz trocknen lassen. Mit einem Teigrädchen oder einem scharfen Messer längs und quer 1 cm breite Streifen schneiden, so entstehen quadratische Fleckerln. Die Fleckerln in kochendes Salzwasser mit 1 EL Pflanzenöl bissfest kochen, abseihen und gut abtropfen lassen.

Zubereitung Kraut: Den Krautkopf vierteln, Strunk herausschneiden und fein schneiden oder hobeln. Zwiebel schälen und fein hacken. Die Butter in einer Pfanne erhitzen, die Zwiebeln darin anrösten, Zucker einstreuen und karamellisieren lassen. Mit einem Spritzer Essig ablöschen und mit der Rindsuppe aufgießen. Das Kraut dazugeben, mit Salz, Pfeffer und Kümmel würzen und zugedeckt weichdünsten.

Die gekochten Fleckerln mit dem Kraut vermischen und noch kurz schmoren lassen.

Oder: **handelsübliche Lasagne-Nudelblätter** verwenden, diese Kochen und in quadratische Fleckerln von 2–3 cm schneiden.

Warmer Krautsalat mit Speckwürfel
Zutaten für 4–5 Portionen
500 g **Weißkrautkopf**, 100 g durchzogener **Speck** (kleinwürfelig geschnitten), 5 EL **Essig**, **Salz**, 1 TL **Kümmel** (ganz), 250 ml **Wasser**.
Zubereitung: Das Wasser mit Salz und Kümmel kurz aufkochen lassen. Das Weißkraut feinnudelig schneiden und mit kochendem Kümmelwasser übergießen. Etwas ziehenlassen, dann abseihen. Essig mit etwas Wasser erhitzen und über das Kraut gießen. Den Speck kleinwürfelig schneiden, ausbraten und vor dem Anrichten mit dem Krautsalat vermischen.

Weißweinkraut
Zutaten für 4 Portionen
1 **Krautkopf** (grob geschnitten), 1 **Zwiebel** (fein geschnitten), 80 g **Kristallzucker**, 250 ml **Weißwein** (Weißburgunder), 500 ml **Wasser**, 1 EL **Maisstärke** (Maizena), 1/16 l **Weißwein**, **Salz**, **Pfeffer**, **Kümmel** (gemahlen), etwas **Pflanzenöl**.
Zubereitung: Den feingeschnittenen Zwiebel in einer Pfanne in Pflanzenöl anschwitzen, Kristallzucker dazugeben und langsam karamellisieren, mit dem Weißwein ablöschen und mit Wasser aufgießen. Das geschnittenen Weißkraut dazugeben, Würzen. In etwa 30 Minuten weich dünsten. Öfters umrühren und eventuell etwas Flüssigkeit (Wasser) nachgeben.
Zum Schluss 1/16 l Weißburgunder (Weißwein) und Maizena glatt rühren und damit das Kraut binden.

Apfelrotkraut
Zutaten für 4 Portionen
500 g **Rotkraut**, 2 **Äpfel**, 125 ml **Rotwein** (Blauer Zweigelt), eine **Zwiebel**, 1 EL **Zucker**, **Zitronensaft**, **Orangensaft**, **Salz**, **Pfeffer**, **Kümmel**, **Pflanzenöl**.
Zubereitung: Das Rotkraut feinnudelig schneiden, mit Salz und Kümmel würzen, Zitronen- und Orangensaft dazugeben, gut vermischen und für 30 Minuten marinieren.
Die Zwiebel schälen, fein schneiden. Öl erhitzen und darin Zucker und Zwiebel anrösten, mit Rotwein ablöschen und mit etwas Wasser aufgießen. Dann das Kraut beifügen und würzen. Die Äpfel schälen, reiben und zum Kraut geben. Zugedeckt weichdünsten.

Krautroulade
Zutaten für 4 Portionen
1 mittelgroßer **Krautkopf** (750 g), 500 g **Faschiertes** (von Rind, Kalb, Schwein, Lamm, je nach Belieben), 50 g geraspeltes **Wurzelgemüse** wie **Karotten**, **Sellerie**, **Petersilwurzen**, 100 g gekochter **Reis**, 4 große gekochte **Krautblätter zum Füllen** sowie einige **Krautblätter zum Abdecken**, 1 **Ei**, **Salz**, **Pfeffer**, **Majoran**, **Thymian**, **Liebstöckl**, **Pflanzenöl** zum Anrösten, **Speckscheiben** zum Belegen.
Zubereitung: Zuerst die Hälfte des Faschierten kurz anrösten, geraspeltes Wurzelgemüse mitrösten. Mit Salz, Pfeffer und Kräutern nach Geschmack würzen. Abkühlen und mit Ei, rohem Faschierten und Reis vermengen. Nochmals gut abschmecken.
Gekochte Krautblätter auf feuchtem Tuch flachklopfen, Strunk dabei lassen, mit Faschiertem bestreichen und gut einrollen. Die restlichen Krautblätter (2–3 Stück zum Zudecken aufheben) feinnudelig schneiden und in gefettete Form streuen, Rouladen daraufschichten, mit Speckscheiben belegen und mit gekochten Krautblättern abdecken. Eventuell mit etwas Suppe angießen. Im vorgeheizten Backrohr bei 160°–170°C für etwa 1,5 Stunden dünsten lassen.
Zum Servieren mit Sauerrahm oder Paradeissauce anrichten. Als Beilage Salzerdäpfel servieren.
Tipp: Krautblätter lassen sich besser vom Krautkopf lösen, wenn er vorher im Ganzen vorgekocht wird.

Krautstrudel
Zutaten für 6–8 Portionen
1 Kopf **Weißkraut** (700 g–800 g), 1 kleine **Zwiebel**, 1 EL **Zucker**, 2 EL **Butter**, 50 g **Butter** zum Bestreichen des Teiges, 125 ml **Rindsuppe**, 1 EL **Essig**, 125 ml **Sauerrahm**, **Salz**, **Pfeffer**, **Kümmel**.
Zubereitung: Den Krautkopf vierteln, den Strunk wegschneiden und hobeln oder fein schneiden. Zwiebel schälen, fein hacken.
Butter in einer Pfanne erhitzen und die Zwiebel darin glasig anlaufen lassen. Zucker beifügen und karamellisieren lassen, mit Essig ablöschen und mit der Suppe aufgießen. Das Kraut dazugeben, mit Salz, Pfeffer und Kümmel würzen und bei kleiner Flamme nicht zu weich dünsten. Dann das Kraut etwas abkühlen lassen und mit dem Sauerrahm verfeinern.
Die Butter zum Bestreichen des Teiges zerlassen. Den Strudelteig auf einem bemehlten Tuch hauchdünn ausziehen und mit der zerlassenen Butter bestreichen. Das Kraut gleichmäßig auf dem Teig verteilen, ringsum einen Rand von etwa 3–4 cm freilassen. Dann den Strudel einrollen und die Teigränder einschlagen. Strudel mit der Nahtstelle nach unten auf ein gefettetes Backblech legen und im vorgeheizten Backrohr für 45 Minuten backen.

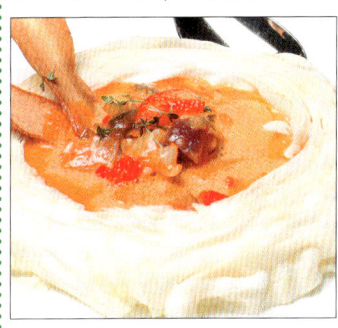

Krautsuppe mit Debreziner-Würstchen
Zutaten für 4 Portionen
400 g **Weißkraut**, 100 g **Pflanzenöl**, 150 g **Zwiebel** (fein geschnitten), 2 Liter **Rindsuppe**, **Salz**, **Pfeffer**, **Kümmel**, 1 EL **Paprika**, **Sauerrahm**, 2 Paar **Debreziner-Würste** als Einlage, **Schnittlauch**.
Zubereitung: Das nicht zu fein geschnittene Kraut einsalzen, mit ganzem Kümmel würzen, durchmischen und andrücken. Für ungefähr 1 Stunde marinieren. Das Pflanzenöl in einer Pfanne erhitzen und Zwiebeln anrösten, Kraut zugeben und leicht andünsten. Paprika hinzufügen und gut durchrühren. Mit Suppe aufgießen und auf kleiner Flamme für eine Stunde köcheln lassen. Die Debreziner-Würste klein schneiden und kurz mitkochen. Mit Salz und Pfeffer abschmecken.
Anrichten: Die Suppe in tiefen Tellern anrichten, mit etwas Sauerrahm und Schnittlauchröllchen verfeinern.

Steirisches Küchen Lexikon | 149

Butterbohnen	Käferbohnen	Käferbohnen
Kirschbohnen	Wachtelbohnen	Wachtelbohnen

Steirische Käferbohnen

Gemüse: Bohnen

Hülsenfrüchte: Bohnen, Erbsen und Linsen

Zu den Hülsenfrüchten zählen sämtliche Arten von Bohnen, Erbsen, Linsen, Sojabohnen und Kichererbsen. Man unterscheidet **Fisolen** (länglich und grün), **Prinzessbohnen** (kurze, grüne Hülsen), **Butterbohnen** (gelbe Fisolen) und **breite Bohnen** (breite und flache grüne Bohnen).

Der hohe Anteil an Nukleinsäuren (Eiweißbausteinen) unterstützt die Regeneration unserer Zellen sowie den Muskelaufbau und ist besonders für Vegetarier unersetzlich.

Bohnen ▶ Überall schätzt man die Vielzahl der Schmetterlingsblütler – mehr als 12.000 Sorten sind davon bekannt. Sie kommen auch mit trockenen und unwirtlichen Böden zurecht und bereiten sogar den Boden für später gesäte Pflanzen auf. Sie lockern ihn auf, und ihren Knöllchenbakterien gelingt es, den in der Luft enthaltenen Stickstoff zu binden. Deshalb kommt ihnen in der biologischen Landwirtschaft eine spezielle Bedeutung für die Fruchtfolge und als Gründüngung zu.

Für unsere Ernährung sind sie der wichtigste Proteinlieferant aus dem Pflanzenreich. Das gesteigerte Ernährungsbewußtsein hat auch bei uns den Wert von Bohnen wieder entdeckt.

Weiße Bohnen ▶ haben einen milden Geschmack, zubereitet mit Knoblauch, Speck, Zwiebeln und Paradeisern, werden sie für Eintöpfe und Suppen oder als Salat sauer verwendet.

Grüne Bohnen ▶ Diese Hülsenfrüchte sind eine der ältesten Kulturpflanzen, die im 16. Jahrhundert aus Südamerika in die Alte Welt kamen.

Rote Bohnen, Kitneybohnen ▶ sind würzig-süß im Geschmack. Sie werden als Beilage, mit Koriander, Chili oder Paradeiser zubereitet, verwendet.

(Spalt-) Erbsen ▶ gibt es in vielen Farben, gelb und grün, geschält oder ungeschält. Sie schmecken leicht süßlich und mild. Als Eintopf mit geröstetem Speck oder als Erbsenpüree mit Schlagobers gebunden. Der geschmackliche Höhepunkt ist eine Erbsensuppe mit Wurzelgemüse oder einer Wursteinlage (Erbsenwurstsuppe).

Kichererbsen ▶ haben einen nußartigen Geschmack und werden für Eintöpfe mit Lamm- oder Hühnerfleisch oder püriert verwendet. Zum Verfeinern eignen sich Kreuzkümmel, Sesam, Koriander und Knoblauch.

Einweichen von Hülsenfrüchten

Vorbereitung: Die Linsen (am besten sind die kleinen „Berglinsen") oder Bohnen immer über Nacht einweichen und das Einweichwasser weggießen, es enthält die blähenden Stoffe, und erst dann und in leicht gewürztem Wasser oder Fond langsam weichkochen.

Durch Ankeimen von Hülsenfrüchten, Getreide oder Samen erhöhen sich die Spurenelemente und Vitamine um ein Vielfaches, weiters verkürzt sich bei Hülsenfrüchten die Kochzeit.

Kochen von Hülsenfrüchten

✳ Spalterbsen und Bohnen müssen über Nacht, Linsen einige Stunden vor der Zubereitung eingeweicht werden.
✳ Nach der Quellzeit das Einweichwasser abgießen und zum anschließenden Kochen immer frisches Wasser verwenden.
✳ Hülsenfrüchte immer offen kochen.
✳ Linsen mit Ingwer, Koriander oder Fenchel kochen.
✳ Bohnen oder Erbsen mit Majoran, Thymian, Rosmarin, Liebstöckl, Bohnenkraut oder Kümmel kochen.

Kochzeiten:

Bohnen und ungeschälte Erbsen: 60–120 Minuten
Grüne Linsen und geschälte Erbsen: 30–60 Minuten
Rote Linsen: 10–15 Minuten
Kichererbsen: 30–45 Minuten

Bohnenstrudel

Zutaten für 4 Portionen
Strudelteig:
1 selbstgemachter **Strudelteig** (Rezept Seite 241) oder fertige **Strudelblätter** aus dem Lebensmittelhandel.
Zutaten für die Bohnenfülle:
300 g **weiße Bohnen**, 80 g **Grieß**, 80 g **Pflanzenöl**, **Speckwürfel**, 1 große **Zwiebel**, 5 EL **Sauerrahm**, **Salz**, **Pfeffer**, **Majoran**.

Zubereitung: Einen Strudelteig herstellen oder fertige Strudelblätter aus dem Lebensmittelhandel verwenden.

Die über Nacht eingeweichten Bohnen in Salzwasser weichkochen, abseihen, mit Salz, Pfeffer und Majoran pikant abschmecken.

Im Pflanzenöl die Handvoll Speckwürfel anbraten, die fein gehackte Zwiebel dazugeben und glasig dünsten.

Zum Schluss den Grieß einrühren und kurz mitrösten. Mit den gekochten Bohnen gut durchmischen. Wer die Fülle saftiger haben möchte, kann einige EL Sauerrahm unter die Füllung mischen.

Nach dem Erkalten die Masse auf die Strudelblätter auftragen, einrollen und auf einem befetteten Backblech im Backrohr hellbraun backen.

Steirisches Küchen Lexikon | 151

Rote Rüben – gesund, kalorienarm und vielfältig zu genießen

Rote Rüben sind vielen nur in Form von Säften und Salat bekannt. Dabei lassen sich aus Roten Rüben viele Gerichte – von kräftig bis fein und von pikant bis süß – zubereiten. Für die schnelle Küche sind die „Roten Knollen" bestens geeignet.

Rundum gesund

Rote Rüben sind reich an Kalium, Magnesium, Eisen, Phosphor und Ballaststoffen. Sie enthalten neben Zucker und Eiweiß auch Vitamine der B-Gruppe, Folsäure und Vitamin C sowie verschiedene organische Säuren.

Rote Rüben wirken stärkend und appetitanregend, fördern die Gallensekretion, beugen Erkältungen und Grippe vor, der hohe Eisengehalt unterstützt die Blutbildung. An weiteren sekundären Pflanzenstoffen enthalten Rote Rüben Saponine, die den Ruf haben, cholesterinsenkend, entzündungshemmend und krebsvorbeugend zu wirken. Das enthaltene Betanin, ein roter Farbstoff, wirkt zellschützend und stärkt die körpereigenen Abwehrkräfte. Biologisch gezogene Rote Rüben enthalten besonders hohe Gehalte an diesen wertvollen sekundären Nährstoffen.

Lagerung und Konservierung

Rote Rüben sind im Gemüsefach des Kühlschrankes zirka eine Woche haltbar. Sind die Rüben bereits gekocht, sollten sie nur einen Tag gelagert werden.

Verwendung in der Küche

Rote Rüben müssen in kaltem Wasser gut gebürstet werden. Sollen die Knollen gegart werden, auf keinen Fall die Wurzeln kappen, sonst bluten sie beim Garen aus. Die Rüben zum Kochen in reichlich Wasser zustellen und ca. eine Stunde kochen. Garen im Schnellkochtopf verkürzt die Kochzeit um ein Drittel. Anschließend die Rüben mit kaltem Wasser abschrecken, so lassen sie sich leicht schälen. Oder die Rüben im Rohr unter Flüssigkeitszugabe backen – das dauert je nach Knollengröße rd. zwei Stunden.

Sollen die Rüben roh weiter verarbeitet werden, mit einem Sparschäler dünn schälen und je nach Rezept raffeln, in Scheiben oder würfelig schneiden.

Roh essen ...

Geraspelt als Salat oder Rohkost mit Zitronensaft und/oder Rahm, in Kombination mit Äpfeln, Karotten oder Zitrusfrüchten, Nüssen und Zwiebeln.

... oder gekocht genießen

Klassisch ist der Salat aus gekochten Roten Rüben (mit Essig, Salz und Kümmel abgemacht) oder gewürfelt im Heringsschmaus. Lecker schmecken Rote Rüben auch in Suppen, Eintöpfen und Aufläufen, als warme Gemüsebeilage oder wie Erdäpfel in Folie gebacken. Als Würze eignen sich Kren, Kümmel, Senf, frischer Ingwer, Koriander, Zitronensaft und frische Kräuter.

Rote Rüben färben einfach alles!

Arbeiten mit Gummihandschuhen vermeidet Flecken auf den Händen. Die Farbe zieht auch ins Holzschneidbrett ein – Rote Rüben daher auf einem Teller schneiden und alle benutzten Geräte und Küchenutensilien sofort nach Gebrauch abwaschen.

Rote-Rüben-Salat
Zutaten für 4 Portionen

Rote Rüben waschen und mit kaltem **Wasser** zustellen, aufkochen und das erste Wasser weggießen. Nochmals mit kaltem Wasser zustellen, mit **Salz, Zucker, Essig,** ganzem **Kümmel** und **Lorbeerblatt** würzen. Je nach Größe und Alter nicht zugedeckt weichkochen.

Zubereitung: Die gekochten Roten Rüben schälen, in Streifen, Stäbchen, Spalten oder Würfel schneiden, mit etwas Schlagobers und Essig kurz erwärmen. Mit Salz, Kren und eventuell Kümmel abschmecken.

Linsen

Am besten sind die kleinen „Berglinsen", über Nacht einweichen (dann das Einweichwasser weggießen, es enthält blähende Stoffe) und in leicht gewürztem Wasser oder Fond langsam weichkochen.
Durch Ankeimen von Getreide, Hülsenfrüchten oder Samen erhöhen sich die Spurenelemente und Vitamine um ein Vielfaches, weiters verkürzt sich die Kochzeit.
Grüne Linsen ▶ sind sehr aromatisch. Sie werden mit Wurzelgemüse und Kümmel gekocht und mit geröstetem Speck geschmacklich abgerundet.
Rote Linsen ▶ sind etwas milder als grüne und werden am besten mit Minze, Ingwer oder Koriander zubereitet.

Specklinsen Zutaten für 4–5 Portionen
500 g **Linsen**, 150 g **Räucherspeck**, 1 rote **Zwiebel**, 2 **Knoblauchzehen**, 1 Bund **Petersilie**, 1 KL **Essigkapern**, 1 KL scharfer **Senf**, 125 ml trockener **Weißwein**, 1 EL **Mehl**, 1 EL **Pflanzenöl**, **Salz**, **Pfeffer**, 2 **Lorbeerblätter**, **Essig**.
Zubereitung: Die Linsen waschen, in einen Kochtopf geben und mit Wasser auffüllen. Lorbeerblätter, Salz und einen Spritzer Essig zufügen. Zugedeckt in 25 Minuten weichkochen.
Die Hälfte vom Speck in kleine Würfel schneiden, Zwiebel feinwürfelig schneiden. Knoblauch grob hacken. Die Kapern grob hacken. Petersilieblättchen von den Stielen zupfen und grob hacken. In einer Pfanne das Pflanzenöl erhitzen und die Speckwürfel und Zwiebel anrösten, Knoblauch und Kapern zufügen, mit Mehl stauben und durchrühren. Mit Weißwein ablöschen. Linsen abseihen und etwa 125 ml vom Linsenkochwasser in die Speck-Zwiebel-Sauce einrühren. Kurz kochen lassen. Die Linsen zugeben, gut durchrühren, kurz aufkochen lassen und mit Salz, Pfeffer, Petersilie und Senf würzen. Für einige Minuten kochen und dabei öfters umrühren. Den restlichen Speck in Streifen schneiden und knusprig braten. Die Linsen anrichten und mit den gebratenen Speckstreifen bestreuen.
Beilage: Semmelknödel (Rezept Seite 18).

Rote Linsensuppe mit Crème fraîche
Zutaten für 4 Portionen
200 g rote **Linsen**, 1 Liter **Gemüsesuppe**, 2 mittelgroße **Karotten**, 2 kleine **Zwiebeln**, 2 EL **Butterschmalz**, 200 g **Joghurt** (mind. 4% Fett), 1 Becher **Crème fraîche**, 1–2 **Zitronen**, **Salz**, **Pfeffer**.
Zubereitung: Die Karotten und die Zwiebeln fein würfeln und in einem Topf mit dem Butterschmalz glasig anbraten. Die Linsen dazu und kurz mitbraten. Gemüsesuppe dazu und bei schwacher Hitze und geschlossenem Deckel köcheln lassen. Den Topf vom Herd nehmen, die Linsen pürieren und das Joghurt unterheben. Mit Salz, Pfeffer und Zitrone abschmecken. Vor dem Servieren je einen Eßlöffel Crème fraîche in jeden Teller geben.

Rahmlinsen Zutaten für 4–5 Portionen
250 g **Linsen**, 100 g **Zwiebel** (fein geschnitten), 100 g gekochter **Speck** (gewürfelt), **Balsamico-Essig**, 125 ml **Schlagobers**, **Salz**, **Pfeffer**, **Majoran**.
Zubereitung: Für die Rahmlinsen die kleingeschnittenen Zwiebeln und Speckwürfel anrösten, die eingeweichten und vorgekochten oder gekeimten (rohen) Linsen zugeben, mit etwas Balsamico-Essig abschmecken, und eventuell mit etwas Mehl stauben, mit dem Schlagobers aufgießen, kurz einkochen und mit Salz, Pfeffer und Majoran abschmecken.

Linsensalat Zutaten für 4 Portionen
200 g gekeimte **Linsen** ✼ oder vorher eingeweichte und **gekochte Linsen**, 1/2 kleine **Zwiebel** (feingeschnitten), 1–2 EL kleine **Gemüsewürfel** wie Karotte, Sellerie u.a., 3 EL **Sonnenblumenöl** oder steirisches **Kürbiskernöl**, 1–2 EL **Wein-**, **Balsam-** oder **Apfelessig**, **Salz**, **Pfeffer**, frischer **Majoran**, **Blattsalate**.
Zubereitung: Die Zutaten für die Salatmarinade gut verrühren und damit die Linsen und den Blattsalat vermischen, mit der Sulz auf kaltem Teller anrichten.
✼ **Das Keimen von Linsen:** Linsen in lauwarmem Wasser mindestens eine Stunde einweichen, abseihen und in Glasschüssel mit durchlöcherter Klarsichtfolie oder Leinentuch abgedeckt 3–5 Tage am Fenster ohne direkte Sonnenbestrahlung stehen lassen, bis ein 2–3 cm langer Keim gewachsen ist.

Gurkensauce Zutaten für 4 Portionen
Zubereitung: Fein gehackter **Zwiebel** in **Butterschmalz** glasig anschwitzen. Gewürfelte **Gurke** beigeben und kurz mitrösten. Mit **Rindssuppe** aufgießen und mit **Salz**, **Pfeffer** und **Kümmel** würzen. Kurz aufkochen lassen. Anschließend **Rahm** beigeben und 5 Minuten kochen lassen. Geschmolzene **Butter** mit **Mehl** mischen und damit die Sauce binden. Aufkochen lassen und mit dem Stabmixer pürieren. Zum Schluss die gehobelten **Gurkenscheiben** und den feingehackten **Dill** untermengen und für 5 Minuten kochen lassen.

Erdäpfel

Heurige-Erdäpfel

Erdäpfel

Salzerdäpfel

Erdäpfelreindling

Erdäpfel (St,Ö) ➤ Krumbirn (St) ➤ Kartoffel (Ö,D)

Schon die Inka bauten in Peru Erdäpfel an. Um 1560 brachten die Spanier die Erdäpfel dann nach Europa, wo sie wegen ihrer schönen Blüten zuerst als Zierpflanzen geschätzt wurden. In Europa waren die Italiener die ersten, die Erdäpfel in großem Umfang angebaut haben.

Vor 50 Jahren gab es weltweit noch über 600 Erdäpfelsorten, heute sind es nur noch rund 100. In Österreich werden zur Zeit etwa 40 verschiedene Sorten angebaut. In der Steiermark beginnt die Ernte der Frühsorten (Heurige) Ende Mai, Anfang Juni. Die Haupternte dauert bis Mitte September. Wer die Möglichkeit hat, Erdäpfel einzulagern, sollte sie dunkel, luftig und kühl (bei 4° bis 8°C), am besten auf Stellagen mit Lattenrost (in ungewaschenem Zustand!) aufbewahren.

Erdäpfelsorten unterscheidet man nach Erntezeitpunkt, Form und Farbe:
Sehr frühe, frühe, mittel-frühe, mittelspäte und späte Erdäpfel-Sorten sowie runde, rund-ovale, platt-ovale und lange Erdäpfel-Formen, mit hell-brauner, weißbrauner, gelb-brauner, rot-brauner und auch blauer Farbe.

Erdäpfel werden nach dem Kochtyp und der Weiterverarbeitung unterschieden:
Festkochend – speckig
Ein fester schmaler, länglicher Erdapfel, der auch bei längerem Kochen nicht zerfällt (festkochend). Die Erdäpfelmasse ist feucht, glatt, schnittfest und nicht mehlig. Der Stärkegehalt ist niedrig, so etwa 10–12 %.
Ideal für: Erdäpfelsalat, Salzerdäpfel, Buttererdäpfel
Gut geeignet für: Braterdäpfel (roh), Erdäpfelsuppe

Bedingt geeignet für: Rösti, Erdäpfelgratin
Nicht geeignet für: Pommes frites, Erdäpfelpüree sowie Erdäpfelteig
Sorten: Sieglinde, Sigma, Kipfler, Julia, Ditta, Nicola, Stella.

Vorwiegend festkochend – schwach mehlig
Ein eher oval-runder Erdapfel, dessen Schale beim Kochen gerne etwas aufspringt; das Fleisch bleibt dabei jedoch im allgemeinen fest. Er ist schwach mehlig und hat einen mäßigen bis mittleren Stärkegehalt, etwa 12–15%.
Ideal für: Rösti, Braterdäpfel
Gut geeignet für: Salzerdäpfel, Buttererdäpfel, Erdäpfelgratin, Erdäpfelsalat, Erdäpfelsuppe
Bedingt geeignet für: Pommes frites, Erdäpfelpüree, Erdäpfelteig
Sorten: Bintje, Conny, Christa, Ostara, Ukama, Silvana, Desiree, Linzer Rose und Gelbe, Sirtema, Palma, Planta.

Locker kochend – mehlig
Dieser Erdapfel ist eher rund und springt im allgemeinen beim Kochen stark auf. Die Erdäpfelmasse ist mehlig, ziemlich trocken, grobkörnig und locker. Er hat einen Stärkegehalt von 15–19%.
Ideal für: Erdäpfelpüree, Pommes frites, Gerichte aus Erdäpfelteig
Gut geeignet für: Erdäpfelgratin, Braterdäpfel (roh), Erdäpfelsuppe

Erdäpfel Inhaltsstoffe
pro **200 g** rohe **Erdäpfel**

Kilokalorien/Kilojoule	70/292
Eiweiß, Protein (g)	2
Fett gesamt (g)	+
Cholesterin gesamt (mg)	0
Kohlenhydrate (g)	15
Ballaststoffe (g)	2,1
Wasser (g)	78
Mineralstoffe	
Natrium (mg)	3
Kalium (mg)	415
Kalzium (mg)	6
Magnesium (mg)	20
Phosphat (mg)	50
Eisen (mg)	0,4
Zink (mg)	0,3
Vitamine	
Carotine, einschl. Beta-Carotine (µg)	5
Vitamin E (Tocopherol) mg	0,1
Vitamin B1 (Thiamin) mg	0,11
Vitamin B2 (Riboflavin) mg	0,05
Vitamin B6 (mg)	0,31
Folat (100 g/µg)	20
Vitamin C (mg)	17

Bedingt geeignet für: Rösti, Salzerdäpfel, Erdäpfelsalat
Sorten: Maritta, Alma, Hermes, Saturna, Eba, Aula, Welsa, Cosima, Van Gogh.

Erdäpfel richtig kochen
Um beim Kochen möglichst viele Vitamine zu erhalten, soll man die Erdäpfel mit der Schale kochen oder dämpfen. Heurige Erdäpfel können in heißem Wasser, gesalzen, zugestellt werden, länger gelagerte Erdäpfel sollten mit kaltem gesalzenem Wasser zugestellt werden und am besten nicht zugedeckt (unangenehmer Geruch und Geschmack kann verdunsten) langsam weichgekocht werden. So werden auch unterschiedlich große Erdäpfel gleichmäßig durch.
Wenn sie nach dem Kochen kalt abgeschreckt werden, lassen sich Erdäpfel leichter schälen.

Der steirische Ölkürbis

Kugelrund und farbenprächtig liegen auf vielen steirischen Äckern die Kürbisse. Es waren schon immer die Kerne des grüngelben, weichschaligen Kürbisses *„Cucurbita pepo L. subsp. Pepo var. styriaca Greb."*, des steirischen Ölkürbisses, die die besondere Aufmerksamkeit der Bauern hatten. Im Sommer besitzt er eine dunkelgrüne Schale, die sich mit zunehmender Reife zu einem gelboranen Streifen-Look verändert.

Hokkaido Orange
Cucurbita maxima

Der ursprünglich aus Japan stammende Uchiki Kuri-Kürbis besticht durch sein festes, tieforanges Fruchtfleisch. Die Schale und das Fruchtfleisch können gleichermaßen zubereitet werden.
Süßlicher Geschmack, besonders geeignet für **Suppen, Sugo, Gemüse, Püree, Aufläufe, Mehlspeisen, süße und saure Kompotte**.

Butternuss-Kürbis
Waltham Butternut (Cucurbita moschata)

Festes und dottergelbes bis intensiv oranges Fruchtfleisch, feiner Geschmack, wegen seines buttrig-weichen, nussartig schmeckenden Fruchtfleisches wird er sehr geschätzt. Besonders geeignet für **Suppen, Salate, Gemüse, zum Frittieren, Braten mit Fleisch im Backrohr, Füllen, Einkochen und für Mehlspeisen**.

Sweet Dumpling
Kappenkürbis (Cucurbita maxima)

Die Schalenfarbe variiert von cremeweiß bis orange-grün, aber immer mit hellen Streifen. Sehr farbenprächtig.
Zubereitung: einer der schmackhaftesten Kürbisse, sehr gut **zum Braten im Backrohr**, süßliches, maroniähnliches Aroma.

Türken-Turban
Kappenkürbis (Cucurbita maxima)

Diese farbenprächtigen Kürbisse sind sehr dekorativ und schmecken auch hervorragend. Sie verfügen über eine sehr harte Schale und sind deshalb schwierig zu schälen, dafür sind sie extrem lange lagerfähig. Etwas mehlig im Geschmack, aber **zum Füllen** sehr gut geeignet.

Patisson
Custard white (Cucurbita pepo)

Diese Kürbisse kommen in vielen Farbschattierungen vor – von Weiß, Grün bis Gelb. Sie können mit der Schale verkocht werden. Ein feines, cremefarbenes Fruchtfleisch, besonders geeignet für **Suppen, Salate, zum Frittieren, Backen, Füllen, Einkochen und für Süßspeisen**.

Roter Zentner *Cucurbita maxima*

Tief orangerote Schalenfarbe, das Fruchtfleisch ist gelborange und saftig, der Geschmack eher neutral. Gewicht: 5–10 kg.
Zubereitung: zum Einlegen, Gemüse, Saucen, Suppen.

Muskatkürbis *Cucurbita moschata*

Der Muskatkürbis ist unreif dunkelgrün, bei Ausreifung bronzefarbig; er hat ein tief oranges Fruchtfleisch, das süßlich-würzig schmeckt. Gewicht: 3–8 kg.
Zubereitung: für fast alles verwendbar, besonders aber für Kürbisbowle.

Der „Lange von Neapel"

Auch Schlangenkürbis genannt, wegen seines dichten und festen Fruchtfleisches sehr beliebt und auch sehr lange haltbar.
Zubereitung: von der **Suppe** bis zur **Süß- und Mehlspeise**, als **Sugo, Gemüse, Püree, Aufläufe und pikant-sauer eingelegt**.

Nährwerte [Vitamine] | Rezepte | Kürbisse

Kürbisse und Kürbisgewächse

Der Kürbis ist botanisch gesehen gar kein Gemüse, sondern eine Beere. Der botanische Name für Kürbisgewächse lautet *Cucurbitaceae*. Die Familie der Kürbisgewächse erstaunt mit ihrer Vielfalt an Arten, Formen, Größen, Farben und Aromen. Zu den rund 850 verschiedenen Kürbisarten gehören Wintersorten wie Speisekürbisse (Riesenkürbis, Squash, Spaghettikürbis, Patisson usw.) und auch ungenießbare Zierkürbisse.

Aber auch Zucchini, Salatgurken und Melonen (Sommerkürbisse) gehören zur Familie der Kürbisgewächse. Die Kürbisarten können sich in Form, Farbe oder in ihrem Aroma sehr unterscheiden. Die Aromenvielfalt von Kürbis reicht von feinfruchtig über dezent-süßlich bis nussig oder neutral. Der Geschmack kann sich mit der Lagerung stärker entwickeln.

Inhaltsstoffe und Vitamine

Beim Kürbis zählen die inneren Werte. Das Fruchtfleisch des Kürbisses enthält reichlich Wasser und Ballaststoffe, der durchschnittliche Nährwert von 100 g Kürbisfruchtfleisch liegt bei 24 kcal, 1,1 g Eiweiß, 1,1 g Fett und 4,6 g Kohlehydrate, und ist daher eher schlankmachend.

Kürbisse sind auch reich an Ballaststoffen und sättigen daher gut. Unter den Mineralstoffen sticht Kalium hervor, das den Flüssigkeitshaushalt des Körpers regelt. Weiters sind in Kürbissen auch Calcium, Magnesium, Phosphor, Eisen, Zink, Selen, Vitamin E, C sowie B-Vitamine enthalten. Wie die Farbe schon verrät, sind viele Kürbisse reich an Carotinoiden. Das sind wertvolle Schutzstoffe, die als Antioxidanzien der Bildung von freien Radikalen im Körper entgegenwirken und die Zellen vor Schädigung bewahren und so gegen Krebs, Herz- und Gefäßkrankheiten schützen können. Beta-Carotin ist als Vorstufe des Vitamin A wichtig für Augen und Haut.

Über 90% der Kürbisfrucht bestehen aus Wasser, daher ist der Kürbis sehr kalorien- und fettarm und findet dadurch auch in der Reduktionskost Verwendung. Weiters belastet er die Verdauung kaum und ist daher sehr gut bekömmlich.

Die Konzentration von Vitamin A kann teilweise die von Karotten übertreffen, die sonst als Hauptquelle dieses Vitamins gelten.

Für den Wasserhaushalt im menschlichen Körper spielt der Mineralstoff Kalium eine entscheidende Rolle. Kalium wirkt entwässernd, und Wasseransammlungen und Giftstoffe werden dadurch leichter aus dem Körper geschwemmt.

Das Kürbisfleisch enthält auch Phytosterine (sekundäre Pflanzenstoffe), denen gesundheitsfördernde Eigenschaften zugeschrieben werden. Phytosterine lindern zum Beispiel Prostataleiden und senken den Cholesterinspiegel.

Das Lagern von Kürbissen

Richtig lagert man Kürbisse an einem kühlen, trockenen und dunklen Ort, der gut belüftet sein soll. Die optimale Lagertemperatur liegt zwischen 12° und 17°C. Kürbisse können auch ohne weiteres bei Zimmertemperatur aufbewahrt werden. Wichtig dabei ist, immer den Stiel dran lassen. Dann halten sie schon einige Monate.

Ein bereits angeschnittener Speisekürbis und auch Teile davon können, wenn sie mit einer Klarsichtfolie bedeckt sind, problemlos für einige Tage im Kühlschrank gelagert werden.

Dein persönliche Gesundheitsnutzen von Kürbis

Aufgrund seines niedrigen Natrium-Gehalts eignen sich Kürbisgerichte auch als Teil einer salzarmen Diät, die bei Bluthochdruck angewendet werden kann. Kürbis hat einen besonders hohen Vitamin-A-Gehalt, 100 g Kürbis enthalten mehr als die empfohlene Tagesdosis.

Steirisches Küchen Lexikon | 157

Ein steirisches Kürbisfeld

Der steirische Ölkürbis – Vom Kürbiskern zum Kürbiskernöl

Kugelrund und farbenprächtig liegen auf vielen steirischen Äckern im Herbst die Kürbisse. In der Steiermark waren es schon immer die Kerne des grün-gelben, weichschaligen Kürbisses „Cucurbita pepo var. styriaca", des steirischen Ölkürbisses, die die besondere Aufmerksamkeit der Bauern hatten. Im Sommer besitzt dieser Kürbis eine dunkel-grüne Schale, die sich mit zunehmender Reife zu einem gelb-orangen Streifen-Look verändert.

Aus den steirischen Ölkürbissen wird die zweite Besonderheit des Steirerlandes gewonnen: das Steirische Kürbiskernöl. Die Kerne wurden früher meist händisch aus dem vollreifen Fruchtfleisch geerntet („ausbatzln"). Heutzutage wird die Ernte maschinell durchgeführt. Ein steirischer Ölkürbis bringt rund 60 Gramm der begehrten Kerne.

Die Kerne werden gewaschen, getrocknet und dann gelagert. Je nach Bedarf werden dann Kernchargen zur Ölpresse gebracht, wo sie immer frisch zu Steirischem Kürbiskernöl verpresst werde. Die Kerne werden vor dem Pressen gemahlen. Der nächste Arbeitsschritt ist das Kneten der gemahlenen Kernmasse. Wie ein Brotteig wird die Masse mit Wasser verknetet, leicht gesalzen und anschließend geröstet. Bei der Aufbereitung der Kerne ist das Rösten die heikelste Aufgabe. Vor dem Pressen ist das langsame Erwärmen des Kernbreis mittels eines Rührwerks erforderlich. Dadurch wird der Wassergehalt langsam abgesenkt und der typische nussige Röstgeschmack entsteht.

Von der Stärke des Röstvorganges ist es abhängig, ob es zu mehr oder weniger starken Röstaromen im Kürbiskernöl kommt. Mit rund 300 bar Druck wird der Röstgut ausgepresst, dann beginnt das Kernöl zu rinnen. Erst nach einer Woche Lagerzeit, wenn sich die groben Schwebestoffe natürlich abgesenkt haben, entwickelt das frischgepresste Kernöl seinen unverkennbaren Geschmack. Die Charakteristiken des steirischen Kürbiskernöls sind die tiefdunkle grüne Farbe und der nussige Geschmack.

Wenn es ein echtes steirisches Kürbiskernöl sein soll, muß es aus der ersten Pressung und es müssen die Kerne zu 100% aus dem definierten Anbaugebiet stammen. Für ein Liter Kürbiskernöl braucht man rund 2,5 Kilogramm getrocknete Kerne.

Gesundes steirisches Kürbiskernöl

Das Kürbiskernöl zählt wegen seiner Inhaltsstoffe zu den gesunden und bekömmlichen Ölen. Kürbiskernöl ist reich an Vitamin E und enthält rund 28 Prozent einfach und 53 Prozent mehrfach ungesättigte Fettsäuren. Auch Kalium, Phosphor, Magnesium, Eisen und das antioxidativ wirkende Selen sind in Kürbiskernen reichlich enthalten. Die zweifach ungesättigte Linolsäure hat davon einen Anteil von 50%. Diese essentiellen Fettsäuren bestimmen den hohen ernährungsphysiologischen Wert des Kernöles, das auch cholesterinsenkend wirkt. Es sind noch viele andere Inhaltsstoffe, die das Kürbiskernöl so wertvoll machen, wie die seltenen delta-7-Phytosterole und der im Verhältnis zu anderen Pflanzen hohe Selen-Gehalt. Selen gilt als krebshemmendes Spurenelement. Weiters finden sich darin Magnesiumsalze und Beta- und Gamma-Tocopherole (Vitamin E), die für die Kräftigung des Bindegewebes und der Muskulatur mitverantwortlich sind. Phytosterine, eine Gruppe von sekundären Pflanzenstoffen, die in geringerer Menge auch im Fruchtfleisch enthalten sind, helfen Prostatabeschwerden und Blasenleiden vorzubeugen bzw. zu lindern.

Daneben haben die Kürbiskerne in der Volksmedizin noch einige andere, überaus gesunde Vorzüge. Täglich zwei bis drei Esslöffel der „Kraftkerne" soll bei Männern einer möglichen Prostatavergrößerung entgegenwirken. Bei Frauen soll die gleiche Dosis, täglich gegessen, die Bildung einer „Reizblase" verhindern. Sollte jemand trotz täglichen Kürbiskernessens eine der beschriebenen Beschwerden bekommen, sollte man doch einen Arzt aufsuchen und sich untersuchen lassen.

Kürbiskernöl ist leicht verdaulich. Die dunkelgrüne Farbe des Kürbiskernöls geht auf weitere wertvolle sekundäre Pflanzenstoffe zurück. Kürbiskernöl macht grüne Flecken, die aber im Sonnenlicht rasch verbleichen.

STEIRISCHES KÜRBIS KERNÖL g.g.A.

Steirische Kürbiskernenergie
Der Weg vom Kürbiskern zum Kernöl

[1] Der grün-gelbe, weichschalige Kürbis *„Cucurbita pepo styriaca"*, der steirische Ölkürbis
[2] Eine Handvoll Kürbiskerne
[3] Zuerst werden die Kerne zerkleinert
[4] Die fein gemahlenen Kürbiskerne
[5] Der Ölkuchen kommt in die Presse
[6] Ein echtes steirisches Kürbiskernöl zeichnet sich durch seine dunkelgrüne Farbe aus

Steirisches Kürbiskernöl

Kürbisse in der Küche

Kürbis wird vielfältig verwendet: Geraffelt und gemischt mit anderen Gemüsesorten oder Früchten, wird Kürbis als Rohkost verzehrt. Häufiger kommt Kürbis jedoch gegart auf den Tisch, z.B. in der beliebten Suppe, als Gemüse gedünstet, gebacken oder gebraten, in Kuchen, Aufläufen und Chutneys. Besonders schonend ist das Dämpfen und Dünsten.

Eine schmackhafte Zubereitungsart sind gebackene Kürbisse. Dazu werden Kürbisstücke für ca. 40 Minuten bei 180°C im Rohr gebacken. Kürbiskernöl wird vor allem zu Salaten, Rohkostgerichten, zum geschmacklichen Verfeinern von Suppen, Aufstrichen, Eiergerichten oder als Überguß zu Vanilleeis serviert.

Steirisches Kürbiskernöl in der Küche

In der Küche wird das Kürbiskernöl in erster Linie als Salatmarinade verwendet. Kürbiskernöl auf grünem Salat, Bohnen-, Kraut- oder Erdäpfelsalat, Rindfleischsalat oder einige Tropfen davon in der Kürbissuppe runden den Geschmack besonders ab.

Zum Kochen (Erhitzen) eignet sich das Kürbiskernöl nur begrenzt. Es gibt einige Speisen, bei denen das Kürbiskernöl als Bestandteil erwärmt wird. Eine davon ist die „Eierspeis mit Kernöl", die noch manchmal in der Weststeiermark zubereitet wird. Dabei wird das Kernöl langsam auf maximal 70 Grad erwärmt und das geschlagene Ei in die Pfanne gegossen.

Als Speisekürbis wird der steirische Ölkürbis im Sommer im noch unreifen, grünen Zustand verwendet. Diese Gemüsebeilage wird in erster Linie zum „Rindfleisch mit Kürbisgemüse und gerösteten Erdäpfeln" gereicht.

Der steirische Ölkürbis - das Original

Cucurbita pepo var. styriaca

Der steirische Ölkürbis unterscheidet sich von allen anderen Kürbissen durch eine Besonderheit: Er hat vor ungefähr 100 Jahren seine Samenschale verloren. Nur ein feines Silberhäutchen, im Volksmund „Flugge" genannt, erinnert heute noch an diese. Ein nicht näher bekannter findiger Steirer hat den Vorteil dieser zufälligen botanischen Mutation damals erkannt und den schalenlosen steirischen Ölkürbis für uns weitergezüchtet.

Das steirische Kürbiskernöl – Eine geschützte Besonderheit!

Der zeitgenössische Endverbraucher ist ein kritisches Wesen mit hohem Anspruch: Immer will er noch mehr Wert für sein Geld. Nun gut, im kleinen Kreis der Genüsse, die von Natur aus solchen Anforderungen entsprechen, ist das Kürbiskernöl wohl die köstlichste Erscheinung. Welches Kernöl man verwendet, ist aber immer noch eine Frage des Geschmacks. Kompromisslos greifen daher bodenständige Kenner oder neugierige Feinschmecker bewusst anstatt zu herkömmlichem Kürbiskernöl zum „Steirischen Kürbiskernöl g.g.A.".

Welch ein Erlebnis – tiefgehende nussige Aromen, spürbare Fülle und Dichte von kaum überbietbarer Eleganz. Die kulinarische Ergänzung für viele g'schmackige Speisen erkennt man sofort an der Bezeichnung g.g.A.. Diese steht für geschützte geographische Angabe. Nur wenige ausgewählte Spezialitäten in Europa dürfen dieses Kürzel tragen. Bei der strengen EU-Registrierung muss ein genau definierter Herkunftsbezug sowie die geschichtliche Entwicklung dieses Produktes dokumentiert sein. Wenn also die Banderole „Steirischen Kürbiskernöl g.g.A." auf einer Kernölflasche klebt, wird garantiert, dass es sich um ein steirisches Kernöl aus Kernen handelt, welche aus einem genau definierten Gebiet stammen. Natürlich um ein 100 Prozent reines Kürbiskernöl aus Erstpressung. Mit der fortlaufenden Kontrollnummer ist auch die Herkunft des „Steirischen Kürbiskernöl g.g.A." vom Acker bis in die Flasche nachvollziehbar.

„Steirischen Kürbiskernöl g.g.A." schmeckt nicht nur richtig gut, es ist wie jedes pflanzliche Öl cholesterinfrei, reich an lebensnotwendigen Fettsäuren, Vitamin E und besondere Phytosterole im „Steirischen Kürbiskernöl g.g.A." wirken positiv auf Prostata und Reizblase. Sensationelle Erkenntnisse brachte eine wissenschaftliche Studie der Technischen Universität Graz in Kooperation mit dem Qualitätsinstitut Dr. Wagner in Lebring. Diese beweist, dass „Steirischen Kürbiskernöl g.g.A." reich an wirksamen Antioxidantien ist.

Diese schützen vor freien Radikalen und sind wichtige Schutzfaktoren bei Herz- und Kreislauferkrankungen sowie bei Alterungsprozessen der Zelle. Die herausragende antioxidative Wirkung ist die vorerst erste exakte beforschte Wirkung vieler möglicher biologischer Effekte im „Steirischen Kürbiskernöl g.g.A.".

Steirisches Küchen Lexikon | 161

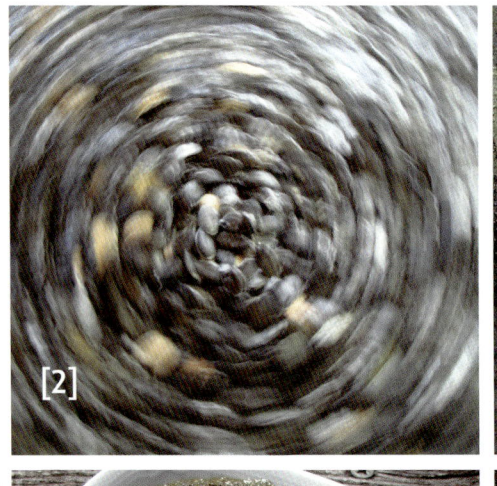

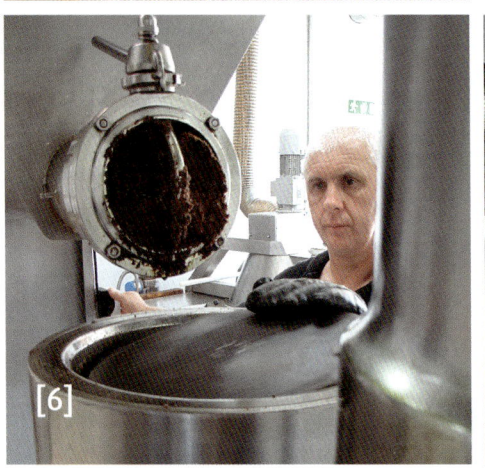

Vom steirischen Kürbiskern zum steirischen Kürbiskernöl g.g.A.
[1] Trocknen der Kerne des *„Cucurbita pepo styriaca"*, des steirischen Ölkürbis
[2] Kürbiskerne vor dem Zerkleinern
[3] Eine Mischung aus zerkleinerten Kürbiskernen, Salz und Wasser
[4] Die fein gemahlene Kürbiskernepaste
[5] Rösten der Kürbiskernmasse
[6] [7] Der Ölkuchen kommt in die Presse
[8] Das grüne Gold beginnt zu rinnen …
[9] Kürbiskernöl wird aufgefangen
[10] Ein unvergleichbarer Geschmack

Erleben und Genießen in der Weststeiermark, die „Steirische Ölspur"

Zwei Säfte sind es, die die Weststeiermark in wilden Strömen durchrauschen und sie zur unverwechselbaren Weststeiermark machen, Schilcher und Kernöl. Und weiter heißt es: „Es gibt kein anderes Land auf der Welt, wo dieses unverbleite Zweitaktgemisch im Herzen brennt. Das Herz des Weststeirers ist ein Explosionsmotor, dessen Pleuelstange der Kürbis ölt."
Diese Worte des steirischen Literaten Reinhard P. Gruber bringen die wesentlichen Charakterzüge der Weststeiermark zum Ausdruck: Die Einzigartigkeit einer intakten Naturlandschaft, die von einer durch bäuerliche Kultur geprägte, malerische Hügellandschaft der Weinberge bis in eine faszinierende Bergwelt führt und mit Schilcher und Kürbiskernöl einzigartige kulinarische Naturspezialitäten beheimatet. Und die Leidenschaft einer Bevölkerung, die stolz auf ihre Naturprodukte ist, und der es mit großer Begeisterung gelungen ist, die Weststeiermark zu einer unvergleichlichen Region der Genüsse und bodenständigen Gaumenfreuden zu machen. Die sieben Gemeinden Deutschlandsberg, Preding, Rassach, St. Martin, Stainz, Schwanberg und Wies haben sich zusammengetan und unter dem Namen „Steirische Ölspur" eine Vielzahl von einzigartigen Erlebnissen rund um den Kürbis und das Kürbiskernöl geschaffen.

STEIRISCHES KÜRBIS KERNÖL g.g.A.

Die Banderole sichert das Original

„g.g.A." steht für geschützte geografische Angabe und bedeutet:

- gesicherte Herkunft der Kürbiskerne aus einem geografisch definierten Gebiet in Österreich
- Kürbiskernöl hergestellt in heimischen Ölmühlen
- 100% reines Kürbiskernöl aus Erstpressung

Die Banderole mit der individuellen, fortlaufenden Kontrollnummer sichert Ihnen ein kontrolliert echtes Steirisches Kürbiskernöl g.g.A.

www.steirisches-kuerbiskernoel.eu

Kürbisgemüse	Kürbis paniert
Kürbisblüten gefüllt	**Kürbis im Wok**
Kürbiskernparfait	**Kürbis sauer eingelegt**

Kürbis und Kürbiskerne

Steirische Kürbisrahmsuppe
mit Strudelteigkörbchen, Kürbisstreifen, Kürbiskernen und Erdäpfelchips

Zutaten für 4–5 Portionen
200 g **Kürbis**, 20 g **Olivenöl**, 750 ml **Gemüsefond** (Geflügelfond oder Rindssuppe), 6 cl **Kürbiskernöl**, 40 g **Créme fraîche, Salz, Pfeffer, Muskat,** ein Spritzer **Weißweinessig**, 1 **Schalotte** (fein gehackt), 375 ml **Schlagobers** (flüssig), 2 EL **Kürbiskerne** (in Butter kurz geröstet).

Zubereitung Kürbisrahmsuppe:
Den Kürbis schälen und in grobe Würfel schneiden. In Olivenöl zuerst die gehackte Schalotte und dann den Kürbis anrösten und mit Gemüsefond ablöschen.
Den Kürbis mit den Gewürzen weichkochen, Schlagobers und Créme fraîche zugeben – kurz weiterköcheln lassen und mit dem Stabmixer und etwas Kernöl pürieren. Durch ein Sieb passieren und abschmecken.

Zutaten für die Strudeltulpen
2 **Strudelteigblätter**, 100 g **Kürbisfleisch** (in feine Streifen geschnitten), **Pflanzenöl** zum Ausbacken, **Salz, Kümmel**, 1 gehackte **Schalotte**.

Zubereitung:
Für die Strudeltulpen aus Strudelblättern etwa 15x15 cm große Quadrate schneiden. Das Pflanzenöl in einer etwa 15 cm hohen Pfanne erhitzen, ein Strudel-Quadrat vorsichtig hineinlegen und rasch mit einem geschälten Erdapfel, der auf einer Essgabel aufgestochen ist, in der Mitte ins heiße Öl tauchen. Nach kurzer Backzeit herausnehmen und vom Erdapfel lösen und auf ein Küchenpapier legen.

Die gehackte Schalotte anschwitzen, die Kürbisstreifen dazugeben, mit Salz und Kümmel würzen und weichdünsten.
Die Suppe anrichten, eine Strudeltulpe mit den Kürbisstreifen füllen und in die Suppe setzen. Mit gerösteten Kürbiskernen garnieren.

Kürbiskernbrot

Zutaten für 10 Portionen
220 g **Weizenmehl**, 120 g **Kürbiskerne**, 250 ml **Wasser**, 20 g **Germ**, 2 EL **Sesam**, 3 EL **Kürbiskernöl**, 1 TL **Koriander** oder **Fenchel, Salz, Pfeffer** aus der Mühle.

Zubereitung:
Kürbiskerne trocken rösten und kaltstellen. Wasser auf 25°C erwärmen. Germ, Mehl, Gewürze und Sesam untermischen. Kürbiskerne und Öl in die Grundmasse geben, gut vermengen und abkneten.
Den Teig 2–3mal gehen lassen, zur Rolle formen und in der Form noch einmal etwa 30 Minuten aufgehen lassen.
Bei 220°C etwa 30 Minuten backen und nach dem Abschalten noch 10 Minuten lang im Ofen lassen. Danach auf ein Gitter legen, damit das Brot kein Kondenswasser bilden kann und es schön knusprig bleibt.

Am besten schmeckt das Brot am ersten Tag nach der Zubereitung oder auch leicht angetoastet. In Klarsichtfolie oder Alufolie mehrere Tage gekühlt haltbar.

Kürbissuppe mit geröstetem Schwarzbrot und Wels

Zutaten für 4 Portionen
1 kg **Universalkürbis** mit orangem Fruchtfleisch (geschält, entkernt und kleinwürfelig geschnitten), 50 g **Zwiebel** (kleinwürfelig geschnitten), 125 ml **Schlagobers**, 4 Scheiben **Schwarzbrot** (sehr dünn geschnitten), **Kürbiskerne** (fein gerieben), 180 g **Welsfilet** (ca. 45 g pro Person).

Zubereitung:
Den Kürbis schälen und in Würfel schneiden. In einem Topf den Zwiebel glasig anbraten, den Kürbis hinzufügen, mit Wasser aufgießen, dass der Kürbis gerade bedeckt ist, und salzen. Durchkochen, bis der Kürbis weich ist. Mit einem Stabmixer pürieren und das Obers beimengen.
Das Schwarzbrot im Backrohr goldbraun braten.
Die Welsfilets in acht kleine Stücke schneiden, salzen und in Mehl wenden und anschließend kross braten.
Die Fischstücke in die Suppe setzen und das Brot dahinter stellen (mit einem eingeschnittenen Stück Kürbis fixieren).
Mit Kürbiskernen bestreuen und mit einigen Tropfen Kürbiskernöl servieren.

Gabi Abel: Steirisches Küchen Lexikon

Kürbisblüten

Das Ernten von Kürbisblüten: Kürbisblüten erntet man am besten am frühen Morgen, wenn die Blüten weit geöffnet sind. In die Blüten steckt man ein kleines Alufolie-Tütchen, um das Zusammenklappen bzw. Zugehen der Blüte zu verhindern. Dadurch kann man die Kürbisblüten später weiterverarbeiten und auch nachher befüllen. Kürbisblüten gibt es von Juni bis September.

Anstelle von Kürbisblüten können auch Zucchiniblüten verwendet werden.

Gefüllte Kürbisblüten

Zubereitung: Pro Person 2–3 **Kürbisblüten** reinigen, eventuell die Blüten waschen, den Stempel mit einer Schere vorsichtig entfernen und mit Hilfe eines Spritzbeutels mit der Farce 3/4 vollfüllen, etwas zudrehen und in einem feuerfesten Geschirr mit etwas Flüssigkeit und mit einer Alu-Folie zugedeckt im vorgewärmten Backrohr bei 180°C etwa 15–20 Minuten garen.

Grundmasse Farce

180–200 g rohes **Faschiertes von Geflügel oder Kalbfleisch** (angefroren), 2 **Eiweiße** oder 1 **Ei** (Eidotter macht die Masse gelblich), 125 ml **Schlagobers**, **Salz** und **Gewürze bzw. Kräuter** nach eigenem Geschmack.

Zubereitung: Faschiertes, Eiweiße, Schlagobers, Salz und Kräuter in einer Küchenmaschine zu einer glatten Masse verarbeiten, anschließend durch ein Haarsieb streichen und mit den Gewürzen abschmecken. Je nach Bedarf mit kleiner Einlage und Kräutern (Zucchini- oder Kürbiswürfel, Herbsttrompeten, Pilze usw.) verfeinern.

Diese Grundmasse kaltstellen und kurz vor dem Füllen nochmals gut durchrühren. Nach dem Füllen die Kürbisblüten bald pochieren (1–2 Stunden kühlstellen ist möglich).

Tipp: Das Haarsieb umdrehen und mit kaltem Wasserstrahl abbrausen und vorreinigen, erst dann heiß reinigen. Das Eiweiß wird durch Hitze fest und würde das Sieb verkleben.

Kürbisgemüse mit Rahmsauce

Zutaten für 4 Portionen

500 g grün-schaliger **steirischer Kürbis** (in Streifen geschabt), 500 ml **Sauerrahm**, **Wasser**, 1 KL glattes **Mehl**, **Salz**, 1 EL **Butter**, 100 g **Schalotten** (fein geschnitten), 1 KL **Paradeismark**, **Kümmel**, **Dille**.

Zubereitung: Das Kürbisfleisch gut einsalzen, richtig durchmischen und für einige Zeit stehen lassen. Die fein geschnittenen Schalotten in einer Pfanne in Butter anschwitzen, das Paradeismark zugeben und auf kleiner Flamme verrühren. Die Kürbisfleischstreifen gut ausdrücken und dazugeben. Mit Salz, Kümmel und Dille würzen. Den Sauerrahm mit etwas Wasser und Mehl glatt rühren, einrühren und das Kürbisgemüse auf kleiner Flamme in etwa 45 Minuten weich dünsten.

Gebackene Kürbisblüten

Zutaten für 4 Portionen

16–20 **Kürbisblüten**, 250 g glattes **Mehl**, 2 **Eier** (Größe M), 125 ml **Weißwein** (Weißburgunder), **Salz**, **Pflanzenöl**, **Staubzucker** zum Bestreuen.

Zubereitung: Zuerst Eidotter und Eiklar trennen und getrennt aufbewahren. Dotter, Mehl, Prise Salz und Wein oder Bier zu einem festen Backteig rühren. Eiklar zu halbfestem Schnee schlagen und unterheben. Teig rasten lassen.

Blüten waschen und durch den Teig ziehen. In heißem Pflanzenöl kurz herausbacken und mit Staubzucker bestreut servieren.

Als Beilage eignen sich Kompott oder Preiselbeeren.

Kürbis und Kürbiskerne

Gekochter Tafelspitz
mit Kürbisgemüse
Zutaten für 4 Personen
750–800 g **Rindfleisch** (Tafelspitz, Tafelstück oder Schulterscherzl), 5–6 **Rindsknochen** (davon 1–2 Markknochen), 2 **Suppenbund** (Wurzelgemüse), 3 **Lorbeerblätter**, **Petersilstengel**, eventuell einige **Liebstöckelblätter, Salz**.
Zubereitung: Die zuerst mit heißem Wasser kurz überbrühten Rindsknochen mit kaltem Wasser zustellen, Wurzelgemüse, Lorbeer, Petersilstengel und etwas Salz zugeben, ca. eine dreiviertel Stunde ziehen lassen, Fett und Schaum abschöpfen, Fleisch einlegen und bei sanfter Hitze 85°C für 3–4 Stunden ziehen lassen.
Zwischendurch mit kaltem Wasser aufgießen, abfetten bzw. abschäumen.
Nicht aufkochen lassen, denn dadurch wird die Suppe trüb.
Nach dem Kochen das Rindfleisch sofort in kaltem Wasser abschrecken und bei Bedarf kalt aufschneiden und in heißer Suppe erwärmen.
Tipp: Durch das Abschrecken verhindert man ein Austrocknen des Rindfleisches und vermeidet so auch die unansehnliche, dunkle Verfärbung der Fleischoberfläche.

Kürbisgemüse
1 kg **Erdäpfel**, 500 g **Kürbis, Salz**, 3 EL **Butter**, 1–2 **Zwiebel**, 1 EL **Paradeismark**, **Kümmel, Dille**, 250 ml **Sauerrahm**, 1/2 EL **Mehl**.
Zubereitung: Die Erdäpfel schon am Vortag kochen. Kürbis schälen und nudelig schneiden. Einsalzen und stehen lassen. Zwiebeln fein schneiden und in Butter anschwitzen. Kürbis gut ausdrücken und zur Zwiebel geben. Einen halben Esslöffel Paradeismark zugeben, mit Salz, Kümmel und Dille würzen. Sauerrahm mit etwas Wasser und Mehl glattrühren und zum Kürbis geben. Auf kleiner Flamme weichdünsten. Nochmals kurz abschmecken.

Geröstete Erdäpfel
1 kg speckige **Erdäpfel, Pflanzenöl, Zwiebeln, Salz, Pfeffer** und **Majoran**.
Zubereitung: Die Erdäpfel am Vortag in der Schale halb roh kochen, dann schälen und grob raspeln. In heißem Pflanzenöl gut anrösten, mit fein geschnittenen Zwiebeln bestreuen, mit Salz, Pfeffer und Majoran (am besten frisch) würzen, wenden und auf kleiner Flamme weiterrösten.
Eine fingerdicke Scheibe Rindfleisch mit gerösteten Erdäpfeln und Kürbisgemüse anrichten. Mit etwas Suppe begießen und mit Schnittlauch bestreuen.
Das Kürbisgemüse mit dem gekochten Rindfleisch und den gerösteten Erdäpfeln sehr heiß servieren.

Erdäpfelschmarrn
800 g **Erdäpfel**, 1 **Zwiebel, Butterschmalz, Salz, Pfeffer** aus der Mühle.
Zubereitung: Zwiebel in Scheiben, Erdäpfel in Ringe schneiden. Zwiebel in einer Pfanne leicht bräunen und die Erdäpfel unter die Zwiebel mengen, durchrösten und würzen.

Lammschnitzel
mit Kürbiskernpanade und
Erdäpfel-Kürbiskrapferl
Zutaten für 4 Portionen
8 **Lammkeulen-Schnitzerl** (je 90 g)
Zum Panieren: 2 **Eier** (Größe M, mit einer Gabel verschlagen), **Salz**, **Mehl** (glatt), 100 g **Kürbiskerne** (fein gehackt) und **Semmelbrösel, Butterschmalz** oder **Pflanzenöl** zum Ausbacken.
Zubereitung: Die Schnitzel mit einer Klarsichtfolie bedecken und leicht plattieren, salzen, in Mehl wenden, durch das verschlagene Ei ziehen und anschließend in der Mischung aus gehackten Kürbiskernen und Semmelbrösel wenden.
In eine Pfanne ein bis zwei Finger hoch Butterschmalz erhitzen (etwa 150°C) und die panierten Lammschnitzel einlegen. Die Lammschnitzerl auf der Unterseite bräunen und dann vorsichtig mit einer Fleischgabel wenden, die andere Seite fertig backen. Damit die Panier leicht aufgeht (souffliert), soll man während des Backens die Pfanne leicht schütteln.
Aus der Pfanne heben und auf Küchenpapier abtropfen lassen.
Am Boden der Schüssel bildet sich ein Stärkerückstand, den man zu den geraspelten Erdäpfeln dazugibt.
Die geraspelten Erdäpfel, Stärkerückstand, Kürbis, Eier und Salz gut verrühren und kleine Krapferl formen. Die Krapferl in Mehl wenden und in heißem Butterschmalz ausbacken.
Anrichten: Zum Lammschnitzerl mit einer Kürbiskernpanier reicht man Preiselbeeren und bunte Salate.

Gabi Abel: Steirisches Küchen Lexikon

Geröstete Kürbiskerne

Zubereitung: Die Kürbiskerne in eine nicht zu heiße Pfanne geben, mit ganz wenig Wasser beträufeln und leicht salzen. Bei geringer Hitze und oftmaligem Schwenken langsam rösten, bis die Kerne zu knallen beginnen. Dabei bilden sie eine Wölbung, und die Kürbiskerne bleiben somit für längere Zeit knusprig.

Mariniertes und gebratenes Kürbisgemüse

Zutaten für 4 Portionen

16 Scheiben **Hokkaidokürbis** oder ein anderer **Universalkürbis** (geschält, entkernt und in 1 cm Scheiben geschnitten), 8 Scheiben **Melanzani**, 4 kleine **Paradeiser**, 8 **Knoblauchzehen** (klein gehackt), **Basilikumblätter**, frischer **Rosmarin**, **Olivenöl**, **Salz**, **Pfeffer**.

Zubereitung: Die Kürbisscheiben und Melanzani in nicht zu feine Scheiben schneiden, die Paradeiser häuten, entkernen und ebenfalls in Scheiben schneiden.
Das Backrohr auf etwa 220°C vorheizen. Das Gemüse mit dem gehackten Knoblauch auf ein Blech legen und mit Salz, Pfeffer würzen und mit Olivenöl einpinseln.

Drei Küchengeräte braucht man zur Kürbisverarbeitung. Verwenden Sie ein großes, stabiles Messer mit breiter Klinge, einen Universalschäler und ein Schneidebrett. Stellen Sie den Kürbis mit dem Stengel nach oben auf das Schneidebrett und halbieren Sie ihn, dann vierteln Sie die beiden Kürbishälften. Dann ist das weitere Putzen des Kürbisses ganz einfach: in Segmente teilen, Entfernen des Kerngehäuses, die Kerne mit den watteartigen Fasern und die holzigen Teile. Dann mit dem Universalschäler die Schale wegschneiden. Das Fruchtfleisch kann nun nach Verwendungszweck entweder würfelig geschnitten oder geraspelt werden. Mit dieser Zerteilungsmethode können Sie fast alle Kürbisse leicht und rasch verarbeiten. Das Kürbis-Fruchtfleisch muß kernig-fest sein und es soll keine Löcher oder Gänge aufweisen.

Kürbisgemüse

Zutaten für 4 Portionen

200 g **Hokkaido-Kürbis** oder ein anderer **Universalkürbis** (geschält, entkernt und kleinwürfelig geschnitten), 200 g **Zucchini**, 1/2 roter **Paprika**, 1 EL **Zucker**, 1 EL **Dill-Essig** (Dille in Weißweinessig angesetzt), **Salz**.

Zubereitung: Den Zucker in einer Pfanne schmelzen, den kleinwürfelig geschnittenen Kürbis, Zucchini und die roten Paprikawürfel dazu geben und anbraten lassen. Mit Dill-Essig ablöschen, erst zum Schluss salzen.

Karamellisiertes Gemüse

Zutaten für 4 Portionen

400 g **Muskatkürbis** (geschält und geschnitten), 400 g **Zucchini** (geschnitten), 50 g **Weintrauben**, 16 gekochte **Kastanien**, 1 roter, gelber und grüner **Paprika**, 1 EL **Zucker**, 1 EL **Balsamico-Essig**, **Salz**.

Zubereitung: In der Zwischenzeit in einer heißen Pfanne 1 EL Zucker karamellisieren, das feinwürfelig geschnittene Gemüse beifügen, kurz anbraten, salzen und mit 1 EL Balsamico-Essig ablöschen.

Erdäpfel-Kürbis-Krapferl

800 g speckige **Erdäpfel** (roh), 200 g **Hokkaido-Kürbis** (grob geraspelt), 4 **Eier** (Größe M), **Mehl**, 4 EL **Butterschmalz**, 2 l **Wasser**.

Zubereitung: Die Erdäpfel grob raspeln und in einen Topf mit 2 Liter Wasser geben. Etwa eine halbe Stunde stehen lassen, durch ein Sieb schütten und die geraspelten Erdäpfel gut ausdrücken. Am Boden der Schüssel bildet sich ein Stärkerückstand, den man zu den geraspelten Erdäpfeln dazugibt. Die geraspelten Erdäpfel, Stärkerückstand, Kürbis, Eier und Salz gut verrühren und kleine Krapferl formen. Die Krapferl in Mehl wenden und in heißem Butterschmalz ausbacken.

Süß-scharf gebratener Kürbis

8 Scheiben **Hokkaidokürbis** (geschält, entkernt und in 1/2 cm Scheiben geschnitten), **Salz**, **Pfeffer** aus der Mühle, 1 EL **Zucker**, 1 kleiner **Chilli**, 1 EL **Honig**.

Zubereitung: In einer Pfanne den Zucker leicht karamellisieren, die Kürbisscheiben dazugeben, salzen, vorsichtig mit Chilli abschmecken und den Honig unterrühren.

Kastanien-Kürbis-Suppe

Zutaten für 4–6 Portionen

600 g oranger **Universalkürbis**, 250 g geschälte und gekochte **Kastanien** (oder 120 g **getrocknete Kastanien**), 600–800 ml **Gemüsesuppe**, 2 EL **Olivenöl**, 1 kleine **Zwiebel**, **Salz**, **Pfeffer**, **Muskatnuss** (frisch gerieben), 100 g **Schlagobers**, 1 EL **Zitronensaft**, 1/2 Bund frischer **Majoran** (fein gehackt).

Zubereitung: Die Zwiebel schälen und fein hacken. Den Kürbis schälen, entkernen und klein würfeln. Die Zwiebeln und die Kürbiswürfel im Olivenöl andünsten, die geschälten Kastanien zugeben. Mit der Gemüsesuppe aufgießen, kurz aufkochen. Die Suppe mit Salz, Pfeffer und Muskatnuß würzen, bei schwacher Hitze köcheln lassen, bis der Kürbis und die Kastanien weich sind. Pürieren.
Die Hälfte des Schlagobers für die Garnitur steif schlagen.
Die Suppe mit dem Rahm aufkochen, kurz köcheln lassen. Mit dem Zitronensaft abschmecken. Eventuell mit Salz und Pfeffer abschmecken.

Anrichten: Die Suppe in vorgewärmten Tellern anrichten. Mit Schlagobers und Majoran garnieren.

Apfel-Balsam-Marinade

1/16 l **Apfel-Balsamessig**, 1 EL **Honig**, **Salz**, **Zucker**.

Zubereitung: Für die Marinade kocht man den Apfel-Balsamessig mit etwas Honig, Salz und Zucker auf und lässt ihn einreduzieren. Das gegarte Kürbisgemüse mit der Apfel-Balsamessigreduktion marinieren.

Kürbis und Kürbiskerne

Gefülltes Schweinsfilet
mit Kürbisreisbällchen und Kürbisgemüse

Zutaten für 4 Portionen

800 g **Schweinsfilet** (zugeputzt), 250 g **Dörrzwetschken**, 400 g **Hokkaido-Kürbis** oder ein anderer **Universalkürbis** (geschält, entkernt und kleinwürfelig geschnitten), **Salz**, 60 ml **Süßwein**, **Kürbiskerne** (fein gehackt).

Zubereitung: In das Schweinsfilet mit dem Stiel eines Kochlöffels der Länge nach ein Loch machen und die Öffnung erweitern und mit den Zwetschken und den Kürbisstücken füllen.
Die Filets in einer Pfanne beidseitig anbraten, auf ein Blech setzen und im vorgeheizten Rohr bei 180° bis 200°C, mit Alufolie abgedeckt, etwa 20 Minuten garen lassen.
Mit den restlichen Zwetschken und Kürbisstücken ein Ragout zubereiten. Dazu in einer Pfanne das Gemüse scharf anbraten, salzen und mit Süßwein ablöschen.

Kürbisreisbällchen

Zutaten: 350 g gekochter **Kürbisreis** (ausgekühlt), **Mehl, 1 Ei** (Größe M), **Semmelbrösel, Kürbiskerne** für die Panade, **Butterschmalz** oder **Pflanzenöl** zum Ausbacken.

Zubereitung: Aus dem Kürbisrisotto kleine Knödel formen, mit den zerkleinerten Kürbiskernen panieren und im Butterschmalz herausbacken.

Lammkotelett
mit Quetscherdäpfeln und Herbstgemüse

Zutaten für 4 Portionen

2 **Lammkronen** im Ganzen mit je 8 Kotelettstücken, **Salz, Pfeffer** aus der Mühle, 4 **Knoblauchzehen**.

Zubereitung: Die Lammkronen zuputzen und anschließend in Pflanzenöl anbraten. Die Lammkronen aus der Pfanne heben, salzen, pfeffern und mit Knoblauch würzen, ins Rohr geben und bei 160°C etwa 20 Minuten garen (Kerntemperatur 55°C). Aus dem Backrohr nehmen, mit Alufolie bedecken und rasten lassen.

Herbstgemüse

500 g **Eierschwammerln**, 500 g **Muskatkürbis**, 1 **Zwiebel** (kleinwürfelig geschnitten), **Salz, Pfeffer** aus der Mühle, **Pflanzenöl**.

Zubereitung: Die Zwiebel anrösten, Eierschwammerln und Kürbis dazugeben, die Schwammerlflüssigkeit einreduzieren lassen, anschließend mit Weißwein ablöschen, salzen und pfeffern und mit Thymian abschmecken.

Quetscherdäpfel

4 große gekochte **Erdäpfel**.

Zubereitung: Die Erdäpfel mit der Hand flach drücken und in der Pfanne beidseitig knusprig braten, salzen und pfeffern.

Sauer eingelegter Kürbis

Zutaten für 5 Gläser mit 500 ml Inhalt

1,5 kg festfleischiger **Hokkaido-Kürbis**, 1 1/4 Liter **Essigwasser**, 10–15 **Gewürznelken**, 2 **Zimtstangen**, 3 EL **Honig**, **Salz**, **Zucker**.

Zubereitung: Den Kürbis vierteln und entkernen. Kürbisfleisch mit der Schale würfelig schneiden. Das nicht zu saure Essigwasser mit den Gewürzen aufkochen und abschmecken. Die gewürfelten Kürbisstücke darin nicht zu weich kochen und anschließend in gut verschließbare Rexgläser oder Gläser mit Schraubverschluss, füllen. Eventuell mit Pflanzenöl bis zum Rand auffüllen. Kühl und dunkel lagern. Eignet sich kalt serviert gut als Beilage zu kalten und warmen Braten sowie Wildgerichten und Terrinen.

Gabi Abel: Steirisches Küchen Lexikon

Kürbisrisotto

Zutaten für 4 Portionen

400 g **Rundkornreis** (Risottoreis, gewaschen), 200 g **Hokkaido-Kürbis** (in kleine Würfel schneiden), 1 **Zwiebel** (in feine Streifen geschnitten), 100 g **würziger Hartkäse** (gerieben), 100 g **Butter**, 125 ml **Weißwein** (trocken), 1 Liter **Gemüsesuppe**, **Salz, Pfeffer** aus der Mühle.

Zubereitung: Feingeschnittene Zwiebel auf mittlerer Hitze in einer breiten, flachen Pfanne mit dickem Boden in Pflanzenöl oder Butter weich dünsten, den Reis zugeben und so lange rühren, bis die Reiskörner mit Fett überzogen sind und glänzen.

Mit den Zwiebeln leicht weiterrösten, mit dem Weißwein ablöschen, einreduzieren lassen und mit der Gemüsesuppe immer wieder aufgießen, dass der Reis immer mit der Suppe bedeckt ist. Den Reis unter Rühren köcheln lassen. Wenn die Flüssigkeit aufgenommen ist, weitere Suppe nachgießen. Diesen Vorgang wiederholen, bis der Reis weich ist, aber noch Biss hat.

In der Zwischenzeit den Kürbis schälen, die Kerne entfernen und das Fruchtfleisch würfelig schneiden, etwas salzen, in einer Pfanne anbraten und dem Reis beimengen.

Am Ende der Garzeit die Würzzutaten wie Butter und geriebenen Hartkäse einrühren. Das Risotto soll Biss haben und in seiner Konsistenz aber cremig sein. Vor dem Servieren noch 2 Minuten ruhen.

Anrichten: Das Kürbisrisotto wird im ausgehöhlten Kürbis angerichtet.

Kürbiskerntorte

Zutaten für 10–12 Stücke, Tortenform Ø 24 cm

100 g **Kürbiskerne** (gerieben), 3 **Eier aus Freilandhaltung** (Größe M), 250 ml **Sauerrahm**, 125 ml **Kürbiskernöl**, 150 g **Staubzucker**, 150 g **Mehl**, 100 g **Haselnüsse** (gerieben).

Marillenmarmelade zum Füllen, **Staubzucker** zum Anzuckern.

Zubereitung: Die Eier von Eiklar und Dotter trennen, und das Eiklar zu Schnee schlagen. Die Eidotter mit Staubzucker schaumig rühren. Den Sauerrahm und das Kürbiskernöl langsam in die Dottermasse einlaufen lassen. Kürbiskerne, Mehl und Nüsse vermischen und abwechselnd mit dem Eischnee unterheben.

In eine befettete und bemehlte Tortenform füllen und im vorgeheizten Backrohr für etwa 40–50 Minuten bei 180°C ausbacken.

Den ausgekühlten Tortenboden zweimal durchschneiden und mit der Marillenmarmelade füllen. Die ganze Torte außen dünn mit der Marmelade bestreichen. Danach die Torte mit der Schoko-Kürbiskern-Glasur überziehen.

Schoko-Kürbiskern-Glasur

200 g weiße **Schokolade**, 100 ml **Kürbiskernöl**.

Zubereitung: Die weiße Schokolade im Wasserbad schmelzen und das Kürbiskernöl einrühren.

Kürbiskernkrokant-Parfait mit Schoko-Kirsch-Ragout

Zutaten für 4 Portionen

60 g **Kürbiskerne** (fein gehackt), 150 g **Zucker**, 2 **Eier** (Größe M), 250 g **Schlagobers**.

Kürbiskernkrokant

Zubereitung: 60 g Zucker in einer Pfanne karamellisieren, die fein gehackten Kürbiskerne einrühren. Den Kürbiskrokant auf einem geölten Blech erkalten lassen.

Parfait

Zubereitung: Den restlichen Zucker mit den Eiern über Dampf auf 85°C erhitzen und danach kalt schlagen. Den Kürbiskernkrokant fein reiben und zur Eimasse geben. Das geschlagene Obers vorsichtig unterheben.

In kleine Formen abfüllen und sofort für mindestens 4 Stunden tiefkühlen. Vor dem Servieren das Eisparfait etwa eine halbe Stunde im Kühlschrank temperieren.

Schoko-Kirsch-Ragout

200 g **Kirschen**, 50 g **Zucker**, 1 **Zimtstange**, etwas **Zitronensaft**, 50 g **Kochschokolade**, 1 EL **Maisstärke**.

Zubereitung: Zucker, Zimt und Zitronensaft mit 250 ml Wasser aufkochen und mit Maisstärke abbinden. Die Kirschen kurz mitkochen, vom Herd nehmen und die Kochschokolade einrühren. Kalt stellen.

Kürbis und Kürbiskerne

Süßer Kürbisstrudel
Zutaten für 10–12 Portionen
4 Blatt **Strudelteig** (eine Doppelpackung aus dem Lebensmittelhandel), 1 kg **Speisekürbis** oder **Hokkaido-Kürbis**, 100 g **Butter**, 120 g **Semmelbrösel**, 2–3 EL **Kristallzucker**, 150 g brauner **Zucker**, 1 MSP **Zimt**, 1/2 P. **Vanillezucker,** 1 MSP **Ingwerpulver**.
Zubereitung: Den Kürbis schälen und entkernen, grob raffeln, mit braunem Zucker, Vanillezucker, Zimt und Ingwerpulver gut vermischen. Die Brösel in Butter rösten, mit Zucker, Zimt kurz weiterrösten.
Zwischen je zwei Teigblätter etwas zerlassene Butter streichen, dann die Butterbrösel auf ungefähr 2/3 des Teiges streuen und die Hälfte der Kürbisfülle darauf verteilen. Die Teigränder gut mit flüssiger Butter bestreichen. Den Teig mit der Fülle mit Hilfe des Tuches zum Strudel einrollen, auf das mit Backpapier belegte Blech legen, und den Teig außen mit Butter bestreichen.
Für die weiteren Strudelblätter die restlichen Brösel und die Kürbisfülle verwenden. Im vorgewärmten Backrohr bei 220°C in 35 Minuten goldgelb backen.

Kürbisstrudeltorte
Zutaten für 10–12 Stücke, Tortenform Ø 24 cm
200 g **Mehl**, 3 g **Salz**, 25 g **Pflanzenöl**, 100 g **Wasser** oder ein **fertiger Strudelteig**, 150 g zerlassene **Butter** zum Bestreichen.
Kürbisfülle
Zutaten: 250 g **Kürbisfruchtfleisch** vom „Der Lange von Neapel" (Schlangenkürbis) oder ein anderer **Universalkürbis** (geschält, entkernt und kleinwürfelig geschnitten), 250 g säuerliche **Äpfel**, 100 g **Zucker**, 50 g **Rosinen**, 2 g **Zimt**, 1 **Zitrone**, 4 g **Vanillezucker**, 2 cl **Rum**, 50 g **Butter**, 150 g **Semmelbrösel**, 50 g **Haselnüsse** (gerieben).
Zubereitung: Mehl, Planzenöl, Salz und Wasser zu einem Strudelteig verkneten und mindestens eine halbe Stunde rasten lassen.
Butter, Semmelbrösel und Nüsse rösten und auskühlen lassen. Kürbis und Äpfel fein blättrig schneiden und mit den restlichen Zutaten gut vermischen.
Den Strudelteig ausziehen, mit Butter bestreichen und in 3 Teile schneiden. Zwei Teile aufeinander legen. Damit eine befettete Tortenform so auslegen, dass die Ränder über die Form hängen.
Den Boden mit der Hälfte der gerösteten Brösel bestreuen. Nun abwechselnd die Kürbisfülle, restlichen Strudelteig und Brösel einfüllen. Die überhängenden Strudelränder zum Schluss locker zusammenschlagen.
Bei 180°C im vorgeheizten Backrohr für 45 Minuten backen.

Kürbiscreme mit Chilies
Zutaten für 4 Portionen
250 g **Muskatkürbis**, 50 ml **Milch**, 3 **Eigelb**, 50 ml **Schlagobers**, 40 g **Zucker**, 2 Blatt **Gelatine**, 250 ml **Wasser**, 1 **Chillischote** (feingeschnitten, entkernt), 50 g **Kürbiskerne** (gerieben).
Zubereitung: Kürbis grob schneiden. Mit Schlagobers und Milch weich kochen und pürieren. Die Eigelb und die Chilli-Ringe unterrühren und auf 84°C erhitzen. Vom Herd nehmen und durch ein feines Sieb streichen. Die in kaltem Wasser eingeweichte Gelatine in die noch heiße Masse einrühren. Die Kürbiskerne zugeben und vermischen. In die gewünschte Form füllen und erkalten lassen. Vor dem Servieren kurz tiefkühlen.
Die Oberfläche der Kürbiscreme mit Kristallzucker bestreuen und mit einem Gasbrenner den Zucker karamellisieren.

Gabi Abel: Steirisches Küchen Lexikon

Kastanienbaum

Edelkastanien

Kastaniennockerl

Ente mit Kastanienknödel

Kastanienschnitten

Nährwerte [Vitamine] | Rezepte | Kastanien

Die Edelkastanie, Maroni *(Castanea sativa)*,

auch Esskastanie, ist der einzige europäische Vertreter der Gattung Kastanien (Castanea) aus der Familie der Buchengewächse (Fagaceae). Sie ist ein sommergrüner Baum und bildet stärkereiche Nussfrüchte. Gabi Abel hat für uns gekocht.

Die Früchte werden in Österreich als Kastanien, Keschtn oder Maroni bezeichnet. Die Früchte sind glänzende, dunkelbraune Nüsse. Die Früchte eines Teilblütenstandes sind von einem stacheligen Fruchtbecher (Cupula) umgeben, der sich aus der schuppigen Scheide entwickelt. Die Stacheln sind anfangs grün und zur Reife gelbbraun.

Ernährungs-therapeutische Eigenschaften

Die Edelkastanien haben einen hohen Gehalt an den Kohlenhydraten Stärke und Saccharose. Der Proteinanteil ist frei von Prolamin und Glutenin, Kastanienmehl ist daher nur in Mischung mit anderem Mehl backfähig. Der Gehalt an für den Menschen essentiellen Aminosäuren ist hoch. Der Proteingehalt ist höher als in Erdäpfel, aber geringer als in Getreide. Der Fettgehalt ist gering, hat aber einen hohen Anteil an Linol- und Linolensäure (550–718 Milligramm Linolsäure und 78–92 Milligramm Linolensäure je 100 Gramm Frischmasse). Der Kaliumgehalt ist hoch, der Natriumgehalt sehr niedrig (9 Milligramm je 100 Gramm Frischmasse). An Vitaminen sind nur zwei Vitamine der B-Gruppe in größeren Mengen vorhanden: Riboflavin (B2) und Nicotinsäure (B3).

Gesund für Herz und Leber

Heilsame Effekte der Frucht auf den Körper lassen sich wissenschaftlich nachweisen. Sie baut den Organismus nach Verletzungen und Operationen rasch wieder auf, wirkt beruhigend auf das Nervensystem. Gekochte Maroni erhöhen die Leistungsfähigkeit, roh helfen sie als Granulat dem Herzen, und bei Burnout, zu Honig verarbeitet, unterstützen sie die Leber. Auch äußerlich angewendet, erzielen sie erstaunliche Ergebnisse: als Maronidampfbad oder in der Sauna lindern sie rheumatische Beschwerden, Schlafstörungen und beruhigen sogar das Gemüt leicht zornig werdender Menschen.

Vielseitig zu verarbeiten

Kastanien haben in der Küche eine breite Verwendungspalette. Als Halbfertigprodukte werden geschälte Maroni und Kastanien sowie Kastanienpüree hergestellt. Kastanien können auch in Wasser, trocken oder vakuumverpackt sein, tiefgefroren oder in Zuckersirup eingelegt. Mehl wird aus getrockneten und geschälten Kastanien hergestellt und meist mehrfach gemahlen. In der Vergangenheit war es ein Hauptnahrungsmittel. Heute wird es zu Gnocchi, Pasta, Brot, Polenta und Gebäck verarbeitet. Flocken werden in Frühstücks-Müsli verwendet.

Kastanien Früchte Inhaltsstoffe
je **100 g** essbarer Teil

Einheit	frisch	getrocknet
Wasser (g)	50–63	11
Stärke (g)	23–27	41,7
Zucker (g)	3,6–5,8	16,1
Nahrungsfasern	8,2–8,4	13,8
Proteine (g)	2,5–5,7	6,0
Fett (g)	1,0–2,2	3,4
Vitamine		
Vitamin A (mg)	12	k.A.
Vitamin B1 (mg)	0,1–0,2	0,2
Vitamin B2 (mg)	0,2–0,3	0,4
Vitamin C (mg)	6–23	k.A
Mineralstoffe.		
Niacin (mg)	1,1	2,1
Kalium (mg)	395–707	738
Phosphor (mg)	70	131
Magnesium(mg)	31–65	k.A.
Schwefel (mg)	48	126
Calcium (mg)	18–38	56

Man kann sie braten oder rösten, in Wasser oder Suppe kochen, als Beilage mit Rotkraut zu Fleisch servieren oder als Füllung für Geflügelbraten verarbeiten. Sie werden zu Huhn, Truthahn, Gans und Schwein als Beilage gereicht. Als Dessert gibt's dann Kastanienpüree oder Kastanienreis, Kuchen und Torten mit cremiger Kastanienfüllung oder glaciert, kandiert und eingelegt.

Sehr beliebt sind im Herbst die gebratenen Maroni mit „Sturm" (dem ersten, noch gärenden Jungwein), die auch außerhalb der Weinbaugebiete im Winter auf den Straßen verkauft werden.

Kastaniennockerln mit Eierschwammerl-Kürbis-Gemüse
Zutaten für 4 Portionen
180 g **Kastanienmehl**, 180 g glattes **Mehl**, 2 **Eier** (Größe M), 2 **Eidotter**, 1 dl **Milch**, **Salz**, 1 EL **Pflanzenöl**.

Eierschwammerl-Kürbis-Gemüse
250 g **Butternuss–Kürbis** (geschält und in Streifen geschnitten), 250 g **Eierschwammerln**, 1 grüner **Paprika**, 16 Stück gekochte **Edelkastanien**, 1 **Zwiebel**, 50 ml **Weißwein** (Weißburgunder), 100 g **Hartkäse** zum Reiben.

Zubereitung: Das Kastanienmehl, die Milch, das glatte Mehl, Eier und Eidotter (aus Freilandhaltung), Salz und Butter mit einem Kochlöffel zu einem glatten Teig verrühren.

Reichlich Salzwasser zum Kochen bringen. Den Teig durch ein Nockerlsieb direkt in das kochende Wasser streichen. Mit einem Kochlöffel umrühren, damit sich keine Klumpen bilden. Die Kastaniennockerln abseihen, heiß abschwemmen und in Butter schwenken.

In der Zwischenzeit in einer Pfanne den Zwiebel anrösten, Kürbis, Eierschwammerln, Edelkastanien und die nudelig geschnittenen Paprika dazugeben und braten. Mit einem Schuss Weißwein ablöschen, salzen und pfeffern und die Kastaniennockerln dazugeben, den Hartkäse darüber reiben und in der Pfanne servieren.

Entenbrust mit karamellisiertem Gemüse und Kastanienknödel
Zutaten für 4 Portionen
4 **Entenbrüste**, eine **Gewürzmischung** aus gemahlenem Piment, Zimt, Anis, Koriander, getrocknete **rote Chilies** zubereiten, **Salz**, 125 ml **Rotwein** (Blaufränkisch), Saft von einer **Orange**, 1 TL **Paradeismark**.

Zubereitung: Die Entenbrust hautseitig einschneiden, in einer beschichteten Pfanne bei großer Hitze beidseitig anbraten, vom Herd nehmen, salzen, pfeffern und mit der Gewürzmischung einreiben. Die Ente auf ein Blech setzen und im Rohr bei 180°C garen (Kerntemperatur 55°C). Die Bratenrückstände in der Bratpfanne mit 1 TL Paradeismark, dem Rotwein und dem Orangensaft ablöschen und einreduzieren, mit Salz und Pfeffer abschmecken und einreduzieren lassen.

Kastanienknödel
500 g **Erdäpfel**, 120 g **Mehl**, 40 g **Butter**, 2 EL **Eidotter**, **Salz**, 200 g **Kastanienpüree**.

Zubereitung: Die Erdäpfel kochen, noch heiß durch eine Erdäpfelpresse drücken, auskühlen lassen und dann mit den restlichen Zutaten zu einem glatten Teig kneten.

Aus dem Kastanienpüree kleine Kugeln formen, mit dem Erdäpfelteig umhüllen und in Salzwasser etwa 12 Minuten kochen.

Die Entenbrust aufschneiden und auf dem Karamellgemüse fächerartig anrichten. Die Rotwein-Orangen-Sauce dekorativ über den Teller ziehen.

Hausgemachte Nudeln mit Kastanien und Kräuterrahmsauce
Zutaten für 4 Portionen
200 g **Dinkel- oder Weizenvollkornmehl**, 200 g **Kastanienmehl** (aus luftgetrockneten Kastanien), 4 **Eier** (Größe M), 1 TL **Salz**, 1 EL **Olivenöl**, 1 EL **Mehl**.

Zubereitung Nudeln: Für den Nudelteig alle Zutaten in eine Schüssel geben, zu einem geschmeidigen Teig verarbeiten, den Teig in Klarsichtfolie einwickeln und bei Zimmertemperatur für 1–2 Stunden ruhen lassen.

Den Teig auf bemehlter Arbeitsfläche sehr dünn ausrollen, 30 Minuten trocknen lassen. In die gewünschte Nudelform schneiden. Rohe, nichtgekochte Nudeln können im Kühlschrank 2 bis 3 Tage aufbewahrt werden.

Dieser Grundteig eignet sich für Lasagne, Ravioli und auch andere Nudelspezialitäten.

Kräuterrahmsauce
200 ml **Gemüsesuppe**, 180 ml **Schlagobers**, 1 EL **Butter**, 2 kleine **Zwiebeln**, 1 Zweig **Rosmarin**, 4 **Salbeiblätter**, 1 TL **Majoran** (fein gehackt), frisch gemahlener **Pfeffer**, **Kräutersalz**.

Zubereitung: Die Zwiebeln schälen und fein hacken. Die Rosmarinnadeln vom Zweig abstreifen und fein hacken. Die Salbeiblätter in Streifchen schneiden. Zwiebeln und Kräuter in der Butter andünsten. Das Mehl mit wenig Gemüsesuppe anrühren, zusammen mit der Gemüsesuppe und dem Rahm in die Pfanne geben, unter Rühren aufkochen, bei schwacher Hitze köcheln, bis die Sauce die gewünschte Konsistenz hat, ab und zu umrühren. Mit Pfeffer und Kräutersalz würzen und nach Belieben pürieren.

Die Nudeln in kochendem Salzwasser al dente kochen, rund 5 Minuten, abgießen und mit der Kräuterrahmsauce vermengen

Kastanien

Kastanien-Kürbis-Curry mit Nudeln
Zutaten für 4–6 Portionen
700 g oranger **Kürbis**, 300 g geschälte **Kastanien**, **Sultaninen**, 250 g breite **Bandnudeln**, 200 ml **Gemüsesuppe**, 2 EL **Olivenöl**, 1 **Zwiebel**, 1 **Knoblauchzehe**, 4 EL **Rosinen**,
1 TL mildes **Currypulver**, 1/2 TL scharfes **Currypulver**, 1 TL getrockneter **Thymian**, 1 MSP **Kurkuma (Gelbwurz)**, 1 MSP **Muskatnuss** (gerieben), 1 MSP **Paprikapulver**, 50 ml **Weißwein (Weißburgunder)**, **Salz**.
Zubereitung: Zwiebel schälen und in feine Scheiben schneiden, Knoblauchzehe schälen und fein hacken. Kürbis schälen, in kleine Stücke schneiden.
Zwiebeln und Knoblauch im Olivenöl andünsten. Kürbis, Kastanien und Sultaninen kurz mitdünsten, Gewürze darüber streuen. Weißwein und Gemüsesuppe angießen, bei schwacher Hitze köcheln lassen, bis der Kürbis und die Kastanien weich sind.
Die Nudeln in reichlich Salzwasser aldente kochen. Das Wasser abgießen.
Die gekochten Nudeln mit dem Kastanien-Kürbis-Curry vermengen.

Knödel mit Kastanienfüllung
Zutaten für 10 bis 12 Knödel
1 kg mehlige **Erdäpfel**, 10–12 gekochte **Kastanien**, 2 Eidotter von **Freilandeiern**, 2 EL **Vollkornmehl**, **Salz**, geriebene **Muskatnuss**.
Zubereitung: Die Erdäpfel schälen und würfeln, im Dampf weich garen. Noch heiß durch eine Erdäpfelpresse drücken. Die Eidotter und das Mehl unterrühren. Es soll eine weiche, formbare Masse entstehen. Mit Salz und Muskatnuss würzen. Aus der noch warmen Erdäpfelmasse von Hand 4 bis 5 cm große Kugeln formen, eine Vertiefung drücken und diese mit einer Kastanie füllen, wieder rund formen. In großem Kochtopf mit reichlich Salzwasser aufkochen. Die Knödel hineingeben, bei schwacher Hitze 10 Minuten ziehen lassen. Mit einem Schaumlöffel herausheben.

Kastanienschnitten
Zutaten für 8–10 Portionen
Biskuitmasse: 5 **Eiklar**, 120 g **Kristallzucker**, 5 **Eigelb**, 70 g **Mehl**, 20 g **Kakao**.
Zubereitung: Eiklar mit Kristallzucker zu Schnee schlagen. Eigelb vorsichtig einrühren. Mehl mit Kakao versieben und unter die Masse heben.
Ein Backblech mit Backpapier auslegen und die Masse glatt aufstreichen. Bei 180°C für 15 Minuten backen. Auskühlen und in zwei gleich große Teile schneiden.
Kastanienpüree dunkel
300 g **Kastanienpüree** (gesüßt) und 2 cl **Orangensaft**.
Zubereitung: Das Kastanienpüree und Orangensaft glatt rühren und auf die untere Biskuithälfte streichen.
Kastaniencreme hell
300 g **Kastanienpüree** (gesüßt), 400 ml **Schlagobers**, 2 Blatt **Gelatine**, 1 MSP **Zimt**, 2 cl **Rum**, 1 P. **Vanillezucker**, 1 cl **Zitronensaft**.
Zubereitung: Gelatine im kalten Wasser einweichen. Obers aufschlagen. Kastanienpüree mit den Aromen glatt rühren. Die Gelatine auflösen und in die Kastanienmasse rühren. Obers vorsichtig unterheben. Diese Creme nun auf den Biskuit mit dem Kastanienpüree streichen und die zweite Biskuithälfte darauf legen. Sollte die Creme zu weich sein, diese im Kühlschrank leicht stocken lassen und dann aufstreichen.
Die Kastaniencremeschnitte etwa 3 Stunden im Kühlschrank anziehen lassen.

Kastanienterrine
Zutaten für 8–10 Portionen
Biskuitmasse für den Terrinenboden
4 **Eiklar**, 4 **Eigelb**, 3 EL **Wasser**, 90 g **Schokolade**, 65 g **Staubzucker**, 80 g **Mehl**.
Zubereitung: Die 4 Eiklar mit Staubzucker zu Schnee schlagen. Die 4 Eigelb mit den 3 EL Wasser schaumig rühren. Die im Wasserbad geschmolzene Schokolade einrühren. Eischnee und Mehl abwechselnd unter die Eigelbmasse heben.
Ein Blech mit Backpapier auslegen und die Masse gleichmäßig aufstreichen. Im vorgeheizten Backrohr bei 180°C für etwa 10–15 Minuten backen.
Kastanienterrine dunkel
200 g **Kuvertüre** (zartbitter, dunkle Schokolade mit mind. 50% Kakaoanteil), 150 g **Schlagobers**, 100 g **Kastanienpüree**.
Zubereitung: Schlagobers aufkochen und die klein gehackte Kuvertüre darin schmelzen. Kastanienpüree einrühren. In eine kleine Terrinenform füllen und kalt stellen.
Kastanienterrine hell
3 **Eigelb**, 50 g **Zucker**, 100 g **Milch**, 10 Blatt **Gelatine**, 200 g **Kastanienpüree**, 350 g **Schlagobers**, 1 P. **Vanillezucker**, 1 Prise **Zimt**, 2 cl **Rum**.
Zubereitung: Eigelb, Zucker und Milch über Dampf zu einer dick cremigen Masse aufschlagen. Die eingeweichte Gelatine zugeben. Kastanienpüree und die Aromen einrühren. Obers aufschlagen und unter die abgekühlte Masse heben.
Eine große Terrinenform etwa bis zur Hälfte füllen, die kleine Terrine in die Mitte einlegen und mit Biskuit abdecken. Im Kühlschrank 4 Stunden kühlen.

Gabi Abel: Steirisches Küchen Lexikon

Fisch in einer Sterz-Kräuter-Kruste

Polenta-Auflauf mit Apfelspalten

| Nährwerte [Vitamine] | Rezepte | Kukuruz |

Steirisch ess'n: Strukkel, Brein, Talggn, Woaz und an Sterz

Wie bei vielen sesshaften Völkern mit Acker-Kulturpflanzen, war auch in der Steiermark Getreide die Grundkost. Früh gab schon es Gerste, Hirse, Weizen, Roggen und Hafer. Der Buchweizen, auch Heiden genannt, kam ab dem 14. bis 15. Jahrhundert aus Kleinasien in unsere Region.

Maisgrieß, Polenta Inhaltsstoffe
1 EL = 20 g

Kilokalorien/Kilojoule	346/1446
Eiweiß, Protein (g)	9
Fett gesamt (g)	1
Cholesterin gesamt (mg)	0
Kohlenhydrate (g)	75
Ballaststoffe (g)	5,0
Wasser (g)	10
Mineralstoffe	
Natrium (mg)	1
Kalium (mg)	140
Kalzium (mg)	2
Magnesium (mg)	27
Phosphat (mg)	73
Eisen (mg)	1,2
Zink (mg)	0,4
Vitamine	
Carotine, einschl. Beta-Carotine (µg)	260
Vitamin E (Tocopherol) mg	0,7
Vitamin B1 (Thiamin) mg	0,13
Vitamin B2 (Riboflavin) mg	0,04
Vitamin B6 (mg)	0,15
Folat (100 g/µg)	5
Vitamin C (mg)	0

Erst zu Beginn des 17. Jahrhundert kam aus Amerika langsam der Mais, im steirischen Volksmund auch Türken, Kukuruz oder heute Woaz genannt. Getreideprodukte wurden meist ohne Teig direkt in Wasser eingekocht. Aus enthülsten Körnern bereitete man „Breine", vergleichbar mit heutigen Reisgerichten. Eine sehr ursprüngliche regionale Getreide-Haferspeise war „Talggn", einst im oberen Murtal, auf der Koralpe und unter dem Namen „Habaner Grieß" vereinzelt auch im steirischen Wechselgebiet gegen das Joglland hin, bekannt. Dazu ließ man Hafer über Nacht in Heißwasser ganz aufquellen, am folgenden Morgen wurde das Wasser abgelassen. Dann musste dieser Hafer im Backofen ein bis drei Tage lang dörren, bis er „knackte". Zwischen Mühlsteinen durch Stampfen, oder mit dem Nudelwalker am Brett wurde er zerkleinert, damit sich die Hüllen lösten und abgeblasen wurden. Diese Talggn wurden dann mit heißem Wasser aufgegossen und kurz quellen gelassen oder in Butter bzw. Schweineschmalz mit Eiern abgeschmalzen. Diese Art Urspeise wurde auch mit anderen Getreiden zubereitet.
Aus Schroten und Mehlen machte man Koche, woraus sich viele verschiedene Sterzspeisen entwickelten, zuerst die gekochten, dann die „abgebrannten" und später die „Pfannensterze".

Um das Jahr 1400 wurden erstmals die sogenannten „Beutelkasten" erwähnt, mit dem man in Wasser gesottene Teigspeisen zubereitete. So entstanden Knödel, Nocken, Nudeln, Spatzen und gekochte Strudel, sogenannte „Strukkel".
In der Steiermark entwickelten sich, je nach den saisonalen Produkten regionale Spezialitäten, die oft nur gekocht und dann weiter abgeschmalzen, mit landwirtschaftlichen Zutaten wie Kraut, Rüben, Kürbis, Pilzen, Rahm, Topfen, Obst, Beeren oder Früchten. Man mischte sie aber auch in Teig oder füllte damit größere Formen, wie Knödel oder „Strukkel".

Sterz (St) ➤ Polenta (Ö,D)

Der warme, nur aus der Form gestürzte und überbutterte Polenta ist für viele eine willkommene, einfache aber sehr gut schmeckende Speise.
Sterz-Polenta, ist ein meist aus Mais-Grieß hergestellter mehr oder weniger dickflüssiger Brei, der in der Steiermark zur regionalen Küche gehört.
Im 15. Jahrhundert wurde bereits vom amerikanischen Kontinent aus Mais nach Europa gebracht. Die ersten Anbauversuche wurden von den Spaniern und den Portugiesen unternommen. Erst gegen Ende des 16. Jahrhunderts hielt der Mais Einzug in die italienische Küche, er tauchte erstmals am Markt von Udine auf. Maestro Martino Cogo, der Koch des Patriachen von Aquileia (15. Jahrhundert) hinterließ Polentarezepte von Kastanien, Hirse und Dinkel. In der heutigen Küche versteht man gemeinhin unter Polenta, Maispolenta. Von Oberitalien fand die „Kukuruz"-Pflanze auch ihren Weg in die Steiermark und verbreitete sich sehr rasch im klimatisch wärmeren Süden.
Heute findet man Mais in allen warmen Gebieten Europas, besonders in Österreich, in Teilen der Schweiz, Süddeutschland, Rumänien, Slowenien, in Nord- und Südamerika und in Asien.
Die Pflanze wird ca. 3 m hoch, aus der Blüte entwickeln sich Kolben mit den zahlreichen, fest aneinander sitzenden Maiskörnern.

Steirisches Küchen Lexikon

Die Schritt-für-Schritt-Zubereitung: Sterz, Polenta

Grundrezept für Polenta

Alle Mengenangaben bei der Polenta dienen lediglich als Anhaltspunkt und können je nach Maisgrieß (Polentagrieß) variieren. Die ideale Zubereitung der Polenta erfolgt in einem Kupferkessel – dieser erfordert jedoch eine offene Feuerstelle oder einen Gasherd, diejenigen, die weder Kupferkessel noch Gasherd zur Verfügung haben, nehmen einen großen Topf mit einem dicken Boden.

Das Sterz-Polenta-Grundrezept:
1 Teil Polentagrieß, 3 Teile Wasser und Salz.

Feste Polenta

Für eine feste Polenta ist grundsätzlich ein Verhältnis von 1:3 einzuhalten. 1 kg **Maisgrieß** (Polentagrieß), 3 Liter **Wasser** oder **Milch**, und etwas **Salz**.

Zubereitung: Das Wasser erhitzen und, wenn das Wasser zu kochen beginnt, mit Meersalz salzen. Hitze reduzieren, den abgewogenen Polentagrieß in das Wasser gleiten lassen und mit einem Holzkochlöffel (weniger Geübte nehmen einen Schneebesen) ständig rühren, damit sich keine Klumpen bilden. Um ein Spritzen zu verhindern, bei kleiner Flamme köcheln.

Polentagrieß wie er im Lebensmittelhandel erhältlich ist. Den Polentagrieß ins kochende Wasser einrieseln lassen.

Weniger geübte Köche/innen können zum Einrühren einen Schneebesen verwenden und erst anschließend den

Holzkochlöffel. Aber immer viel und kräftig rühren. Dadurch reduzieren man die Gefahr der Klumpenbildung.

Der hölzerne Kochlöffel, muss die gesamte Kochdauer über in kreisenden Bewegungen durch die Polenta geführt

werden, damit sich das Mehl optimal mit dem Wasser verbindet. Nach 40 Minuten ständigen rühren ist die Polenta fertig.

Nach dem Kochen die ausgekühlte Polenta in eine Klarsichtfolie wickeln und im Kühlschrank aufbewahren.

Die Polenta kann auf ein Holzbrett gestürzt werden, wodurch sie lange weich bleibt und als Beilage für Saucen und Ragouts dient. Oder man gießt sie in eine Form und lässt sie darin erkalten. Diese Polenta kann mit dem Messer in Scheiben geschnitten und dann gegrillt oder für Aufläufe verwendet werden.
Polenta fertig gekocht, bereit zur Weiterverarbeitung als Beilage, Haupt- oder auch als Süßspeise. Für einige Gerichte kann man Polenta auch im Voraus kochen.

Weiche Polenta

1/4 Liter **Wasser**, 1/8 Liter **Milch**, **Salz**, 100 g **Maisgrieß** fein (Polentagrieß).

Zubereitung: Salzwasser und Milch zum Kochen bringen. Den Polentagrieß unter ständigem Rühren einrieseln lassen.
Die Hitze reduzieren und unter kräftigem Rühren etwa 40 Minuten köcheln lassen. Auf dem Topfboden bildet sich allmählich eine Kruste. Wenn sich die Polenta von dieser Kruste löst, ist sie fertig für die weitere Bearbeitung.

Türkensterz-Polenta
Zutaten für 4 Portionen
350 g **Maisgrieß** (Polenta), 100 g **Schweineschmalz**, 100 g geriebene **Grammeln**, 500 ml **Wasser**, **Salz**.

Zubereitung: Wasser mit Salz und etwas Schmalz in einem flachen Topf aufkochen. Den Maisgrieß langsam einrühren und bei kleiner Hitze unter ständigem Rühren kochen, bis eine dickflüssige Masse entsteht. Topf vom Herd nehmen und den Sterz ausdampfen lassen. Mit einem Kochlöffel auflockern. Das Schweineschmalz erwärmen und die Grammeln darin knusprig braten, zum fertig gekochten Sterz dazugeben und damit „abschmalzen".

Schwammerlsuppe
Zutaten für 4 Portionen
250 g **Schwammerln** (je nach Saison kann man **Steinpilze**, **Eierschwammerln** oder auch **Champignons** verwenden), Saft von einer ½ **Zitrone**, 1 **Zwiebel**, 1 Zehe **Knoblauch**, 750 ml **Rindsuppe**, 250 ml **Obers**, 1 EL **Mehl** und ein ½ Bund **Petersilie**.

Zubereitung: Für die Suppe Zwiebel schälen und fein schneiden. Schwammerln putzen und in kleine Stücke schneiden. Schwammerl in wenig Öl anrösten, Zwiebel zugeben und kurz mitrösten. Mit Mehl stauben, mit der Rindsuppe aufgießen, gut durchrühren und bei kleiner Hitze ein paar Minuten kochen. Mit Salz, Pfeffer, feingeschnittenem Knoblauch sowie Thymian abschmecken. Das Schlagobers zugießen und die Suppe zu cremiger Konsistenz einkochen. Petersilie fein hacken und über die angerichtete Suppe streuen.

Sterzwurst-Polentarolle
Zutaten für 10 Portionen
200 g **Polenta**, 250 ml **Milch**, 100 g **Speckwürfel** (klein geschnitten), 1/2 **Zwiebel**, 500 ml **Suppe** oder **Wasser**, **Salz**, **Pfeffer**, **Petersilie**.

Zubereitung: Die feinen Speckwürfel vom gekochten Jausenspeck mit etwas fein geschnittenen Zwiebeln anrösten. Mit Suppe und Milch aufgießen und kurz einkochen.
Die Polenta nach und nach einrühren, mit Salz, Pfeffer und Petersilie würzen und auf kleiner Flamme durchkochen, bis sich die Masse vom Topf löst, etwas abkühlen bzw. rasten lassen. In geölte Alufolie einrollen und am besten über Nacht kalt stellen. Aufschneiden und in Pflanzenöl anbraten.
Die Sterz-Masse kann auch auf ein geöltes Blech ungefähr 2–3 cm hoch gestrichen werden und nach dem Erkalten in beliebige Stücke portioniert werden.
Die gebratenen Scheiben der Polentarolle (Sterzwurst, der Name „Wurst" kommt von der Form) können auch als Vorspeise variiert werden.

Polenta mit Blauschimmelkäse überbacken und Spinat
Zutaten für 4 Portionen
300 g **Polentagrieß** (grob), 1,5 Liter **Wasser**, **Salz**. 300 g **Blauschimmelkäse** (Gorgonzola), 60 g **Butter**, 2 EL **Sauerrahm**, frische **Salbeiblätter**, **Salz**, **Pfeffer** aus der Mühle, 100 g **Parmesan**.

Zubereitung: Wasser mit Salz in einem Topf aufkochen. Den Polentagrieß unter ständigem Rühren zufügen. Bei reduzierter Hitze etwa 40 Minuten weiterkochen.

Den Gorgonzolakäse mit der Butter und dem Sauerrahm zu einer glatten Masse verarbeiten, Salz, Pfeffer und grob gehackten Salbei zufügen.
Den Polenta in eine hohe Form gießen und erkalten lassen, in fingerdicke Scheiben schneiden. Die Polentascheiben mit der Gorgonzolacreme bestreichen, Parmesan darüber streuen. Das Ganze im heißen Backofen überbacken.

Anrichten: Dazu serviert man blanchierten **Blattspinat** mit gebratenen **Knoblauchscheiben** oder **Mangold**.

Fische in einer Sterz-Kräuter-Kruste

Fische unter eine knusprige Kruste zu stecken und im Ofen zu garen ist eine beliebte Technik. Der Fisch bleibt dabei saftig und schmeckt würzig. Wichtig dabei sind die frischen Kräuter, Brösel von bester Qualität (von entrindetem Weissgebäck), am besten selbst gerieben.

Zutaten für 4 Portionen
1 **Zander** (800 g), **Salz**, 250 ml **Fischfond**, **Weißweinsauce**, 1 **Paradeiser**, 1 kleine **Zucchini**, 20 g **Butter**.

Zutaten Polenta-Kräuterkruste:
10 g **Instant Polentagrieß** (vorgekochter Polentagrieß), 50 g **Butter**, 3 EL **Olivenöl**, 1 EL **Petersilie**, **Thymian** frisch, 40 g **Weißbrotbrösel**, **Pfeffer**, Saft von 1 **Zitrone**, 3 EL **Pinienkerne**.

Zubereitung:
Den Fisch küchenfertig putzen, innen und außen leicht salzen. Die Butter, Polentagrieß, Weißbrotbrösel, Pinienkerne, fein gehackte Petersilie, frischen, gehackten Thymian, Olivenöl mit Salz, Pfeffer und Zitronensaft vermischen und den Fisch damit bestreichen.
Den Fischfond in eine Auflaufform gießen, den Fisch hineinlegen und im heißen Backrohr (200°C) 20–25 Minuten fertig garen. Der Weißweinsauce die entkernten, gewürfelten und in Butter gedünsteten Paradeiser und Zucchini zufügen.

Anrichten:
Fisch auf den Tellern anrichten und die Weißweinsauce dazugießen.

Fischfond

2 kg **Fischabschnitte** (Fische mit magerem weißem Fleisch), und **Fischgräten**, 60 g **Butter**, 125 ml trockener **Weißwein**, 1 Stange **Porree** (nur den weißen Teil) in dünne Ringe geschnitten, 3 **Schalotten** (fein geschnitten), 1 Stange vom **Staudensellerie**, 1 **Lorbeerblatt**, 2 bis 3 Stängel **Thymian**, 1 TL weiße **Pfefferkörner**, 1/2 **Fenchelknolle**, 2 **Petersilienwurzeln** und 2 Scheiben **Zitrone**.

Zubereitung:
Die Fischabschnitte unter kaltem Wasser waschen und abtropfen lassen. Das Gemüse in Butter kurz andünsten. Die Fischgräten und Fischabschnitte zufügen, mit dem Weißwein aufgießen. Bei kleiner Hitze die Flüssigkeit um 2/3 einkochen lassen und dann mit 2,5 Liter kaltem Wasser aufgießen, die Gewürze zufügen und zum Kochen bringen. Den entstandenen Schaum abschöpfen. Dies muss während des Kochens mehrmals erfolgen, damit der Fond klar wird.
Nach etwa 2 bis 3 Stunden den Fond durch ein mit einem Passiertuch ausgelegtes Spitzsieb gießen und kalt stellen. Den Rest des Fischfonds, der nicht gleich benötigt wird, kann man einfrieren.

Polenta mit Blattkohl

Zutaten für 4 Portionen
300 g **Polentagrieß**, 1,5 Liter **Wasser**, 2 **Kohlköpfe**, **Olivenöl**, 60 g **Bauchspeck**.

Zubereitung:
Die gesäuberten und von den Stielen befreiten Kohlbätter blanchiert man für 15 Minuten in heißem Wasser, gießt sie ab und kocht mit dem Sudwasser die Polenta. Man rührt auf kleiner Flamme etwa 40 Minuten. Daneben röstet man im Olivenöl den klein gewürfelten Bauchspeck an und vermengt ihn mit dem Kohl. Dieser wird am Ende der Kochzeit unter die Polenta gehoben, und mit Olivenöl vollendet. Erkaltet kann man die Polenta dann in fingerdicke Scheiben schneiden und am Rost grillen.

Polenta-Lasagne

Zutaten für 4 Portionen
300 g **Maisgrieß**, 1 Liter **Wasser**, **Salz**, 125 ml **Milch**.

Zutaten Fülle
200 g **Bauchspeck** (gewürfelt), 250 g gemischtes **Faschiertes**, 1 große **Zwiebel** (fein geschnitten), 2 **Karotten** (klein gewürfelt), 2 Stück **Stangensellerie** (in Scheiben geschnitten), 200 g **Paradeiser** (gehäutet und geschnitten), 50 g **Butter**, 2 EL **Olivenöl**.

Zubereitung Fülle:
Aus dem 250 g Faschierten, dem würfelig geschnitten Gemüse, dem gewürfelten Bauchspeck und geschnittenen Paradeiserwürfel eine Sauce herstellen.

Bechamelsauce

500 ml **Milch**, 1,5 EL Mehl, **Muskatnuss**, **Pfeffer**, **Salz**, 1 **Freiland-Ei**, 150 g **Käse** (in Scheiben geschnitten), 2–3 EL **Parmesan**. Butter und Mehl anschwitzen. Milch, Salz, Pfeffer, geriebener Muskatnuss beifügen und zu einer sahnigen Sauce kochen. Nach dem Abkühlen das verschlagene Ei darunter ziehen.

Zubereitung Lasagne:
Eine Auflaufform mit Butter ausstreichen, eine Polentaschicht (etwa 1 cm dick geschnitten) auf den Boden geben und mit der Sauce Bolognese und dem Käse schichtweise auffüllen. Mit der Bechamelsauce übergießen und mit Parmesan bestreuen. Eventuell mit Butterflocken belegen. Im vorgewärmten Backrohr bei etwa 220°C überbacken. Die Oberfläche soll goldbraun sein.

Kukuruz

Steinpilz-Polenta mit Speck
Zutaten für 4 Portionen

80 g **Steinpilze**, flüssige **Polenta**, 30 g **Bauchspeck**, 1 Schnitte **Hartkäse**, gerieben, 1 Stück **Butter**, **Kräuter** (Thymian, Majoran, Schnittlauch etc.), 10 cl **Weißburgunder-Weißwein**.

Zubereitung: In einer Pfanne mit Antihaftbeschichtung das Stück Butter erhitzen, den Käse einstreuen und leicht bräunen – die Polenta eingießen, mit dem geschnittenen Speck, einen Teil der Kräuter und den zuvor angedünsteten Pilzen belegen. Mit einem Schuss Weißburgunder ein wenig bespritzen und zudecken. Das Gericht ist nach ungefähr 2 bis 3 Minuten fertig gekocht.

Dieses Polentagericht kann aber auch mit anderen Pilzen wie Eierschwammerl oder Morcheln zubereitet werden.

Polenta mit Zwetschken
Zutaten für 4 Portionen

300 g **Polentagrieß**, 1,5 Liter **Wasser**, 5–6 EL **Zucker**, eine Prise **Salz**, 600 g **Zwetschken**, **Butter**, 80 g **Zucker**, 3 TL **Zimt**.

Zubereitung: Polentagrieß, Wasser, Salz und Zucker unter ständigem Rühren etwa 40 Minuten kochen.

In der Zwischenzeit die Zwetschken halbieren und mit Zucker, Butter und Zimt aufkochen. Etwa 1 Stunde langsam köcheln lassen bis ein dickes Mus entsteht. Die fertiggekochte Polenta mit der Hälfte des Zwetschkenmuses vermischen und in gebutterte Auflaufförmchen füllen.

Die zweite Variante ist, die fertige Polenta in gebutterte Förmchen zu füllen, abkühlen lassen, stürzen und das Zwetschkenmus darüberzugießen.

Süße Polentaspeisen lassen sich auch nit anderen Früchten wie Marillen oder Birnen zubereiten.

Polenta-Auflauf mit Apfelspalten
Zutaten für 4 Portionen

120 g **Polentamehl**, 500 ml **Milch**, 4 EL **Zucker**, die abgeriebene Schale einer unbehandelten **Zitrone**, **Salz**, eine **Vanilleschote**, **Zimt** (gemahlen), 200 g **Butter**, 3–4 **Äpfel** (leicht säuerlich), 60 g **Rosinen**, 3–4 **Freiland-Eier**, **Staubzucker**.

Zubereitung: Polentamehl, Milch, Zucker, Zitronenschale, Eier, Salz mit dem Schneebesen gut durchschlagen, die Butter in der Pfanne heiß werden lassen, dann die Masse hineinschütten. Die grob geschabten Äpfel mit Vanille, Zimt und Rosinen vermischen und über die Polentamasse in der Pfanne streuen.

Bei mittlerer Hitze im Backrohr etwa 15 Minuten backen. Mit der Oberhitze etwas nachbräunen und vor dem Servieren anzuckern.

Engelbert Tschech: Steirisches Küchen Lexikon

Paprika im Tempurateig

Gefüllte Paprika mit Paradeisersauce

Nährwerte [Vitamine] | Rezepte | Gemüse: Paprika

Hannes Sattler: Paprika und Gewürzpaprika

gibt es in den drei Ampelfarben rot, gelb und grün. Grüne werden in der Regel früher geerntet. Sie schmecken daher etwas herber. Die Roten haben das meiste Aroma und auch die meisten Vitalstoffe und Vitamin C! Roter Paprika gehört zu den Nahrungsmitteln mit der schönsten Farbe.

Die Gattung Paprika *(Capsicum)*, auch als Chili, Peperoni oder Pfefferoni bezeichnet, gehört zur Familie der Nachtschattengewächse *(Solanaceae)*.
Der Ursprung der Paprika-Arten und Sorten ist Mittel- und Südamerika. Die Gattung entwickelte sich wahrscheinlich im Gebiet des heutigen Südbrasilien bis Bolivien. Die einzelnen Arten wurden durch Vögel bis nach Mittelamerika ausgebreitet.
Die erste schriftliche Erwähnung der Pflanzengattung stammt von der zweiten Fahrt Kolumbus', während der der mitgereiste Arzt Diego Alvarez Chanca die Pflanze in einem Brief an die Auftraggeber der Reise erwähnte. Durch nach Europa mitgebrachte Früchte konnten schon bald in Spanien die ersten Pflanzen angebaut werden. Noch heute sind Paprika auch unter dem Namen „Spanischer Pfeffer" bekannt

Reich an Antioxidanzien Vitamin C, E und Carotin
Paprika wird mit der Reife süßer und verändert seine Farbe von grün, über orange nach rot. Roter Paprika enthält in hohen Konzentrationen die wichtigsten Antioxidanzien. Reichlicher Genuss antioxidanzienreicher Nahrungsmittel ist nachweislich ein natürlicher Schutz vor Krebs sowie Herzinfarkt, Schlaganfall und Katarakten.

Ausgesprochen Vitamin-C-haltig
100 g roter Paprika liefert das Doppelte des Vitamin-C-Tagesbedarfs und mehr als die Hälfte der von Ernährungsexperten empfohlenen 200 mg Antioxidanzien.

Empfohlene Menge
Nach Belieben, entweder roh oder leicht gedünstet. Alle Paprikasorten liefern sehr viel Vitamin C, aber nur die roten liefern Carotine, insbesondere Beta-Carotin.
Keine Spur von seinem Charme verliert das bunte Gemüse, wenn es in Olivenöl mariniert (im Ofen gebacken, dann gehäutet und in Öl und gerne auch Essig und Gewürzen eingelegt) oder roh in Stiften oder Streifen mit einem Dip oder Dressing serviert wird. Und auch in pikanten Salsas aus verschiedenen Früchten, scharf gewürzt, sowie püriert in einer der vielen Paprikasaucen kommt er gut zur Geltung. Etwas sanfter und süßer schmeckt Paprika gekocht, gebraten, gefüllt oder überbacken, auf der Pizza, unterm Grill oder im Auflauf. In ungezählten Rezepten findet er mit der entfernt verwandten Paradeiser zusammen (ungarisches Lecso), gerne ergänzt durch Mittelmeergemüse und -kräuter bzw. Ziegen- oder Schafskäse. Dann sind da natürlich noch die Aromapartner Zwiebel bzw. Knoblauch sowie Paprika- oder Chilipulver, seinen nächsten Verwandten aus der scharfen Familie der Gewürzpaprika.

Grüne Paprika, Inhaltsstoffe
Portionsgröße 200 g

Kilokalorien/Kilojoule	20/83
Eiweiß, Protein (g)	1
Fett gesamt (g)	+
Cholesterin gesamt (mg)	0
Kohlenhydrate (g)	3
Ballaststoffe (g)	3,6
Wasser (g)	91
Mineralstoffe	
Natrium (mg)	2
Kalium (mg)	175
Kalzium (mg)	11
Magnesium (mg)	12
Phosphat (mg)	20
Eisen (mg)	0,4
Zink (mg)	0,1
Vitamine	
Carotine, einschl. Beta-Carotine (µg)	530
Vitamin E (Tocopherol) mg	2,5
Vitamin B1 (Thiamin) mg	0,05
Vitamin B2 (Riboflavin) mg	0,04
Vitamin B6 (mg)	0,24
Folat (100 g/µg)	55
Vitamin C (mg)	138

Auswahl und Lagerung
Beim Einkauf wählen Sie knackige Paprika mit glatter, makellos glänzender Haut und frischen, grünen Stielen. Im Kühlschrank ist für Paprika eigentlich zu kalt. Dort fühlen sie sich im nicht ganz so kalten Gemüsefach für eine Woche wohl, eingepackt in einen Plastikbeutel mit Luftlöchern. In kühlen Räumen entwickelt sich das Paprika-Aroma besser.
Steirische Freilandpaprika kommen in ab dem Frühsommer bis zum Herbst auf unsere Märkte und in den Lebensmittelhandel.

Küchenchef Hannes Sattler, Sattlerhof

Gemüsepaprika

Es wird sowohl die Pflanze als auch die Frucht als Paprika bezeichnet; vor allem für die Frucht gibt es noch weitere Namen, die Unterschiede in Schärfe, Größe und auch Farbe kennzeichnen. Die am weitesten verbreitete Art, zu der auch fast alle in Europa erhältlichen Paprika, Pfefferoni und Chilis gehören, ist Capsicum annuum. Die meisten Paprika enthalten den für die Schärfe verantwortlichen Stoff Capsaicin, allerdings in sehr unterschiedlicher Konzentration. Paprika gehört zu den absoluten Spitzenreitern beim Vitamin C-Gehalt.

Paprikafarbstoffe sind mannigfaltig und sehr verschieden

Die Farbe entsteht vor allem durch verschiedene Farbstoffe der Carotinoid-Reihe: Die meisten dieser Carotinoide sind rot (Capsanthin E 160c, Capsorubin E 160c und andere), aber auch gelbe Vertreter sind verbreitet (Curcumin E 100). Der Gesamtcarotinoidgehalt im Paprikapulver liegt bei 0,1 bis 0,5 %.

Ferner sind Anthocyane bei manchen Sorten für einen dunklen, auberginefarbenen Farbton der unreifen Früchte ursächlich. Bei der Reife verändern sich jedoch die Anthocyane und bewirken schließlich einen Farbwechsel nach orange bis rot.

Die Farbstoffe können auch zur Färbung von Kleidungsstücken verwendet werden, wenn man eine entsprechende Aufbereitung durchführt.

Schafskäse-Paprika-Salat
Zutaten für 4–5 Portionen

250 g **Schafskäse**, 2 bunte **Paprika**, 2 **Schalotten**, 8 EL **Olivenöl**, 3 **Salbeiblätter**, 1 **Rosmarinzweig**, 3 EL dunkler **Balsamico-Essig**, einige **Kapern**, 1 EL **Basilikum** (gehackt), **Kräutersalz**, **Zucker**, schwarzer **Pfeffer**.

Zubereitung: Die Paprika waschen, in der Mitte teilen, Kerne entfernen und in mundgerechte Stücke schneiden.
Paprikastücke in Olivenöl braten, Knoblauchzehe im Ganzen dazugeben. Die 3 Salbeiblätter und 1 Rosmarinzweig beigeben, bei schwacher Hitze einige Minuten ziehen lassen, anschließend auskühlen.
Mit Kräutersalz und einer Prise Zucker würzen. Olivenöl und Balsam-Essig vermengen und über die Paprika träufeln.
Anrichten: Den Schafskäse in Scheiben schneiden und mit Basilikum, Rucola, den Kapern und Paprikastücken anrichten. Dazu passt sehr gut ein Weißbrot.

Gemüse-Paprika-Sulz
Zutaten für 4–6 Portionen

750 ml klare **Gemüsesuppe**, 350 g bunte **Paprika**, 350 g gekochtes **Gemüse** (**Karfiol, Porree, Karotten, Paradeiswürfel** usw.), 12–14 Blatt **Gelatine**, **Salz**, **Pfeffer**, **Safran**, eventuell etwas trockener **Wermut, Dillzweig, Kerbel** und **Basilikum**, **Kürbiskerne** (geröstet und gesalzen) zum Dekorieren, 4 EL **Olivenöl**.

Zubereitung: Die Paprika der Länge nach vierteln, in Olivenöl auf der Hautseite anbraten und dann 10 Minuten ins 180°C heiße Backrohr stellen. Danach abkühlen lassen. Die Haut abziehen und mit Küchenrolle abtupfen (siehe Paprika enthäuten Seite 101).
Die Gemüsesuppe mit Safran leicht köcheln lassen und mit den Gewürzen kräftig abschmecken. Die Paprikastücke gut würzen und für etwa 4–5 Minuten in der Gemüsesuppe leicht köcheln lassen, abkühlen. Die Blattgelatine für 5 Minuten in kaltem Wasser quellen lassen, gut ausdrücken und in die noch lauwarmen Gemüsesuppe geben. Einen Teil der Gemüsesuppe in eine mit einer Klarsichtsfolie ausgelegte Form gießen und im Kühlschrank stocken lassen.
Das vorgekochte und in Eiswasser abgeschreckte Gemüse klein schneiden und mit den Kräutern abwechseln in die Form schlichten. Vorsichtig mit dem gelierenden Gemüsefond aufgießen und zum Schluss mit den Kräutern dekorieren. Am besten über Nacht im Kühlschrank abkühlen lassen, bis die Sulz ganz gestockt ist.
Anrichten: Mit **Kürbiskernen, Mostessig** und steirischen **Kürbiskernöl, Kräutern** und **roten Paprikawürfel** servieren.

Gemüse: Paprika

Karpfen mit Paprikagemüse
Zutaten für 4 Portionen

600 g **Karpfenfilet, Salz, Zitrone, Butter** oder **Pflanzenöl, Fischfond** oder **Weißwein.**

Zubereitung: Die Karpfenfilets tief einschneiden (schröpfen) und gut mit Salz und Zitrone würzen. Die Portionsstücke in gewünschter Größe in eine gebutterte Pfanne mit Fischfond oder Weißwein legen und im Rohr bei 180 °C für etwa 5 bis 6 Minuten garen.
Oder die Karpfenstücke nach dem Würzen in griffigem Mehl kurz wenden und in nicht zu heißer Pfanne mit Pflanzenöl beidseitig knusprig braun braten, auf Paprikasauce mit Rollgerstln anrichten.

Paprikasauce
Weiße Grundsauce mit einen kleinen, **roten Paprika**, der geviertelt, entkernt, gekocht und in Streifen geschnitten wurde, etwas **Knoblauch** sowie eventuell **Pfefferoni** und **Paradeismark** kurz aufkochen, aufmixen und abseihen, damit die Schale zurückbleibt. Abschmecken und vor dem Servieren mit Stabmixer aufschäumen.

Weiße Grundsauce
Zutaten für 250 ml Sauce

Zubereitung: 125 ml trockenen **Weißwein** mit einigen **Zwiebelringen**, 1 **Lorbeerblatt** und 5 **Pfefferkörnern** auf 3 EL Flüssigkeit einkochen, mit 125 ml **Suppe** oder **Gemüsefond** aufgießen und abseihen, mit 125 ml **Schlagobers** auffüllen, aufkochen und mit **Mehlbutter** (30 g **Butter**, 20 g glattes **Mehl** verrühren) binden. Kurz durchkochen lassen, mit **Salz und Pfeffer** abschmecken und dann kurz aufmixen.

Pikantes Paprika-Gemüse
Zutaten für 4 Portionen

300 g bunte **Paprikaschoten**, 300 g **Paradeiser**, 300 g **Zwiebel**, 4 EL **Pflanzenöl**, 2 EL **Weißweinessig, Salz** und **Pfeffer**.

Zubereitung: Paradeiser kreuzweise einschneiden, kurz in heißes Wasser geben, kalt abschrecken und dann die Haut abziehen, und die Stielansätze und den Saft entfernen. Das Fruchtfleisch würfeln. Die Paprikaschoten halbieren, Stielansätze und -kerne entfernen. Dann die Schoten in 1 cm breite Streifen schneiden. Die Zwiebeln in feine Ringe schneiden.
Das Pflanzenöl in der Pfanne erhitzen, die Zwiebeln darin kurz anbraten, Paprikastreifen und Paradeiswürfel zufügen, mit Salz, Pfeffer und Weißweinessig würzen. Das Gemüse bei schwacher Hitze langsam weich garen. Mit den Gewürzen abschmecken und servieren.

Würzige Fleischkugerl
als Vor- oder Hauptspeise.
Zutaten für 4 Portionen

500 g **Rindsfaschiertes**, 1 **Freiland-Ei** (Größe M), 1 **Zwiebel**, 1 **Knoblauchzehe**, 2 EL dunkle **Sojasauce**, 2 TL **Currypulver**, 2 TL scharfes **Paprikapulver, Ingwerpulver, Salz** und **Pfeffer, Semmelbrösel, Pflanzenöl** zum Braten, 1 kleine **Chilischote** (geputzt, entkernt und gehackt).

Zubereitung: Das Faschierte mit Ei, klein geschnittener Zwiebel, Chilis und Knoblauch vermischen und und mit allen Gewürzen scharf würzen, alles richtig durchkneten.
Aus der Masse kleine Fleischkugerl formen. Diese in einer Pfanne in Pflanzenöl rundherum knusprig braten.

Kleine Fleischlaberl mit Paradeiser-Paprikagemüse
Zutaten für 4–6 Portionen

250 g **Rindsfaschiertes**, 150 g **Schweinsfaschiertes**, 2 altgebackene **Semmeln**, 2 **Freiland-Eier** (Größe M), 2 **Zwiebeln** (feingehackt), 3 **Knoblauchzehen** (geschält und feingehackt), 1 TL **Oregano, Muskat**, schwarzer **Pfeffer**, 1 TL **Salz**.
3 sehr reife **Paradeiser**, 2 grüne Paprika, 1 Bund **Petersilie** (gehackt), **Pflanzenöl** für die Pfanne, **Mehl** zum Panieren.

Zubereitung: Das Faschierte in einer Schüssel mit den Eiern, dem ausgedrückten, eingeweichten Semmeln, den feingehackten Zwiebeln, 1 TL Oregano, 1 TL Salz, Pfeffer und der Muskatnuss gut verkneten. Mit einem Löffel gleich große Mengen aus der faschierten Masse ausstechen und zu kleinen Laberln formen. Den Boden einer großen Pfanne mit Pflanzenöl bedecken. Die Fleischlaberl in Mehl wälzen und in der Pfanne von allen Seiten goldbraun anbraten. Die Fleischlaberl aus der Pfanne nehmen und warm stellen.
Die grobgewürfelte Zwiebel und den Knoblauch in die gleiche Pfanne geben, in der die Fleischlaberl gebraten worden sind. Unter ständigem Rühren goldbraun andünsten, dann die würfelig geschnittenen Paradeiser und Paprika dazu geben. Mit Oregano, Salz, Pfeffer und der gehackten Petersilie abschmecken. Für 10–15 Minuten auf kleiner Flamme köcheln lassen.

Anrichten: Die Fleischlaberl auf Teller anrichten und das Paradeiser-Paprika-Gemüse dazugeben.

Hannes Sattler: Steirisches Küchen Lexikon

Die Schritt-für-Schritt-Zubereitung: Gefüllte Paprika

Zutaten: Paprikaschoten, gemischtes Faschierte, Reis, Zwiebel und Gewürze.

Paprikaschoten in der Mitte teilen, die Samenkörner herausputzen und waschen.

Die Fülle: Die Paprikawürfel und den gekochten Reis vermengen.

Gewürze, Knoblauch, Petersilie und das Faschierte zugeben, gut vermischen.

Die halbierten Paprika mit der Faschiertes-Reis-Masse vorsichtig befüllen.

Es soll eine schönes Häufchen aus der Paprikahälfte heraustehen.

Die farbenprächtigen Paprika sind nicht nur ein optischer Genuss, sie schmecken auch hervorragend.

Die gefüllten Paprikahälften oben noch mit geriebenen Hartkäse bestreuen und nochmals für 5 Minuten ins Backrohr.

Die klassische Kombination: Gefüllte Paprika mit einer Paradeisersauce.

Gefüllte Paprika mit Paradeisersauce
Zutaten für 4 Portionen
8 grüne, rote und gelbe **Paprikaschoten**, 500 g **Faschiertes** (gemischt), 200 g **Reis** (gekocht), 60 g **Zwiebel** (feingeschnittenen), 3 EL **Pflanzenöl**, 1 **Ei** (Größe M), 1 **Knoblauchzehe**, 1 EL **Petersilie** (gehackt), 150 g **Hartkäse** (gerieben), **Salz**, **Pfeffer**, **Majoran** (gerebelt).

Zubereitung: Die Paprikaschoten der Länge nach halbieren und die Samenkörner herausputzen und waschen.
Das gemischte Faschierte mit gekochten Reis, den Gewürzen, Ei, Knoblauch, Petersilie und Majoran gut vermischen.
Die Masse in die halben Paprikaschoten einfüllen. Die gefüllten Paprika in eine Bratpfanne einlegen, rundum mit Pflanzenöl bestreichen, und zugedeckt im vorgewärmten Backrohr bei 180°C dünsten. Danach mit 150 g geriebenen steirischem Asmante-Hartkäse bestreuen und nochmals für 5 Minuten ins heiße Backrohr schieben. Schnell servieren.

Paradeisersauce
1 kg längliche **Fleischparadeiser** oder **Fleischtomaten** (zerkleinert), 2 EL **Butter**, 1 kleine **Zwiebel** (geschnitten), 1 EL **Zucker**, 2 EL **Paradeismark**, 2 EL **Mehl**, 500 ml **Suppe**, **Salz**, **Lorbeerblätter**.

Zubereitung: Für die Paradeisersauce die Zwiebeln mit dem Zucker in der Butter ohne Farbe anschwitzen, Paradeismark zugeben, mit Mehl stauben und mit Suppe aufgießen, Paradeiser beifügen, würzen und 20 Minuten köcheln lassen, pürieren und durch ein Spitzsieb abseihen.

Gemüse: Paprika

Hendlspieße mit Paprikagemüse
Zutaten für 16-20 kleine Spieße
500 g **Hühnerbrustfilet** (ohne Haut),
20 **Bambusstäbchen**, je 18-20 cm lang,
Zutaten Marinade
2 **Schalotten** (grob gehackt), 2 **Knoblauchzehen** (grob gehackt), frischer **Ingwer** (in Scheiben geschnitten), 1 EL **Koriander** (geröstet und gemahlen), 1 EL **Kreuzkümmel** (geröstet und gemahlen), 1 TL **Currypulver**, 2 EL helle **Sojasauce**, 4 EL **Pflanzenöl**, 100 ml **Kokosmilch**, 1 EL **Zucker**, **Salz**.

Zubereitung: Das Hühnerbrustfilet in mundgerechte Streifen schneiden und in eine Schüssel legen. Im Mixer Schalotten, Knoblauch, Korianderwurzel und Ingwer zu einer Paste verarbeiten.

Die Paste auf dem Hühnerfleisch verteilen, ebenso die Gewürzmischung aus Koriander, Kreuzkümmel, Currypulver, Sojasauce, Pflanzenöl, Kokosmilch, Zucker und Salz. Mit einem Löffel umrühren, bis die Fleischstreifen rundum bedeckt sind. Mit einer Plastikfolie abdecken und für mindestens 5 Stunden oder über Nacht in den Kühlschrank stellen. Die Fleischstücke gelegentlich wenden.

Die Bambusstäbchen für etwa eine Stunde ins Wasser legen, damit sie beim Grillen nicht verbrennen.

Dann ein Stück mariniertes Hühnerfleisch auf einen der Spieße stecken, bei kleineren Fleischstücken zwei.

Den Grill anheizen. Die Hühner-Spieße für 2-3 Minuten pro Seite grillen, bis das Fleisch durch ist und die Oberfläche leicht braun wird. Häufig wenden und während des Grillens nochmals mit der Marinade bestreichen.

Bunte Paprika Sorbets
Zutaten für 4 Portionen
Diese Sorbets werden aus verschiedene Frucht- oder Gemüsepürees, Gemüsesäfte hergestellt. Diese werden mit Läuterzucker verdünnen und in Sorbetiere gefroren.
200 g **orange Paprika** (ohne Kerne),
125 ml **Weißwein** (Sauvignon Blanc),
80-100 g **Kristallzucker** (nach der Menge und Farbe an Paprika, grüner Paprika ist nicht so süß wie oranger oder roter),
Zitronensaft nach Geschmack.

Paprika waschen, entkernen, in Spalten schneiden. Paprikastreifen, Sauvignon Blanc und Kristallzucker mixen und passieren.

Mit Zitronensaft abschmecken und in eine Sorbetière einfüllen, oder im Tiefkühlschrank frieren.

Sorbets sollten nicht auf Vorrat, sondern unmittelbar vor dem Servieren gefroren werden.

Gemüse im Tempurateig
Ideal zum Frittieren von Gemüse oder Fisch
Zutaten für 4 Portionen
400 g bunte **Paprikastücke**, **Salz**, **Pflanzenöl** zum Backen.
Tempurateig
250 g **Mehl** oder **Reismehl** (fein), 500 ml eiskaltes **Wasser**, 2 **Eier** (Größe M), **Salz** und weißer **Pfeffer**.

Mehl in eine Schüssel sieben, schnell das Eier-Wasser-Gemisch dazugießen, kurz verrühren. Die Qualität eines guten Tempurateiges ist vom knappen Rühren des Teiges abhängig. Das eiskalte Wasser macht den Teig elastisch.

Zubereitung: Die Paprika waschen, in der Mitte teilen, Kerne entfernen und in mundgerechte Stücke schneiden. Mit Salz und Pfeffer würzen.

Die vorbereiteten Paprikastücke durch den Tempurateig ziehen und im heißen Pflanzenöl schwimmend ausbacken. Das Gargut braucht nicht rundherum mit Teig bedeckt sein.

Anrichten: Zum gebackenen Gemüse passt gut eine würzige Sojasauce.

Hannes Sattler: Steirisches Küchen Lexikon

| Jalapeño, 4 | Gelbe Kirsche, 6 | De Cajenne, 6 |
| Chispas, 9-10 | Cajamarca, 9-10 | Caribean red, 10 |

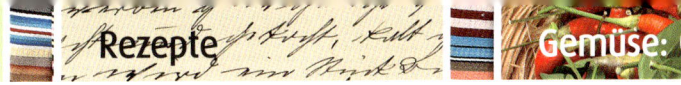

Heißes Gemüse: Chili

Chili oder Cayennepfeffer stehen zu Unrecht im Verdacht, den Mund zu verbrennen. Es gibt Chilisorten für jeden Geschmack und in vielen Schärfegraden. Es muss der scharfe Würzer die Speisen nicht dominieren, sondern kann in kleinen Mengen zur Geschmacksverstärkung verwendet werden.

Grüne und rote Chilis

Meist sind kleine, spitz zulaufende Chilies schärfer als runde, doch Ausnahmen bestätigen auch hier die Regel.

Die Schärfe befindet sich in den Trennwänden und in den Samen. Etwas milder gerät ihre Schärfe, wenn man vor der Verarbeitung der Früchte den Samen und Trennwände entfernt erhält man ein weniger feuriges Aroma.

Große Chilis sind milder als kleine, rote oft ein wenig süßer und etwas schärfer als grüne. Chilischoten werden frisch oder getrocknet verwendet. Capsaicin – ist neben anderen Capsaicinoiden – für das scharfe Aroma von Chili- und Paprikafrüchten verantwortlich. Der Inhaltsstoff, Capsaicin wirkt keimtötend und gleichzeitig verdauungsanregend. Je mehr Capsaicin eine Chili enthält, desto schärfer ist sie.

Würzkraft und Schärfe von Chili ist variabel

Die ab etwa 1950 in Ungarn gezüchteten süßen oder milden Paprika enthalten fast kein Capsaicin mehr. Peperoni enthalten etwa 5mal so viel, ungarische scharfe Paprika etwa 10mal so viel, Peperoncini etwa 50mal so viel und sehr scharfe Arten (Tepin, Habanero) etwa, 1000mal so viel Capsaicin.

Im Gegensatz zu Stoffen, die die Geschmacksnerven auf der Zunge reizen und damit für die Geschmacksempfindungen süß, sauer, salzig, bitter und umami verantwortlich sind, wird durch Capsaicin und dessen verwandte Stoffe ein Hitze- bzw. Schmerzreiz verursacht.

Die Schärfe, die beim Verzehr von Chilis wahrgenommen werden kann, kann durch die richtige Vorbereitung variert werden. Die Samen sollen vor dem Würzen der Speisen entfernt werden. Zu scharfe Gerichte können durch Zugabe von etwas Naturjoghurt abgemildert werden. Bevor man Chili einer Speise zusetzt, sollte die Schärfe geprüft werden.

Hemmt die Bildung von Blutgerinnseln

Schlaganfall und Herzinfarkt werden durch Blutgerinnsel ausgelöst, die die Blutbahnen verstopfen. Chili stimuliert die Durchblutung und verringert damit die Gefahr der Gerinselbildung.

Befreit die Atemwege, öffnet die Hautporen

Scharfe Chilis stimulieren die Schweißproduktion, Tränenbildung und die Schleimhäute (laufende Nase) und wirken sofort nach dem gewollten oder ungewollten Konsum. Chili wärmt, erhöht den Schleimfluss und bringt bei einer Unverträglichkeit Tränen in den Augen. Chili befreit die Atemwege, wodurch Husten und Erkältungen gelindert werden.

Fördert die Verdauung

Chili erhöht die Magensaftsekretion. Magensäure wird nicht nur zur Verdauung, sondern auch zur Bakterienbekämpfung benötigt.

Pfefferschote, Chili
Portionsgröße 100 g

Kilokalorien/Kilojoule	20/83
Eiweiß, Protein (g)	3
Fett gesamt (g)	1
Cholesterin gesamt (mg)	1
Kohlenhydrate (g)	3
Ballaststoffe (g)	1,9
Wasser (g)	86
Mineralstoffe	
Natrium (mg)	7
Kalium (mg)	220
Kalzium (mg)	30
Magnesium (mg)	24
Phosphat (mg)	80
Eisen (mg)	1,2
Zink (mg)	0,2
Vitamine	
Carotine, einschl. Beta-Carotine (µg)	175
Vitamin E (Tocopherol) mg	0,8
Vitamin B1 (Thiamin) mg	0,07
Vitamin B2 (Riboflavin) mg	0,08
Vitamin B6 (mg)	0,30
Folat (100 g/µg)	30
Vitamin C (mg)	120

Da immer nur kleine Mengen Chili verzehrt werden, ist der tatsächliche Beitrag zum Energie-, Vitamin- und Mineraltagesbedarf sehr gering.

Erhöht den Nährstoffumsatz

3 g Chilisoße zu einer Mahlzeit erhöhte bei Versuchspersonen den Kalorienverbrauch für einige Stunden um durchschnittlich 25 Prozent.

Empfohlene Menge

Scharfe Chilischoten enthalten mehr Capsaicin, so dass davon für den gleichen medizinischen Nutzen weniger gebraucht wird. Es reichen 2 TL frische Jalepenos täglich, um den Kreislauf und die Atemwegsfunktionen zu stärken. Bei regelmäßigem Verzehr sind auch kleinere Mengen gesundheitsfördernd.

Wichtiger Hinweis

Große Mengen Chili können das Magenkrebsrisiko erhöhen. Augen oder offene Wunden nicht mit Chilifingern berühren.

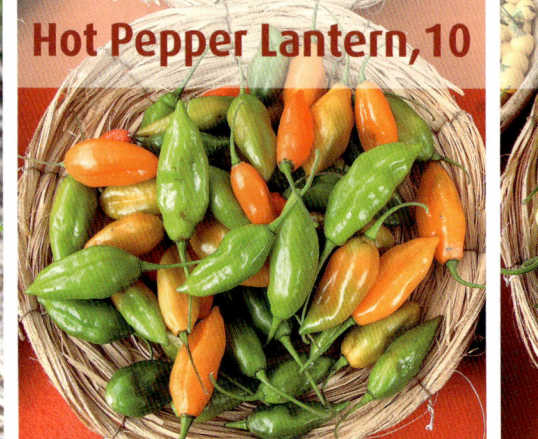

Hot Pepper Lantern, 10

Hot Choclate, 10+

Chili am Stock

Hot Lemon, 10

Gemüse: Chili

Rotes Entencurry
Zutaten für 4 Personen

600 g gebratenes **Entenfleisch** oder frisch gebratene **Entenbrust**, 2 EL rote **Currypaste**, 1 EL **Pflanzenöl**, 400 ml **Kokosmilch**, 300 g **Ananas** (würfelig geschnitten), 10 **Kirschparadeiser**, 5 **Kaffir-Zitronenblätter**, 3 EL **Fischsauce**, 2 EL **Zucker**, 2 frische **rote Chilis** (mild oder scharf nach Geschmack), 20 **Basilikumblätter**.

Zubereitung: Die Entenbrust in Würfel oder in dünne Scheiben schneiden. Für die Sauce die Currypaste im heißen Öl anrösten, mit Kokossahne ablöschen und 2 Minuten cremig einköcheln. Mit Fischsauce und Zucker würzen. Die würfelig geschnittenen Ananasstücke, die geviertelten Kirschtomaten, die Kaffir-Zitronenblätter und die in Streifen geschnittenen Chilis zugeben. Falls die Sauce zu dick ist, kann sie mit etwas Wasser verdünnt werden. Das Entenfleisch in dieser Sauce erwärmen, die Kräuter und Blätter einrühren und servieren.

Schweinefleisch mit Bambussprossen und Chili
Zutaten für 4 Portionen

400 g **Schweinefleisch** (Oberschale oder Nuß), 500 g **Bambussprossen**, 3 EL **Fischsauce**, 1/2 TL **schwarzer Pfeffer** (frisch gemahlen), je 1/2 **rote und grüne Paprikaschote**, 2 kleiner roter **Chili**, 5 EL **Pflanzenöl**, 2 EL **Gelbe Currypaste**, 2 EL **Zucker**, einige **Basilikum**-Blätter.

Zubereitung: Das Schweinefleisch in etwa 1 cm breite und 4 cm lange Streifen schneiden, mit 1 EL Fischsauce und Pfeffer vermischen und zuerst etwa 10 Minuten marinieren lassen.

Die Bambussprossen abspülen und in feine Streifen schneiden. Die Paprika und Chilies waschen, vierteln, von Stielansatz, Trennwänden und Kernen befreien und ebenfalls in feine Streifen schneiden. Pflanzenöl in einer Pfanne oder im Wok erhitzen, Schweinefleisch bei mittlerer Hitze anbraten. Die gelbe Currypaste dazugeben und gut unter das Fleisch mischen. Paprika- und Chilistreifen, 2 EL Fischsauce, Zucker und etwas Wasser hinzufügen. Alles bei starker Hitze etwa 2 Minuten weiterdünsten. Dabei ständig umrühren, zuletzt - erst kurz vor dem Servieren des Gerichtes, die Basilikumblätter dazugeben.

Variante: Anstelle des Schweinefleisches kann man auch ein Hühnerbrustfilet oder ein Rinderfilet verwenden.

Rindfleisch mit grünem Pfeffer und Chili
Zutaten für 4 Portionen

500 g **Rinderfilet**, 3 EL helle **Sojasauce**, 1/2 TL schwarzer **Pfeffer**, 1 rote **Paprikaschote**, 2 kleine rote **Chili**, 200 g frischer **grüner Pfeffer**, 5 EL **Pflanzenöl**, 2 EL rote **Currypaste**, 3 EL **Fischsauce**, 2 EL **Zucker**.

Zubereitung: Das Rinderfilet kurz abwaschen und trockentupfen. Das Filet in etwa 5 cm lange und 2 cm breite mundgerechte Stücke schneiden, mit Sojasauce und Pfeffer vermischt etwa 15 Minuten marinieren lassen.

Die Paprikaschote und Chilies waschen, Stiel und Trennwände entfernen, vierteln und in Streifen schneiden. Grüne Pfefferrispen vorsichtig abspülen, dabei sollen die Pfefferkörner am Stengel bleiben. Die Stengel in etwa 3 cm lange Stücke teilen. Das Pflanzenöl in einer Pfanne oder im Wok erhitzen, die rote Currypaste bei mittlerer Hitze anbraten, Rindfleisch, grünen Pfeffer, Paprika- und Chilistreifen, Fischsauce, Zucker und etwas Wasser dazugeben. Alles unter ständigem Rühren bei mittlerer Hitze noch etwa 3 Minuten braten.

Tipp: Das Gericht kann man auch mit 2 EL Kokossahne (die dicke Schicht oben auf der Kokosmilch) verfeinern. Das mildert den scharfen Currygeschmack.

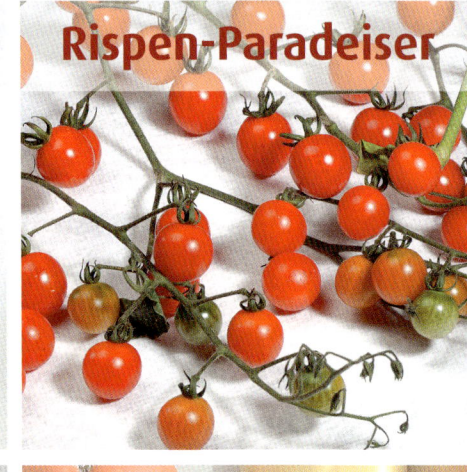

Paradeiser	Paradeiservielfalt	Paradeisersalat
Beim Kochen	Paradeiser Salat	Paradeiser
Ochsenherz		Rispen-Paradeiser
Ochsenherz	Ochsenherz	Bunte Farben

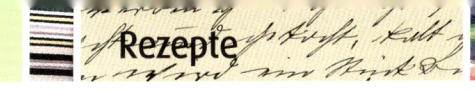

Nährwerte [Vitamine] | Rezepte | Gemüse: Paradeiser

Paradeiser (St,Ö) ➤ Tomaten (Ö,D) sind unsere Gemüse Lieblinge

Wenn man in einen reifen Paradeiser reinbeißt hat man sofort ein schönes Geschmackserlebnis. Erst knackt es leicht, dann schmeckt es nach Saft und Sonne. Die Zunge spürt diese feine Balance zwischen Säure und Süße, wie sie nur im Saft einer sonnengereiften Paradeiser stecken kann.

Die Paradeiser *(Solanum lycopersicum)* sind nahe Verwandte der Erdäpfel. Das Ursprungsgebiet der Tomate ist Mittel- und Südamerika. Dort wurden Tomaten von den Maya und anderen Völkern etwa 200 v. Chr. bis 700 n. Chr. als „xitomatl" kultiviert. Samen wurden bei Ausgrabungen südlich von Mexiko-Stadt in Höhlen im Tehuacán-Tal gefunden.
Sie wurde sogar verdächtigt „Liebeswahn" hervorzurufen. Daher auch ihr Name „Paradeiser", was so viel wie Paradiesapfel bedeutet. Der Name „Tomate" stammt vom aztekischen „xitomatl". Heute zählen Paradeiser zu den beliebtesten Gemüsen überhaupt. Es gibt schier unzählige Paradeisersorten, am Markt findet man jedoch meist nur wenige.

Saison und Qualität
Gute Paradeiser reifen unter der Sonne statt im Treibhaus heran und schmecken am besten, wenn sie reif und rot geerntet werden. Weil sie dann aber schnell zu Matsch werden, kriegt man so was nur zur Saison aus einem Bauernmarkt, vom Bauern in der Nähe. Die Erntesaison beginnt im Frühjahr und reicht von Juli bis September (dann sind sie auch bei uns am besten). Die meisten Paradeiser werden bei uns reif und rot geerntet.
Damit Paradeiser Geschmack haben, sollten sie fest und eher zu klein als zu groß für ihren Typ sein, keine schrumpeligen Falten, dunkle Stellen oder Schorf haben; Knubbel und Rippen machen nichts, oft schmecken diese Sorten besonders intensiv. Ihre Blätter und Stiele sind intensiv grün statt welk und wenn Paradeiser duften, dann sind das meist die Stiele. Es gibt auch grüne Paradeiser-Sorten, die immer grün sind und sich auch nicht mehr weiter verfärben.

Gesundheits-Therapeutische Eigenschaften
Hoher Gehalt an Antioxidantien
Paradeiser enthalten viel Antioxidanzien, insbesondere reichlich Vitamin E, daneben kleinere Mengen VitaminC und Beta-Carotin. Antioxidantienreiche Ernährung schützt vor Krebserkrankungen sowie vor Herzinfarkt, Schlaganfall und Katarakten.
Enthält viele weitere Schutzstoffe
Paradeiser sind reich an Falvonoiden (Quercetin) und Carotinen (Lycopins). Beides sind Schutzsubstanze, die in der aktuellen ernährungswissenschaftliche Forschung große Beachtung finden.
Was ist drinnen ?
Frische Paradeiser haben einen ähnlichen Nährwert aus der Dose oder im Glas, aber mehr Carotine und Vitamin C. Paradeiserpüree und getrocknete Früchte enthalten dagegen genauso viel Carotine und Vitamin E wie frische. Paradeisersaft ist oft mit zu viel Salz versetzt.

Paradeiser ➤ Tomaten Inhaltsstoffe
Portionsgröße 50 g

Kilokalorien/Kilojoule	17/73
Eiweiß, Protein (g)	1
Fett gesamt (g)	+
Cholesterin gesamt (mg)	0
Kohlenhydrate (g)	3
Ballaststoffe (g)	1,0
Wasser (g)	93
Mineralstoffe	
Natrium (mg)	3
Kalium (mg)	240
Kalzium (mg)	9
Magnesium (mg)	10
Phosphat (mg)	20
Eisen (mg)	0,5
Zink (mg)	0,2
Vitamine	
Carotine, einschl. Beta-Carotine (µg)	590
Vitamin E (Tocopherol) mg	0,8
Vitamin B1 (Thiamin) mg	0,06
Vitamin B2 (Riboflavin) mg	0,04
Vitamin B6 (mg)	0,10
Folat (100 g/µg)	22
Vitamin C (mg)	20

Verwendung in der Küche
Paradeiser sind ein äußerst vielfältig einsetzbares Gemüse. Von der Suppe bis zur Sauce, vom Salat bis zur gefüllten warmen oder kalten Köstlichkeit, getrocknete Paradeiser, nicht zu vergessen das heißgeliebte Ketchup - finden sie in jeder Küche Verwendung. Vor Zubereitung oder Verzehr werden sie nur gewaschen und die Stielansätze werden weggeschnitten. Um die Haut abzuziehen, Paradeiser kurz mit kochendem Wasser übergießen.

Steirisches Küchen Lexikon

- Mini-Pizza
- Ochsenherz
- Paradeis, Mozarella
- Süße Fruchtfülle
- Rispen-Paradeiser
- Gelbe Paradeiser
- Gefüllte Ochsenherz-Paradeiser
- Rispen-Paradeiser

Gemüse: Paradeiser

Paradeiser-Sorten

Die gängigsten sind die runden Normalparadeiser, wie sie in unseren Gärten, oder unter Glasdächern wachsen. Sie sind gut, knackig, saftig und eher säuerlich. Für Salate und alles, wobei die Paradeiser in Form bleiben soll.

Die gedrungeneren, unförmigeren Fleischparadeiser die Idealparadeiser für Saucen, Suppen und Geschmortes wieder zurückzubekommen. Den hatten sie sich einst mit viel aromatischem Fleisch und wenigen Kernen verdient.

Die Eier- oder Flaschenparadeiser kommen ursprünglich aus dem Mittelmeerraum und werden dort wegen ihres dicken Fruchtfleisches und der Süße sowohl für Salate geliebt als auch für Saucen verwendet. Auch im kühleren Resteuropa werden sie immer beliebter. Weltberühmt und zum Kochen bestens geeignet sind die im Handel erhältlichen geschälte Dosentomaten.

Kirschparadeiser sind inzwischen für viele Feinschmecker die Nr. 1 als Alternative zur faden Einheitsparadeis, weil sie in ihrer kleinen Hülle das saftig-süßsaure Aroma der Ur-Paradeis konzentrieren kann. Das gilt auch bei den Nährstoffen; außerdem lässt sich ganz schnell und leicht was mit ihr machen.

Strauchparadeiser

Noch am Zweig hängende Strauchparadeiser gibt es von allen Sorten. Ihr Vorteil: Sie sind nicht ganz so empfindlich und können deswegen eher rötlich geerntet werden.

Tomatenmark (Paradeismark)

Einfach konzentriertes Tomatenmark enthält um die 80% Wasser und ist gut für tomatige Gerichte etc., zweifach (um die 70% Wasser) und vor allem dreifach konzentriertes (60 bis 65%) ist eher was zum Ansetzen von dunklen Saucen und Schmorgerichten.

Aufbewahrung: Tomatenmark in Dosen nach dem Öffnen umfüllen, glattstreichen und dünn mit Öl bedecken, damit es im Kühlschrank nicht austrocknet. Noch besser: eine Tube kaufen.

Engelbert Tschech: Kalte Paradeiser-Suppe
Zutaten für 4–6 Portionen

500 g **Paradeiser,** 750 ml **Gemüsesuppe,** 2 **Zwiebel** (fein würfeln), etwas **Butter,** **Salz, Pfeffer,**
1 kleiner **Chili,** frischer **Basilikum.**

Zubereitung: Die Zwiebeln schälen und fein würfeln. Etwas Butter in einem Topf zerlassen und die Zwiebelwürfel kurz darin anbraten. Mit Gemüsesuppe aufgießen und kurz aufkochen. Die Paradeiser einschneiden und in kochendem Wasser wenige Sekunden überbrühen, dann mit kaltem Wasser abschrecken und häuten. Die Paradeiser vierteln, die Stielansätze befreien und in die Suppe geben. Den kleinen Chili entkernen, und in feine Streifen schneiden, zur Paradeiser-Gemüsesuppe geben. Zugedeckt für 20 Minuten leicht köcheln lassen. Die Suppe pürieren, anschließend mit Salz, Pfeffer abschmecken. Leicht abkühlen lassen, und bis zum Servieren in den Kühlschrank stellen.

Kurz vor dem Servieren das frische Basilikum als Blatt zur Dekoration und auch in Streifen geschnitten in die kalte Paradeiser-Suppe geben.

Paradeiser-Schafskäse-Salat
Zutaten für 4–6 Portionen

200 g **Schafskäse,** 8 **Paradeiser,** 2 **Schalotten,** 8 EL **Olivenöl,** 3 EL dunkler **Balsamico-Essig,** 1 EL **Basilikum** (gehackt), **Kräutersalz,** schwarzer **Pfeffer.**

Zubereitung: Paradeiser achteln, dann quer halbieren. Schalotten halbieren, in halbe Ringe schneiden und zu den Paradeisstücken geben. Auf vier Schüsselchen oder Teller verteilen. Mit Kräutersalz würzen. Olivenöl und Balsam-Essig vermengen und über die Paradeiser träufeln. Den Schafskäse in Würfel schneiden und mit dem Basilikum über die Paradeiser streuen.

Paradeiser-Marmelade

1,5 kg vollreife **Paradeiser,** 500 g säuerliche **Äpfel,** 60 ml **Apfelessig,** 500 g **Gelierzucker,** 1 TL **Salz,** 1/2 TL **Chilipulver,** 1/2 Bund **Basilikum.**

Zubereitung: Paradeiser und Äpfel waschen; Paradeiser vierteln, Äpfel halbieren, Kerngehäuse entfernen und Frucht klein schneiden. Beides in einem Topf zugedeckt für 30 Minuten dünsten. Diese Paradeiser-Apfel-Mischung durch ein feines Sieb streichen. Anschließend alles mit Essig, Gelierzucker, Salz und Chilipulver unter ständigem Rühren zum Kochen bringen. Für etwa 3 Minuten kochen lassen (dabei auf das Rühren nicht vergessen). Das feingeschnittene Basilikum unterrühren. Noch heiß in Gläser füllen und sofort verschließen.

Paradeiser  | Polenta mit Paradeiser  | Ochsenherz

Paradeiser  | Paradeiser ernten

Paradeiser ernten  | Paradeiser am Strauch  | Frisch ernten

Gemüse: Paradeiser

Engelbert Tschech: Grundrezept für Polentahäppchen

Zubereitung: Bereiten Sie nach dem Polenta-Grundrezept (Seite 176) eine feste Polenta zu. Gießen Sie die noch heiße Polentamasse in eine hohe Form, darin erkalten lassen. Danach in ein cm dicke Scheiben schneiden und mit verschiedenen Formen kleine Häppchen ausstechen. Die Häppchen beidseitig grillen. Anschließend mit Käse, Paprika, Vulvano-Schinken, getrocknete Paradeiser, Sardinen, Olivenpaste oder Hühnerlebermousse belegen.

Gefüllte Paradeiser
Zutaten für 4 Portionen

4 **Paradeiser**, 2 kleine **Zwiebeln**, 1 Stange **Porree**, 250 g **Champignons**, **Salz**, **Pfeffer**, **Pflanzenöl**.

Zubereitung: Die Paradeiser waschen und jeweils einen Deckel abschneiden und aushöhlen.
Die Zwiebel schälen, in Ringe schneiden, Champignons putzen, waschen, feinblättrig schneiden, Porree in kleine Ringe schneiden.
Das Planzenöl erhitzen und die Zwiebelringe darin glasig dünsten, Champignons, Porreeringe und das vorher ausgehöhlte Paradeiserfleisch dazugeben, würzen und etwa 10 Minuten dünsten.
Anschließend in die ausgehöhlten Paradeiser füllen und diese im Backrohr bei 200°C etwa 10 Minuten backen.

Geröstete Polentaschnitten

haben eine lange Tradition. Sie werden zum Beginn eines Essens oder zu einem guten Glas Wein gereicht.

Paradeiserpesto

2 **Paradeiser** (häuten), 1 Bund **Basilikum**, **Olivenöl**, **Salz**, **Pfeffer**, 1 **Knoblauchzehe**.

Zubereitung: Die Paradeiser in kleine Würfel schneiden und in eine Schüssel mit dem grob gehackten Basilikum, Salz und Pfeffer mischen. Auf den Polentaformen verteilen und mit Olivenöl beträufeln.

Olivenpesto

200 g schwarze **Oliven** (entsteint), **Olivenöl**, 1 TL **Kapern**, 10 **Sardellenfilets**, Saft von 1/2 **Zitrone**, **Salz**, **Pfeffer**.

Zubereitung: Aus allen Zutaten im Mixglas eine Mousse herstellen, abschmecken und auf den Polentaformen verteilen.

Hühnerleberpesto

1 kleine **Zwiebel**, 1 Stange **Staudensellerie**, 2 **Karotten**, 100 g **Karreepeck**, 250 g **Hühnerleber**, 1/16 l weißer **Süßwein**, 250 ml **Hühnersuppe**, **Sardellen**, **Kapern**, 3 EL **Olivenöl**, 50 g **Butter**, **Salbeiblätter**.

Zubereitung: Karresspeck würfelig schneiden und in Olivenöl anbraten, das kleinwürfelig geschnittene Gemüse beifügen und kurz andünsten. Die Hühnerleber dazugeben, mit weißen Süßwein und Hühnersuppe angießen und kurz kochen lassen. Die Masse in ein Mixglas geben, Kapern und Sardellen zufügen und kurz aufmixen. Auf die gegrillten Polentascheiben streichen und mit Olivenöl beträufeln, mit Pfeffer aus der Mühle würzen, mit Salbeiblatt verzieren.

Mini-Pizza
Zutaten für 4–5 große Stücke oder 10–12 Mini-Pizzen

Zutaten Germteig: 200 g **Vollkornmehl**, 10 g frische **Germ** (Hefe), 125 ml lauwarmes **Wasser**, **Salz**, **Koriander**, **Fenchel**.

Zubereitung: Die Zutaten für den Germteig vermischen und anschließend an einem warmen Ort mindestens 30 Minuten zugedeckt aufgehen lassen. Die Arbeitsplatte mit Mehl leicht bestreuen, die Masse in 5 gleich schwere Stücke teilen, ausrollen, und nochmals 10–15 Minuten rasten lassen.

Zutaten Pizzabelag

Paradeismark, **Kirschparadeiser**, **Zucchini**, **Maiskörner**, **Champignons**, **Brokkoli**, **Zwiebel** (fein geschnitten), **Paradeiserscheiben** zum Belegen, **Reibkäse** (35% F.i.T.), **Oregano**, **Basilikum**, **Salz**.

Zubereitung: Den ausgerollten Pizzateig dünn mit Paradeismark und Gewürzen bestreichen und mit dem gedünsteten Gemüse belegen. Als Abschluß noch den Reibkäse darüberstreuen und ganz obenauf noch die Paradeisscheiben legen. Im vorgeheizten Backrohr bei 200°C für 10–15 Minuten backen. Schnell servieren.

Serviervorschlag: Das fruchtige Geschmackserlebnis dieser kleinen Gemüsepizza kann mit Gemüse- oder Fruchtsäften noch verstärkt werden.

Engelbert Tschech: Steirisches Küchen Lexikon

Zucchini gebacken, gegrillt und in Öl eingelegt

Zucchini gefüllt, gefüllte Zucchini-Blüte und Zucchini-Soufflé

Nährwerte [Vitamine] | Rezepte | Gemüse: Zucchini

Dietmar Kappel: Zucchini sind eine Unterart des Gartenkürbisses

Der Name Zucchini, *Cucurbita pepo subsp. pepo convar. giromontina*, kommt aus dem Italienischen und bedeutet „kleiner Kürbis". Und im Grunde handelt es sich bei Zucchini auch um kleine, unreif geerntete Kürbisse. Es gibt grüne, gelbe, gestreifte und sogar weiße Zucchini.

Die Zucchini stammen aus Europa, wo die ursprünglichen Formen am Ende des 17. Jahrhunderts auftraten. Die Vermarktung der Zucchini begann in Italien. Ursprünglich wurden die Zucchini durch Züchtung aus dem Gartenkürbis entwickelt, der bis zur Entdeckung Amerikas vom Südosten Kanadas bis nach Costa Rica angebaut wurde.

Zucchini können sowohl roh als auch gekocht bzw. gebraten gegessen werden. Auch die sehr große gelbe Blüte ist für den Verzehr geeignet und gilt als eine ganz spezielle Delikatesse; bei Verwendung nur der männlichen Blüten wird der Ertrag an Früchten nicht geschmälert.

Am Besten schmeckt sie mit einer Größe von 15 bis 20 cm.

Das Fruchtfleisch von größeren Zucchini ist eher trocken und sie schmecken fader.

Wertvoll und kalorienarm

Zucchini haben einen ähnlich hohen Wassergehalt wie die Gurke und sind damit auch sehr energiearm (nur 18 Kilokalorien pro 100 Gramm). Sie enhalten aber doppelt so viel Eiweiß, Calcium, und Vitamin C als die Gurke. Zucchini sind auch relativ reich an Kalium, Eisen und Vitaminen der B-Gruppe. Weiters liefern sie verschiedene sekundäre Pflanzenstoffe, z. B. verschiedene Carotinoide. Diese bilden die Vorstufe des Vitamins A, und haben auch antioxidative Wirkung.

Lagerung und Konservierung

Im Gemüsefach des Kühlschrankes sind Zucchini zwei bis drei Wochen haltbar. Sie sollten nicht gemeinsam mit Paradeisern oder Obst gelagert werde. Diese produzieren das Reifegas Ethylen. Dadurch werden Zucchini weich und fleckig.

Verwendung in der Küche

Junge Zucchini brauchen vor der Verwendung nur gewaschen zu werden, ev. auch Stielansatz und Spitze wegschneiden. Bei älteren Zucchini die harten Schalen und Kerne entfernen. Zucchini lassen sich einfach und schnell zubereiten. Angenehm ist auch, dass es kaum Abfall gibt. Zucchini schmecken roh und gegart und können aufgrund ihres milden, unaufdringlichen Geschmackes sehr vielseitig zubereitet werden. Für einen Salat die Früchte einfach raspeln, in Stifte oder Scheiben schneiden und marinieren.

Zucchini passen auch in die Suppe, in pikante Torten oder Quiches, als Fülle in Teigtaschen oder Strudel (Achtung – lässt Wasser), Zucchini werden gegrillt, gebraten oder geschmort zu Lamm und anderen Fleischgerichten gereicht. Und Zucchini werden auch gefüllt, wie Schnitzel paniert und gebacken, in Aufläufe geschichtet und sogar als namensgebende Zutat im Zucchinikuchen süß verarbeitet.

Zucchini Inhaltsstoffe

Portionsgröße 200 g

Kilokalorien/Kilojoule	18/76
Eiweiß, Protein (g)	2
Fett gesamt (g)	+
Cholesterin gesamt (mg)	0
Kohlenhydrate (g)	2
Ballaststoffe (g)	1,1
Wasser (g)	92

Mineralstoffe

Natrium (mg)	3
Kalium (mg)	175
Kalzium (mg)	25
Magnesium (mg)	20
Phosphat (mg)	30
Eisen (mg)	1,0
Zink (mg)	0,2

Vitamine

Carotine, einschl. Beta-Carotine (µg)	180
Vitamin E (Tocopherol) mg	0,5
Vitamin B1 (Thiamin) mg	0,21
Vitamin B2 (Riboflavin) mg	0,07
Vitamin B6 (mg)	0,12
Folat (100 g/µg)	11
Vitamin C (mg)	17

Aubergine

Violetter Riesentropfen von Beerenfrucht des Nachtschattengewächses *Solanum melongena*, das die Mauren als *al-bandingan (span. berenjena)* aus Indochina nach Europa brachten.

Wegen der charakteristischen Form auch „Eierfrucht" genannt, verwandt mit Erdapfel und Paradeiser, daher auch der geschmacksharmonische Familiendreiklang, als gemeinsame Speise das griechisches Moussaka.

Die Schritt-für-Schritt-Zubereitung: Zucchini-Frischkäse-Auflauf

Zubereitung Zucchini-Frischkäse-Auflauf: Geschabte Zucchini und geriebene Erdäpfel.

Den Landfrischkäse (Cottage Cheese) zu der Masse zugeben.

Muskatnuss in die Masse reiben und gut vermengen.

Gehackte Kräuter bringen Würze und frische Aromen in die Masse.

Zum Schluß noch die 2 Eidotter und das aufgeschlagene Eiweiß unterheben.

Alles gut durchmischen und für das Einfüllen in die Formen vorbereiten.

Die Zucchini-Auflauf-Masse wird in eigens dafür bestimmten feuerfesten Porzellanformen gefüllt.

Nur etwas mehr als die Hälfte mit der Masse befüllen. Im vorgeheizten Backrohr bei 180°C für etwa 50 Minuten backen.

Wunderschön sind die Aufläufe in den Formen aufgegangen. Als Beilage zu den gefüllten Zucchini anrichten.

Zucchini-Frischkäse-Erdapfel-Auflauf
Zutaten für 10-12 Portionen, kleine Auflaufformen
300 ml **Milch, Salz,** 120 g **Butter,** 120 g **Mehl,** 6 **Eier** (Größe M), 2 große **Zucchini** (fein geschabt), 3 große **Erdäpfel** (fein gerieben), **Butter** für die Form.
Zubereitung: Milch und Salz aufkochen. Die Butter zerlassen, das Mehl einrühren, mit der kochenden Milch aufgießen und abrösten, bis sich die Masse vom Geschirr löst.
Kurz überkühlen lassen, dann die Eidotter nach und nach einrühren. Eiklar mit einer Prise Salz zu Schnee schlagen, ein Viertel mit der Bechamelmasse mischen und in den restlichen Schnee, melieren. In die vorbereiteten Formen füllen, nur mehr etwas mehr als die Hälfte einfüllen, dann glatt streichen. Im vorgewärmten Backrohr bei 180°C für etwa 50 Minuten ausbacken, während dieser Zeit das Backrohrtürl nicht öffnen.

Gemüse: Zucchini

Gebackene Zucchini

2 kleine **Zucchini**, 3 **Eier** (Größe M), **Mehl**, **Semmelbrösel**, **Salz**, **Pflanzenöl**.

Zubereitung: Zucchini in Scheiben schneiden, die Eier mit Salz verquirlen. Die Zucchini-Scheiben hintereinander in Mehl, Ei und den Bröseln wenden (panieren) und in heißem Pflanzenöl herausbacken.

Mit Sauce Tartare oder einer Kräutersauce aus Joghurt, Zwiebel, Kräuter, Salz und Pfeffer servieren.

Gefüllte Zucchini-Schiffchen

2 mittelgroße **Zucchini**, 1 kleine **Melanzani** (feinwürfelig schneiden), 1 roter **Paprika** (feinwürfelig schneiden), 1 kleine **Zwiebeln** (fein gehackt), 100 g **Schinken** (gekocht), 125 g **Frischkäse**, 1 Bund **gemischte Kräuter** (fein gehackt), **Salz**, **Pfeffer**, **Pflanzenöl** zum Braten.

Zubereitung: Die Zucchini längs halbieren, etwas Fruchtfleisch mit einem Löffel herausnehmen. Zucchinihälften ca. 5 Minuten kochen, abtropfen lassen, würzen und 15 Minuten ziehen lassen. Zwiebel in feine Würfel schneiden, Kochschinken in Streifen schneiden. Paradeiser häuten, entkernen und kleinschneiden. Alles mit dem Frischkäse und der Milch verrühren nochmals würzen und die fein gehackten Kräuter unterrühren. Die Zucchinihälften damit befüllen, in eine gebutterte Auflaufform geben und im vorgewärmten Backrohr bei 200°C für ca. 20 Minuten backen.

Marinierte Zucchini

2 kleine **Zucchini**, 2 kleine **Auberginen**, **Salz**, **Pfeffer**, **Zitronensaft**, 2 **Knoblauchzehen**, **Thymian-** und **Rosmarinzweig**, **Olivenöl** zum Grillen, 120 g **Paradeiswürfel** (Paradeiser schälen, Saft und Kerne entfernen, in kleine Würfel schneiden), 3 EL **Balsamessig**, 100 ml **Olivenöl** (kalt gepresst).

Zubereitung: Die Zucchini der Länge nach in Streifen schneiden, Aubergine in schräge Scheiben, mit Salz und Pfeffer würzen. Mit den halbierten Knoblauchzehen und Kräuterzweigen grillen.

Eine Marinade aus Balsamessig, Olivenöl und den Paradeiswürfel vorbereiten, das Gemüse überlappen auflegen und noch warm marinieren.

Zucchini mit Kastanien-Steinpilz-Füllung

Zutaten für 4 Portionen

4 mittelgroße **Zucchini**, 200 g **Steinpilze**, 300 g gekochte **Kastanien**, 2 EL **Olivenöl**, 1 kleine **Zwiebel**, 1 **Knoblauchzehe**, fein gehackte **Petersilie**, 1 TL getrocknete **Kräuter**, **Kräutersalz**, frisch gemahlener **Pfeffer**, **Paprikapulver**, geriebene **Muskatnuss**.

Zubereitung: Die Zucchini mit Schale der Länge nach halbieren und mit einem Löffel aushöhlen. Zucchinifleisch fein hacken.

Die Zwiebel und die Knoblauchzehe schälen und fein hacken. Die Pilze putzen und fein hacken. Die Kastanien klein hacken. Den Backofen auf 200°C vorheizen.

Zwiebeln, Knoblauch, Zucchinifleisch und Pilze im Olivenöl andünsten, Petersilie, Provencekräuter sowie Kastanien zufügen und kurz mitdünsten. Würzen. Die Zucchinihälften damit füllen.

Die gefüllten Zucchini im vorgeheizten Backrohr bei 200°C etwa 10 bis 15 Minuten backen.

Variante: Die Zucchini in dünne Scheiben schneiden und die Füllung in die Ringe setzen.

Dietmar Kappel: Steirisches Küchen Lexikon

Die Schritt-für-Schritt-Zubereitung: Gefüllte Zucchiniblüte

Zutaten für 8 Portionen
8 große **Zucchini-Blüten**, 300 g **Frischkäse**, 1 Tasse frische, gehackte **Kräuter**, eine Prise **Paprikapulver**, etwas **Kräutersalz**, etwas **Pfeffer**.

Zubereitung: Frischkäse und gehackte Kräuter gut vermischen. Die Füllung mit einem Löffel in das Innere der Blüte geben. Die Blütenblätter zusammenfalten, um so die Blüte zu verschließen.

Zucchiniblüte am frühen Morgen ernten, wenn die Blüten noch offen sind.

Die Blüten gründlich waschen, und in heißen Wasser kurz blanchieren.

Die Fülle mit Löffel vorsichtig in die Blüte einfüllen und wieder fest verschließen.

Die gefüllte Blüten in Öl braten oder für 20 Minuten in heißen Wasser pochieren.

Als Hauptspeise sehr gut mit Weißbrot und Butter.

Die Schritt-für-Schritt-Zubereitung: Gefüllte Zucchini-Schiffchen

Gefüllte Zucchini-Schifferl: Für die Fülle Zucchini, Melanzani und roten Paprika in kleine Würfel schneiden.

Zucchini in der Mitte auseinander schneiden und die Kerne entfernen. Die Gemüsewürfel mit Schinken und Frischkäse vermengen.

Für die Fülle: Damit die Schiffchen belegen und im vorgewärmten Backrohr in 10 Minuten bei 160°C backen.

Gefüllte Zucchini-Schiffchen

Zutaten für 4 Portionen
2 mittelgroße **Zucchini**, 1 kleine **Melanzani** (feinwürfelig schneiden), 1 roter **Paprika** (feinwürfelig schneiden), 1 kleine **Zwiebeln** (fein gehackt), 100 g **Schinken** (gekocht), 125 g **Frischkäse**, 1 Bund **gemischte Kräuter** (fein gehackt), **Salz, Pfeffer, Pflanzenöl** zum Braten.

Zubereitung: siehe Seite 201.

Gemüse: Zucchini

Die Schritt-für-Schritt-Zubereitung: Zucchini-Erdäpfel-Laibchen

Am Besten schmecken Zucchini mit einer Größe von 15 bis 20 cm.

Die gekochten und ausgekühlten Erdäpfel schälen und grob reiben.

Die Zucchini waschen und auch grob schaben, leicht ausdrücken.

Die geschabten Zucchini und die geschabte Erdäpfel mit Salz und Pfeffer würzen.

Zucchini und Erdäpfel vermengen. Zum Schluß den Landfrischkäse (Cottage Cheese) dazugeben.

Alle Zutaten mit den Gewürzen in einer Schüssel gut vermengen.

Nicht zu große, gleichmäßig runde Laibchen formen. Alle Laibchen sollen ungefähr gleich groß sein.

Die Zucchini-Erdäpfel-Laibchen in Mehl, verschlagenem Ei und Semmelbrösel panieren.

Anschließend in einer Pfanne in heißen Pflanzenöl schwimmend beidseitig goldgelb herausbacken. Abtropfen lassen.

Zucchini-Frischkäse-Erdäpfel-Laibchen

Zutaten für 4 Portionen

2 mittelgroße **Zucchini** (300 g), 450 g mehlige **Erdäpfel** (gekocht und geschält), 300 g **Landfrischkäse** (Cottage Cheese), **Mehl**, 1 **Ei** (Größe M), **Semmelbrösel** zum Panieren, **Pflanzenöl, Knoblauch, Salz, Kräuter**, 1 Becher **Joghurt, Schnittlauch, Blattsalate**.

Anrichten: Mit kleinen Salat und einer Schnittlauch-Joghurt-Sauce servieren. Dazu das Joghurt glatt rühren, würzen und mit Schnittlauchröllchen verfeinern.

Dietmar Kappel: Steirisches Küchen Lexikon

| Glück gehabt | Eierschwammerl | Wildschwein Morchel |
| Herrenpilze | Morchel | Parasol |

Geröstete Schwammerl mit Ei, Schwammerlsauce mit Knödel

Nährwerte [Vitamine] Rezepte Wald: Pilze

Im Wald gesucht und gefunden: Steinpilze und Eierschwammerl

Ihre Beliebtheit haben die Steinpilze vor allem durch den intensiven Pilzgeschmack erlangt, der sich auch beim Trocknen und Kochen nicht wesentlich verringert. Stein- oder Herrenpilze haben ein festes Fleisch, das seine Konsistenz auch nach längerem Kochen nicht wesentlich verliert.

Pilze und Schwammerl kann man auf fast alle Arten zubereiten; sie eignen sich zum Braten, Dünsten und Schmoren, können aber auch getrocknet oder eingefroren werden.

Frische Pilze sollen binnen 24 Stunden verarbeitet werden. Pilze erst knapp vor der Zubereitung putzen und waschen. Beim Waschen darauf achten, daß die Pilze immer aus dem Wasser gehoben werden, damit der zu Boden sinkende Sand nicht wieder auf die Pilze geleert wird. Nie im Wasser liegen lassen! Fertige, nicht aufgegessene Pilze nicht aufheben oder gar einfrieren!

Steinpilze, Herrenpilze ▶ bilden eine Sektion in der Gattung Dickröhrlinge (*Boletus*). Die Arten werden aufgrund der schwierigen Unterscheidbarkeit für Laien häufig unter diesem Namen zusammengefasst. Die Bezeichnung Steinpilz rührt daher, dass das Fleisch härter ist als das der meisten anderen Pilze.

Der Steinpilz wird auch in der traditionellen chinesischen Medizin verwendet. Dort ist er beispielsweise Hauptbestandteil einer Pille für die Anregung der Durchblutung sowie zur Entspannung der Muskeln und Gelenke; außerdem wurde der Pilz zur Behandlung verschiedener Magen-Darm-Erkrankungen eingesetzt.

Der Steinpilz ist ein sehr guter Träger von Eiweiß; es ist den besten tierischen Eiweißen sehr ähnlich und besonders leicht verdaulich.

Darüber hinaus ist er reich an freien Aminosäuren. Die enthaltenen Fettsäuren sind zu einem Großteil (84,5 %) ungesättigt, wovon etwa die Hälfte mehrfach ungesättigt ist. Dazu zählen die mit 42,2 Prozent aller Fettsäuren insgesamt am stärksten vertretene Linolsäure und die Linolensäure (0,2%). Unter den enthaltenen einfach ungesättigten Fettsäuren befindet sich die Ölsäure (36,1% aller Fettsäuren); gesättigte Fettsäuren sind unter anderem die Palmitin- (9,8%) und die Stearinsäure (2,7%).

Eierschwammerl (St, Ö) ▶ **Pfifferling** (D)
Das Eierschwammerl (*Cantharellus cibarius*) oder Echte Pfifferling hat viele regionale Bezeichnungen. In Österreich und Bayern heißen sie Eierschwammerl oder Reherl, in der Schweiz Eierschwämmli.
Die Eierschwammerl sind bereits seit dem Altertum ein beliebter Speisepilz und werden in großen Mengen gefunden und gegessen.
Der Echte Pfifferling (Eierschwammerl) ist ein Mykorrhizapilz, der mit diversen Nadel- und Laubbäumen Symbiosen eingeht. In Mitteleuropa ist der bevorzugte Baumpartner die Gemeine Fichte, gefolgt von der Rotbuche. Außerdem kann der Pilz mit Eichen, Kiefern und Tannen vergesellschaftet sein.

Inhaltsstoffe Steinpilze
Frischer Fruchtkörper 150 g

Kilokalorien/Kilojoule	20/85
Eiweiß, Protein (g)	4
Fett gesamt (g)	+
Cholesterin gesamt (mg)	0
Kohlenhydrate (g)	1
Ballaststoffe (g)	6,0
Wasser (g)	89
Mineralstoffe	
Natrium (mg)	6
Kalium (mg)	300
Kalzium (mg)	4
Magnesium (mg)	12
Phosphat (mg)	85
Eisen (mg)	1,0
Zink (mg)	0,7
Vitamine	
Carotine, einschl. Beta-Carotine (µg)	6
Vitamin E (Tocopherol) mg	0,2
Vitamin B1 (Thiamin) mg	0,03
Vitamin B2 (Riboflavin) mg	0,37
Vitamin B6 (mg)	0,03
Folat (100 g/µg)	20
Vitamin C (mg)	3

Austernpilz ▶ Ein muschelförmiger Blätterpilz (*Pleurotus ostreatus*), der seitlich (deshalb Austernseitling) im Herbst wild aus Moderbäumen und bequemerweise auch ganzjährig künstlich auf und aus präparierten Strohballen wächst. Er hat sich als guter Speisepilz mit fleischigem, muschelförmigem Hut (bis 15 cm und am schmackhaftesten, solange die Ränder nach unten gebogen sind) den Ehrentitel Kalbfleischpilz (und sogar Muschelpilz) erworben. Er ist gekühlt einige Tage haltbar und dazu der kalorienärmste Pilz (nur 11 kcal/44 kJ, und nur 0,1 g Fett/100 g).

Herrenpilze

Schwammerlgulasch

Pilze in Öl

Eierschwammerl

Schwammerlsuppe

Schwammerlrostbraten mit Schupfnudeln

Wald: Pilze

Schwammerlsuppe mit Heidensterz
Zutaten für 4–5 Portionen
250 g **Eierschwammerln** und/oder **Steinpilze**, Saft von einer 1/2 **Zitrone**, 1 **Zwiebel**, 1 **Knoblauchzehe**, 750 ml **Rindsuppe**, 250 ml **Schlagobers**, 1 EL **Mehl**, **Thymian**, 1/2 Bund **Petersilie**.

Zubereitung: Die Zwiebel schälen und fein schneiden. Die Schwammerln putzen und in kleine Stücke schneiden. Die Zwiebelstücke in einer Pfanne in wenig Pflanzenöl glasig anschwitzen, die geschnittenen Schwammerlstücke zugeben und alles durchschwenken. Zuerst mit 1 EL Mehl stauben, und dann mit der Rindsuppe aufgießen, gut durchrühren und bei kleiner Hitze einige Minuten kochen. Mit Salz, Pfeffer, feingeschnittenem Knoblauch sowie Thymian abschmecken. Das Obers zugießen und die Suppe zu cremiger Konsistenz einkochen. Petersilie fein hacken und über die angerichtete Suppe streuen.

Heidensterz
Zutaten für 4–5 Portionen
1 Liter **Wasser**, 2 TL **Salz**, 250 g **Buchweizenmehl** (Heidenmehl), 100 g **Speckwürfel** oder **Grammeln**.

Zubereitung: Das gesalzene Wasser in einem hohen Topf aufkochen, das Buchweizenmehl in einem Schwung dazugeben, mit einem Kochlöffel aus Holz umrühren, bis ein großer Klumpen entsteht. Diese Masse anschließend bei kleiner Hitze zugedeckt noch etwa 30 Minuten quellen lassen. Die Sterzmasse mit einer größeren Gabel zerteilen. Wenn die Heidensterzmasse zu fest ist, ein wenig vom Kochwasser zugießen und die Masse mit der Gabel auflockern, es sollen kleine gleichmäßige Klümpchen entstehen. In einer Pfanne das Schmalz erhitzen, den Speck oder die Grammeln darin knusprig braten und den Heidensterz damit „abschmalzen".

Schwammerl in Rahmsauce mit Semmelknödel
Zutaten für 4–5 Portionen
800 g **Eierschwammerl**, 1 **Zwiebel** (fein geschnitten), 40 g **Pflanzenöl**, 250 ml **Schlagobers**, 300 ml **Rindssuppe**, **Salz**, **Pfeffer**, **Majoran**, **Kümmel** (gemahlen), 1 EL **Petersilie** (gehackt), 80 g **Mehl**, 60 g **Butter**.

Zubereitung: Die Zwiebelstücke in Pflanzenöl glasig anschwitzen. Die zerkleinerten Eierschwammerl dazu geben und kurz mitrösten. Mit Rindssuppe aufgießen. Schlagobers dazugeben, mit Salz, Pfeffer, Kümmel und Majoran würzen. 10 Minuten bei geringer Hitze kochen lassen. Butter in einer Pfanne schmelzen, Mehl dazugeben und gut verrühren. Mit der Mehlbutter die Eierschwammerl-Sauce binden und mit Petersilie verfeinern.
Beilage: Semmelknödel (Rezept Seite 18).

Eierschwammerl sautiert
Zutaten für 4 Portionen
500 g **Eierschwammerln**, 50 g **Butter**, 1 kleine **Zwiebel** (feingeschnitten), **Salz**, **Pfeffer**, **Petersilie** (gehackt).

Zubereitung: Die Eierschwammerln werden geputzt und gründlich gewaschen. Kleine Schwammerln im ganzen lassen, größere halbieren oder vierteln. Butter aufschäumen, Zwiebel darin glasig rösten, dann die Eierschwammerln zugeben und in starker Hitze rösten. Mit Salz, Pfeffer und Petersilie würzen und sofort servieren.

Parasol ▶ Der Gemeiner Riesenschirmling, Parasol oder Riesenschirmpilz (*Macrolepiota procera*) ist eine Pilzart aus der Familie der Champignonartigen. Der Name Parasol ist eine alte Bezeichnung für „Sonnenschirm" (von italienisch para il sole „halte die Sonne ab") und spielt auf seine charakteristische Form – großer, schirmartiger Hut auf einem langen, dünnen Stiel – an.

Alle Formen des Riesenschirmlings sind essbar und gelten als gute Speisepilze. Verwendet werden meist nur die Hüte, die gebacken wie Wienerschnitzel zubereiten lassen, oder natur gebraten.

Gebratene Parasol
Zutaten für 4 Portionen
8 Stück **Parasol-Pilze**, 2 EL **Mehl**, 1 kleine **Zwiebel**, 3 **Knoblauchzehen**, 2 EL **Schlagobers**, **Petersilie**, **Salz**, **Pfeffer**, **Pflanzenöl**.

Zubereitung: Die Parasole putzen, waschen, dann die Köpfe von den Stielen trennen und die ganzen Köpfe in Mehl wenden. Die Pilzstiele fein hacken. Den Zwiebel schälen und fein hacken. Knoblauchzehen schälen und mit dem Messerrücken zerdrücken. Petersilie waschen und fein hacken.

Pflanzenöl in einer Pfanne erhitzen, Parasolköpfe darin braten, herausnehmen und warmstellen. In der Pfanne mit dem verbliebenen Öl den gehackten Zwiebel, zerdrückten Knoblauch und die feingehackte Petersilie anrösten, die feingeschnittenen Pilzstiele dazugeben, mit Salz und Pfeffer würzen und dünsten lassen. Schlagobers einrühren und mit Salz und Pfeffer abschmecken.

Vor dem Anrichten die Sauce über die Parasolköpfe gießen.

Steirisches Küchen Lexikon

Robert, ein Vater kocht für seine Tochter Julia: Herrenpilze

Herrenpilze sind Schätze, die man selber finden kann. Das ist doch wirklich aufregend. Und anders als bei einem Goldschatz darf man sie auch noch behalten. Herren- und Steinpilze sind ganz eng verwandt.

Gebackene Herrenpilze

Pilze kann man sehr gut roh essen (als Carpaccio), braten, backen oder á la Creme (zu einer Sauce) zubereiten. Am liebsten habe ich sie in einem Risotto. Hier möchte ich aber das klassische Rezept schildern, das in meiner Kindheit auch das einzig übliche war.

Zutaten für 2 Personen

400 g feste **Herrenpilze**, 50 g **Mehl**, 2 **Freiland-Eier** (Größe M), 50 g **Semmelbrösel**, 200 ml **Sonnenblumenöl** zum Backen, **Salz**.

Zubereitung: Pilze vorsichtig putzen, mit Tuch abreiben oder bürsten, aber nicht waschen, denn sie saugen Wasser wie ein Schwamm. Bei alten Pilzen den grünen Bart entfernen,

* dann in etwa 1 cm dicke Scheiben schneiden und salzen,
* Mehl, Eier und Brösel auf jeweils einen Teller geben, Eier verquirlen.
* Die Scheiben zuerst im Mehl, dann in den Eiern und zuletzt in den Bröseln wenden.
✔ Dann in einer großen Pfanne das Öl erwärmen und die Pilze im Fett schwimmend (wie ein Wiener Schnitzel) herausbacken.
✔ Auf ein Küchenpapier legen und abtropfen lassen. Nochmals salzen und sofort servieren.

Anmerkungen

✔ Dazu paßen eine Sauce Tartare und grüner Salat.
✔ Wieviel Fett du wirklich zum Backen brauchst, hängt auch von der Größe der Pfanne ab. Die Pilze sollen schwimmen.
✔ Wenn du die fertig gebackenen Pilze auf ein Küchenpapier legst, saugt dieses viel vom Fett aus der Panier.
✔ Beim Wenden der Pilze nimm bitte keine Gabeln, wenn Du die Pilze anstichst, können sie zerbrechen. Nimm dafür Löffel oder deine Finger.

Schwammerlgulasch – fein und rustikal

Eierschwammerl sind viel häufiger als Herrenpilze und wegen ihrer leuchtend gelben Farbe auch leichter zu finden. In deinem Alter habe ich nach einer Bergtour immer noch eine Stunde im Wald verbracht und bin selten ohne Beute heimgekehrt.

Zutaten für 4 Personen

800 g **Eierschwammerl**, 60 g **Fett** (ich nehme hier Schweineschmalz), 2 mittelgroße **Zwiebel**, 1/16 l **Sauerrahm**, 1 EL **Paprikapulver** (edelsüß), 1KL **Mehl, Salz, Pfeffer**, 1 KL **Essig**, 4 EL **Petersilie** (feingeschnitten).

Für die rustikale Variante

zusätzlich 60 g durchzogener **Bauchspeck**, 10 **Wacholderbeeren**, 1 EL **Schnaps** (das Restl von der Wanderung).

Zubereitung Schwammerlgulasch fein:

Die Schwammerln putzen, große Schwammerln teilen,
* Pflanzenöl in einem Topf erhitzen und feingeschnittene Zwiebeln darin goldgelb werden lassen,
* Paprikapulver beigeben, durchrühren und sofort mit Essig ablöschen,
* Schwammerln dazugeben, salzen und pfeffern und etwa 10 Minuten dünsten lassen.
* Sollten die Schwammerln sehr viel Wasser abgeben (wenn sie feucht waren), dieses zumindest teilweise abgießen und nachsalzen,
* Sauerrahm und Mehl verrühren und in die Sauce geben, noch 2 bis 3 Minuten köcheln lassen.
* Dann Petersilie drüberstreuen. Das „feine" Gulasch ist jetzt fertig.

Zubereitung Schwammerlgulasch rustikal:

Grundsätzlich wie beim feinen Gulasch verfahren, aber zusätzlich Speck feinwürfelig schneiden (etwa 5 mm Kantenlänge) und mit den Zwiebeln mitrösten.

* Wacholderbeeren zerquetschen (z.B. zwischen einem Messer und einem Brett) und mit dem Schnaps und den Pilzen zu den gerösteten und paprizierten Zwiebeln geben.

Anmerkungen

✔ Dazu passen meiner Meinung Semmelknödel oder auch Schwarzbrot besonders gut.

Schwammerln mit Ei

Das ist das richtige Essen, wenn man vom Berg kommt.

Zutaten für 2 Personen

500 g **Eierschwammerl**, 50 g **Fett** (ich nehme hier Schweineschmalz), 1 mittelgroße **Zwiebel**, 60 g durchzogener **Bauchspeck**, **Salz**, **Pfeffer** aus der Mühle, 4 EL feingeschnittene **Kräuter** (Rosmarin, Liebstöckel oder Petersilie), 2 **Eier** (Größe M), event. 10 **Wacholderbeeren**, 2 große Scheiben **Schwarzbrot mit Kruste** (Bauernbrot oder Landbrot).

Zubereitung

* Schwammerln putzen, große Schwammerln zerteilen, das Fett in einem Topf erhitzen. Zwiebel in Ringe und Speck in Würfel schneiden (8 mm Kantenlänge), und im Pflanzenöl anrösten und bräunen.
* Die Schwammerln dazugeben, salzen und pfeffern und etwa 10 Minuten dünsten lassen.
* Sollten die Schwammerln sehr viel Wasser abgeben (wenn sie feucht waren), dieses zumindest teilweise abgießen und nachsalzen,
* Kräuter grob hacken und daruntermengen,
* Eier mit Milch verquirlen und über die Schwammerln schütten.
* Etwas verrühren, nochmals salzen und pfeffern und mit Schwarzbrot servieren, solange die Eier noch leicht quipelig (nicht völlig gestockt) sind.

Anmerkungen

✔ Wenn die Eier völlig gestockt sind, schmeckt die Speise trocken und fad.
✔ Auch hier finde ich, daß einige Wacholderbeeren sich ganz gut machen.

Schwammerlsauce mit Knödel
Zutaten für 4 Portionen

1 kg **Eierschwammerln** und **Steinpilze** gemischt (gewaschen und in Scheiben geschnitten), 2 EL gehackter **Zwiebel**, 2 EL **Knoblauch** (fein gehackt), 2 EL **Butter**, 2 EL **Petersilie** (gehackt), 1 EL **Basilikum** (gehackt), **Salz**, **Pfeffer**, 125 ml **Suppe**, 125 ml **Schlagobers**, 1 EL **Mehl**.

Zubereitung: In einer großen Pfanne den Zwiebel und Knoblauch mit Butter anschwitzen, die kleingeschnittenen Schwammerln dazugeben und weichdünsten, würzen, und Basilikum und Petersilie dazugeben, mit Mehl stauben und mit Suppe, Obers einkochen lassen.

Beilagen: **Semmelknödel** oder **Serviettenknödel** (Rezept Seite 18).

Steinpilze in pikanter Sauce
Zutaten für 4 Portionen

500 g **Steinpilze**, 50 g **Pflanzenöl**, 1 kleine **Zwiebel**, 1 TL **Paradeismark**, 1 TL **Paprika**, **Essig**, 375 ml **Sauerrahm**, 1 **Knoblauchzehe**, **Kümmel**, **Salz**, **Pfeffer**.

Zubereitung: Feste, geschlossene Stein- oder Herrenpilze an den Stielenden putzen, bei größeren, schon offenen Pilzen die Lamellen (Bart) entfernen und die feste Oberfläche der Stiele abschaben. Gut waschen. In heißem Pflanzenöl kleingeschnittene Zwiebel goldgelb rösten, Paradeismark und Paprika dazugeben, mit einem Spritzer Essig würzen, Sauerrahm hineinrühren, mit Knoblauch, Kümmel, Salz und Pfeffer abschmecken, und darin die blättrig geschnittenen Steinpilze dünsten.

Beilagen: **Semmelknödel** oder **Serviettenknödel** (Rezept Seite 18).

Geröstete Schwammerln mit Ei
Zutaten für 4 Portionen

1 kg **Eierschwammerln** und **Steinpilze** gemischt (gewaschen und in Scheiben geschnitten), 2 EL gehackter **Zwiebel**, 2 **Knoblauchzehen** (fein gehackt), 2 EL **Butter**, 2 EL gehackte **Petersilie**, 4 **Freiland-Eier**, **Salz**, **Pfeffer**.

Zubereitung: In einer großen Pfanne den Zwiebel und Knoblauch mit Butter anschwitzen, die Schwammerln dazugeben und weichdünsten, würzen und Petersilie dazu, mit den verquirlten Eiern vermischen, kurz anziehen lassen und anrichten.

Beilagen: **Bauernbrot**, **Schwarzbrot**, **Semmelknödel** oder **Serviettenknödel** (Rezept Seite 18).

Schwammerlreis
Zutaten für 4 Portionen

200 g **Eierschwammerln**, 2 Schalen **Risotto-Reis**, 1 **Zwiebel**, **Salz**, **Petersilie**, 3 ½ Schalen **Wasser**, 2 EL **Pflanzenöl**.

Zubereitung: Die Eierschwammerl putzen, waschen und kleinschneiden. Zwiebel und Petersilie fein hacken und in heißem Pflanzenöl anlaufen lassen und die Schwammerl kurz mitrösten.

Den Risotto-Reis und das Wasser dazugeben, salzen und zugedeckt, bei kleiner Flamme fertigdünsten.

Steinpilze und Schwammerln sauer eingelegt
Zutaten für 2 Gläser, à 750 ml

1 kg kleine **Steinpilze** und/oder **Eierschwammerln**.

Zubereitung: Die festen, geschlossenen Stein- oder Herrenpilze und die Eierschwammerl trocken von den Waldresten befreien, die großen Stücke halbieren und vierteln.

Um eine später mögliche schleimige Konsistenz der Pilze im Glas zu vermeiden, sollen die Pilze vorher in **Salzwasser blachiert** werden.

Dann die Pilze/Schwammerln in leichtem Salzwasser für 10 Minuten aufkochen. Nur so kurz, dann bleiben die Schwammerln fest und knackig. Abseihen und in vorbereiteten Gläser füllen. Mit heißer Marinade auffüllen und die Oberfläche mit Sonnenblumenöl bedecken. Die Gläser sollen randvoll befüllt und dann verschlossen werden. Ein Tuch in eine Plastikwanne legen und die Gläser kopfüber reinstellen, langsam abkühlen lassen.

Marinade
750 ml **Wasser**, 500 ml **Weißwein-Essig** (6%), 2-3 **Knoblauchzehen** (ganz), 1 EL **Wacholderbeeren**, 4 **Lorbeerblätter**, 40 g **Salz**, 10 g **Aromat**, 10 g **Zucker**, 5 g **Thymian**, 100 g **Zwiebeln**, 1 **Rosmarin-** und 1 **Thymianzweig**.

Zubereitung: Werden größere Mengen bzw. Rezept hergestellt, soll die Kräuter- und Körnerzugabe **nicht** in gleichem Maß erhöht werden. Wenn die doppelte Menge verwendet wird, soll diese beim Abfüllen teilweise entfernt werden. Anstelle von Steinpilze können auch andere Pilze wie Champignons, Austernpilze uvm. verwendet werden.

Wildschweinragout mit Schupfnudeln

Hirschkeule im Heubett mit Kohlsprossen und Erdäpfelstrudel

| Nährwerte [Vitamine] | Rezepte | Wild und Wald |

Richard Sampl: Feines Wild aus Wald und Wiese

Unter Wildbret versteht man das Fleisch von Wild, das heißt von allen jagdbaren Tieren, deren Fleisch für die menschliche Ernährung geeignet ist. Man unterscheidet dabei Haarwild und Federwild. Richard Sampl kochte diese unwahrscheinlich schmackhaften Wildspezialitäten.

Wildfleisch Zubereitungsarten

Bei der Zubereitung von Wild können alle Zubereitungsarten gewählt werden (braten, dünsten, schmoren, grillen).
Aufgrund der guten Kühl- bzw. Lagermöglichkeiten wird Wild heute fast ausschließlich frisch zubereitet.
Anstelle einer Beize kann Wildbret mit neutralem Pflanzenöl und frischen Kräutern, jedoch ohne Salz, für mehrere Tage mariniert werden.
Zum Würzen sollen nach Möglichkeit neben Salz und frisch gemahlenem Pfeffer frische Kräuter verwendet werden (Thymian, Rosmarin, Majoran, Lavendel, Salbei, Petersilie, Kerbel).
Für alle Wildgerichte kann man aus einer großen Vielfalt an Gewürzen oder Würzstoffen nach eigenem Geschmack auswählen: Wacholder, Koriander, Orangen- und Zitronenschalen, Nelken, Zimt, Ingwer, Lebkuchengewürz, Piment, Neugewürz sowie Rotwein, Weinbrand, Gin, Cassis, Portwein, Pilze (Pulver), Honig, Essig, Kräuteröl (zum Anbraten).
Bei Wildgewürzmischungen besteht die Gefahr des Einheitsgeschmackes bzw. ein Übertönen des Wildgeschmackes.

Tiefgekühlt gelagertes Wildfleisch und Wildspeisen

Wildfleisch hat im tiefgekühlten Zustand, vorausgesetzt ist eine richtige Verpackung (in Vakuum verpackt) kaum Qualitätsverluste; mittlere oder weniger gute Fleischqualitäten werden durch das Frieren eher mürber.
Tiefkühlt gelagertes Wildfleisch langsam im Kühlschrank oder bei schneller Verwendung in kaltem Wasser auftauen.
Fertig gekochte Wildgerichte (von Frisch-Wild) eignen sich auch sehr gut zum Einfrieren (Wildbraten, -gulasch, -ragouts) – allerdings gut verpacken, und vor allem zur besseren späteren Identifizierung beschriften.

Grundsätzliches, das beim Zubereiten von Wildgerichten zu beachten ist

➤ **Brattemperatur:** Zarte Teilstücke vom Rücken und Schlögel können bei niederer Temperatur bei 110°–120°C langsam zartrosa gebraten werden.
➤ **Wildbraten, Ragouts bzw. Gulasch** sollten bei geringer Hitze ganz langsam und gut durchgegart werden.
➤ **Farbe:** Dunkle Wildsaucen entstehen durch gutes Anrösten der Knochen und Fleischreste, der Beigabe von Tomatenmark (dreifach-konzentriert), langsames weiterrösten und bei Bedarf nach und nach mit Rotwein (Blaufränkisch oder Zweigelt) ablöschen. Durch Mitkochen von Holunderbeeren kann die Sauce zusätzlich dunkler gemacht werden. Zum Binden der Sauce soll das Mehl mit Rotwein verrührt werden.
➤ **Verarbeitung von Resten:** Wildknochen, Sehnen und Verarbeitungs- bzw. Fleischreste sind die Basis für gute Suppen und Saucen.
➤ Eine **Wurzelsauce** nur abseihen und nicht pürieren.

Brauner Wildfond

Die Grundbasis für jede gut schmeckende Sauce oder Suppe sind Fonds, auch Aufgussflüssigkeit, Sud oder Brühe, genannt. Die Grundzutaten werden blanchiert, angeschwitzt oder geröstet und anschließend in kaltem Wasser zugestellt, damit der Fond besonders viel Geschmack bekommt. Durch das anschließende stundenlange Sieden bekommt der Fond seine typische braune Farbe, daher der Name „Brauner Wildfond".
Die Herstellung eines Wildfond erfordert einige Stunden Zeit, daher empfiehlt es sich, den Fond gleich eine größere Menge herzustellen und den nicht benötigten Teil des Fond in Eiswürfelbehältern oder -säckchen einzufrieren.
Verwendung: Für alle Saucen und Gerichte von Reh, Hirsch und Wildgeflügel.
Der klare Wildfond ist die Basis für verschiedene Wildsuppen und -saucen. Er kann später beliebig mit Wein, Kräutern, Wurzelgemüsestreifen, Pilzen oder Fruchtgelee verfeinert und aromatisiert werden.

Zutaten für 1 Liter braunen Wildfond

2 kg **Wildknochen** (z.B. Hirsch, Wildschwein, Reh), 500 g **Wildparüren**, 100 ml (0,10 l) **Pflanzenöl**, 450 g **Zwiebeln** (mit der Schale), 200 g **Karotten**, 70 g **Knollensellerie**, 70 g **Petersilwurzel**, 300 ml (0,30 l) **Rotwein** (Blaufränkisch oder Zweigelt), 2–3 EL dreifach-konzentriertes **Tomatenmark**, 2–3 l **Suppe** oder **Wasser**.
Gewürze, Aromaten: 12–15 **Pfefferkörner,** würzige **Wacholderbeeren**, 1 **Knoblauchzehe** in der Schale, 2 **Gewürznelken**, 1 **Lorbeerblatt**.
Beim Kochen eines Wildfonds soll kein Salz verwenden werden, am Anfang mit allen Zutaten ist die Flüssigkeitsmenge sehr groß (3–4 Liter), durch das Einkochen (Konzentrieren) auf einen Liter kann die Sauce sehr salzig werden.
Zubereitung: Das Pflanzenöl erhitzen, die kleingehackten Knochen und Parüren (Fleischabschnitte) in einem Topf anbraten

und im Backrohr für etwa 1 Stunde bräunen. Wenn die Knochen eine dunkle Farbe bekommen, die grobgeschnittenen Zwiebeln mit der Schale zugeben und weiterrösten. Wenn die Zwiebeln Farbe angenommen haben, die würfelig geschnitten Karotten, Knollensellerie und Petersilwurzen dazugeben und unter ständigen Rühren gut durchrösten.

Wenn sich auf dem Pfannenboden eine dunkle Kruste gebildet hat, mit 125 ml (0,125 l) Rotwein ablöschen, und die Kruste vom Topfboden durch leichtes rühren loslösen. Dann weiterrösten, bis eine gleichmäßige Farbe entsteht. Das Tomatenmark beigeben und bei kleiner Hitze langsam weiterrösten, bis eine schöne Bräunung entsteht. Bei Bedarf die entstehende Kruste am Topfboden wieder mit 350 ml (0,35 l) Rotwein (Blaufränkisch) ablöschen, nochmals bis zum Rösten einkochen lassen; der Wein muss fast völlig verkocht sein. Dann mit 2–3 l warmer Suppe oder Wasser langsam nach und nach aufgießen und auf kleiner Flamme noch gut 3 Stunden köcheln lassen. Immer wieder Schaum und Fett von der Oberfläche abschöpfen. wenn kein Schaum mehr entsteht die Gewürze und Kräuter beigeben.

Den fertigen Wildfond durch ein Passiertuch seihen und auf die gewünschte Konsistenz, etwa 1 l Grundfond einreduzieren.

Klare Wildsuppe
Zutaten für 5–6 Portionen
1,5 kg **Wildbret-Knochen und Parüren** (Abfälle, Sehnen, Fleischreste), 150 g **Wurzelgemüse**, 1 **Zwiebel**, 1 EL **Tomatenmark** (dreifach-konzentriert), etwas **Weinbrand** oder **Gin** (Wacholderbrand), 3 l **Rind-** oder **Geflügelsuppe** zum Aufgießen.

Gewürze für die Suppe:
Lorbeer, Wacholder, Majoran, Thymian.
Für den Suppenansatz soll kein Salz verwendet werden!

Zubereitung: Die Wildknochen und Parüren klein hacken, langsam anrösten, etwas Wurzelgemüse zugeben (Karotten, Sellerie, Petersilwurzen und Zwiebeln), weiterrösten.

Etwas Paradeismark hinzufügen, weiterrösten bis eine dunkelbraune Farbe entsteht. Mit Weinbrand oder etwas Gin (Wacholder) ablöschen. Mit kalter Suppe oder Wasser aufgießen. Bis zum Aufkochen erhitzen, dann sofort Hitze reduzieren und auf kleiner Flamme köcheln lassen. Zwischendurch abschäumen bzw. abfetten und je nach persönlichen Geschmack noch Gewürze beigeben.

Vorsicht mit Salz beim Kochen von Suppen und Saucen!
Werden Suppen und Saucen bereits beim Ansetzen gesalzen, wird durch das Einkochen die Suppe oder Sauce leicht zu salzig; das Wasser verdunstet bzw. wird reduziert, und dadurch wird der Grundgeschmack stärker, aber auch das Salz. Daher Suppen und Saucen erst kurz vor dem Anrichten salzen!

Die Suppe für etwa 2 bis 3 Stunden köcheln lassen. Je mehr Fleisch und Knochen bzw. je weniger Flüssigkeit man in den Topf gibt, umso besser und kräftiger (jedoch nicht salzig) wird die Suppe. Die fertige Suppe durch ein feuchtes Tuch (Etamin) vorsichtig abseihen.

Erst zum Schluß die Wildsuppe mit Salz, frisch gemahlener schwarzer Pfeffer, Sherry oder Weinbrand verfeinern.

Suppeneinlagen
Rehnockerln, Streifen von **Wildfleisch**, gebraten oder gekocht, **Kräuterfrittaten**, **Pilze**, dünne gekochte **Gemüsestreifen** oder gekochte **Gemüsewürfel**, **Kräuter** (Kerbel, Petersilie, Schnittlauch, Salbei).

Wildpastete, Wildterrine, Wildfarce (oder Brät)

Zutaten für 6-8 Portionen, 1 Kastenform

300 g **Wildfleisch** (Wildschwein, Hirsch, Reh, Gams, Hase), 250 g **Schweinefleisch**, 2 EL **Pflanzenöl**, 1 **Apfel**, 1 **Zwiebel**, 100 g **Champingnon**, 1 EL **Preiselbeeren**, 250 g **Rückenspeck**, 300 g **Schlagobers**, **Salz**, **Pfeffer**, 500 ml **Rotwein** (Blaufränkisch), 4 cl **Madeira**, 4 cl **Sherry**, 2 cl **Weinbrand**, **Pastetengewürz**.

Pasteteneinlage: 250 g **Hendlbrustfleisch** (in Streifen geschnitten und kurz angebraten), ganze **Pistazien**, **Dörrobst**, **Salz**, **Pfeffer**, **Rosmarien**, **Wacholder**.

Für die Einlage können neben einem rohen **Wild-Filet** noch **Schwammerln**, **Dörrzwetschken**, getrocknete **Marillen**, rohe **Speckwürfel** u.a. verwendet werden.

Zubereitung: Alle Zutaten wie für einen Mürbteig schnell verarbeiten bzw. verkneten und zu einem flachen Ziegel formen. Anschließend soll der Teig für mindestens 2–3 Stunden rasten kann. Den fertigen Pastetengrundteig etwa 3-4 mm dick ausrollen. Die Innenflächen einer Pasteten- oder Kastenform mit Butter befetten und dann mit dem ausgerollten Pastetenteig auslegen. Anschließend eine dünne Schicht mit grünen (roher) Speck-Scheiben legen, und erst dann die Wild- bzw. Fleischfarce mit den Einlagen einfüllen. Den oberen Teil auch mit Speck abschließen. Vorher am Teigdeckel zwei runde Öffnungen für die Dampf-Kamine ausstechen. Mit dem Teigdeckel abdecken und die Enden gut zusammendrücken. Die Dampf-Kamine mit Folienröhrchen versehen. Durch diese Öffnung kann später beim Backen der Dampf entweichen.

Nach dem Abkühlen der gebackenen Pastete wird durch diese Kamine zum Ausfüllen der entstandenen Hohlräume das Süßweingelee gegossen.

Die Wildpastete wird im Backrohr ohne Wasserbad gebacken, zu Beginn etwa 15 Minuten bei 220°C, dann die Temperatur auf 160°C zurückschalten und für eine Stunde backen, Kerntemperatur 65°–68°C. Über Nacht im Kühlschrank rasten lassen, dann die Hohlraum mit Gelee ausfüllen und nochmals einen Tag stehen lassen.

Zum Anrichten auf Tellern die Wildpastete mit einem scharfen Messer aufschneiden und mit Vogerl- oder Blattsalat und Preiselbeeren anrichten.

Beilagen: Marinierte **Preiselbeeren**, **Preiselbeermarmelade**, **Süßweingelee**, **Zwiebelringe** und frischen **Schnittlauch**.

Dieses Rezept ist eine schnelle Grundmasse für eine **Wildterrine** (mit **Speckmantel**, im Wasserbad gekocht) oder eine **Pastete** (mit **Teigmantel** im Rohr gebacken), und das Grundrezept für die Rehnockerl.

Rehnockerl – Grundrezept
Farce für Wildpalatschinken

Zutaten für 4 Portionen

180 g **Rehfleisch** (fasciert und angefroren), 1 **Toastbrot** (entrindet und in Schlagobers eingeweicht), 2 bis 3 helle **Hühnerlebern**, 125 ml **Schlagobers**, 1 **Ei** (Größe M), **Salz**, schwarzer **Pfeffer**, **Wacholder**, **Rosmarin**, **Thymian**, **Preiselbeeren**.

Zubereitung: Alle Zutaten in einem Mixer zu einer glatten Farce cuttern. Dann kaltstellen. Vor dem Weiterverarbeiten nochmals mit Salz und frisch gemahlenen schwarzen Pfeffer nach persönlichen Geschmack abschmecken und gut durchrühren. Anschließend mit einem Löffel kleine Nockerln formen und in gut gewürzten Wildsuppe je nach Größe der Nockerl etwa 10 Minuten ziehen lassen.

Diese Masse eignet sich für: Nockerl als Suppeneinlage, zum Füllen von Palatschinken, Nudel- oder Kohlblättern und zum Ummanteln von Reh-, oder Hirsch-Rückenfilets.

Die Wildfarce-Grundmasse kann mit grobfasciertem oder gewürfeltem Wildfleisch vermischt werden; weiters können gewürfelter roher Speck (grüner Speck), Schwammerl, Pilze und verschiedene Kräuter untergemischt werden.

Wildleberpralinen
in geschrotteten Kürbiskernen

Zutaten für 6–8 Portionen

500 g **Wildleber**, 8 cl **Portwein**, 8 cl **Madeira**, **Salz**, **Pfeffer**, **Zucker**, 100 ml **Schlagobers**, 400 g **Butter**, 150 g **Kürbiskerne** (geschrottet).

Zubereitung: Die Wildleber in heißer Pfanne mit wenig Pflanzenöl kurz sautieren. Mit Portwein und Madeira ablöschen und mit Salz, Pfeffer aus der Mühle und einer Prise Zucker würzen.

Die Masse mit der Sahne und der flüssigen Butter mit einem Pürierstab fein mixen.

Die Masse durch ein Haarsieb streichen und in einer mit Klarsichtfolie ausgelegten Terrinenform einfüllen.

Am Besten über Nacht in den Kühlschrank kühl stellen.

Von dieser Wildleber-Terrine kann man nun Stücke herunter schneiden, mit Kürbiskernen bestreuen und so servieren oder davon kleine Kugeln formen und diese in den geschrotteten Kürbiskernen wälzen.

Wildgeflügel: Fasan und Wildente

Fasan und Wildente sind das in der Wildküche am meisten verwendete Federwild. Sie werden häufig ausgelöst und in Teilen zubereitet. Doch werden sie auch gerne – ebenso wie das kleinere Wildgeflügel Rebhuhn, Ringeltaube, Schnepfen, Wachtel im Ganzen zubereitet und portioniert angerichtet.

Fasan *(Phasianus)*,
engl. pheasant, franz. faisan.

Die Jagdzeit des Fasanes dauert von Oktober bis Dezember. Der Fasan besitzt ein helles, muskulöses Fleisch. Die Römer brachten den aus Asien stammenden Hühnervogel nach Europa. Die meisten der in freier Wildbahn vorkommenden Fasane stammen allerdings aus dem Mittelalter, damals wurden Fasane in fürstlichen Fasangärten (Fasanerien) gezüchtet. Von dort sind sie einfach entflogen und haben sich dann weiter vermehrt. Beim Fasan gibt es verschiedene Rassen, die sich in ihrem Erscheinungsbild leicht unterscheiden: den Jagdfasan, den Mongolischen Fasan und den Ringfasan, um nur die wichtigsten zu nennen. Die Hennen sind unscheinbar graubraun, das Prachtgefieder der Fasanhähne ist dagegen mit den langen Schwanzfedern besonders auffällig und farbenprächtig.

Fasan im Speckmantel mit Rotkraut

Zutaten für 4 Portionen

1 **Fasan**, 100 g **Bauchspeck**, **Salz**, **Pfeffer** aus der Mühle, **Rosmarin**.

Zubereitung: Den geputzten Fasan innen putzen, kräftig wässern und abtrocknen. Mit Salz, Pfeffer aus der Mühle und Rosmarin würzen. Dann mit dünnen Bauchspeckscheiben umwickeln und im vorgeheizten Backrohr bei 170°C für etwa 60 Minuten braten.

Rebhuhn gebacken mit Kürbiskernpanier

Zutaten für 4 Portionen

4 **Rebhuhnbrüste**, 2 **Eier**, **Mehl** und **Semmelbrösel** zum Panieren, 4 EL **Kürbiskerne** (gehackt), **Pflanzenöl** zum Backen, **Salz**, **Pfeffer** aus der Mühle.

Rebhühner haben nur in den Monaten September und Oktober Jagdzeit.

Rebhuhn-Zubereitungsarten: Gebacken, das Rebhuhn entweder halbiert oder geviertelt - wie ein Backhendl herausgebacken und mit Erdäpfelsalat serviert.

Zubereitung: Die Rebhuhnbrüste salzen, pfeffern und in Mehl, Ei und Semmelbrösel mit Kürbiskernen panieren. Reichlich Pflanzenöl in eine tiefe Pfanne geben und in heißem Fett goldbraun herausbakken. Vor dem Anrichten auf den Tellern die Rebhuhnteile schräg aufschneiden.

Die geschrotteten Kürbiskerne in der Panier bringen eine zusätzliche Geschmacksvariation.

Wildentenbrust mit Linsen und Schwammerlsalat

Zutaten für 4 Portionen

2 **Entenbrüste**, 250 g **Linsen**, 250 g **Eierschwammerl**, 2 EL **Olivenöl**, 4 EL **Traubenkernöl**, 3 EL **Balsamicoessig**, **Salz**, **Pfeffer** aus der Mühle, eine Prise **Zucker**, 1 kleine **Zwiebel** (klein geschnitten), **Kräuter** (Schnittlauch, Petersilie), **Pflanzenöl**.

Zubereitung: Die Linsen kurz einweichen, dann in reichlich Salzwasser weichkochen, abseihen und mit kaltem Wasser gut abspülen.

Die Eierschwammerl putzen und klein schneiden und in kochendem Essigwasser etwa 2–3 Minuten überbrühen, abseihen.

Die gekochten Linsen, die Schwammerlstücke und die kleingeschnittenen Zwiebelwürfel mit Balsamessig, Olivenöl und den 4 EL Traubenkernöl verrühren. Würzen, abschmecken und kalt stellen.

Die Hautseite der Entenbrust kästchenförmig einschneiden, auf beiden Seiten salzen und pfeffern. Das Pflanzenöl in Pfanne geben und erhitzen. Die Entenbrust mit der Hautseite zuerst knusprig anbraten.

In das vorgeheizte Backrohr geben und bei 180°C für etwa 12 Minuten zart rosa fertig braten. Herausnehmen und einige Minuten rasten lassen. In dünne Scheiben schneiden und auf dem Linsen-Schwammerlsalat anrichten.

Beilage: **Linsensalat** (Rezept Seite 24) und **Eierschwammerl**.

Wild und Wald

Hasekeule, Wacholderrahmsauce und Nudeln
Zutaten für 4 Portionen
4 **Hasenkeulen**, 100 g **Bauchspeck** (in Streifen geschnitten), 1 **Sellerieknolle** (geschält und in Würfel geschnitten), 20 g **Wachholderbeeren** (gestoßen), 300 ml **Schlagobers**, 1 EL **Mehl**, **Salz**, **Pfeffer** aus der Mühle, 1 EL frische **Preiselbeeren**, 125 ml **Pflanzenöl**, 1,5 l **Suppe** (oder Wasser).

Zubereitung: Die Hasenkeulen spicken. Mit Salz und Pfeffer aus der Mühle würzen. In heißem Pflanzenöl anbraten, Sellerie hinzugeben und kurz mitrösten. Mit Suppe aufgießen, Wachholder beigeben und im Rohr bei 170°C etwa 40 Minuten weichdünsten.

Die Hasenkeule aus dem Kochtopf nehmen, den gekochten Sellerie mit der Flüssigkeit im Topf fein mixen. Preiselbeeren einrühren. Die Sauce zum Kochen bringen. Das Schlagobers mit Mehl glatt rühren und in die kochende Selleriesauce einrühren. Abschmecken. Die Hasenkeule wieder in die Sauce legen und noch einmal aufkochen lassen und dann anrichten.

Beilage: Bandnudeln (Rezept Seite 24).

Hirschkeule im Heubett
Zutaten für 4 Portionen
1 kg gut abgehangenes **Hirschkeule-Fleisch**, frisch geschnittes, getrocknetes **Heu**, 5 **Wacholderbeeren**, 2 **Thymianzweige**, **Pfefferkörner**, 3 **Lorbeerblätter**, 1 **Knoblauchzehe** (in Scheiben geschnitten).

Heu, Bergheu, Wiesenheu, Bergwiesenheu, Almheu, Almwiesenheu: Verwende stets nur frisches junges Heu, am Besten von einer ungedüngter Weide, einer Alm oder von einem biologisch kultivierten Acker. Nur vom 1. Schnitt.

Marinade für die Hirschkeule
6 EL **Süßwein**, 1 **Thymianzweig**, 2 cl reduzierter **Rotwein**, 2 cl **Rotwein**, **Salz**, **Pfeffer**.

Zubereitung: Zum **Marinieren** das Fleisch mit den Zutaten der Marinade gut vermengen und etwa 6 Stunden unter öfteren Wenden darin abgedeckt marinieren. Die Hirschkeule aus der Marinade nehmen, trocken tupfen. Das Fleisch beidseitig kurz in heißem Pflanzenöl scharf anbraten. Auf das Heubett legen und mit der gleichen Menge Heu bedecken. Mit der Marinade übergießen.

Salzteig: 300 g **Mehl**, 300 g **Salz**, **Wasser**.
Zubereitung: Für die **Salzkruste** die Zutaten Mehl, Salz und Wasser miteinander zu einem Salzteig vermengen.

Eine 2 cm dicke Schicht Heu, in einen Bräter geben. Anschließend die Gewürze darauf verteilen. Den Bräter mit dem Salzteig luftdicht abschließen. Damit der Teig besser dichtet, soll der Topfrand vorher mit Wasser befeuchtet werden.

Das Gefäß wird nun in den auf 180°C vorgeheizten Backrohr geschoben und etwa 30–40 Minuten gebacken. Zur Kontrolle einen Kerntemperaturmesser durch die Salzkruste in das Fleisch stecken (Kerntemperatur: 60°C).

Anrichten: Danach die Salzkruste aufbrechen, das Fleisch vom Heu befreien und in Scheiben schneiden. Die Scheiben mit Sauce zusammen auf Teller anrichten.
Das Gericht erhält durch das Heu kräftigen, signifikanten Geschmack. Um diesen Geschmack nicht zu verfälschen sollte man das so zubereitete Fleisch auch ohne Saucen genießen.

Beilagen: Kohlsprossen mit Speckwürfel und gefüllter Erdäpfelstrudel.

Gefüllter Erdäpfelstrudel
Zutaten für 5–6 Portionen
1,5 kg **Erdäpfel** (gekocht), 1 Blatt **Strudelteig**, **Pflanzenöl**, 2 **Zwiebeln**, **Kümmel**, **Salz**, **Pfeffer**, 1 **Freiland-Ei**.

Zubereitung: Für die Erdäpfelfülle die Erdäpfel in Scheiben schneiden und in Pflanzenöl anrösten. Die Zwiebel fein würfelig schneiden und mitrösten. Mit Kümmel, Salz und Pfeffer abschmecken. Die erkaltete Fülle auf dem Strudelteig verteilen und zu einem Strudel einrollen. Mit dem versprudelten Ei bestreichen und im Backrohr bei 200°C in etwa 15 Minuten goldbraun backen.

Wildsauce
500 ml **Wildfond**, 60 g **Butter**, 100 g **Paradeismark**.

Zubereitung: Den Wildfond mit einem Thymianzweig in Topf geben und auf die Hälfte am Herd einreduzieren. Abpassieren und mit Butter mit Mixstab aufmixen. Paradeismark zugeben und erwärmen.

Wildschwein (Sus scrofa),
engl. wild boar, franz. sanglier.

Schwarzwild wird fast ganzjährig – vom Frischling, Überläufer, Bache bis zum ausgewachsenen Keiler – bejagt. Der Urahn unseres Hausschweines unterscheidet sich von diesem sehr wesentlich im Geschmack des Fleisches. Das Wildbret des Wildschweines besitzt im Vergleich zum Reh und Hirsch einen höheren Fettanteil – und der macht das Fleisch besonders saftig. Je nach Alter und Wachstumsbedingungen wiegen Frischlinge 10 bis 40 kg, Bachen 40 bis 150 kg und Keiler zwischen 50 und 200 kg.

Wildschweinkotelett mit Wacholdersauce
Zutaten für 4 Portionen
750 g **Wildschweinrücken** mit Knochen, **Salz**, **Pfeffer**, **Pflanzenöl** zum Anbraten, **Wacholderbeeren** (zerdrückt), **Gin** (Wacholderbrand), 250 ml **Wildfond**, **Butter**.
Zubereitung: Den Wildschweinrücken mit Salz und Pfeffer würzen, in heißem Pflanzenöl den Rücken von beiden Seiten scharf anbraten und dann die zerdrückten Wacholderbeeren beigeben. Anschließend im Backrohr bei 170°C (Kerntemperatur 58°C) in etwa 20 bis 25 Minuten fertig garen. Aus der Pfanne nehmen und warm stellen (dabei mit einer Alufolie abdecken).
Den Bratrückstand mit etwas Gin (Wacholderbrand) ablöschen und mit dem Wildfond auffüllen und etwas einkochen. Durch ein Sieb passieren, nochmals einkochen lassen und mit etwas Butter binden.
Beilage: Erdäpfel-Spinatroulade (Rezept Seite 22).

Wildschwein-Krautfleisch
Zutaten für 6 Portionen
800 g **Wildschweinragoutfleisch,** 250 g **Sauerkraut**, 5 **Zwiebeln**, 3 **Lorbeerblätter**, 2 Zehen **Knoblauch**, 2 EL **Pflanzenöl**, 2 rote **Paprika**, 2 **Pfefferoni**, 1 EL **Paprikapulver**, 500 ml **Rindsuppe**, **Salz**, **Pfeffer**, **Muskat**, 3 EL **Sauerrahm**.
Zubereitung: Die Zwiebeln fein schneiden. Wildschweinfleisch würfelig schneiden. Mit Salz und Pfeffer würzen. Rasch in heißem Fett mit Zwiebel anrösten, Paprikapulver dazugeben, kurz durchrösten und mit Rindsuppe ablöschen. Sauerkraut beigeben, ebenso Gewürze. Etwas später Paprikastreifen und Pfefferoni. Das Fleisch weich dünsten, abschmecken.
Anrichten: einen Löffel Sauerrahm auf jeden Krautfleisch-Teller geben.

Wildschweinragout
Zutaten für 4 Portionen
800 g **Wildschweinschulter,** 3 **Zwiebeln**, (fein geschnitten), 4 EL **Pflanzenöl**, 2 EL **Paprikapulver**, 125 ml **Rotwein** (Blaufränkisch), **Salz**, **Pfeffer** aus der Mühle, **Majoran**, **Kümmel**, 4 Zehen **Knoblauch**, 250 ml **Sauerrahm**, 1 EL glattes **Mehl**.
Zubereitung: Die Wildschweinschulter in 4 x 4 cm große Würfel schneiden. Mit Salz, Pfeffer aus der Mühle würzen. Zwiebeln mit Fleisch in heißem Fett knusprig anbraten, Paprikapulver beigeben und kurz durchrösten. Mit Rotweinein ablöschen, aufkochen und mit Wasser (sodass es gut bedeckt ist) aufgießen, würzen, weich kochen. Sauerrahm mit Mehl verquirlen und in das kochende Gulasch gießen. Aufkochen und abschmecken.

Nudelblätter mit Wildfleisch und Schwammerlfülle
Wildfleisch, Pilze und Kürbis-Lasagne
Zutaten für 4 Portionen
12 Stück **Lasagneblätter**, 250 g **Polenta**, 120 g **Eierschwammerl**, 120 g **Steinpilze**, 250 g **Kürbis** (Hokkaido), 100 g **Zwiebel**, fein geschnitten, 2 Zehen **Knoblauch**, 200 g **Tomatenmark**, 250 g **Wildfleisch**, faschiert, 750 ml **Suppe**, **Thymian**, **Salz**, **Pfeffer**, **Zucker**, einige **Wacholderbeeren**, 125 ml **Schlagobers**, 100 g **Hartkäse**, gerieben, etwas **Pflanzenöl**.
Zubereitung: Das Pflanzenöl in einer Pfanne erhitzen und die feingeschnittenen Zwiebel darin anschwitzen. Das Tomatenmark hinzugeben, kurz durchrösten und mit der Suppe aufgießen. Das faschierte Wildfleisch beigeben, mit Thymian, Salz, Pfeffer aus der Mühle würzen und etwa 90 Minuten köcheln lassen. Abschmecken.
Die Eierschwammerl und Steinpilze putzen, klein schneiden und mit fein geschnittenem Zwiebel anschwitzen. Mit den Gewürzen abschmecken.
Den Kürbis schälen, würfelig schneiden und in heißem Pflanzenöl bissfest anbraten. Lasagneblätter in einer tiefen, feuerfesten Form auslegen. Darauf etwas Bechamel und Wildsugo geben. Nun die Pilze, Eierschwammerl und würfelig geschnittenen und angebratenen Kürbisstücke verteilen. Polenta aus dem Blech nehmen und darauf legen. Nun das Ganze nochmal Bèchamel, Wildsugo, Schwammerl …
Zum Schluss mit Lasagneblätter abschließen und das Schlagobers und den Parmesan darüber geben Bei 160°C im Backrohr etwa 20 Minuten backen.

Hirschragout mit Knödel
Zutaten für 4 Portionen
800 g **Hirschfleisch** (Wade), 1/2 **Sellerie**, 1 **Karotte**, 250 ml **Rotwein** (Blaufränkisch), 3 EL **Pflanzenöl**, 1 EL **Tomatenmark**, 1 EL **Preiselbeeren**, 1 EL **Maisstärke** (Maizena), etwas **Rotwein** (Blaufränkisch), **Salz**, **Wacholder**, **Thymian**, einige **Pfefferkörner**, etwas **Zucker**, **Streuwürze**.

Zubereitung:
Fleisch in Würfel schneiden. In heißem Pflanzenöl rasch goldbraun anbraten, Tomatenmark dazu, goldbraun weiterrösten, mit Rotwein ablöschen, kurz aufkochen, mit Wasser aufgießen, sodass es bedeckt ist, und für 60-90 Minuten dünsten.
Das Wurzelwerk hinein reiben, würzen, weich dünsten. Die Maisstärke mit etwas Rotwein anrühren, in das kochende Ragout einrühren, kurz aufkochen lassen und dann abschmecken.

Hirschschnitzel gedünstet
Zutaten für 6 Personen
1 kg **Hirschschlögel** (in Schnitzel schneiden), **Pflanzenöl**, 1 EL **Tomatenmark**, 250 ml **Rotwein** (Blaufränkisch), **Salz**, **Pfeffer, Wacholder, Thymian, Preiselbeeren, Zucker, Streuwürze**, 1 EL **Maisstärke** (Maizena) zum Binden.

Für die Garnitur:
300 g **Eierschwammerl**, 150 g milder **Speck** (grob geschnitten), 1 **Zwiebel**, 1 EL **Butter**, **Petersilie**.

Zubereitung:
Die Hirschschnitzel würzen und in Pflanzenöl rasch anbraten. Das Fett abgießen, im Bratenrückstand Tomatenmark sehr braun rösten. Mit Rotwein ablöschen, einmal kurz aufkochen lassen, und über die Schnitzel seihen.
Die Schnitzel dünsten und erst dann Preiselbeeren dazugeben. Mit Rotwein und Maizena glatt rühren und damit die Sauce binden. Abschmecken.
Zwiebel- und Bauchspeckstücke in Butter Zwiebel und Eierschwammerl anrösten, salzen. Speck kurz mitrösten. Schwammerl und Speck über die Hirschschnitzel geben. Mit Petersilie garnieren.

Maibock mit Spargel und Schupfnudeln
Zutaten für 4 Portionen
500 g frischer **Maibockrücken (Rehrücken)** von der dicken Seite geschnitten, 50 g **Sellerieknolle** und 1 **Karotte** (würfelig geschnitten), 1 **Zwiebel** (fein gewürfelt), 1 **Lauchstange** (in Ringe geschnitten), 400 ml **Rehfond**, 2 EL schwarzer **Holunderbeerensaft**, 250 ml **Portwein**, 250 ml **Rotwein** (Blaufränkisch).
1 **Bouquet garni** (1 Thymianzweig, 5 Pfefferkörner, 5 **Wacholderkörner**, 2 **Nelken**, 1 **Lorbeerblatt**, etwas **Orangen-** und **Zitronenzesten**, **Olivenöl**, **Salz**, **Pfeffer**.

Zubereitung:
Zuerst den Maibockrücken mit Salz und frisch gemahlener schwarzer Pfeffer würzen. In einer beschichteten Pfanne mit Olivenöl rundum anbraten. Sellerie, Karotte, Zwiebel und Lauch beigeben und kurz dünsten. Den Maibockrücken heraus nehmen und warm stellen.
In der Pfanne das verbliebene Gemüse mit dem Fond, Holundersaft, Portwein und Rotwein ablöschen und kurz einreduzieren. Die Gewürzzutaten (Thymianzweig, Pfefferkörner, Wacholderkörner, Gewürznelken, Lorbeerblatt, Orangen- und Zitronenzesten) wieder einlegen und darauf den Maibockrücken plazieren. Im vorgeheizten Backrohr bei 120°C für etwa 15 Minuten pochieren.
Den Maibockrücken und die Gewürze herausnehmen und das Fleischstück warm stellen. Den verbliebenen Fond durch ein Sieb abseihen. Die Flüssigkeit auf die Hälfte einkochen.

Anrichten:
Gemüse auf Tellern anrichten. Maibockrücken in Stücke schneiden und auf das Gemüse portionieren. Mit der **Rotwein-Gewürz-Sauce** umgießen.

Damhirsch im Petersilmantel
Zutaten für 4 Portionen
2 **Damhirschfilets**, 100 g **Rohschinken**, **Wacholderbeeren**, **Pfeffer** aus der Mühle, **Kräuter**, **Pflanzenöl**, 250 ml **Wildfond**, etwas **Butter** zum Montieren.

Zubereitung:
Die Damhirschfilets zuputzen, mit zerdrückten Wacholderbeeren und Pfeffer aus der Mühle würzen und mit dem Rohschinken umwickeln. Die Kräuter in die Filets miteinrollen. Die Damhirschfilets in etwas Pflanzenöl von beiden Seiten scharf anbraten und im vorgewärmten Backrohr bei 150°C etwa 6 Minuten fertig garen. Die Rouladen aus der Pfanne heben und warmstellen.
Die Bratenrückstände mit dem Wildfond ablöschen und kurz köcheln lassen. Durch ein Sieb seihen und mit Butter binden.
Das Selleriepüree auf den Tellern anrichten. Die Damhirschfilets schräg in Hälften schneiden und je eine Filethälfte darauflegen, mit der Sauce überziehen und mit dem Lauchstroh garnieren.

Selleriepüree
300 g **Sellerie** (gewürfelt), 150 ml **Schlagobers**, 30 g **Butter**, 120 ml **Milch**, **Salz**, **Pfeffer**, **Muskatnuß**.

Zubereitung:
Für das Püree die Selleriewürfel mit Schlagobers, Butter und Milch etwa 20 Minuten weichköcheln lassen. Mit Salz, Pfeffer, geriebenen Muskatnuß würzen und im Mixer fein pürieren.

Lauchstroh
1/2 Stange **Lauch** (nur die hellgrünen Teile), **Pflanzenöl** zum Frittieren, **Salz**.

Zubereitung:
Den Lauch in hauchdünne Streifen schneiden. In heißem Pflanzenöl bei 180°C für 20 bis 30 Sekunden frittieren. Herausnehmen und auf Küchenpapier abtropfen lassen. Leicht salzen.

Gerührte Preiselbeeren

125 g **Gelierzucker**, **Zitronensaft**, 250 g **Preiselbeeren**.
Zubereitung: Gelierzucker in Pfanne geben und zerlassen. Zitronensaft dazu geben. Aufkochen und zum Schluss Preiselbeeren hinzugeben. Einmal gut durchrühren und fertig!

Preiselbeeren-Sauce

200 g süße **Preiselbeeren**, Schale und Saft von einer unbehandelten **Orange** und einer **Zitrone**, 100 cl **Rotwein** (Blaufränkisch).
Zubereitung: Alle Zutaten in einen Topf gemeinsam kurz aufkochen lassen. Durch ein Haarsieb streichen, anschließend kalt stellen.

Preiselbeer-Oberskren

125 ml **Schlagobers**, eine Prise **Salz**, 1 EL **Staubzucker**, 2 EL süße **Preiselbeeren**, 1 EL **Kren** (gerieben).
Zubereitung: Das Schlagobers steif schlagen und die restlichen Zutaten darunter rühren. Die Preiselbeeren mit Orange, Zitrone und den Rotwein aufkochen. Durch ein Haarsieb passieren. Erkalten lassen.

Preiselbeer-Kompott

300 g **Preiselbeeren**, 500 ml **Rotwein** (Blaufränkisch oder Blauer Zweigelt), 60 g **Zucker** und 100 g **Gelierzucker**.
Zubereitung: Die Preiselbeeren mit dem Rotwein und Zucker weich kochen, mit Gelierzucker einkochen und kaltstellen.

Hagebutten-Sauce

Hagebutten sollen vor dem Ernten einmal einen Frost erlebt haben. Wenn es die Natur nicht gemacht hat, kann man sie vor dem Verarbeiten einfach für einige Zeit im Tiefkühlfach einfrieren.
Zuerst von den **Hagebutten** die schwarzen Spitzen entfernen, die Früchte halbieren und mit **Weißwein** bedeckt 5 Tage ziehen lassen. Mehrmals umrühren. Dann einkochen und etwa eine Stunde leicht kochen lassen. Durch ein Tuch passieren und dieses gut ausdrücken.
Auf 1 Liter **Hagebuttensaft** 500 g **Zucker** und 3-4 EL **Zitronensaft** geben. Bei großer Hitze auf die gewünschte Dicke einkochen. Noch heiß in Gläser abfüllen.

Schwarzer Holler-Röster

Zutaten für 4–6 Portionen
500 g **schwarze Holunderbeeren**, gewaschen, 100 g **Zucker**, 80 ml **Wasser**, 125 ml **Rotwein**, 1 **Zimtstange**, 1 **Gewürznelke**, Saft und Schale einer unbehandelten **Zitrone**, 2 EL **Maisstärke** (Maizena), 1 **Apfel** (geschält, gewürfelt).
Zubereitung: Den Zucker in einem Topf karamellisieren, mit Wasser und Rotwein ablöschen, die Gewürze und die Zitronenschalen dazugeben und alles gut verkochen lassen.
Die gewaschenen Holunderbeeren dazugeben und zum Kochen bringen. Die Maisstärke mit etwas Wasser glatt rühren und in den kochende Holler-Röster einrühren. Aufkochen lassen und Abschmecken.

Holunder-Sauce

Zutaten für 4 Portionen
150 g rohe, schwarze **Hollunderbeeren** (Schwarze Hollerbeeren dürfen nur im gekochten Zustand gegessen werden, als Rohprodukt sind sie giftig!), 1 **Zwiebel**, **Pflanzenöl**, 125 ml **Rotwein** (Blauer Zweigelt), **Wildfond**, **Salz**, **Pfeffer**, 1/16 l **Madeira**, **Zucker**, **Wacholder**, 1 TL **Maizena** (Maisstärke).
Zubereitung: Zwiebel in einem hohen Topf in Pflanzenöl anschwitzen, mit Rotwein ablöschen, aufkochen. Den Wildjus mit Hollunderbeeren dazugeben, weich kochen, aufmixen, das 1/16 l Madeira dazugeben, würzen. Die Maisstärke mit etwas Rotwein glatt rühren und in die kochende Sauce zur Bindung einrühren.

Wild-Pfeffer-Sauce

500 ml **Wildfond**, 1 EL **Pfefferkörner**, 250 ml **Madeira**, **Salz**, **Streuwürze**, 500 ml **Rotwein** (ein fruchtbetonter **Blauer Zweigelt**), 1 EL **Maisstärke** (Maizena), etwas **Zucker**, **Sauerkirschen**.
Zubereitung: Zum Wildfond die Pfefferkörner beigeben, und die Gewürze mit dem 250 ml Madeira untermengen, Rotwein mit Maizena verquirlen und der kochenden Sauce beigeben, aufkochen, abschmecken.
Eventuell noch mit einigen entkernten Sauerkirschen mit aufkochen, somit ergibt es eine fruchtig-pfeffrige Sauce.

Eingelegte schwarze Nüsse
Für 4 Gläser (0,5 l Inhalt)
80 grüne **Nüsse** (Mitte bis Ende Juni direkt vom Nussbaum geerntet), 1 kg **Kristallzucker**, 1 **Zimtstange**, 10-15 **Gewürznelken**, 10 **Pimentkörner** (Neugewürz), Schale von 1 unbehandelten **Zitrone**, Schale 1/2 **Orange**, 4 EL **Weingeist** (90%) zum Verschließen der Gläser.

Zubereitung: Grüne Nüsse ernten und mit einer Gabel 4-5 Mal rundherum einstechen. In eine Schüssel legen und ganz mit Wasser bedecken. Die Nüsse für 3 Wochen wassern und dabei jeden Tag das Wasser zweimal wechseln.
Dann das Wasser abseihen und die Nüsse 3-4 Minuten in Salzwasser kochen, abseihen, mit kalten Wasser abschrecken und gut abtropfen lassen. 1,5 Liter Wasser mit dem Zucker, Zimt, Salz, Gewürznelken, Piment sowie der Zitronen- und Orangenschale aufkochen. Die Nüsse dazu geben und in 20 Minuten weich kochen.
Je 4 gekochte Nüsse in saubere Rex-Gläser füllen und soviel vom Kochfond (samt den Gewürzen) zugießen, dass sie gut bedeckt sind. Den Rest vom Kochfond reduziert man in einem offenen Kochtopf ein und füllt damit die Gläser auf. In die Deckel der Gläser je 2 EL Weingeist gießen und anzünden. Die Gläser sofort verschließen und umgedreht auskühlen lassen. Die Gläser mit den jetzt noch grünen Nüssen kühl und dunkel lagern. Während dieser Zeit werden sie weich und die Haut wird fast schwarz. Schwarze Nüsse verwendet man zum Garnieren und Verfeinern von Wildspeisen.

Schwammerlstrudel
Zutaten für 4-6 Portionen
500 g **Schwammerln** (Steinpilze, Eierschwammerln), 30 g **Schalotten**, 250 ml **Bechamel**, 3 **Eidotter**, 1 EL frische **Kräuter**, 1 **Ei** zum Bestreichen, 30 g **Speckwürfel**.

Zubereitung: In einer Pfanne die Butter schmelzen, Mehl kurz mitanschwitzen, mit Mehl aufgießen und mit Schneerute glattrühren und dick einkochen lassen. Mit Salz und Pfeffer würzen.
Die Schwammerln putzen und blättrig schneiden. Schalotten fein würfeln und in der Pfanne zusammen mit dem Speck anschwitzen. Die Schwammerln sautieren, bis die Flüssigkeit verdunstet ist.
Mit den Kräutern und dem Jungtwiebel-Speck-Gemisch vermengen und unter die Milcheinmachsauce geben. Mit den Eidottern binden.
Den Strudelteig ausrollen, die Masse auf zwei Drittel der Fläche auftragen, den Teig einrollen und mit Ei bestreichen.
Im vorgeheizten Backrohr bei einer Temperatur von 180°C etwa 20 Minuten knusprig backen.

Eierschwammerl, sauer eingelegt
Zutaten für 6 Gläser, à 250 ml
1 kg **Eierschwammerl**
Die Schwammerln putzen und portionsgerecht klein schneiden. Dann die Schwammerln in leichtem Salzwasser für 10 Minuten aufkochen. Nur kurz, dann bleiben die Schwammerln fest und knackig. Abseihen und in die vorbereiteten Gläser füllen.

Kastanien glasieren
50 g **Zucker** in einer beschichteten Pfanne langsam goldgelb schmelzen, mit 1/16 l **Wasser** aufgießen und nicht umrühren! 200 g halbfertige, geschälte **Kastanien** kurz erwärmen, ein Stück kalte **Butter** zugeben und etwas glasieren.

Maronibällchen
Zutaten für 4-5 Portionen
500 g **Erdäpfelteig**, 50 g **Maronipüree**, **Pflanzenöl**.

Zubereitung: Das Maronipüree in den Handflächen zu kleinen Kugeln formen, und dann die Erdäpfelmasse mit den Maronikugeln füllen. In einer Pfanne in heißem Pflanzenöl goldbraun backen.

Zutaten Marinade
750 ml **Wasser**, 500 ml **Weißwein-Essig** (6%), 2-3 **Knoblauchzehen** (ganz), 1 EL **Wacholderbeeren**, 4 **Lorbeerblätter**, 40 g **Salz**, 10 g **Aromat**, 10 g **Zucker**, 5 g **Thymian**, 100 g **Zwiebeln**, 1 **Rosmarin**- und 1 **Thymianzweig**, **Sonnenblumenöl**.
Mit heißer Marinade auffüllen und die Oberfläche mit Sonnenblumenöl bedecken. Die Gläser sollen randvoll befüllt und dann verschlossen werden. Ein Tuch in eine Plastikwanne legen und die Gläser kopfüber reinstellen, langsam abkühlen lassen.

Mandelbällchen
Zutaten für 4-5 Portionen
500 g **Erdäpfelteig**, 200 g **Mandelblättchen**, **Pflanzenöl**.

Zubereitung: Aus dem Erdäpfelteig kleine Kugeln formen und in den Mandelblättchen drehen und andrücken. In einer Pfanne in heißem Pflanzenöl goldbraun backen.

Sauce Cumberland
Zutaten für 1 Liter Sauce
500 g **Preiselbeerkompott**, 500 g **Ribiselmarmelade**, 125 ml **Rotwein** (Blauer Zweigelt), 8 cl **Portwein**, Saft und Schale von 2 **Orangen** und 1/2 **Zitrone**, 1 TL **Senf**, 10 g frischer **Ingwer**, **Cayennepfeffer**, **Salz**.

Zubereitung: Den Ingwer schälen, fein hacken oder fein raspeln. Sämtliche Zutaten für die Sauce in einem Topf gut verrühren und aufkochen. Sauce anschließend durch ein Haarsieb streichen. Passierrückstände hacken und wieder in die Sauce einrühren. Die fertige Sauce in sterile Einkochgläser füllen, gut verschließen und noch für 3 Tage ziehen lassen. Die Sauce hält mindestens ein halbes Jahr.

Rotweinbirnen
Zutaten für 4 Portionen
4 **Birnen**, 4 dl **Rotwein**, 2 dl **Portwein**, 1 EL **Grenadine**, 2 EL **Zucker**, etwas **Zimt** und **Gewürznelken**.

Zubereitung: Die Birnen schälen, Zucker karamellisieren und mit Rotwein, Portwein und Grenadine ablöschen, Gewürze dazugeben. Die Birnen darin blanchieren und nach Wunsch kleiner schneiden.

Hühnerei Inhaltsstoffe
Roh, ohne Schale, Größe M, 60 g:

	Gesamt	Eigelb, roh	Eiklar, roh
Kilokalorien	60g: 155	20g: 353	40g: 40
Kilojoule	646	1475	206
Fett (g)	11	32	+
Eiweiß-Protein (g)	13	16	11
Kohlenhydrate (g)	1	+	1
Cholesterin (mg)	400	1260	0
Wasser (g)	74	50	87

Mineralstoffe
Natrium (mg)	146	50	170
Kalzium (mg)	145	140	155
Magnesium (mg)	12	16	12
Phosphat (mg)	215	590	20
Eisen (mg)	2,1	7,2	0,2
Zink (mg)	1,3	3,8	+

Vitamine
Carotine, einschl. Beta-Carotine (µg)	13	29	0
Vitamin A µg	270	880	0
Vitamin B1 mg	0,10	0,29	0,02
Vitamin B2 mg	0,31	0,40	0,32
Vitamin B6 (µg)	0,08	0,03	0,01
Vitamin B12 (µg)	1,8	2,0	0,1
Vitamin E (mg)	2,0	5,7	0
Folat (100 g/µg)	67	160	15

Pochiertes Ei mit schwarzen Trüffel, Frühstücks-Ei mit Kaviar

Nährwerte [Vitamine] **Rezepte** **Eier**

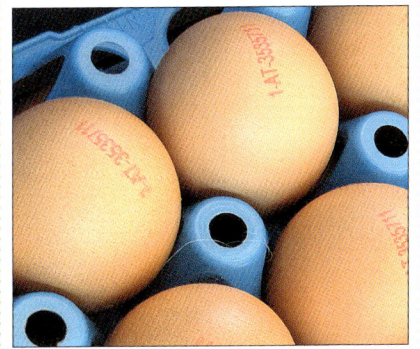

Speisen mit Hühnereier

Eier waren immer – und sind bis heute in der Nahrungskette des Mensch eine beliebte Speise. In unserer Küche werden fast ausschließlich Hühnereier zum Kochen verwendet. Die Vielfalt und Einsatzmöglichkeiten von Eiern als Nahrungsmittel ist fast unbegrenzt. Mit Eiern kann man sowohl eigenständige Gerichte kochen, sie sind auch ein unverzichtbarer Bestandteil vieler Rezepte.

Was enthält ein Hühnerei?

Eier sind eine der ältesten Speisen der Menschheit, schon in frühester Urzeit brachten Eier von Waldvögel Abwechslung in den täglichen Speiseplan. Aus Indien stammten die ältesten Überlieferungen über Haushühner die in Haushalten gezüchtet wurden, und das schon seit über 4000 Jahren.

Im Zentrum des Hühnereies liegt der Dotter, der tatsächlich nur aus einer einzigen Zelle besteht und damit die größte bekannte biologische Zelle ist. Vier unterschiedlich feste Schichten Eiklar umhüllen den Dotter und übernehmen eine Art Schutzfunktion durch ihre u.a. bakterienhemmende Wirkung. Hühner-Eier sind sehr gesund, da sie reich an wertvollen Nährstoffen sowie an Mineralien und Vitaminen sind. Ein Ei deckt mehr als ein Zehntel des täglichen Eiweißbedarfs eines Erwachsenen und rund ein Drittel der empfohlenen Vitamin-D-Zufuhr.

Das Eigelb ist nährstoffreicher und enthält rund 50 Prozent Wasser, das Eiklar beinhaltet 90 Prozent Wasser. Der Eidotter sorgt bei vielen Speisen für die schöne Farbe, dient aber auch zum Binden, Lockern und Emulgieren von Speisen. Das Eiklar wiederum kann zum Glasieren, Kleben, Klären und auch zum Binden und Lockern von Gerichten verwendet werden. Die Schale besteht zu 90% aus Kalk und kann bis 0,4 mm dick sein. Als Naturprodukt unterliegen die Nährwertangaben natürlichen Schwankungen, und vor allem das Futter hat einen erheblichen Einfluss darauf, was tatsächlich im Ei steckt. Die Durchschnittswerte für ein Hühnerei der Größe M (53 g bis 62 g) können zur Orientierung herangezogen werden: 155 kcal, 13 g Eiweiß, 11 g Fett, davon mehr als die Hälfte ungesättigte Fettsäuren, 1 g Kohlehydrate.

Viele Vitamine (besonders viel Vitamin A, D und Vitamin B12) Viele Mineralstoffe und Spurenelemente, vor allem Kalzium, Phospor, Eisen, Natrium, Zink, Kalium und Selen.

Im Handel sind Hühnereier in folgende Größen unterteilt:
Gewichtsklasse S: klein, unter 53 g.
Gewichtsklasse M: mittel, 53 g, bis unter 63 g.
Gewichtsklasse L: groß, 63 g, bis unter 73 g.
Gewichtsklasse XL: sehr groß, 73 g, und darüber.

In Österreich werden pro Jahr im Durchschnitt 230 Eier gegessen. Das sind 1,84 Milliarden Eier die zu 75% in österreichischen Betrieben gelegt werden. der Pro-Kopf-Verbrauch von Hühnerfleisch liegt in Österreich bei 10 kg.

Kategorien von Hühnereiern nach der Haltungsform:

Bio-Eier
Freilandeier ➤ Die Freilandeier stammen von österreichischen Bauernhöfen und haben einen hohen Anteil an Omega-3-Fettsäuren, Jod und Vitamin E. Die Eier sind aus gentechnikfreier Fütterung.
Bodenhaltung

Ohne Gentechnik hergestellt
Österreich war weltweit das erste Land, in dem es keine Käfigeier mehr gab und es ist das erste Land, in dem Eier von Hühnern kommen, die kontrolliert gentechnikfreies Fütter erhalten.

Kaiserschmarrn

Eierspeise mit Trüffel

ich wollt ich wär ein Huhn

Schwammerlgulasch, Schwammerl mit Ei

Eierlikörgugelhupf

Eier

Das richtige Hühnerei auswählen

Hühnereier unterliegen in Österreich verschiedene Produktions, Herkunfts,- und Qualitätskontrollen. Auf jeder Verpackung und auf jedem Ei aufgestempelt finden sich Angaben zur Haltungsform, zum Herkunftsland und, in einer weiteren siebenstelligen Ziffer verschlüsselt, zu dem Regierungsbezirk, dem Betrieb und dem einzelnen Stall. Relevant ist die erste Ziffer:

Ziffer 0 = Ökologische Erzeugung (BIO)
Ziffer 1 = Freilandhaltung
Ziffer 2 = Bodenhaltung
Ziffer 3 = Käfighaltung

Der Umgang mit Hühnereiern

Lagerung: Hühnereier kann man gekühlt maximal drei Wochen lagern, dabei soll die Kühlkette nicht unterbrochen werden. Richtig gelagert wird das Ei am besten bei Temperaturen unter 12°C, trocken und an einem dunklen und zugfreien Ort.

Zum Kochen nur frische Eier verwenden, nicht älter als 21 Tage (siehe das gestempelte Ablaufdatum am Ei).

Für Speisen mit rohen Eiern wie Topfencreme oder Tiramisu nur pasteurisierte Eier verwenden, um einer möglichen Salmonellenübertragung vorzubeugen. Produkte mit Bestandteilen aus rohen Eiern innerhalb von 2 Stunden nach Herstellung auf +8°C oder kälter kühlen. Speisen die mit rohen Eiern zubereitet sind, sollten zügig verzehrt werden, oder nur für sehr kurze Zeit im Kühlschrank gelagert werden. Salmonellen sind Bakterien, die bei Temperaturen über 70°C absterben, sodass bei gekochten oder gebackenen Eierspeisen keinerlei Gefahr besteht.

Eier richtig verarbeiten

Das Aufschlagen von Eiern geschiet mit einem geschickten Schlag auf einen Gefäßrand, ohne dass dabei die ganze Schale zerbricht, und das anschließende Trennen von Eigelb und Eiweiß. Das Ei wird dabei kurz an einem Schüssel- oder Tellerrand so angeschlagen, dass sich rund um das Ei ein Riss bildet. An der Aufschlagseite kann man das Ei über einem Gefäß so trennen, daß sich keine Schalensplitter lösen können. Wegen der schalensplitter ist es auch ratsam jedes einzelne Ei in ein eigenes Gefäß gleiten zu lassen und erst dann zum Kuchenteig zur Einarbeitung in die Speise. Dadurch kommen keine störenden Schalensplitter ins Essen. Außerdem ist es eine Kontrollmöglichkeit um die Frische der Eier zu überprüfen.

Eiweiß und Eigelb trennen

Zum Trennen von Eiweiß und Eigelb das aufgeschlagene Ei schräg über ein Gefäß halten. Dann das Eigelb zwei- bisdreimal von einer Schalenhälfte in die andere gleiten lassen. Dabei löst sich das Eiweiß vom Eigelb ab. Das Eigelb in ein anderes Gefäß gleiten lassen. Sorgfalt ist angebracht, schon kleine Spuren von Eigelb verhindern, daß man Eiweiß steif schlagen kann.

Grundrezepte mit Eier

Ein gekochtes Ei

Das Ei an der stumpfen Seite mit einer Nadel anstechen – in kaltes Wasser in den Kochtopf einlegen. Eventuell einen Schuss Essig zugeben, das Verhindert das Aufplatzen der Schale. Die Minutenangaben der Kochzeiten gelten ab dem Zeitpunkt ab dem Kochwasser Bläschen bildet.

Frische Eier müssen 1 Minute länger gekocht werden. Nach dem Kochen mit kaltem Wasser abschrecken und gleich servieren.

Eier-Kochzeiten

Kern- oder **Dotterweich** (wachsweich) als Frühstücksei, ab **3 Minuten**.

Für **hart gekochte Eier** (Eier mit festem Eigelb) beträgt die Kochzeit **7–8 Minuten**.

Entscheidend bei Länge der Kochzeit der Eier ist die Größe und die Frische der Eier.

Pochiertes Ei

Wasser mit einem Schuss Essig, aber ohne Salz erhitzen. Ein frisches Ei in einer kleinen Schüssel schlagen. Das Ei vorsichtig auf einen kleinen Schöpflöffel gleiten lassen. Den Schöpflöffel in das knapp unter dem Siedepunkt gehaltene Wasser gleiten lassen und mit einem Löffel einen Teil des Eiklars über den Dotter verteilen und dadurch ganz umschließen. Das Ei für 3–4 Minuten ziehen lassen, nicht kochen, rasch servieren.

Spiegelei

Das Ei in heiße, gesalzene Butter oder Pflanzenöl geben – langsam stocken lassen, bis der Dotter weich, und das Eiklar weiß ist, ohne das die Ränder braunen. Nach persönlichen Geschmack wenden und beidseitig garen.

Eierspeise

Nach dem Einlegen der aufgeschlagenen Eier in das heiße Pflanzenöl die Eimasse nach dem Anbraten mit einer Gabel vom Pfannenrand zur Mitte durchziehen und stocken lassen.

Omelette

Grundrezept: 3 **Freiland-Eier**, **Salz**, 1 EL **Schlagobers**, **Butter** oder **Pflanzenöl** zum Herausbacken.

Zubereitung: Die Eier einzeln aufschlagen – mit Salz würzen – mit Schlagobers gut verquirlen. In einer heißen Pfanne Butter oder Pflanzenöl erhitzen – die Eier eingießen, und unter ständigen vorsichtigen Rühren die Eier stocken lassen. Die obere Schicht soll keine Farbe annehmen. Die Omelette zu einer Seite einschlagen, auf einen Teller stürzen und sofort servieren.

Omeletten können mit vielen Variationen serviert werden: eine beliebte Füllungen ist das **Bauernomelette**, mit Zwiebel, Speck und Erdäpfel als Einlage, oder mit Paprika-, Paradeis- und Zwiebelwürfel in einer vegetarischen Version, oder mit Spinat und Champignon.

Die Füllungen werden vor dem Zusammenklappen auf einer Hälfte aufgetragen, zusammengeklappt, eventuell noch mit geschnittenen Schnittlauch bestreut und schnell serviert.

Silvia und Stefan Loitold: Palatschinken und „Schmarren"

Das sind alles leichte Süßspeisen, die sowohl als Nachspeise als auch als Hauptgericht serviert werden können. Diese Speisen sollen erst kurz vor dem Servieren zubereitet werden. Die Palatschinke ist ein lebendiges Andenken an die K.und K.-Monarchie und den Küchen deren Kronländer. Bei Palatschinken sagt man, ist der Teig nicht so vorrangig, wichtiger ist immer die Füllung.

Die Füllung kann bei den „süßen" Palatschinken-Varianten aus Marmelade, Topfen, Mohn oder Nüssen bestehen, die „pikanten" Füllungen sind Mischungen aus Fleisch oder Gemüse.

Grundrezept Palatschinkenteig
Zutaten für ca. 10 Palatschinken, ø 22 cm
120 g **Mehl**, 250 ml **Milch**, 1-2 **Eier**, **Salz**, 20 g **Kristallzucker** (je nach Geschmack),60 g **Butter, (Margerine** oder flüssiges **Butterschmalz)** zum Backen.
Zubereitung: Das Mehl mit Eidotter und Eiklar, Salz, Kristallzucker mit der Hälfte der Milchmenge glatt rühren, dann der mit restlicher Milchmenge auf gewünschte Konsistenz rühren – kurz aufquellen lassen.
Den Boden der Palatschinkenpfanne mit zerlassener Butter (oder Pflanzenöl) bedecken und erhitzen, einen kleinen Teil des Teiges eingießen (mit einem Schöpflöffel eingießen) und durch Drehen der Pfanne gleichmäßig dünn verteilen.
Die erste Seite der Palatschinken goldgelb anbacken – vorsichtig umdrehen – und die 2. Seite fertig backen.
Butter eingießen, die Pfanne ausschwenken und den Backvorgang wiederholen, bis der ganze Palatschinkenteig ausgebacken ist.
Vor dem Anrichten mit der gewünschen Füllung bestreichen, die Palatschinken falten oder einrollen, garnieren und servieren.

Palatschinken hauchdünn
Zubereitung: Um Mehlklumpen zu vermeiden wird der Teig eher dünn angerührt. Bei einer Klumpenbildung den Teig durch ein Sieb passieren. Ein Schuss Mineralwasser oder flüssiges Fett machen den Teig zarter.

Füllungen Die Vielzahl an möglichen Füllungen ist nahezu Grenzenlos: Als Süßspeise mit Marmeladen (wie Marillen, Weichseln, Erdbeeren) Nussfüllungen mit Schokolade, Speiseeis und heißer Schokolade, verschiedene Früchte, usw., als Garnierung Staubzucker oder Schlagobers.
Mit Gemüse gefüllt als vegetarische Speise, ebenso mit einer Fleischfüllung (Faschiertem) möglich.

Der „Kaiserschmarren"
Kaiser Franz Joseph ließ sich diese süße Mehlspeise aus Mehl, Eiern und Rosinen oft zum Frühstück servieren. Von dieser Vorliebe stammt auch der Namen „Kaiserschmarren".
Zutaten für 4 Portionen
400 ml **Milch**, 240 g glattes **Mehl**, 4 **Eiklar**, 4 **Eidotter** (Größe M), 60 g **Rosinen**,1 EL **Rum**, 5 EL **Zucker**, 1 EL **Vanillezucker,** eine Prise **Salz**, 100 g **Butter** zum Backen, **Staubzucker**.
Zubereitung: In einer Schüssel die Zutaten Milch, Mehl, die vier Eidotter, Salz, Zucker und Vanillezucker zu einem leichtflüssigen Teig verrühren. Für 15 Minuten rasten und quellen lassen.
Die vier Eiweiße mit dem Zucker steif aufschlagen und dann locker unter die Grundmasse rühren. Die Rosinen in Rum einige Zeit marinieren. In einer Pfanne die Butter erhitzten und die Teigmasse fingerdick eingießen, dazu die Rosinen einstreuen. Die Masse goldbraun anbacken lassen, nochmals etwas Butter in die Pfanne geben und den halbgebackenen Kuchen umdrehen und die andere Seite ebenfalls goldbraun backen. Mit zwei Gabeln die Masse in kleine Stücke zerreißen und ausdünsten lassen. Nach dem Anrichten auf den Tellern noch mit Staubzucker bestreuen.
Beilage: **Marillenkompott** oder **Marillen-** oder **Zwetschkenröster**.

Palatschinken

Gebackene Apfelpalatschinken mit Kürbiskernen

Zutaten für 4 Portionen Apfel-Fülle
4 ausgebackene **Palatschinken**, 4 **Äpfel** (waschen, schälen, blättrig schneiden), 20 Stück **Rumrosinen**, 20 g **Butterbrösel, Zimt, Zitrone, Rum, Zucker.**

Zubereitung: Für die Fülle der Apfelpalatschinken die Zutaten vorsichtig vermischen und etwas ruhen lassen.
Die Palatschinken mit der Apfelmasse bestreichen und einrollen.

Zutaten für die Kürbiskern-Panier
100 g süße **Brösel**, 2 **Freiland-Eier**, 50 g gehackte, karamellisierte **Kürbiskerne**.

Dann in der Mischung aus Eiern, süßen Bröseln und gehackten, karamellisierten Kürbiskernen panieren und in Pflanzenöl herausbacken.
Auf einer Küchenrolle abtropfen und dann in Scheiben geschnitten auf einem Teller anrichten, mit Staubzucker bestreuen.

Anrichten: Dazu passen sehr gut eine Kugel Vanilleeis oder Zimtrahm, sowie glasierte Äpfel.

Erdbeerpalatschinken

Zutaten für 4 Portionen Erdbeer-Fülle
4 **Palatschinken**, 600 g **Erdbeeren, Zucker,** 300 g **Topfen** (20% Fett), **Erdbeer-Marmelade**, 2–3 EL **Pistazien** (gehackt).

Zubereitung: Die Erdbeeren waschen, putzen und klein schneiden. Den Topfen und die Erdbeer-Marmelade verrühren. Die Erdbeer-Topfenmischung auf die ausgebackenen Palatschinken aufstreichen und die Palatschinken einrollen. Die restlichen Erdbeerstücke als Garnierung anrichten. Die Erdbeerenstücke mit den gehackten Pistazien bestreuen und servieren.

Topfenpalatschinken gebacken mit Vanillesauce

Zutaten für 4–6 Portionen
Eine Auflaufform (25x15x5 cm)
Palatschinkenteig (Rezept linke Seite)
Für die Topfen-Fülle:
250 g **Topfen** (20% Fett), 100 g **Staubzucker**, 1 Pkg. **Vanillezucker**, 1 **Freiland-Ei** (Größe M), 4 Eidotter, 125 ml **Schlagobers**, 1 EL **Rosinen**.
Butter zum Ausstreichen der Auflaufform, **Staubzucker** zum Bezuckern.

Zubereitung Topfenpalatschinken: Das Backrohr auf 170°C vorheizen. Die Auflaufform mit Butter ausstreichen.
Für die Fülle den Topfen mit Staubzucker, Vanillezucker, Eiklar und Eidottern glattrühren. Das Schlagobers schlagen und mit den Rosinen unter die Topfenmasse heben.
Palatschinken in einer Reihe überlappend auflegen, sodaß eine zusammenhängende Fläche entsteht. Topfen-Fülle aufstreichen oder mit einem Dressiersack aufspritzen. Palatschinken einrollen, in 12 Stücke schneiden und in die gefettete Auflaufform schichten.

Zutaten Vanille-Überguss
250 ml **Milch**, 50 g **Sauerrahm**, 2 **Freiland-Eier**, 1 **Eidotter**, 20 g **Staubzucker**, 1 Pkg. **Vanillezucker**, 2 EL **Rum, Butter**.

Zubereitung: Alle Zutaten für den Vanille-Überguß gut verrühren und über die Palatschinken in der Auflaufform gießen.
Topfenpalatschinken im vorgeheizten Backrohr (bei mittlerer Schiene) bei 180°C in etwa 40 Minuten überbacken. Sollten die Palatschinken zu schnell braun werden, deckt man sie gegen Ende der Garzeit mit Alufolie ab.

Anrichten: Palatschinken aus dem Backrohr nehmen, auf Teller verteilen, mit der Vanillesauce übergießen und mit Staubzucker bestreut servieren.

Vanillesauce

750 ml **Milch**, 180 g **Kristallzucker**, 3 TL **Vanillezucker, Salz,** 1 Pkt. **Vanille-Puddingpulver**, 3 **Eidotter**.

Zubereitung: 500 ml Milch mit Kristallzucker, Vanillezucker und ein wenig Salz verrühren und aufkochen. Die restliche Milch mit 1½ TL Vanille-Puddingpulver und 3 Eidottern gut verrühren, in die kochende Milch gießen und unter ständigem Rühren aufkochen.

Palatschinkentorte

Zutaten für 4–6 Portionen
Palatschinkenteig (Rezept linke Seite)
Springform Ø 26 cm
Zutaten für die Fülle: 500 ml **Milch**, 160 g **Kristallzucker**, 500 g **Haselnüsse** (gerieben und geröstet), 120 g **Biskotten** (fein gerieben), 2 EL **Rum, Staubzucker, Zimt, Pflanzenöl**.

Zubereitung: Die Milch mit Kristallzucker aufkochen, Nüsse, Biskottenbrösel und wenig Zimt einrühren. Masse gut vermischen, vom Herd nehmen und den Rum zugeben.
In der Springform abwechselnd Palatschinken und Nußmasse übereinanderschichten - mit einer Palatschinken beginnen und abschließen.
Palatschinken-Torte mit Frischhaltefolie zudecken und 30 Minuten kaltstellen !

Anrichten: Vor dem Servieren die Torte aus der Form lösen, auf eine Kuchenplatte setzen und mit Staubzucker bestreuen.

Stefan Loitold: Steirisches Küchen Lexikon

Gugelhupf	Strauben
Strauben	Krapfen	Gugelhupf
Marillenknödel	Gugelhupf
Schwarzbeerküchlein	Marillenknödel	Kaiserschmarrn

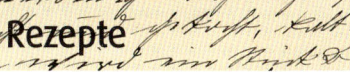

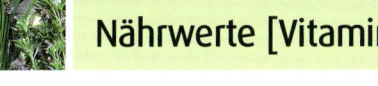

Nährwerte [Vitamine] | Rezepte | Kuchen und Desserts

Kochpraxis: Das Backen von Teigen und Massen

Alle feinen Mehlspeisen, wie Bäckereien, Kuchen und Torten, werden aus unterschiedlichen Teigen und Massen hergestellt. Die Basis von Teigen ist Mehl. Die Lockerung erfolgt durch Germ, Backpulver oder durch Wasserdampf, Luft und/oder Fett. Massen bestehen großteils aus Eiern, die als Ganzes oder getrennt mit anderen Zutaten schaumig gerührt bzw. geschlagen werden.

Die Lockerung erfolgt durch das Einschlagen von Luft oder durch zusätzliche Beigabe von Backpulver bei Massen mit einem sehr hohen Fettanteil.

Backen

Keine Fett- auch keinerlei Flüssigkeitszufuhr und hermetische Abriegelung sind die Besonderheiten dieses ➤ **Garens** auf einem Blech, Rost oder in Formen trockener Hitze (140°–250°C). Eher umgangssprachlich wird auch im heißen Fettbad gebacken, wo der Kenner korrekterweise von ➤ **Frittieren** spricht. Beim Backen lassen Hilfsmittel wie Backpulver oder Hefe Brot- und Kuchenteig zu gewünschten Größen und Überformaten aufgehen. Auch Aufläufe und Soufflés verdanken ihr Gelingen der streng zu vermeidenden Luftzufuhr beim Backen, und schließlich wären die kulinarischen Fastfood-Weltbürger ohne der Technik das Backen nie in den Genuss von Pizza gekommen. Trockene Hitze bekommt auch im Teigmantel gebackenen Gemüse- und Obstsorten. Bei Fleisch erhält der Teigschutz sowohl Bratensaft als auch alle guten Geschmacksstoffe. Gebacken, genauer überbacken wird auch beim ➤ **Gratin:** Über meist schon Vorgegartem entsteht dabei eine Kruste aus Käse oder aus einer Sauce, die auf Käse, Rahm und/oder Eiern basiert.

Backzutaten

Backpulver ➤ Eine chemische Reaktion in der Küche vor dem Genuss: Natriumhydrogenkarbonat in Kombination mit sauren Natrium- und Kalziumsalzen der Phosphorsäure lockern den Kuchen und lassen ihn wie gewünscht aufgehen. Die einzelnen Bestandteile sind kohlensäurehaltig bzw. -treibend, Getreidemehl trennt schließlich die beiden Substanzen und nimmt so die überschüssige Feuchtigkeit aus der Umgebung auf. Volle Treibkraft entwickelt ein Backpulver dann erst im Backrohr (Fachbegriff: Nachtrieb), aber auch bei der Zubereitung von Teig wird es bereits wirksam (Fachbegriff: Vortrieb). Je nach vorhandenem Säureträger kann das Pulver dabei schneller oder gewollt langsam wirken.

Mehle

Mehl, glatt ➤ Aus in Österreich geernteten Weizen und besonders fein vermahlen Körnern, eignet sich das glatte Mehl für Mehlspeisen wie **Biskuit-, Mürb-, Strudel-, Rühr- und Germteig**. Glattes Mehl wird auch für **Palatschinken** (als Suppeneinlage: Frittaten) verwendet.

Mehl, griffig ➤ Grob vermahlen und frei von Zusatzstoffen wird das griffige Mehl für die Zubereitung von **Nockerl-, Knödel-** oder **Topfenteig** verwendet.

Mehl, universal ➤ Weizenkörner als Grundprodukt, ist eine Mischung aus glattem und griffigem Mehl und daher für die meisten Verwendungszwecke geeignet.

Treibmittel und ihre Wirkung

Luft: Die im Ei eingeschlagene Luft dehnt sich durch Erwärmung aus – das Backgut erhält so sein Volumen.

Wasserdampf: In einen Teig eingearbeitete Flüssigkeit (z.B. Brandteig) wird durch Erhitzen zu Wasserdampf – die Treibwirkung bewirkt ein Aufgehen des Teiges.

Germ, Hefe: Die Lockerung wird durch Kohlensäure erreicht, die bei der alkoholischen Gärung durch Hefepilze entsteht.

Backpulver: Kohlensaure Salze, die im Backpulver enthalten sind, bilden durch Hitzeeinwirkung Kohlendioxid, welches das Backgut lockert.

Hirschhornsalz: Flüchtiges Laugensalz, im Gegensatz zu Backpulver enthält es keine sauren Bestandteile. Es eignet sich für Flachgebäck, das es lange haltbar macht (z.B. Lebkuchen).

Steirisches Küchen Lexikon | 227

Vorbereitung und Verarbeitung der Back-Grundzutaten

Mehl: wird zur besseren Lockerung vorher gesiebt. Für Teige verwendet man vor allem Mehle der Type 480 oder 700. ✱ Teige und Massen können ebenso aus Vollwertmehl hergestellt werden, dabei muß aber die Flüssigkeitsmenge bzw. der Eianteil erhöht werden.

Koch- und Backteige

Backteig ➤ Mehl, Eidotter, mit Wein/Bier/Most/Milch werden verrührt; Zugabe von Eischnee als Süßspeise mit Früchten. Pikant mit **Gemüse, Fisch, Pilze, Krustentiere** etc.

Blätterteig, Butterteig ➤ Geknetet, beim Wiener Blätterteig wird Fett in den Vorteig eingeschlagen. Süß für **Kuchen** und **Kaffeegebäck, Strudel, Schnitten** etc. Pikant: zum Einschlagen von **Fleisch (Filet Wellington), Fisch, Geflügel** etc., für **Käsestangerln, Pastetchen** etc..

Brandteig ➤ Gerührt, aus Wasser/Milch wird mit Mehl abgebrüht/abgebrannt; erst dann werden die Eier werden zugegeben; als Süßspeise für **Krapfen, Eclairs, Pofiteroles**. Pikant als **Knödelhülle** für **Fleisch, Gemüse, als Suppeneinlage**.

Erdäpfelteig ➤ Gekochte, gepresste Erdäpfeln mit griffigem Mehl, Stärke, Ei, Butter eventuell auch Grieß verkneten. Süß: für **Mohnnudeln, Powidltascherln, Obstknödel**. Pikant: als Hülle für diverse **Füllungen wie Grammeln**, für **Beilagen**.

Germteig ➤ Geknetet, mit direkter Germbeigabe oder indirekt, mit Dampfl. Süß: für **Buchteln, Krapfen, Germknödel** etc. Pikant: ohne Zucker als **Pastetenhülle**, für pikant gefüllte **Buchteln (Kraut), Pizzabeläge**. Fein gerührt und weich gehaltener Germteig mit Abtrieb für **Germgugelhupf**.

Mürbteig ➤ Geknetet, **3 Teile Mehl, 2 Teile Butter, 1 Teil Staubzucker** (wird auch als 1-2-3-Teig bezeichnet), für **Süßspeisen** wie Bäckereien und als **Tortenunterlage**; pikant ohne Zucker für **Käsetörtchen, Quiches** etc.

Nudelteig ➤ Hartweizengrieß, griffiges Mehl, Ei, Öl, Wasser. Süß oder pikant zu verwenden.

Plunderteig ➤ Geknetet, direkt geführter Germteig, in den ein Fettziegel (ähnlich dem Blätterteig) eingearbeitet wird. Süß: für Kaffeegebäck wie **Kipferln, Plunder, Croissants**. Pikant: **Lachskipferln**.

Sauerteig ➤ entsteht ohne weitere Zusätze aus den in Mehl und Luft vorhandenen Essig- und Milchsäurebakterien, wenn man dem Mehl warmes Wasser zusetzt. Sauerteig wird als Backtreibmittel für **Roggenbrote** benötigt.

Strudelteig ➤ Geknetet, aus Mehl, lauwarmen Wasser, Öl, eventuell Ei. Für süße **Apfelstrudel** ebenso wie pikante Füllungen als **Spinatstrudel**.

Topfenteig ➤ Kompakter Teig aus Topfen, Mehl und Ei. Für **Fruchtknödel und Fruchttascherln**.

Topfenmürbteig ➤ Geknetet, zu gleichen Teilen Topfen, Butter und Mehl. Sowohl für Süßes als auch Pikantes zum **Einschlagen von verschiedenen Füllungen**.

Stärke: Massen werden feinporiger, wenn man einen Teil des Mehles durch Stärke ersetzt.

Backpulver: wird zusammen mit Mehl versiebt. Es wird bei schweren Massen beigegeben.

Fett: Massen werden durch Zugabe von Fett schwer und saftig. Die Idealtemperatur beim Aufschlagen von Butter oder Margarine liegt bei 20°–21° C (normale Raumtemperatur).

Abtrieb herstellen: Butter oder Margarine wird mit Staubzucker schaumig gerührt, nach und nach werden ganze Eier oder Eidotter eingerührt. Eier und Fett sollten zur optimalen Verbindung die gleiche Temperatur aufweisen.

Staubzucker: um Klumpen zu vermeiden, wird Staubzucker vor Verwendung gesiebt.

Kristallzucker: Beim Schaumigschlagen von Eiern wird meist Kristallzucker verwendet.

Aufschlagen und Einmelieren von Eischnee

Eiklar und Eidotter sorgfältig trennen, es darf kein Eidotter zum Eiklar gelangen. Kessel und Schlagbesen müssen fettfrei sein.

Eischnee mit Zucker aufschlagen: Eischnee mit einer Prise Salz anschlagen, nach und nach Kristallzucker zugeben und gut durchschlagen.

Schnee einmelieren: Ein Viertel des Eischnees mit der Eidottermasse oder dem Abtrieb verrühren – die Masse wird dadurch geschmeidiger, restlichen Schnee vorsichtig unterziehen.

Unterheben von Mehl: Mehl behutsam mit großflächigem Holzlöffel – abwechselnd mit dem Eischnee – einmelieren.

Kuchen und Desserts

Preiselbeeren

Vanille

Dörrzwetschken

Früchte und Marmelade
Getrocknete Früchte: wie Rosinen, Sultaninen oder Korinthen in heißem Wasser waschen, in Wasser oder Alkohol (Rum) einweichen, abseihen evtl. trocknen – und erst dann weiterverarbeiten.
Kandierte Früchte: Aranzini und Zitronat werden feinwürfelig geschnitten als Beigabe zu Teekuchen, diversen Bäckereien und als Garnitur verwendet.
Marmelade zum Aprikotieren: Marmelade aufkochen und heiß aufstreichen bzw. überziehen. Durch das Aprikotieren erhält man einen feuchten Untergrund, der sowohl ein Austrocknen der Gebäckstücke als auch der Glasur verhindert. Das bestes Beispiel dafür ist die Sachertorte, bei der je nach Erfinder und 1. Hersteller Demmel (Marillenmarmelade außen auf den fertig gebackenen Kuchen aufgebracht, als eigene Schicht zwischen Kuchen und Schokoladeglasur) oder Sacher (die fertig gebackene Torte wird in der Mitte durchgeschnitten und die Marillenmarmelade aufgestrichen).

Nüsse und Kerne
Geschälte Mandeln: Kerne blanchieren, ziehen lassen, bis sich die Haut löst. Anschließend Haut abziehen und trocknen.
Geschälte Haselnüsse: Kerne im Backrohr bei 200°C ca. 5-10 Minuten rösten. Schale mit Küchentuch oder Drahtsieb abreiben.
Walnüsse: Die Kerne werden gehackt, gerieben oder im Ganzen verwendet. Frische Nüsse müssen geschält werden, da die Schale bitter schmeckt.
Nougatcreme ➤ wird aus Haselnüssen hergestellt.
Mohn: wird gemahlen weiterverarbeitet.
Kokosette: geriebenes Fruchtfleisch der Kokosnuss, die österreichische Bezeichnung für Kokosraspeln.
Schokolade
Zerkleinerte Würfel im Wasserbad schmelzen, keinesfalls zu stark erhitzen, der Kakaobutteranteil setzt sich ab, die Schokolade verliert ihre Geschmeidigkeit.

Vanille
Vanillezucker: Verwendung bei Massen und Teigen.
Vanilleschote: der Länge nach halbieren, Fruchtmark mit den kleinen schwarzen Kernen mit dem Messerrücken herausschaben. Für gekochte Saucen und Cremen wird die Vanilleschote mitgekocht und anschließend entfernt.
Vanillecremepulver: wird wie Stärke zum Abziehen von Saucen und Grundcremen verwendet.

Zitrusfrüchte
Zitronen- und Orangenschalen: nur die äußere dünne Schale (ohne weiße Innenschale) von gewaschenen, nicht behandelten Früchten verwenden.
Zitronensäure: 1 TL (5 g) entspricht der Säurewirkung des Saftes von ca. 2 Zitronen. Sie wird je nach Rezept in Pulverform oder in Wasser aufgelöst verwendet.

Alkohol
Rum wird wegen seines Aromas vor allen für Teige verwendet, verschiedene süsse Liköre (wie z.B. Eierlikör) werden für Massen genommen. Brände für Saucen und feine Obstbrände werden für Fruchtdesserts eingesetzt.

Gewürze
Zimt, Anis, Nelken, Ingwer, Kardamom, Safran – immer genau nach Rezeptangabe und mit Bedacht verwenden.
Salz wird beinahe jedem Teig und jeder Masse beigefügt. Es wirkt geschmacksverbessernd und kleberfestigend.

Gelatine
Gelatineblätter: in kaltem Wasser nach und nach einzeln einlegen bzw. einweichen, leicht ausgedrückt heiß auflösen (Wasserbad) und der Grundmasse beifügen oder bei heißen Massen, ohne sie aufzulösen, direkt beifügen.
Trockengelatine: in kleinem Teil kalter Flüssigkeit einweichen, quellen lassen, in restlicher heißer Flüssigkeit auflösen.

Ballaststoffe ➤ Positives Wort für die Zufuhr von Unverdaulichem in der Nahrung, d.h. die Rohfasern in Vegetarischem (Gemüse, Getreide, Nüssen, Obst) aus Zellulose, Hemizellulose, Lignin und Pektin. Chemisch sind Ballaststoffe hochmolekulare Kohlenhydrate. Ballaststoffe bewegen sich wegen ihres hohen Volumens wie „Rambo" durch Darm und Darmflora, regen dadurch die Peristaltik, als Kneteffekt und Vorschub an und sind deshalb unverdaulich, aber hochbekömmlich. **Weizenkleie** (Ballaststoffanteil 45/100 g) oder auch **Roggenkleie** (47,5/100 g) und **Schwarze Johannisbeeren** (67,8/100 g) allein „ballasten" zehnmal mehr als **gekochte Erdäpfel** (1,7/100 g). Ein Mangel an Ballaststoffen führt schnell zu Verstopfungen und der weiteren Verweigerung aller Nahrungsaufnahme und anfänglichen Genusses, und dann zu Magen-Darm-Erkrankungen.

Steirisches Küchen Lexikon

Walter Klinger, Imker - einige der besten steirischen Qualitätshonige

Für ein Kilo Bienenhonig fliegen seine Bienen eine Strecke so weit wie einmal rund um die Erde, und sammeln dabei von Millionen Blüten Nektar und Honigtau, bringen alles zum Heimatstock und lagern den Honig gleich in die Waben ein.

Der Weststeirische und Grazer Imker Walter Klinger hat in den letzten Jahren sehr viele Landesauszeichnungen für seine Honig-Spezialitäten erhalten:
Steirische Honigprämierung 2008,
Landessieger mit Kastanienhonig und Waldhonig.
Steirische Honigprämierung 2010,
Landessieger mit Kastanienhonig und Waldhonig.
Steirische Honigprämierung 2011
Landessieger mit Kastanienhonig, Silber mit Waldhonig.
Steirischer Blüten-Cremehonig ist ein naturbelassenes Produkt. Blütenhonig kommt von heimischen Wiesen und Obstbäumen. Durch schonendes Rühren während der Kristallisation erhält er seine seidig-cremige Konsistenz, sein feines Aroma und die helle Färbung. Alle natürlichen Fermente, Mineralstoffe und Vitamine bleiben damit vollständig erhalten.
Steirischer Waldhonig ist besonders würzig und aromatisch im Geschmack, er ist sehr reich an Vitaminen, Mineral- und Aufbaustoffen. Naturbelassener Honig kristallisiert früher oder später und kann durch Erwärmen in einem Wasserbad bei etwa 40°C wieder verflüssigt werden. Dadurch erhält er seine ursprüngliche Konsistenz und Farbe wieder.
Weststeirischen Kastanienhonig sammeln die Bienen vorwiegend von den Blüten der Edelkastanien. Er ist reich an Vitaminen, Mineral- und Aufbaustoffen.
„Das Geheimnis meines Erfolges sind die Standplätze meiner Bienenstöcke. Es sind die besten Voraussetzung unserer Region der Koralm mit den ausgedehnten Wäldern, Wiesen, frischen Wasser, Luft und meiner Begeisterung und Liebe und für die Bienen."

Imker Walter Klinger
8020 Graz, 26er-Schützengasse 5
Weststeiermark: 8541 Hollenegg, Kruckenberg 17
Tel.: +43 (0) 664 39 00 930

Bienenhonig

Steirischer Bienenhonig – die süße und gesunde Verführung

Bienenhonig dient Menschen und Tier schon lange als Süßungsmittel. Schon immer stand Honig als Süßungsmittel, Aphrodisiakum oder Heilmittel hoch im Kurs. Der Hauptbestandteile von Honig sind 75% verschiedene Zuckerarten, davon 38% Fruchtzucker und 31% Traubenzucker.

Kleine Mengen sind aus 20 verschiedenen Di- und Oligosacchariden und die Zusammensetzung der verschiedenen Zuckerarten bewirkt, dass Honig eine mindestens 25% höhere Süßkraft als Rübenzucker hat. Bei Verwendung von Honig lässt sich also die gleiche Süße mit weniger Menge (und Kalorien) erreichen. Wasser ist mit bis zu 20% der mengenmäßig zweitwichtigste Inhaltsstoff von Honig. Die 0,2 bis 2% Eiweiß sind nicht ernährungsrelevant. Interessant ist die Vielfalt an Enzymen (u.a. Alpha-Glucosidasen, Alpha- und Beta-Amylasen, Glucoseoxidase, Katalase, saure Phosphatase, Invertase), die in Honig zu finden sind. Glucoseoxidase etwa spaltet Traubenzucker zu Gluconsäure und Wasserstoffperoxid. Dieser Vorgang unterstützt die Haltbarkeit von Honig im Bienenstock und erzeugt eine bakterienhemmende Wirkung. Ebenso wurde eine große Anzahl an Vitaminen und Mineralstoffen in Honig nachgewiesen. Weiters findet man in Honig organische Säuren und über 200 bisher identifizierte Aromastoffe, die für den honigtypischen Geruch und Geschmack verantwortlich sind.
Nicht zuletzt sind sekundäre Pflanzenstoffe aus den Trachtpflanzen (v.a. Phenolsäuren, Flavonoide) in Honig nachgewiesen worden.

Honig wird zum Marinieren, Süßen, Glacieren, Backen und Braten verwendet. Wie bereits erwähnt büßt Honig beim Erhitzen einen Teil der wertvollen Inhaltsstoffe ein. Ein paar Regeln sind für das Kochen mit Honig zu beherzigen: Wollen Sie z.B. ein Rezept für einen Kuchen ändern und anstatt Zucker Honig verwenden, so reduzieren Sie die Menge des angegebenen Süßmittels um ein Viertel (bis zur Häfte, je nach Geschmack) und die vorgesehene Flüssigkeitsmenge um 20 %. Das leidige Abwiegen wird erleichtert, wenn die Schüssel vorher geölt wurde. So bleibt Honig nicht kleben.
Beim Backen und Braten beachten, dass Honig schneller bräunt, deshalb die Temperatur um 10°–15 °C niedriger einstellen.

Waldhonig und Tannenhonig
- ✔ Honigtauhonig von der Weißtanne
- ✔ Tiefbraune Farbe mit grünlichem Ton
- ✔ Würzig harziges Aroma
- ✔ Hoher Fruchtzuckergehalt (langsame Kristallisation)
- ✔ Hohe elektrische Leitfähigkeit
- ✔ Starke antibakterielle Wirkung
- ✔ Bei Bronchitis und Husten
- ✔ Bei Mund- und Halsentzündungen

Kastanienhonig
- ✔ Mischung von Nektar und Honigtau
- ✔ Ganz typisches herb-bitteres Aroma
- ✔ Braun bis rotbraune Farbe, auch dunkelbraun (bei gleichzeitiger Honigtautracht)
- ✔ Bleibt lange flüssig (hoher Fruchtzuckeranteil)
- ✔ Hohe elektrische Leitfähigkeit
- ✔ Enthält große Mengen an Kastanienpollen
- ✔ Hoher Inhibingehalt

Lindenhonig
- ✔ Aromatischer Honig, charakteristisch im Geschmack und Geruch
- ✔ Gelbliche bis zartgrüne Farbe
- ✔ Nervenberuhigend, entspannend, schlaffördernd
- ✔ Fördert geistige Produktivität und Kreativität
- ✔ Für Menschen, die geistig angestrengt Arbeiten
- ✔ Hoher Inhibingehalt
- ✔ Bei Bronchitis, Heißerkeit und Husten

Honig Inhaltsstoffe
Portionsgröße 20 g

Kilokalorie/Kilojoule	302/1262
Fett (g)	0
Eiweiß-Protein (g)	+
Kohlenhydrate (g)	75
Cholesterin (mg)	0
Wasser (g)	19

Mineralstoffe

Natrium (mg)	2
Kalium (mg)	45
Kalzium (mg)	6
Magnesium (mg)	2
Phosphat (mg)	5
Eisen (mg)	1,3
Zink (mg)	0,4

Vitamine

Carotine, einschl. Beta-Carotine (µg)	0
Vitamin A (µg)	0
Vitamin B1 (mg)	+
Vitamin B2 (mg)	0,05
Vitamin B6 (µg)	0,16
Vitamin B12 (µg)	0,0
Vitamin E (mg)	0
Folat (µg)	2
Vitamin C (mg)	2

✱ Dietmar Kappel: Strudel backen –
Eine Teighülle die mit Früchten und Bröseln gefüllt ist

1 Alle Zutaten vermengen, den Teig rasten lassen und dünn auswalzen.

2 Die Ränder mit Eidotter bepinseln. Das Eidotter dient als Klebestoff.

3 Die **Beeren-Brösel-Mischung**, in der Mitte des Strudelteiges anhäufen.

4 Eine Seite des Teiges über die Fülle klappen. Der Teig soll dabei nicht brechen.

5 Der 2. Strudel kann mit einer anderen Fülle, wie Weintrauben befüllt werden.

6 Die Ränder des Teiges mit Eidotter (als Kleber) bepinseln.

7 Die Oberfläche des Strudels glattstreichen und die Teigenden fest verkleben.

8 Damit der Dampf austreten kann die Oberfläche des Strudels einstechen.

9 Mit Eidotter bepinseln macht beim Backen eine schöne und glänzende Oberfläche.

10 Beide Strudel zum Abschluß nochmals mit Eidotter bepinseln.

11 Sehr geschmackvoll angerichtet: ein Heidelbeerstrudel mit Vanillesauce und eine besondere Herbstspezialität, ein Weintraubenstrudel mit Muskatellerschaum.

Kuchen und Desserts

Strudelteig selbstgemacht

250–270 g glattes **Mehl**, 125 ml lauwarmes **Wasser**, 1 kleines **Ei** (Größe S), 25 g **Pflanzenöl** (2 EL), eine Prise **Salz**.

Zubereitung: Alle Zutaten gut zu einem glatten, geschmeidigen Teig verkneten, mit Pflanzenöl einpinseln und in Klarsichtfolie am besten über Nacht rasten lassen (Kühlschrank). Den Teig rechtzeitig aus dem Kühlschrank nehmen. Nicht mehr kneten!

Auf einem freistehenden Tisch mit bemehltem Tuch ausrollen und mit Handrücken über die Tischkanten ausziehen (Achtung: Ringe und Uhr vorher ablegen), mit etwas flüssiger Butter bestreichen bzw. beträufeln und die Fülle auf etwa dem ersten Drittel der Teigfläche verteilen, mit Hilfe des Strudeltuches langsam einrollen und zwischendurch die Fülle im Strudel etwas festdrücken, mit flüssiger Butter und am Schluss mit Eigelb bestreichen. Auf gefettetem Blech im vorgewärmten Backrohr bei 180°–200°C etwa 20–25 Minuten backen.

Apfelstrudel

Zutaten 10–12 Portionen

Ein **selbstgemachter Strudelteig** oder 1 Paket **fertige Strudelblätter**.

700 g säuerliche **Äpfel** (geschält und grob geschnitten), 80 g **Zucker**, 30 g **Rosinen** (eventuell in Rum einweichen), **Zimt** und etwas grob gehackte **Walnüsse**, 70 g **Brösel** mit **Butter** kurz anrösten, **Butter** für das Backblech (oder **Backtrennpapier**), flüssige **Butter** zum Bestreichen des Strudels, **Staubzucker** zum Anzuckern.

Zubereitung: Äpfel mit Zucker und Rosinen vermischen, etwa 30 Minuten marinieren und andünsten, etwas abkühlen lassen. Strudelblätter auf leicht feuchtem Tuch ausbreiten oder hausgemachten Teig auf bemehltem Tuch ausziehen, Teig mit Butter bestreichen, mit gerösteten Bröseln auf 1/3 der Teigfläche bestreuen und darauf die Apfelfülle verteilen, mit Hilfe des Tuches einrollen.

Auf **gefettetes Blech** oder auf **Backtrennpapier** geben und die Oberfläche noch mit etwas Butter einpinseln. Im vorgeheizten Backrohr bei 220°C etwa 20 Minuten goldgelb backen, etwas abkühlen lassen und mit Staubzucker bestreuen. Am besten lauwarm servieren.

Mohn- oder Nuss-Strudel

Zutaten Strudelteig für 10–12 Portionen

500 g **Weizenvollkornmehl**, 180 ml **Milch**, 1 Paket **Trockenhefe**, 10 g **Salz**, 2 cl **Rum**, 150 g **Butter**, 150 g **Honig**, 3 **Eier** von Freilandhühnern, 2 cl **Zitronensaft**.

Zubereitung Strudel: Die **Trockenhefe** mit **Weizenvollkornmehl** vermischen. Milch, Rum, Butter, Honig und Zitronensaft miteinander erwärmen. Die Eier und das Salz verrühren. Alles miteinander vermischen und mit einen Kochlöffel zu einen Teig verarbeiten.

Zugedeckt an einen warmen Ort 30 Minuten „aufgehen" (rasten) lassen. Dann den Teig nochmal verrühren, und weitere 30 Minuten rasten lassen. Den Teig in drei gleichgroße Stücke teilen und auf 30 x 30 cm große Stücke ausrollen. Die Teigflächen mit der Mohnfülle bestreichen und zusammenrollen. Anschließend die Oberfläche mit verrührten Ei bestreichen und im vorgeheizten Backrohr bei 180°C etwa 45 Minuten backen.

Nussfülle

Zutaten Nussfülle: 500 g **Walnüsse** (gerieben), 5 cl **Rum** (40% Alc.), 300 g **Honig**, 350 ml **Milch**, 50 g **Semmelbrösel**, Saft von 1/2 **Zitrone**, **Zimt**.

Mohnfülle

Ein **selbstgemachter Strudelteig** oder 1 Paket **fertige Strudelblätter**.

Zutaten Mohnfülle: 500 g **Mohn**, 300 g **Honig**, 350 ml **Milch**, 2 cl **Rum**, 50 g **Semmelbrösel**, 100 g **Rosinen** (ungespritzt), **Zimt**, 100 g **Powidl** (Zwetschkenmarmelade), **Butter** für das Backblech (oder **Backtrennpapier**), flüssige **Butter** zum Bestreichen des Strudels, **Staubzucker** zum Anzuckern.

Zubereitung: Milch, Rum und Honig miteinander aufkochen. Alle anderen Zutaten dazugeben und gut verrühren.

Kirschenstrudel

Zutaten 10–12 Portionen

1 kg entkernte **Kirschen** oder **Weichsel**, 130 g **Butter**, 100 g **Brösel**, 100 g **Kristallzucker**, **Butter** für das Backblech (oder **Backtrennpapier**), flüssige **Butter** zum Bestreichen des Strudels, **Staubzucker** zum Anzuckern.

Weintraubenstrudel mit Muskatellerschaum

Zutaten für die Fülle 4–6 Portionen

Ein **selbstgemachter Strudelteig** oder 1 Paket **fertige Strudelblätter**.

450 g **Weintrauben** (gut gewaschen), 30 g **Butter**, 50 g **Brösel**, 40 g **Kristallzucker**, **Butter** und 1 **Eidotter** zum Bestreichen, **Staubzucker** zum Bestreuen.

Zubereitung: Den dünn ausgezogenen Strudelteig mit in Butter kurz angerösteten Bröseln bestreuen, Weinbeeren und Zucker daraufstreuen, einrollen und mit Eidotter, der mit Wasser vermischt wird, bestreichen. Bei 180°C im Rohr goldbraun backen.

Anmerkung: Für Weintrauben- oder Beerenstrudel den Strudelteig mit 1 bis 2 halbsteif geschlagenen Eiweißen (mit Zucker und Nüssen oder Bröseln vermischt) zur Hälfte bestreichen und die Beeren oder Weintrauben darauf verteilen. Das Eiweiß verhindert den Saftaustritt, dadurch bleiben die Beeren ganz und saftig, und der Strudelteig knusprig.

Muskatellerschaum

Zutaten für 4 Portionen

2 **Eidotter**, 40 g **Zucker**, 125 ml aromaintensiver **Weißwein** (Muskateller, Traminer), 1 Prise **Vanillezucker**, 1 EL geschlagenes **Schlagobers**.

Zubereitung: In einen Schneekessel den Wein mit Zucker, Eidotter und Vanillezucker geben und gut verrühren. Über Dampf mit einem Schneebesen langsam aufschlagen, bis der Schaum heiße Temperatur und cremige Konsistenz erreicht. Zum Schluß das geschlagene Schlagobers unterheben und sofort mit dem Strudel anrichten.

Mohntorte

Blühender Mohn

Mohnfeld

Mohnkuchen

Mohntorte und Himbeer-Topfentorte

Mohnnudeln

Mohntorte

Zutaten für 12 Tortenstücke, Tortenform Ø 24 cm

150 g **Butter**, 6 **Eidotter** (je ca. 20 g), 50 g **Staubzucker**, 1 Pkg. **Vanillezucker**, **Salz**, geriebene **Zitronenschale**, 6 **Eiweiß** (je ca. 30 g), 110 g **Kristallzucker**, 200 g **Mohn** (geriebener bzw. gequetscht), 100 g **Haselnüsse** (gerieben), 20 g **Brösel**, **Staubzucker** für die Torte.

Zubereitung: Die cremig weiche Butter mit Staubzucker, der Prise Salz, Vanillezucker und den geriebenen Zitronenschalen schaumig rühren. Die Eidotter nach und nach unterziehen und solange rühren, bis die Masse nicht mehr an Volumen zunimmt.

Dann die 6 Eiweiß mit Kristallzucker zu Schnee aufschlagen und vorsichtig unter die Buttermasse heben.

Den geriebenen Mohn mit den geriebenen Haselnüssen und Bröseln vermischen, vorsichtig in die Butter-Zucker-Masse einrühren.

Eine Tortenformen innen mit Butter ausgeschmiert und dann mit etwas Mehl bestauben. Die Masse einfüllen und die Oberfläche glattstreichen. Bei 200°C im vorgeheizten Backrohr etwa 10 Minuten backen, dann die Hitze auf 160°C reduzieren und noch für 1 Stunde fertig backken.

In der Form auskühlen lassen, mit wenig Mehl bestauben, auf ein Backtrennpapier stürzen und mit der Form bedeckt fertig auskühlen lassen.

Vor dem Servieren die Mohntorte noch mit Staubzucker bestreuen und je nach Saison mit einer Kirsche oder Stachelbeere die Tortenstücke belegen.

Mohnkuchen

Zutaten für 2 Formen: 8x20 cm, 6 cm hoch

150 g **Butter**, 6 **Eidotter** (120 g), 50 g **Staubzucker**, 1 Pkg. **Vanillezucker**, **Salz**, geriebene **Zitronenschale**, 6 **Eiweiß** (180 g), 100 g **Kristallzucker**, 200 g geriebenen **Mohn**, 100 g geriebene **Nüsse**, 20 g **Brösel**, 1 MSP **Zimt** (gemahlen).

Zubereitung: Butter mit Staubzucker, Salz, Vanillezucker, geriebener Zitronenschale schaumig rühren, Dotter nach und nach unterziehen, solange rühren, bis die Masse nicht mehr an Volumen zunimmt. Eiweiß mit Kristallzucker zu schmierigem Schnee schlagen und vorsichtig unter die Buttermasse rühren. Gemahlenen Mohn mit geriebenen Nüssen, Zimt und Bröseln vermischen und langsam in die Masse einrühren. In zwei mit Butter befetteten und mit Mehl bestaubten Kastenformen die Masse 3/4 hoch einfüllen, an den Rändern etwas hochstreichen und bei 160°C im vorgeheizten Backrohr ca. eine dreiviertel bis eine Stunde backen, stürzen, die Form kurz abheben und wieder auf den Kuchen geben, um ein Austrocknen beim Abkühlen zu verhindern. Mit Zucker besieben und aufschneiden.

Mohnnudeln mit Marillenröster

Zutaten für 6 Portionen mit Erdäpfelteig

1 kg mehlige **Erdäpfel** (mit der Schale), 300 g griffiges **Mehl**, 30 g flüssige **Butter**, 1 **Freiland-Ei** (Größe M), **Salz**.

Zum Wälzen: 100 g **Butter**, 100 g gemahlenen **Mohn**, **Staubzucker** zum **Bestreuen** der gekochten **Erdäpfelnudeln**.

Zubereitung Erdäpfelteig: Die Erdäpfel mit der Schale weich kochen, noch heiß schälen und durch eine Erdäpfelpresse drücken, mit Mehl, der flüssigen Butter, dem Bio-Ei und Salz rasch zu einem Teig verkneten. Einen dicken Strang auf einer bemehlten Fläche formen, in kleinere Stücke schneiden und mit bemehlten Handinnenflächen zu Nudeln oder Schupfnudeln formen. Diese in leicht gesalzenem, siedendem Wasser etwa 2 Minuten kochen. Mit einem Schöpfer herausnehmen, abseihen und kalt abspülen. In einer Pfanne Butter zergehen lassen und die abgetropften Nudeln einlegen, den Mohn darüberstreuen, gut durchschwenken, anrichten, mit Staubzucker bestreuen und mit dem Marillenröster servieren.

Marillenröster

500 g **Marillen** (halbiert und entkernt), 3–4 EL **Kristallzucker**, 1 **Zimtstange**, 1 Liter **Wasser**.

Zubereitung: Die halbierten Marillen mit dem Kristallzucker und der Zimtrinde etwa 2 Stunden kalt marinieren.

Die marinierten Marillen eine halbe Stunde kochen, bis gut zwei Drittel der Flüssigkeit verdampft sind und der Röster eine etwas dickliche Konsistenz hat; anschließend die Zimtstange herausnehmen.

Tipp: Röster kann auch in größeren Mengen hergestellt werden. Dazu den heißen Röster in sterile Marmeladegläser abfüllen und sofort verschließen.

Nußtorte

Zutaten für eine Torte mit 24 cm Ø = 12 Tortenstücke

160 g **Butter**, 100 g **Staubzucker**, 6 **Eidotter**, (Größe M, à 20 g), 6 **Eiklar** (Größe M, à 30 g), 100 g **Kristallzucker**, 200 g **Haselnüsse** (gerieben), 60 g süße **Brösel** (Biskuit oder Biskottenbrösel), 1 Pkg **Vanillezucker**, **Salz**, 1 MSP **Zimt**, **Butter** zum

Zubereitung: Ausfetten der Tortenform. Butter, Staubzucker und die Geschmackszutaten schaumig rühren, nach und nach Eidotter einrühren. Eiklar mit Kristallzucker zu schmierigem Schnee schlagen, locker unter die Butter-Dotter-Masse heben, Haselnüsse und Brösel vermengen und locker unterrühren. Die Masse in eine gefettete Tortenform einfüllen und im vorgeheizten Backrohr bei 170°C für ca. 70 Minuten backen. Aus dem Backrohr nehmen, noch 5 Minuten stehen lassen, mit Mehl leicht bestauben und umgedreht auf Backtrennpapier auskühlen lassen. Torte aus der Form heraus nehmen, mit grob gehackten Walnüssen bestreuen und eventuell mit Staubzucker besieben.

Milchrahmstrudel mit Vanillesauce
Zutaten für 8–10 Portionen
1 Pkg fertige **Strudelblätter** (oder ein hausgemachter **Strudelteig**),
Zutaten Topfenfülle: 150 g **Butter**, 50 g **Zucker**, 5 **Freiland-Eier** (Größe M), 1 Pkg **Vanillezucker**, **Salz**, abgeriebene **Zitronenschale**, 250 g **Topfen** (10% F.i.T.), 250 g **Topfen** (20% F.i.T.), 250 g **Sauerrahm**, 125 g **Joghurt**, 60 g **Mehl**, 30 g **Rosinen**.
Zubereitung Milchrahmstrudel: Butter, Zucker, Eidotter, geriebene Zitronenschale, Vanillezucker und Salz schaumig rühren. Topfen mit Sauerrahm und Joghurt unterrühren. Eiklar mit Zucker zu Schnee schlagen und unter die Butter-Topfen-Masse rühren. Zuletzt das Mehl, eventuell mit Rosinen vermischt, vorsichtig einrühren.
Die fertigen Strudelblätter mit Butter bestreichen und die Fülle aufstreichen. Den Strudel einrollen, in eine gefettete Backform legen und bei starker Unterhitze bei 180°C und wenig Oberhitze etwa 20 Minuten backen.
Zutaten Überguß: 375 ml **Milch**, 3 **Freiland-Eier**, 40 g **Zucker**, **Salz**, geriebene **Zitronenschale** von einer 1/2 **Zitrone**, 1 TL **Vanillezucker**.
Zubereitung: Alle Zutaten für den Überguß vermischen, über den Milchrahmstrudel gießen und noch für etwa 45 Minuten im Backrohr bei 160°C Ober- und Unterhitze fertig backen.

Vanillesauce
Zutaten Vanillesauce: 500 ml **Milch**, 80 g **Zucker**, 20 g **Weizenstärke** oder **Maizena**, 1 **Vanilleschote** (Mark), 2 **Bio-Eidotter**, 2 cl **Rum**.
Zubereitung: Einen Teil der Milch mit Weizenstärke und den Eidottern verrühren. Die restliche Milch mit Zucker und dem Vanillemark aufkochen lassen. Das Weizenstärke-Eidotter-Gemisch einrühren und unter ständigem Rühren gut verkochen lassen. Zum Schluß mit etwas Rum abschmecken.

Hausgemachter Strudelteig
Rezept Seite 232

Topfensoufflée mit Rotweinbirnen
Zutaten für 4 Portionen
160 g **Topfen** (20% Fett), 30 g **Kristallzucker**, 2 **Eidotter**, 4 **Eiweiß**, 40 g **Kristallzucker**, Schale einer unbehandelten **Zitrone**, 1 TL **Vanillezucker** oder das Mark von einer **Vanilleschote**.
Zubereitung: Die Eidotter mit 30 g Kristallzucker schaumig rühren, Topfen dazugeben unterrühren. Die 4 Eiweiß mit dem restlichen Kristallzucker zu Schnee schlagen, die Zitronenschale hineinreiben und das Mark einer Vanilleschote dazugeben. Alle Zutaten vorsichtig vermengen und in gebutterte, mit Kristallzucker ausgestreute Souflée-Förmchen zu 2/3 einfüllen. Im Backrohr im Wasserbad bei 200°C für 15–20 Minuten garen.

Rotweinbirnen
300 g **Birnen** (gewürfelt), 250 ml **Rotwein**, 125 ml **Süßwein**, 160 g **Kristallzucker**, 1 **Zimtstange**, **Vanillecremepulver**.
Zubereitung: Rotwein, Süßwein, Kristallzucker und Zimtstange aufkochen und dann langsam auf 1/3 einreduzieren. Etwas Vanillecremepulver mit Rotwein verrühren und die Sauce damit binden, die Birnenwürfel dazugeben und 10 Minuten weiter ziehen lassen.

Mohn-Himbeer-Topfentorte
Zutaten für 12 Tortenstücke
1 Tortenform Ø 24 cm
20 g weiche **Butter**, 75 g **Staubzucker**, **Salz**, 1 Packerl **Vanillezucker**, den **Saft** und die **Schale** einer unbehandelten **Zitrone**, 6 **Eier** (Größe M), 200 g **Kristallzucker**, 350 g **Mohn**, 150 g **Haselnüsse** (gerieben).
Zubereitung Mohnboden: Die Eidotter, Butter und Staubzucker gut vermischen. Salz, Vanillezucker, Saft und abgeriebene Schale einer unbehandelten Zitrone daruntermischen. Eiklar und Kristallzucker zu Eischnee schlagen. Mohn, Haselnüsse und den Eischnee mit der Dotter-Buttermasse vermischen. Die Masse in die Tortenform füllen und im vorgeheizten Backrohr bei 170C° etwa eine Stunde backen.

Topfenfülle
Zutaten: 1 kg **Topfen** (20% FiT), 4 **Eier** (Größe M), 300 g **Zucker**, 1 P. **Vanillezucker**, **Salz**, **Saft** und **Schale** einer unbehandelten **Zitrone**, 16 Blatt **Gelantine**, 500 ml **Schlagobers**, Wasser für die **Gelantine**.

Himbeerspiegel
Zutaten: 300 g **Himbeeren**, 5 Blatt **Gelantine**, 2cl **Himbeerlikör**.
Zubereitung: Die Gelantineblätter für kurze Zeit in kaltem Wasser einweichen. Die Himbeeren passieren, dann den Himbeerlikör erwärmen, die Gelantineblätter leicht ausdrücken und im warmen Himbeerlikör auflösen. Anschließend die nun rotfarbige Gelantine unter die Himbeeren rühren und auf der Oberfläche der Topfencremetorte verteilen.

Kuchen und Desserts

Apfelstreuselkuchen
Zutaten für 16–20 Portionen,
1 tiefes Backblech (30 x 40 cm)
Mürbteig: 50 g **Zucker**, 100 g **Butter**, 150 g glattes **Mehl**, **Salz**, **Vanillezucker**, abgeriebene **Zitronenschale**.
Zubereitung: Alle Zutaten rasch verkneten und mindestens eine Stunde kühl rasten lassen. Mürbteig auf einem mit Backtrennpaier ausgelegten Blech ausrollen und bei 180°C ungefähr 10 Minuten goldbraun backen.

Biskuit
4 **Freiland-Eier** (Größe M), 70 g glattes **Mehl**, 70 g **Kristallzucker**, **Salz**, geriebene **Zitronenschale**, **Marmelade** zum Bestreichen.
Zubereitung: Die Eier in Eidotter und Eiklar trennen, Eidotter mit einer Prise Salz, geriebener Zitronenschale und einem Drittel des Kristallzuckers schaumig rühren. Eiklar mit den restlichen zwei Dritteln des Zuckers gut aufschlagen. Beide Massen mischen, zuletzt das Mehl unterheben. Backblech mit Backtrennpapier auslegen, Biskuitmasse aufstreichen und im vorgeheizten Backrohr bei 200°C rasch backen, nach dem Herausnehmen sofort mit etwas Mehl bestreuen und auf ein Backtrennpapier stürzen. Das Backtrennpapier nicht sofort abziehen, denn das Biskuit würde durchtrocknen.

Gedünstete Äpfel
2 kg **Äpfel** schälen und entkernen, in kleine Stücke schneiden, mit gemahlenem **Zimt**, dem Saft von 2 **Zitronen**, 100 g **Rosinen** und **Zucker** nach Bedarf in einem Topf unter ständigem Umrühren dünsten, bis die Apfelstücke schön weich sind, danach abtropfen lassen.

Butterstreusel
200 g **Mehl**, 150 g **Butter**, 150 g **Kristallzucker**, **Salz**, etwas **Zimt** (gemahlen).
Zubereitung: Alle Zutaten zwischen den Handflächen verreiben und durch einen Nockerlhobel auf ein mit Backtrennpapier ausgelegtes Backblech drücken und locker aufstreuen. Bei 170°C goldbraun backen, noch warm mit einem Messer zerschneiden.

Fertigstellung des Apfelstreuselkuchens:
Mürbteig auf Backblech belassen, mit beliebiger heißer Marmelade bestreichen, Biskuit auflegen, darauf die gedünsteten, abgetropften Äpfel verteilen und im Kühlschrank 2 bis 3 Stunden gut abkühlen lassen, mit vorgebackenem Streusel bestreuen und aufschneiden, eventuell mit Staubzucker besieben.

Topfen-Früchte-Torte
Zutaten für 12 Stück, Tortenreifen ø 24 cm
Biskuitmasse: 5 **Freiland-Eier** (Größe M, 250 g), 100 g **Zucker,** 1/2 TL **Vanillezucker,** 1 MSP **Salz,** geriebene Schale einer 1/2 **Zitrone,** 80 g **Mehl**, 80 g **Maisstärke** (Maizena), 50 g **Butterschmalz** (flüssig) oder **Pflanzenöl**.
Zubereitung: Eier mit Zucker, Vanillezucker, Salz, geriebener Zitronenschale und Zitronensaft gut schaumig rühren, bis diese Masse an Volumen nicht mehr zunimmt.
Mehl mit Maisstärke gut vermengen, unter die Eiermasse vorsichtig einrühren. Zuletzt rasch das flüssige Butterschmalz einrühren. Jetzt darf die Masse nicht mehr viel gerührt werden. In vorbereitete Tortenreifen einfüllen, bei 160° bis 170°C im vorgeheizten Rohr für 35–40 Minuten backen.

Fruchtcreme
100 g **Fruchtmark (Erdbeeren, Brombeeren oder Himbeeren)**, 70 g **Staubzucker**, 20 g **Zitronensaft**, 3 Blatt **Gelatine** (in Wasser eingeweicht), 250 g **Schlagobers**.
Zubereitung: Passiertes Fruchtmark mit Staubzucker und Zitronensaft verrühren, aufgelöste bzw. erwärmte Gelatine einmengen, gut durchrühren, zuletzt das geschlagene Obers unterheben.

Topfencreme
100 g **Topfen** (passiert), 40 g **Staubzucker**, 2 EL **Joghurt**, 2 Blatt **Gelatine** (in kaltem Wasser eingeweicht), Saft und geriebene Schale einer **Zitrone**, **Vanillezucker**, **Salz**, 170 g **Schlagobers**.
Zubereitung: Den passierten Topfen mit Staubzucker, Joghurt, Zitronensaft und Schale, Vanillezucker und Salz glattrühren. Aufgelöste Gelatine vorsichtig einrühren, zuletzt das geschlagene Obers unterziehen.

Zutaten für die Torte
Halber Biskuitboden, in zwei Teile geschnitten. Die zweite Hälfte kann für späteren Gebrauch tiefgekühlt werden.
Diverse Früchte zum Belegen der Torte, 100 g geröstete **Mandelblättchen,** 1 Paket **Tortengelee**.
Fertigstellung der Torte: Einen geschnittenen Biskuitboden in einem Tortenreifen legen. Die Fruchtcreme einstreichen, dabei seitlich etwas hinaufstreichen. Danach die Topfencreme einstreichen. Einige Beeren als Einlage einstreuen. Mit dem zweiten Biskuitboden abdecken und 2 Stunden im Kühlschrank abstocken lassen. Mit Früchten je nach Saison belegen und mit Tortengelee gelieren. Zur seitlichen Garnierung gehobelte und geröstete Mandelblättchen andrücken.

Faschingskrapfen
Zutaten für 20 Stück

500 g glattes **Mehl** (Type 700 oder 480), (oder **1/2** glattes **Mehl** und **1/2 Weizenvollmehl**), 200 ml **Milch**, 120 g **Butter**, 1 Pkt. **Germ**, 5 Freiland-**Eier** (4 **Eidotter** und 1 ganzes **Ei**), 60 g **Zucker**, Prise **Salz**, 1 EL **Rum**, geriebene **Schale** einer unbehandelten **Zitrone**, **1 Pkg Vanillezucker**, **Pflanzenöl** zum Backen.

Zubereitung: Die Germ in etwas lauwarmer Milch auflösen, etwas Mehl dazurühren, eine Prise Zucker dazugeben. Dieses Dampfl auf einen warmen Platz stellen, bis sich das Volumen verdoppelt hat. Restliche Milch mit 1 Ei, 4 Eidottern, Salz, Zucker, Rum, geriebener Zitronenschale und Vanillezucker vermengen, mit dem Dampfl und dem Mehl locker verrühren. Die Butter schmelzen, zufügen und den Teig ca. 5 Minuten zu geschmeidiger Konsistenz kneten (eher klebrig feucht), anschließend für ca. 30 Minuten lang rasten bzw. aufgehen lassen (doppeltes Volumen).

Teig nochmals kurz kneten, wenn der Teig zu weich ist, eventuell noch etwas Mehl zugeben, und etwa 10 Minuten rasten lassen.

Teig zu einer Rolle formen. Rolle in kleine Teile schneiden, wieder etwas rasten lassen und durch leichtes Andrücken und kreisende Bewegungen mit der flachen Hand die Teigstücke auf der Arbeitsfläche zu kleinen Kugeln schleifen, etwas flach drücken.

Teigkugeln auf ein gut bemehltes Brett legen und mit einem Tuch abdecken. An einem warmen Platz aufgehen lassen (eventuell anschließend zugedeckt 30 Minuten kaltstellen). Das Pflanzenöl erhitzen, die Teigstücke vorsichtig mit der Wölbung nach unten ins Fett legen (165°C) und zugedeckt je nach Größe ca. 2–3 Minuten lang backen. Deckel entfernen, Krapfen umdrehen und zu goldgelber Farbe fertig backen.

Krapfen auf Küchenpapier abtropfen und überkühlen lassen.

Marillenmarmelade oder cremig gerührte Vanillecreme eventuell mit Rum abschmecken und damit die Krapfen mit Hilfe einer Krapfenspritztülle füllen.

Rezepte von **Maria Maitz, Ratsch**
Nuss-Schnecken in der Rein (Germteig)
Zutaten für 10–12 Portionen

Germteig: 1 kg glattes **Weizenmehl**, eine Prise **Salz**, 60 g **Germ**, 120 g **Feinkristallzucker**, 250 ml **Milch**, 100 g **Butter**, **Pflanzenöl**, 375 ml **Milch**, 1/16 l **Rum**.

Zubereitung Germteig: In eine größere Schüssel das glatte Weizenmehl und eine Prise Salz geben, in der Mitte der Mischung eine Mulde fürs Dampfl machen. 60 g Germ darin zerbröseln, mit 120 g Feinkristallzucker und 250 ml lauwarmer Milch verrühren. Den Teig für kurze Zeit an einem warmen Platz stehen lassen.

In der Zwischenzeit: Die 100 g Butter und das Pflanzenöl bei mäßiger Hitze zergehen lassen, sowie die lauwarme Milch und den Rum dazugeben, gut vermischen, abschlagen, den Teig in der Schüssel zugedeckt an einen mäßig warmen Ort stellen und darin „aufgehen" lassen. Den Teig nach 20 Minuten wiederum zusammenkneten und für eine weitere 30 Minuten rasten und aufgehen lassen – dadurch wird der Teig feinporiger.

Für die Fülle: 500 g weiche **Butter**, 250 g **Feinkristallzucker**, **Zimt**, 300 g **Walnüsse**.

Zubereitung: Die Butter, Feinkristallzucker und Zimt schaumig rühren. Auf den auf bis 2 cm dick ausgewalkten Teig die Mischung aufstreichen und mit gemahlenen Walnüssen bestreuen. Diesen Teig einrollen und in etwa 6–7cm lange Stücke schneiden. In eine befettete Kasserolle Stück für Stück mit der Schnittfläche nach oben nebeneinander aufstellen (Schneckenform) und noch 20 Minuten aufgehen lassen. Im vorgewärmten Backrohr bei 180°–190°C für etwa 45 Minuten backen. Leicht zugedeckt auskühlen lassen.

Der Germteig mit Nussfülle kann in verschiedene Formen zum Backen gefüllt werden, wie in eine Gugelhupf- oder eine Herzform.

Kranzkuchen
Zutaten für 6–8 Portionen

Germteig: 500 g glattes **Mehl**, 30 g **Germ**, 60 g **Butter**, 250 ml **Milch**, 60 g **Zucker**, 2–3 Freiland-**Eidotter**, **Salz**.

Für die Fülle: 50 g **Nüsse** (gemahlen), 50 g **Rosinen**, 50 g **Feinkristallzucker**, 50 g **Butter**, **Zitronensaft** und **Zucker**.

Zubereitung: Die Grundmasse wie den Germteig für Nuss-Schnecken zubereiten, es werden jedoch 2–3 Eidotter dazugegeben. Wenn der Germteig aufgegangenen ist, nochmals durchkneten und ungefähr 5 mm dick zu einem Rechteck ausrollen, mit zerlassener Butter bestreichen. Mit der Fülle bestreuen und kompakt einrollen. Die Rolle der Länge nach durchschneiden und beide Hälften wie eine Schnecke gegeneinander drehen. Den Kranz auf das mit einem Backpapier belegte Backblech legen, nochmals für einige Minuten aufgehen lassen und bei 190°C für 30–40 Minuten ausbacken.

Kuchen und Desserts

Altsteirischer Gugelhupf
Zutaten 8–10 Portionen, 1 Gugelhupfform
Diese Variante des Altsteirischen Gugelhupf-Rezeptes wird aus 3 Grundmassen hergestellt, zu denen noch Kirschen beigemengt werden, die dem fertigen Gugelhupf eine besonders saftige Note verleihen. Das ist ein sehr altes Rezept, wie man auch bei der verwendeten Menge an Eiern sehen kann.
1. Masse: 330 g **Butter**, 130 g **Staubzucker**, **Vanillezucker**, **Salz**, **Zitronenschale**, 4 **Eigelb**, 40 g **Rum**. Diese Masse schaumig schlagen. Mit weiteren 4 cl **Rum** verfeinern.
2. Masse: 4 Stück **Eiklar** mit 200 g **Kristallzucker** schaumig (steif) schlagen.
3. Masse: 150 g geriebene **Nüsse**, 50 g gehackte **Schokolade**, 350 g **Mehl**, eine Prise **Zimt**, etwas **Backpulver**.
Zubereitung: Diese 3 Massen gut vermengen und in eine Gugelhupfform eine Hälfte der Masse einfüllen, die Sauerkirschen einlegen – mit der restlichen Masse abdecken und im vorgewärmten Backrohr bei 160°C backen, die Backzeit ist etwa 60 Minuten.

Marmorgugelhupf (gerührt)
Zutaten 8–10 Portionen, 1 Gugelhupfform
180 g **Butter**, 4 **Eidotter**, 200 g **Zucker**, 500 g **Mehl**, 30 g **Hefe**, 0,25 l **Milch**, 1 EL **Rum**, Schale einer ½ **Zitrone**, Schnee von 2 **Eiern**, 1 Pkg. **Vanillezucker**, 15 g **Kakao**, 20 g **Pflanzenöl**, **Butter** und **Mehl** für die Gugelhupfform.
Zubereitung: Die Grundzutaten Butter, Zucker, Vanillezucker und Eidotter werden schaumig gerührt, Rum und die abgeriebene Zitronenschale dazugeben. Die aufgegangene Hefe und abwechselnd Milch und Mehl einrühren. Den Teig so lange schlagen, bis er sich von der Schüssel löst und Blasen bildet. Der Schnee von 2 Eiklar wird leicht daruntergemengt.
300 g der Gugelhupfmasse mit **Kakao** und 20 g **Pflanzenöl** verrühren und damit braun einfärben.
Die beiden farbig unterschiedlichen Teige gibt man abwechselnd in eine gut ausgefettete, mit Mehl bestaubte Gugelhupfform. Immer mit der hellen Masse beginnen. Zum Aufgehen stellt man die Form mit dem Teig an einen warmen Ort.
Sobald der Teig die doppelte Höhe erreicht hat, schiebt man ihn in das vorgeheizte Backrohr und bäckt bei 160°C für eine Stunde. Den fertigen Gugelhupf aus der Form stürzen und mit Staubzucker besieben.

Karotten-Vollwertgugelhupf
Zutaten 8–10 Portionen, 1 Gugelhupfform
500 g **Haselnüsse** (gerieben, geröstet), 100 g **Weizen-Vollkornmehl**, 500 g **Karotten**, 5 **Freiland-Eier**, 300 g **Butter**, 200 g **Staubzucker**, Schale von 1/2 **Zitrone** (unbehandelt), **Butter**.
Zubereitung: Backrohr auf 180°C vorheizen. Gugelhupfform mit Butter ausstreichen und mit Haselnüssen ausstreuen.
Nüsse und Mehl vermischen. Karotten schälen und fein raspeln. Eier in Dotter und Klar trennen. Eidotter mit der Hälfte vom Zucker und abgeriebener Zitronenschale gut cremig rühren, geraspelte Karotten untermischen.
Eiklar mit restlichem Zucker zu cremigem Schnee schlagen. Ein Drittel vom Schnee zügig in den Butterabtrieb rühren. Nuß-Mehlmischung und restlichen Schnee unterheben.
Masse in die vorbereitete Form füllen, zum Rand hin hochstreichen und im vorgeheizten Rohr (unterste Schiene) für etwa 1 Stunde backen.
Den fertigen Gugelhupf aus dem Rohr nehmen, und noch 10 Minuten in der Form rasten lassen, auf ein mit Staubzucker bestreutes Stück Backpapier stürzen und auskühlen lassen.
Vor dem Servieren in gleichgroße Stücke schneiden.

Gugelhupf mit kandierten Früchten
Zutaten 8–10 Portionen, 1 Gugelhupfform
400 g glattes **Mehl**, 250 g kandierte **Früchte** (gewürfelt), 90 g **Walnüsse**, 90 g **Rosinen**, 90 g **Bitterschokolade**, 6 **Freiland-Eier**, 300 g **Butter**, 60 g **Staubzucker**, 1 Pkg. **Vanillezucker**, Schale von 1/2 **Zitrone** (unbehandelt), 200 g **Kristallzucker**, **Salz**, **Staubzucker**, **Butter**, **Mehl**.
Zubereitung: Das Backrohr auf 180°C vorheizen. Die Gugelhupfform mit Butter ausstreichen und mit Mehl ausstreuen.
Nüsse und Schokolade grob hacken. Mehl mit Nüssen, Schokolade, Rosinen und den Früchten mischen. Eier in Eidotter und Eiklar trennen. Butter mit Staubzucker, Vanillezucker, abgeriebener Zitronenschale und wenig Salz gut cremig rühren. Dotter nach und nach untermischen.
Eiklar mit Kristallzucker zu cremigem Schnee schlagen. Ein Drittel vom Schnee zügig in den Butterabtrieb rühren. Die Mehl-Früchtemischung und restlichen Schnee unterheben.
Masse in die Form füllen, zum Rand hin hochstreichen und im vorgeheizten Backrohr etwa 50 Minuten backen.
Gugelhupf aus dem Backrohr nehmen, noch 10 Minuten in der Form rasten lassen, auf ein mit Staubzucker bestreutes Stück Backpapier stürzen und auskühlen lassen.

Glasur und Garnitur
6 EL **Wasser** mit 1 TL **Zitronensaft** und 250 g **Staubzucker** verrühren.
Zubereitung: Gugelhupf mit der Zuckerglasur bestreichen, mit den kandierten Früchten bestreuen. Die Glasur trocknen lassen.

Annemarie Ploier: Himmlische Schoko-Gaumenfreuden

Zart und klein – aber sehr fein, sind die in Handarbeit und viel Liebe hergestellten Feinbäckereien von Annemarie Ploier. Schon früh lernte sie diese Kunstfertigkeit von ihrer Mutter und Großmutter.

Meine Mutter und meine Großmutter, prägten meine Liebe zur Feinbäckerei. Sie lehrten mich feine Kniffe zur Herstellung von Kleingebäck. Sie zeigten mir die richtige Verwendung zum Beispiel von Hühnereiern. Beide betonten immer wieder, wie wichtig es beim Backen ist, genau zu wiegen und die Mengenverhältnissen genau einzuhalten. Hat man zuviel Flüssigkeit, zerrinnt die Masse, ist zu wenig Fett dabei, wird der Teig/die Masse schnell hart. Sie meinte auch, „im Winter legen die Hühner kleinere Eier, deshalb wird das Weihnachtsgebäck auch mit kleinen Eiern gebacken." Diese Erfahrung habe ich bis heute stets befolgt. Für alle Mürbteige verwende ich stets kleine Eier (Größe S), nur für Rührteige nehme ich große Eier (Größe L).

* Für alle **Feinbäckereien** wird **glattes Mehl** verwendet, und wenn es wirklich „fein" sein soll, wird das **Mehl** vorher noch sehr **fein gesiebt**.
* **Staubzucker** wird ebenso vor der Verwendung **gesiebt**.
* Für meine Rezepte mit **Schokolade** verwende ich nur beste Kuvertüre mit einem **50–60%igen Kakaoanteil**.

* Das Backrohr immer vorheizen! Jedes Backrohr heizt etwas anders, deshalb sollte man für das gute Gelingen das eigene Backrohr testen und mögliche kleine Temperaturunterschiede mit der Wahl der verwendeten Schiene ausgleichen. Auf der Mittelschiene backe ich dunkles Biskuit, wie die „Eggenberger Rumschnitten", auf der untersten Schiene Windmasse wie die „Zarten Küsse".

Süße Schoko-Venusmuschel

Runde Venus, schokoladegeborene Aphrodite, süße Verführung. Betrachte diese kleinen, feinen Rundungen mit lustvollem Blick, nimm sie zärtlich in die Hand, nähere dich ihr mit all deinen Sinnen und ... genieße!

Zutaten für 20 Stück
125 g **Butter**, 100 g **Staubzucker** (vorher gesiebt), 2 **Eidotter**, 125g glattes **Mehl** (vorher gesiebt), 1 EL **Kakao**, 1 Päckchen Vanillezucker.

Zubereitung: Butter, Staubzucker und Vanillezucker schaumig rühren, die Eidotter nach und nach einrühren, vorsichtig den gesiebten Kakao und das Mehl unterrühren. Auf Backtrennpapier kleine Kugeln aufspritzen und im vorgewärmten Backrohr bei 170°C etwa 10–12 Minuten backen. Die eine Hälfte der Kugeln wird mit der Schokocreme bestrichen und die anderen Halbkugeln werden daraufgelegt, sodass die Form der Venusmuschel entsteht. Man kann die Muscheln entweder mit Staubzucker bezuckern oder mit flüssiger Schokolade zarte Streifen aufspritzen.

Zutaten Schokocreme: 150 g **Schlagobers**, 150 g **Kochschokolade**.

Zubereitung Schokocreme: Das Schlagobers in einem Gefäß aufkochen, in kleine Würfel geschnittene Schokolade einrühren, bis sich eine homogene Masse ergibt. Über Nacht auskühlen lassen. Die Creme behutsam aufschlagen und in die Halbkugeln spritzen.

Zarte Küsse

Zu diesen „zarten Küssen" sagen wir gar nichts. Schwelgen Sie in Ihren eigenen Erinnerungen und öffnen Sie leicht den Mund ...

Zutaten für 2 Backbleche, je 35–40 Stück
4 **Eiklar**, 280 g **Staubzucker** (vorher gesiebt), 280 g geriebene **Walnüsse**.

Zum Verzieren: Pignolli, Mandelsplitter, Haselnüsse, je nach Geschmack

Zubereitung: Die Eiklar werden mit Zucker über Wasserdampf dick cremig aufgeschlagen, bis die Masse Spitzen formt. Behutsam die Nüsse unterrühren. Mit einem Dressiersack mit glatter Tülle kleine Häufchen oder kleine Biskottenformen auf das mit Backtrennpapier belegte Blech spritzen. Je nach Geschmack mit Nüssen, Pignolli oder Mandelsplittern verzieren.

Windmassen werden bei 120°C im Backrohr auf der untersten Schiene für 15 Minuten gebacken. Danach aber noch bei 50°C für eine Stunde im Backrohr getrocknet.

Anmerkung: Mit dem Dressiersack kann man auch andere Formen auf das Backblech spritzen.

Himmlische Schoko-Gaumenfreuden

Eggenberger Rumwürfel

Partylaune? Diese schwipsigen, saftigen Verlockungen werden dir als verwöhntem Mittelpunkt die Show stehlen. Doch dann werden dich, edle Bäckerin und Spenderin, die Freunde hochleben lassen.

Zutaten für 70–80 Stück

200 g **Butter**, 200 g **Staubzucker** (vorher gesiebt), 5 **Eidotter**, 5 **Eiklar** (zu Schnee schlagen), 1 Packerl **Vanillezucker**, 200 g glattes **Mehl**, 200 g gute **Kochschokolade** (Kuvertüre mit 50–60% Kakaoanteil).

Glasur: 125 ml **Rum** (mind. 60vol%) wird mit 250 g **Staubzucker** (vorher gesiebt) gut verrührt. Der Rum bringt etwas Farbe in die sonst weiße Glasur.

Zubereitung: Die Butter mit Staubzucker sehr schaumig rühren, die Eidotter nach und nach einrühren, die über Wasserdampf zerlassene Schokolade unterrühren, das glatte Mehl unterheben und jetzt den steifgeschlagenen Schnee unterheben. Im Backrohr bei 180°C für etwa 8–10 Minuten auf Mittelschiene backen. Leicht überkühlen lassen und nun die Glasur über die Schokomasse streichen. Auskühlen lassen und in Schnitten schneiden.

Die Unvergleichlichen

Tatsächlich echte Männer-Busserln auch für die hartnäckigsten Süßigkeiten-Verweigerer. Bei dieser samtweichen und doch knusprigen, schokoladigen und doch nicht üppigen Nascherei werden alle schwach und gierig.

Zutaten für 30–40 Stück

100 g **Butter**, 100 g **Staubzucker** (vorher gesiebt), 100 g geriebene **Kochschokolade**, 100 g geriebene **Mandeln**, 1 EL glattes **Mehl** (vorher gesiebt).

Zubereitung: Butter mit dem gesiebten Staubzucker schaumig rühren, die geriebene Schokolade mit dem Schneebesen unterheben, danach die Mandeln einrühren und mit glattem Mehl vollenden. Dann zu kleinen Kugeln formen und auf das mit Backtrennpapier ausgelegte Blech legen. Bei 140°C bei Ober- und Unterhitze etwa 12 Minuten backen.

Anmerkung: Masse rinnt beim Backen etwas auseinander, Kugeln von ca. 1 cm Durchmesser formen.

Schoko-Rum-Kugeln

Dieser klassische Gaumen-Verführer beglückt jedes Schlemmer-Schleckermäulchen.

Zutaten für 25–30 Stück

100 g **Butter**, 100 g **Staubzucker** (vorher gesiebt), 2 **Eidotter**, 100 g hochwertige **Schokolade** (mit 70% Kakaoanteil), 100 g hochwertige **Milchschokolade**, 2 EL **Rum**, 1 EL **Kakao**.

Grob geriebene **Schokolade** (Kuvertüre) nach Geschmack zum Wälzen der Kugeln.

Tipp: Je höher die Qualität der Schokolade, desto besser schmeckt dieses Konfekt.

Zubereitung: Butter mit gesiebtem Staubzucker schaumig rühren, die Eidotter nach und nach dazurühren, die im Wasserbad zerlassenen Schokoladen einrühren, Rum dazurühren und den gesiebten Kakao einrühren. Die Masse kaltstellen. Die kalte Masse zu Kugeln formen und sofort in geriebener Schokolade wälzen. Anschließend in Konfektkapseln geben und kühl aufbewahren.

Annemarie Ploier: Steirisches Küchen Lexikon

Himmlische Vanille-Gaumenfreuden
Großmutters Allerfeinste, Vanillekipferln und Creme-Nüsse

Vanillekipferln

Der Dauerbrenner und Star, der Liebling aller. Ein Augen-Genuss, ein Nasen-Genuss, ein Zungen-Genuss. Man schwebt auf Vanille-Aromawolke Nr. 7.

Zutaten für 60–80 Kipferln (je nach Größe)
Mürbteig: 250 g glattes **Mehl** (vorher gesiebt), 250 g kalte **Butter**, 150 g geriebene **Nüsse** (nach Wahl: **Mandeln, Haselnüsse, Walnüsse**), 80 g **Staubzucker** (vorher gesiebt), ½ Packerl **Vanillezucker**.
Zum Wälzen: 150 g **Staubzucker** und 2 Packerln **Vanillezucker**.
Zubereitung: Mit kalten Händen Mehl und kleingeschnittene Butter mit Staubzucker und Vanillezucker vermengen und rasch die Nüsse dazugeben. Eine gute Stunde kaltstellen, besser noch über Nacht. Den Teig zu bleistiftdicken Rollen formen und in 5 cm lange Stücke schneiden. Kipferln formen und auf ein mit Backtrennpapier ausgelegtes Backblech legen.
Tipp: Sollte der Teig zu brüchig sein, kann man noch 1–2 TL (5–10 g) eiskaltes **Wasser** untermengen. Bei 160°C etwa 10 Minuten backen und warm mit dem Staubzucker-Vanillezuckergemisch besieben.

Großmutters Allerfeinste

Kleine Sonnen, kleine Blüten, in der Mitte ein Auge, das dich anlacht und fröhlich stimmt. Lach zurück! Unsere Familie wird mit diesen Keksen schon seit 150 Jahren verwöhnt.

Zutaten für 3 Backbleche mit 60–70 Stück
150 g **Butter**, 150 g **Staubzucker** (vorher gesiebt), 2 **Eidotter** (Größe S), 150 g geriebene **Walnüsse**, 150 glattes **Mehl** (vorher gesiebt), 150 g passierte **Ribiselmarmelade**.
Zubereitung: Butter mit Staubzucker, Eidottern, Nüssen und Mehl rasch abkneten. Über Nacht kühlstellen. Am nächsten Tag den Teig auf einer bemehlten Unterlage 4 mm dick ausrollen und Kekse ausstechen. In der Mitte von jedem zweiten Keks ein 1 cm großes Loch ausstechen. Bei 170°C goldgelb backen. Auskühlen lassen. Die gelochten Kekse mit Staubzucker besieben. Die anderen Kekse mit Ribiselmarmelade bestreichen. Die gelochten Kekse aufsetzen.

Creme-Nüsse

Ein Versprechen von süßem Leben, eine Reise mit sanften und knusprigen Eindrücken, Fantasien von einer bunten Welt.

Zutaten für 15–20 Stück
150 g **Butter**, 150 g **Staubzucker** (vorher gesiebt), 2 **Eidotter**, 150 g geriebene **Walnüsse**, 150 g glattes **Mehl** (gesiebt).
Zubereitung: Butter mit Staubzucker, den Eidottern, geriebenen Nüssen und Mehl rasch abkneten. Über Nacht kühlstellen. Teig in kleine Nussformen drücken und in den Formen auf ein mit Backtrennpapier belegtes Blech geben. Bei 170°C goldgelb backen. Auskühlen lassen und behutsam aus den Formen lösen.
Zutaten für die Creme:
200 g **Schlagobers**, 200 g **Kochschokolade**.
Zubereitung der Creme: Schlagobers in einem Gefäß aufkochen, Schokolade einrühren, bis sich eine homogene Masse ergibt. Über Nacht auskühlen lassen.
Zubereitung: Die Creme behutsam aufschlagen und auf eine Nusshälfte spritzen. Die zweite Nusshälfte darauf setzen und bezuckern. In größere Konfektschalen geben. Gekühlt aufbewahren.

Andreas' liebste Nuss-Schnitten

Genußvoll wie eine Sinfonie:
1. Satz: Allegro mit Nougat,
2. Satz: Adagio mit Zwetschkenmarmelade,
3. Satz: Scherzo mit Nüssen und Gewürzen,
4. Satz: Finale furioso mit schokoladigem Abgang.
Danach: Schwelgen und Schweben gemeinsam mit einer Beerenauslese.

Zutaten für 1 Backblech mit 70–80 Stück, ca. 5x3 cm

300 g **Walnüsse**, 5 **Eidotter**, 5 **Eiklar** (zu Schnee geschlagen), 250 g **Staubzucker** (vorher gesiebt), 5 EL kaltes **Wasser**, 2 TL **Backpulver** (10 g), 2 TL **Zimt** (10 g), 2 MSP **Nelkenpulver**, 1 MSP gemahlener **Kardamom**, 200 g **Zwetschkenmarmelade** (passiert), 4 EL **Rum** (60 vol%), 250 g dunkler **Nougat**.

Zutaten für die Glasur: 100 g dunkle **Kuvertüre**, 100 g weiße **Kuvertüre**.

Zubereitung: Das Backrohr auf 200°C vorheizen. Die Eidotter mit Wasser und Staubzucker sehr schaumig schlagen, das mit Backpulver gemischte Mehl, die Gewürze, die Marmelade, den Rum und die bei milder Hitze aufgelöste Nougatmasse und die Nüsse dazumischen. Die Eiklar zu Schnee schlagen und behutsam unter den Teig ziehen. Diese Masse auf ein mit Backtrennpapier belegtes Backblech streichen. Die Oberfläche mit einer nassen Spachtel glätten. Für etwa 20 Minuten backen. Auskühlen lassen. Beide Kuvertüren getrennt zerlassen und mit Hilfe eines kleinen Papierstanitzels hübsche Zickzack-Linien auf die Masse spritzen. Trocknen lassen und gefällige Schnitten schneiden.

Stephanie-Schnitten

Hell – dunkel – hell – dunkel – hell – dunkel: Wechsel von Tag und Nacht, Wechsel von Yin und Yang, Wechsel von Germteig und süßer Fülle. Doch: zusammen erst Vollkommenheit, zusammen erst das Ganze.

Rezept wie „kalter" Germteig
Zutaten für ca. 30 Stück

300 g glattes **Mehl** (vorher gesiebt), 150 g **Butter**, 20 g **Germ** (Hefe), 1 **Eidotter**, 1 Prise **Salz**, 1 Prise **Speisesoda**, etwas **Staubzucker** (vorher gesiebt), etwas lauwarme **Milch** für die Germ.

Zutaten für die Fülle: 300 g passierte **Ribiselmarmelade**, 100 g geriebene **Walnüsse**, 100 g gesiebter **Staubzucker**, 50 g feinst geschnittene **Aranzini**.

Zubereitung: Aus obigen Zutaten einen mittelfesten Teig kneten. Etwas rasten lassen. Diesen Teig in 4 Teile teilen. Diese Teile dünn ausrollen. Den ersten Teil aufs mit Backtrennpapier ausgelegte Blech legen. Mit Marmelade bestreichen. Mit einem Drittel der Nüsse, dem Zucker und den Aranzini bestreuen. Die nächsten Lagen ebenso. Die fertige Teigplatte mehrmals mit einer Nadel einstechen. Bei mittelstarker Hitze (170°–180°C) etwa 25 Minuten backen. Auskühlen lassen, in gefällige Schnitten schneiden und gut bezuckern.

Primavera

Primavera, der Frühling: zart. Die Form: zart geschwungene Blüte. Der Geschmack: zarte Mandeln und Kirsch. Banausen würden vielleicht „Kekse" dazu sagen. Wir aber wissen es besser.

Zutaten für 1 Backblech mit 40–50 Stück

200 g **Butter**, 100 g **Staubzucker** (vorher gesiebt), 1 **Ei**, 1 **Eidotter**, 100 g feingeriebene **Mandeln**, 200 g glattes **Mehl** (vorher gesiebt), 1 Becher kandierte **Kirschen** (halbiert).

Zutaten für die Rum-Zucker-Glasur:
1/16 l **Rum**, 120 g **Staubzucker** (vorher gesiebt), einige Tropfen **Zitronensaft**, etwas kaltes **Wasser**.

Zubereitung: Butter und Staubzucker schaumig rühren, Ei und Eidotter dazugeben und die Mandeln sowie das Mehl unterheben. Die Masse in einen Dressiersack mit Sterntülle füllen und auf ein mit Backtrennpapier ausgelegtes Backblech gleichmäßig große Rosetten spritzen. Die Rosetten werden in der Mitte mit je einer halben Kirsche belegt und bei 190°C etwa 10 Minuten goldgelb gebacken. Nach dem Erkalten wird die dickflüssige Glasur mit dem Dressiersack über die Kirsche gespritzt. Anschließend trocknen lassen.

Annemarie Ploier: Steirisches Küchen Lexikon

Elisenlebkuchen

Leb-Kuchen: Labekuchen, Leckkuchen, Lebenskuchen. Assoziationen von Leben, Weihnachten, Gewürzen, Festlichkeit, Duft, Vertrautem, gemeinsam genießen, Gedanken ans Lebkuchenhaus aus dem Märchen.

Zutaten für 2 Backbleche, je 40–50 Stück
4 kleine **Freiland-Eier** (Größe S), 1 TL **Zitronensaft** (5 g), 160 g **Staubzucker** (vorher gesiebt), 1 TL **Zimt** (5 g), 1/2 TL **Nelkenpulver**, 1 Prise **Kardamom**, 50 g **Aranzini** und 50 g **Zitronat** (gewürfelt), 50 g **Rosinen**, 180 g gemahlene **Mandeln**, 250 g geriebene **Walnüsse**.

Zubereitung: Das Backrohr auf 160°C vorheizen. Eier, Zitronensaft und Staubzucker dickcremig aufschlagen. Gewürze, Nüsse, Aranzini und Aromaten unterheben. Je einen gehäuften Teelöffel der Teigmasse auf das Backtrennpapier setzen und mit einer halbierten, geschälten Mandel belegen. Im vorgewärmten Backrohr bei 160°C für etwa 15 Minuten backen. Herausnehmen und auskühlen lassen.

Anmerkung: Die Masse läuft etwas auseinander. Die kleinen Lebkuchen sind dann fertig, wenn sie sich leicht vom Backpapier lösen.

Gefüllter Honigkuchen

Eine der vielen Variationen und Varianten von Lebkuchen, ganz nach Geschmack, Laune, Ambiente, Zutaten: Servieren Sie ihn Ihren Gästen als Lebkuchen oder auch als Pfeffer-, Gewürz- oder Honigkuchen bei warmem Kerzenschein und Nadelduft mit einem herrlichen Glas von Rotem Traminer.

Zutaten für 1 Backblech mit 40–50 Stück mit 5 x 3 cm
400 g glattes **Mehl** (vorher gesiebt), 1 **Ei**, 1 **Eidotter**, 60 g **Butter**, 120 g **Rohrzucker**, 4 EL **Waldhonig**, 3–5 EL **Wasser**, 1 MSP **Natron, Zimt, Nelkenpulver,** die Schale einer ganzen **Zitrone**, 1 TL **Lebkuchengewürz** (5 g).

Zutaten für die Fülle: 150 g **Zwetschkenmarmelade**, grob gehackte **Walnüsse**, je 50 g **Rosinen, Zitronat, Aranzini, Eiklar** zum Bestreichen der Oberfläche, geschälte **Mandeln** zum Belegen.

Zubereitung: Die Zutaten Mehl, Butter und 80 g Rohrzucker werden in einer Schüssel gut abgebröselt. 2 gehäufte EL Rohrzucker in einem kleinen Kochtopf karamellisieren, mit Wasser ablöschen, vom Herd ziehen und 4 EL Waldhonig darin kurz aufsieden lassen. Diese Mischung sofort in den Teig einmengen. Gut durchkneten und nun den Teig kleinfingerdick ausrollen. Den Teig halbieren, die eine Hälfte auf Backtrennpapier ausrollen, die andere Hälfte auf ein anderes Stück Backtrennpapier legen.
Die eine Hälfte mit der Zwetschkenmarmelade bestreichen und mit der Fülle belegen.
Die 2. Teighälfte darauflegen und gut andrücken. Mit Eiklar bestreichen und mit halbierten Mandeln verzieren. Im vorgeheizten Backrohr bei 170°C backen.

Peters Kletzenbrot

Kletzen- und Früchtebrote gibt es viele. Doch dieses ursteirische Rezept ist ein Geheimtipp. Nicht weitersagen! Wir haben Freunde, die dieses Geschmackserlebnis wochenlang und schnittenweise mit einem Glas Süßwein genießen, ein Höhepunkt. Auch ein persönliches, perfektes Mitbringsel in der Vorweihnachtszeit. Was will man mehr?

Zutaten für 4–5 kleine Weckerl
500 g **Dörrzwetschken**, 250 g **Kletzen**, (100 ml **Kletzenkochwasser**), 250 g **Rosinen**, 100 g geschälte **Mandeln**, 250 g **Feigen** (heiß abwaschen), 100 g **Walnüsse**.

Zubereitung: Zuerst die in kleine Würfel geschnittenen **Kletzen** in 1 Liter **Wasser** weichkochen; für die spätere Verwendung 100 ml vom **Kletzenkochwasser** aufheben. Anschließend die Dörrzwetschken und Feigen in kleine Würfel schneiden.
Den Saft und die Schale von 1 **Orange** und 1 **Zitrone** und die 100 ml **Kletzenkochwasser** mit den kleingeschnittenen übrigen Zutaten und Trockenfrüchten vermischen.
300 g **Staubzucker** (vorher gesiebt) und 100 ml **Slibowitz** (Zwetschkenbrand) unter die Masse mischen und über Nacht stehen lassen.

Am nächsten Tag: 300 g glattes **Mehl** (vorher gesiebt) und ein halbes Packerl **Backpulver** unter die **Masse** mischen. Es wird keine weitere Flüssigkeit hinzugefügt. Diese Kletzenmasse ergibt 4–5 kleine Weckerln. Diese auf ein **Backtrennpapier** legen, mit 1 versprudelten **Ei** bestreichen und mit geschälten **Mandeln** verzieren.

Backen: Im vorgeheizten Backrohr mit Ober- und Unterhitze bei 180°–190°C für etwa 25–30 Minuten backen.

Die kokos-knusprigen Zartschmelzenden

Sooo einfach und sooo kokos-knusprig-köstlich! Der zartschmelzende Stoff, aus dem Träume von erstem Schnee sind.

Zutaten für 30 Stück

200 g **Kokos-Schokolade**, 200 g dunkler **Nougat**, 4 g **Rum** (60vol%), **Rum** zum Tränken, **Kokosraspel**.

Zubereitung: Die Kokos-Schokolade und den Nougat in einem Rührkessel in einem Wasserbad schmelzen. Die 4 g Rum zügig einrühren. Diese sehr kleine Masse fingerdick auf ein mit Backtrennpapier belegtes Blech streichen und im vorgeheizten Backrohr bei 140°C etwa 4–5 Minuten backen. Erkalten lassen. Diese Masse in Stangerln zu etwa 5x3 cm schneiden. Diese behutsam in Rum tränken und anschließend ebenso behutsam in Kokosraspeln wälzen.

Anmerkung: Die gebackene Masse ist sehr brüchig, daher muss man die Stangerln sehr behutsam schneiden.

Dunkle Verführung

Eine Schokoladensinfonie, eine zärtliche Verführung, Träume von einer Welt des Friedens, der Freude und des Glücks. Feinspitze lassen sich immer wieder verleiten und genießen den Moment.

Zutaten für 30 Stück

200 g dunkler **Nougat**, 100 g heller **Nougat**, 100 g **Schokolade** (mit 50% Kakaoanteil), 50 g **Mandelplättchen**, 50 g gehackte **Mandeln**, 50 g fein geriebene **Oblaten**, 40 g gehackte **Pistazien**, 50 g in **Kirschwasser marinierte Rosinen**, 100 g in **Alkohol eingelegte Weichseln**, 2 cl **Weichselbrand**.

Zubereitung: Beide Nougats werden mit der Schokolade im Wasserbad erweicht. Alle anderen Zutaten und den Weichselschnaps untermengen. Eine Dreiecksform mit Folie auskleiden, die Masse einfüllen und mit einem Esslöffel glattstreichen. Die Form ein paarmal klopfen, damit Luft entweicht. Über Nacht kaltstellen. Am nächsten Tag aus der Form nehmen. Nach Bedarf in gefällige Dreiecke schneiden und bis zum Servieren kaltstellen.

Tipp: Während des Schneidens das Messer öfters in lauwarmes Wasser tauchen. Diese Schnitten sind gekühlt einige Wochen haltbar.

Glänzende Augen

Ein eye-catcher auf jeder Dessert-Tafel. Diese „glänzenden Augen" bringen wirklich Augen zum Glänzen, machen den Mund wässrig, lassen Hände zugreifen, verlocken, verführen, wecken Fragen nach dem Rezept, sind meist als Erste vom bunten Präsentierteller verschwunden. Rechtzeitig zugreifen und nicht nur mit den Augen verschlingen!

Zutaten für 50–60 Stück

1. Masse: 300 g glattes **Mehl** (vorher gesiebt), 200 g **Butter**, 100 g **Staubzucker** (vorher gesiebt), 2 **Bio-Eidotter**.

2. Masse: 400 g **Rohmarzipan**, 100 g **Kirschlikör**, 100 g **Kirsch- oder Weichselmarmelade** erwärmen, 100 g gehackte **Mandeln**, 60 Stück halbierte, in Alkohol eingelegte **Weichseln**, 40 g geriebene **Pistazien**.

Zubereitung: Mit den Zutaten für Masse 1 einen Mürbteig kneten und eine halbe Stunde kühl rasten lassen. Kekse im Durchmesser von 3 cm ausstechen, auf das mit Backtrennpapier ausgelegte Blech legen und bei 180°C im vorgewärmten Backrohr hell backen. Auskühlen lassen.

Masse 2: Rohmarzipan mit Kirschlikör zu einer dressierfähigen Masse glattrühren. Diese Masse in einen Dressiersack mit großer Lochtülle geben und kuppelförmig auf die Mürbteigkekse dressieren. Die daraus geformten Kuppeln verkehrt in die heiße Marmelade tauchen und anschließend in den gehackten Mandeln wälzen.

Obenauf mit den halbierten Weichseln belegen und mit den grob geriebenen Pistazien verzieren.

Die Küchensprache: Fachausdrücke, Begriffe und Tätigkeiten

À point ➤ Garstufe: halb durch, medium.
Abflämmen ➤ Flämmen.
Ablöschen ➤ Sautiertes Fleisch oder Fisch mit wenig Flüssigkeit (Wein oder Fond) begießen ➤ Bratrückstand mit Flüssigkeit begießen, dadurch löst er sich vom Gefäßboden.
Abschrecken ➤ Gegarte Speisen (Nudeln), gekochtes oder blanchiertes Gemüse kurz in kaltem Wasser oder Eiswasser abkühlen.
Abschäumen ➤ Degrassieren.
Abschmecken ➤ Mit Salz, Pfeffer, Kräutern und Gewürzen nach persönlichen Geschmack würzen und verfeinern.
Abstocken ➤ Stocken lassen.
Abtrieb ➤ Butter mit Zutaten flaumig rühren.
Agar-Agar ➤ Verdickungsmittel, Geliermittel (Gelieren); getrocknete asiatische Meeralge von außergewöhnlich starker Gelierkraft; zur Herstellung von Süßspeisen und anstelle von Gelatine in der vegetarischen Küche.
Al dente ➤ Bissfest kochen, z.B. Teigwaren.
Anbacken ➤ Teige vor der Weiterverarbeitung kurz backen, um in der Folge ein Durchbacken zu gewährleisten (v.a. Mürbteig).
Anbraten ➤ Kurzes Braten in Fett oder Pflanzenöl bei starker Hitze, damit sich die Poren schließen und eine Bräunung der Oberfläche und Röststoffe entstehen können.
Anrösten ➤ Mit mehr oder weniger Farbgebung – sautieren.
Anschwitzen ➤ In Fett ohne Farbgebung glasig werden lassen.
Aromaten ➤ Aroma gebende Zutaten, z.B. Gewürze, Kräuter und Wurzelgemüse
Arrosieren ➤ Beim Braten bzw. Schmoren mit Naturjus oder Bratensaft übergießen.
Aufgießen ➤ Mit viel Flüssigkeit (Fond, Bouillon oder Wasser) auffüllen.
Aprikotieren ➤ Abglänzen von Torten, Schnitten und Desserts mit Marmelade vor dem Glasieren.
Aranzini ➤ Kandierte Orangenschalen.
Aromaten ➤ Aroma gebende Ergänzungen, z.B. Gewürze, Kräuter.
Arrosieren ➤ Braten während des Garens mehrmals mit entstandenem Bratensaft begießen.
Backen im Rohr ➤ Garmethode; Backen in trockener, heißer Luft.
Bähen ➤ Brot, Semmelschnitten kurz hellbraun rösten, toasten (z.B. als Suppeneinlage).
Bardieren ➤ Geflügel, Fleisch in einen Speckmantel kleiden; gegen Austrocknen und zur Geschmackgebung.

Béchamelsauce ➤ Milcheinmachsauce; die Einmach wird mit Milch aufgegossen
Beizen ➤ Fleisch mit Marinade übergießen und längere Zeit ziehen lassen.
Beschwaden ➤ Gargut heißem Wasserdampf aussetzen.
Binden ➤ Mit Bindemittel (Mehl, Beurre manié, Stärke etc.) eindicken.
Blanchieren ➤ Vorbereitende Garmethode; kurz überkochen und rasch abschrecken.
Bouquet garni ➤ Kräuterbüschel; wird dem Gargut beim Garen beigegeben und anschließend entfernt.
Brandig ➤ Teig wird durch zu langes bearbeiten brandig und verliert seine Bindung und das Fett tritt aus.
Braisieren ➤ Garmethode; Braundünsten, Schmoren.
Bridieren ➤ Informbringen von Geflügel vor dem Garen durch Binden mit einem Küchenspagat.
Braten im Ganzen ➤ Garmethode; Garen mit Fett in trockener Hitze.
Braundünsten ➤ Garmethode; Schmoren, Braisieren; starkes Anbraten und anschließend in wenig Flüssigkeit zugedeckt dünsten.
Bridieren ➤ Mit Spagat zusammenbinden, in Form bringen, z.B bei Geflügel.
Butter, braune ➤ Butter wird langsam erwärmt, bis sie eine hellbraune Färbung bekommt. Sie wird heiß und schäumend über die angerichtete Speise gegossen.
Blanchieren ➤ Kurz überkochen vor der Weiterverarbeitung.
Blind backen ➤ Backgut ohne Füllung vorbacken; Hülsenfrüchte oder Backperlen werden eingefüllt, damit die Form des Backguts bewahrt wird (Mürbteig).
Blinis ➤ Kleine Buchweizenpfannkuchen die warm serviert werden.
Canapés ➤ Kleine, mundgerechte Happen
Chiffonade ➤ In feine Streifen geschnitten (Paprikaschoten oder Kraut).
Cocotte, Casserole ➤ Back- oder Bratengeschirr, meist aus Porzellan, in welchem das gegarte Gericht auch serviert wird.
Concassé ➤ Beifügung für z.B. geschälte, entkernte und würfelig geschnittene Paradeiser.
Consommé ➤ Kraftsuppe
Courtbouillon ➤ Würziger Fond zum Pochieren von Fisch, Schal- und Weichtieren.
Croûtons ➤ In Würfel geschnittenes in Fett oder Butter leicht geröstetes Weißbrot, (z.B. als Suppeneinlage oder für Salate).
Crêpes ➤ Kleine, dünn gebackene Palatschinken.
Cuttern ➤ Im Cutter feinst zerkleinern (z.B. zur Herstellung von Farcen).
Dämpfen ➤ Garmethode; Garen durch Dampf im Siebeinsatz.

Dampfl ➤ Hefeansatz; zur Entfaltung der Hefezellen.
Darne ➤ Fischmittelstück – Tranche aus dem ganzen Fisch
Deglacieren ➤ Mit Wein, Jus oder Fond ablöschen.
Degraissieren ➤ Fett, Schaum etc. von Flüssigkeiten (Suppen, Fonds, Saucen) abschöpfen, abfetten.
Degustieren ➤ Speisen und Getränke verkosten.
Délice ➤ Bezeichnung für das beste Stück vom Fisch, z.B. Filet von der Seezunge.
Dekorieren ➤ Ausschmücken, verzieren, garnieren.
Demi-glace-Sauce ➤ Braune Grundsauce
Doublieren ➤ Zusammensetzen von zwei Gebäckstücken (z.B. Linzer Augen).
Drapieren ➤ Anschauliches Anrichten von Speisen.
Dressieren ➤ Cremen oder Massen in bestimmten Formen mit einem Dressiersack aufspritzen.
Dünsten ➤ Garmethode; Garen durch Sauce im Topf mit Deckel.
Duxelles ➤ Fein geschnittene Zwiebeln mit gehackten Champignons in Fett angeschwitzt, mit Salz und Pfeffer gewürzt, mit Petersilie vollendet und zur Weiterverarbeitung bestimmt.
Eclair ➤ Längliches gefülltes Gebäck aus Brandmasse
Einbrenn ➤ Mehl wird in Fett braun geröstet und mit Flüssigkeit aufgegossen (brauner Roux, Roux braun)
Eingehängtes Rohr ➤ Backen bei eingehängtem Rohr, Backen mit offenem Zug: Backen ohne Dampf durch Öffnen der dafür vorgesehenen Vorrichtung des Backrohrs.
Einkochen ➤ Reduzieren.
Einmach ➤ Mehl wird in Fett hell angeschwitzt und mit Flüssigkeit aufgegossen (weißer Roux, Roux blanc).
Escalope ➤ Schnitzel; Schnitte von einem Stück Fleisch.
Etamin ➤ Passiertuch zum Passieren von Fonds, Saucen und Suppen.
Farce ➤ Füllung, fein zerkleinerte Mischung, hergestellt aus rohem Fisch, Fleisch, Geflügel etc., als Geschmacksträger sowie mit Lockerungs- und Bindemitteln. Damit das Eiweiß nicht gerinnt, sehr kalt – auch mit Eiswürfeln – zur Farce cuttern
Faschieren ➤ Durch den Fleischwolf drehen, sehr fein hacken.
Filet ➤ Lungenbraten; auch garfertig vorbereitete Stücke vom Fisch.
Filetieren ➤ Auslösen von Fischfleisch oder Fruchtfleisch von Zitrusfrüchten.
Fines Herbes ➤ Fein geschnittene oder gehackte frische Kräuter.
Flambieren ➤ Geschmackliche Verfeinerung durch das Übergießen und Anzünden von hochprozentigen Alkohol (Cognac, Grand Marnier).

Die Küchensprache

Flämmen ▸ Oberflächliches Bräunen unter dem Salamander oder mit der Heißluftpistole.
Fond ▸ Basis; mit Geschmack gebenden Zutaten (z.B. Parüren, Abschnitten von Wurzelgemüse, Karkassen) gegarte Flüssigkeit, die Grundlage für Saucen, Suppen etc. ist.
Folienstreifen ▸ zum Auslegen von Tortenringen.
Frikassee ▸ Gericht aus hellem Fleisch mit heller Sauce.
Frittieren ▸ Garmethode; in heißen Fett schwimmend ausbacken.
Garnieren ▸ Verzieren von Speisen, Gebäck, Torten etc.
Geklärte Butter ▸ Zerlassene, abgeschäumte Butter
Gelatine ▸ Tierisches Produkt; wird aufgelöst zum Binden von Cremen etc. verwendet.
Gelieren ▸ Eindicken von Flüssigkeiten mithilfe von Geliermitteln.
Glace ▸ Sirupartig eingedickte Reduktion aus Fond oder Bratensaft.
Glacieren ▸ Überglänzen von Fleisch (mit Fond) oder Gemüse (z.B. mit Butter oder Zucker).
Glasieren ▸ Überziehen von Torten, Schnitten, Gebäck etc. mit Glasur **Grand Jus** ▸ Großer brauner Fond; Zutaten wie beim braunen Fond, erweitert durch Schweinsknochen und Parüren. Als Aufgussmittel für Fonds, Saucen oder Fleischgerichten.
Gourmand ▸ Eine Person, die gerne viel und gut isst
Gourmet ▸ Feinschmecker
Granité ▸ Geeister Saft verschiedener Früchte mit Weißwein oder Sekt, im Tiefkühlfach gefroren und so gespachtelt, dass kleine Kristalle entstehen.
Gratinieren ▸ Gegarte Speisen mit Käse, Bitter, Saue und/oder Bröseln im Rohr oder im Salamander bei sehr starker Oberhitze überkrusten, überbacken.
Guss ▸ Royale
Hellbraundünsten ▸ Garmethode; leichtes Anbräunen mit anschließendem Dünsten.
Homogenisieren ▸ Mixen mit einem Stabmixer o.Ä., schafft eine Verbindung verschiedener Zutaten von feiner Konsistenz (z.B. Saucen, Eis etc.).
Horsd'oeuvre ▸ Vorspeisen.
Jardinière ▸ Schneideart; in grobe Würfel Geschnittenes, z.B. Wurzelgemüse, Nudelteig
Julienne ▸ Schneideart; feine, ca. 4 cm lange nudelige Streifen
Jus ▸ Natursaft, der beim Braten von Fleisch, Geflügel und Wild entsteht. Auch: Fruchtsaft
Kannelieren ▸ Mit dem Kanneliermesser Gemüse oder Früchte an der Oberfläche durch Einschneiden mit Rillen verzieren
Karamell ▸ Braun geschmolzener Zucker.
Karamelisieren ▸ Garmethode; überziehen mit kristalisierenden Zucker oder Honig in der Pfanne.
Karkasse ▸ Gerippe bzw. Knochengerüst von Geflügel und Wild. Zur Herstellung von Fonds.
Klären ▸ Klar machen; Trübstoffe von Aspikfond oder von Suppen mithilfe von Eiweiß, fein gehacktem magerem Fleisch (Klärfleisch), Filter oder Etamin entfernen; beim Zerlassen von Butter (geklärte Butter) oder beim Zuckerkochen durch Abschäumen.
Kochen ▸ Garen in kochender Flüssigkeit.
Kurzbraten ▸ Garmethode; Sautieren; Braten von Portionsstücken; beidseitiges kurzes Anbraten in wenig heißem Fett.
Kuvertüre ▸ Überzugsmasse, Schokolade.
Läuterzucker ▸ Zuckersirup; Wasser und Zucker werden im Verhältnis 2 : 1 kurz aufgekocht

Legieren ▸ Suppen oder Saucen mit Eidotter und Schlagobers binden (Liaison).
Liaison ▸ Bindung von Suppen oder Saucen mit Eidotter oder Schlagobers (legieren).
Marinieren ▸ Fleisch oder andere Lebensmittel mit Marinade übergießen und ziehen lassen.
Marmite ▸ Suppentopf, hoher Kochtopf.
Marmorierung ▸ Marmorartige Fetteinlagerung bei dunklem Fleisch; ein Qualitätsmerkmal.
Mazerieren ▸ Früchte mit Alkohol oder verdünnten Aromaten übergießen und längere Zeit ziehen lassen
Matignon ▸ Kleines Röstgemüse, in ca. 1 cm große Würfel oder blättrig geschnitten; für kurze Garzeiten.
Melieren ▸ Unterziehen (Mehl, Eischnee) in Massen.
Medaillons oder **Filets mignons** ▸ 2–3 Stück pro Portion aus dem Lungenbraten oder Rückenfilet vom Rind geschnitten.
Medium rare ▸ Garstufe; stark rosa, blutig.
Medium ▸ Garstufe; halb durch – à point.
Melieren ▸ Mehl, Eischnee bei Massen unterziehen oder Mehl überziehen.
Mirepoix ▸ Röstgemüse, in ca. 2 cm dicke Würfel oder grobblättrig geschnitten, zum Ansetzen von Fonds, Braten, etc. für lange Garzeiten.
Mixen ▸ Homogenisieren, zerkleinern, vermischen und verdichten zu einer einheitlichen Masse.
Montieren ▸ Saucen mit eiskalten Butterstückchen binden.
Mousse ▸ Luftige oder besonders feine Masse von leichter Konsistenz, z.B. Geflügelmousse, Schokolademousse.
Nappieren ▸ Mit der Sauce überziehen bzw. übergießen, abdecken.
Native ▸ Naturbelassenes, kalt gepresstes Olivenöl.
Naturdünsten ▸ Garmethode; Fleisch, ohne es anzubraten, in wenig Flüssigkeit zugedeckt dünsten.
Paprizieren ▸ Ansatz (z.B. gedünstete Zwiebeln) mit Paprikapulver bestreuen, kurz aufschäumen lassen und mit Essigwasser ablöschen.
Parfümieren ▸ Speisen mit duftenden Aromen oder Spirituosen versetzen.
Panieren ▸ Garmethode; Fleisch- oder Gemüseüberzug aus Mehl, Ei und Semmelbrösel mit anschließenden Ausbacken in Pflanzenöl oder Butterschmalz.
Parisienne ▸ Schneideart; mit dem Parisiennausstecher rund bzw. kugelig ausgestochene Kartoffeln, Gemüse oder Früchte.
Parieren ▸ Fleischstücke zuschneiden und auslösen.
Parüren ▸ Abschnitte, die beim Parieren entstehen; Verwendung für Fonds, Bouillons und Saucen.
Passieren ▸ Durch ein engmaschiges Sieb oder Passiertuch drücken.
Pasteurisieren ▸ Durch Erhitzen keimarm machen
Paysanne ▸ Schneideart; feinblättrig Geschnittenes, z.B. Wurzelgemüse.
Petits Fours ▸ Kleines Gebäck, dekoriert.
Plattieren ▸ Portionierte Fleisch- oder Fischstücke vor dem Garen zart flach bzw. breit klopfen, um das Bindegewebe zu lockern, zum Zweck der Formgebung.
Pochieren ▸ Garmethode; Garziehen unter dem Siedepunkt.
Poelieren ▸ Garmethode; sanftes Angaren, fast ohne Farbgebung, anschließendes Dünsten.
Potitze ▸ Von zwei Seiten eingerollter Germteigstrudel mit Mohn- oder Nussfüllung.
Powidl ▸ Böhmische Bezeichnung für ungezuckertes Pflaumenmus.

Pürieren ▸ Weiches oder weich gegartes Produkt durch Zerkleinern in der Küchenmaschine oder mit dem Mixer oder Pürierstab in eine breiige Konsistenz bringen.
Quellen ▸ In Flüssigkeit weichen lassen z. B. Gelatineblätter.
Rare ▸ Garstufe; blau, stark blutig, bleu.
Reduzieren ▸ Auf die gewünschte Konsistenz einkochen, z.B. bei Saucen, Suppen.
Regenerieren ▸ Aufwärmen; das Gericht servierfertig machen.
Royale ▸ Eiermilch (Überguss); auch: Eierstich (Suppeneinlage).
Rumrosinen ▸ Mit Rum marinierte Rosinen.
Sauté ▸ Kurz gebratene Speise in der Sauce, z.B. Geschnetzeltes oder Ragout.
Sautieren ▸ Garmethode; Kurzbraten von Portionsstücken, kurz schwingend rösten.
Schleifen ▸ Einem Teigstück mit Druck und kreisender Bewegung Spannung und eine glatte Oberfläche geben.
Schmoren ▸ Garmethode; Braundünsten, Braisieren.
Schnee, Eischnee ▸ Geschlagenes Eiklar.
Schnurren ▸ Zusammenziehen von Teig (wenn der Teig vor Verarbeitung nicht lange genug rastet). Der Kleber im Mehl ist noch nicht entspannt.
Sieden ▸ Garmethode; sanftes Köcheln des Gargutes.
Soufflé ▸ Leichte Auflaufmasse, in der Form serviert.
Schwingend rösten ▸ Garmethode; Kurzbraten, ▸ Sautieren.
Stauben ▸ Saucenansätze, Sautés oder Gedünstetes zum Binden mit Mehl bestauben. Auch: befettete Backformen mit Mehl oder Staubzucker bestauben oder bei der Teigverarbeitung, um ein Klebenbleiben zu verhindern.
Stocken lassen ▸ Cremen, Sulzen etc. durch erkalten lassen zum Erstarren bringen
Stupfen ▸ Ausgerollte Teige oder geformtes Gebäck (z.B. Mürb-oder Blätterteig) mit der Gabel mehrmals einstechen, um eine Blasenbildung beim Backen zu verhindern.
Sulzen ▸ Mit Geliermittel eindicken, stocken lassen.
Süße Brösel ▸ Getrocknete, zerbröselte Abschnitte bzw. Reste von gebackenen Kuchen, Torten etc. ohne Füllungen, Dekorationen u. Ä.
Tablieren ▸ Zucker- oder Schokoladeglasur auf einer Tischplatte bearbeiten.
Tranche ▸ Eine Scheibe, z.B. von einem Braten.
Tranchieren ▸ In Scheiben oder Portionen schneiden, z.B. bei einem Braten.
Umstechen ▸ Fleischstücke aus einem Ragout mit Lochschöpfer oder Fleischgabel herausheben, in ein sauberes Gefäß geben und die Sauce darüber passieren.
Untergießen ▸ Mit Flüssigkeit aufgießen, dabei das Gargut nicht übergießen.
Vinaigrette ▸ Marinade auf Basis von Essig und Öl mit verschiedenen Kräutern
Well done ▸ Garstufe; durchgebraten.
Zesten ▸ Zitronen- und Orangenschalen, die mit Zestenmesser in ▸ Julienne geschnitten wurden.
Ziselieren ▸ Fleisch oder Fisch bei Parüren oder Haut einschneiden.

Steirisches Küchen Lexikon | 247

Die Sprache der Jäger

Abbalgen ➤ Entfernen des Fell bei Hase und Wildkaninchen
Abschärfen ➤ Abtrennen mit dem Messer
Abschwarten ➤ Entfernen des Fells bei Wildschweinen
Alttier ➤ Weibliches Hirschwild nach dem Setzen des ersten Kalbes
Aufbrechen ➤ Ein Stück Wild ausweiden
Aufbruch ➤ Aus dem Körper entfernte Eingeweide
Aus der Decke schlagen ➤ Entfernen des Fells von Wildkörpern
Aushackeln ➤ Ausweiden von Wildgeflügel durch den Darmausgang mit einem Haken
Ausweiden ➤ Entfernen der Eingeweide aus dem Wildkörper
Bache ➤ Weibliches Wildschwein
Balg ➤ Fell vom Hasen und Wildkaninchen
Basthaut ➤ Samtartiges Hautgewebe, das die heranwachsenden Geweihstangen bei Hirschen umhüllt
Blatt ➤ Schulter bei Haarwild
Blume ➤ Schwanz bei Hase und Wildkaninchen
Brunft ➤ Paarungszeit bei Haarwild
Brunftig ➤ Paarungswilliges Haarwild. Bezeichnung für Geruch und Geschmack bei Wildbret, das von in der Paarungszeit erlegtes Wildbret stammt
Bürzel ➤ Hinterteil bei Wildgeflügel
Decke ➤ Fell bei Haarwild
Erlegen ➤ Abschuß von Wildtieren nach jagdrechtlichen Vorschriften
Federwild ➤ Dem Jagdrecht unterliegende Wildvögel
Frischling ➤ Wildschwein in den ersten Lebensmonaten
Geweih ➤ Kopfschmuck bei männlichem Hirschwild
Haarwild ➤ Wildtiere, die ein Fell tragen
Hirsch ➤ Männliches Tier bei Hirschwild.
Jägerrecht ➤ Dem Erleger von Schalenwild traditionell zustehende Innereien des Tieres
Kahlwild ➤ Weibliche Tiere und Jungtiere ohne Kopfschmuck bei Hirschwild
Keiler ➤ Männliches Wildschwein
Kitz ➤ Reh beiderlei Geschlechtes in den ersten Lebensmonaten
Kropf ➤ Beutelförmige Erweiterung der Speiseröhre bei Hühnervögeln

Latschen ➤ Schwimmfüße beim Wassergeflügel
Lecker ➤ Zunge bei Haarwild
Löffel ➤ Ohren bei Hase und Wildkaninchen
Mauser ➤ Wechseln des Federkleides bei Vögeln
Pansen ➤ Magen bei Gras fressendem Haarwild
Pürzel ➤ Schwanz beim Wildschwein.
Rauschzeit ➤ Paarungszeit beim Schwarzwild
Rehbock ➤ Männliches Tier beim Rehwild
Ricke ➤ Weibliches Tier beim Rehwild
Rupfen ➤ Herausziehen der Federn bei Wildgeflügel
Schalenwild ➤ Haarwild, dessen Läufe in geteilte Hornschalen (Paarhufer) enden.
Schild ➤ Dickes Schwartenteil über den Schulterblättern und dem nackenansatz beim Schwarzwild
Schmalreh ➤ Weibliches Rehwild im zweiten Lebensjahr
Schmalspießer ➤ Männliches Hirschwild im zweiten Lebensjahr
Schmaltier ➤ Weibliches Hirschwild im zweiten Lebensjahr
Schrot ➤ Kleine Blei- oder Stahlkugeln, die bei der Jagd verschossen werden
Schwarte ➤ Haut mit Haaren beim Schwarzwild
Schwarzwild ➤ Wildschwein
Ständer ➤ Beine beim Wildgeflügel
Strecke ➤ Ergebnis an erlegtem Wild nach einer Jagd(saison)
Suhle ➤ Schlammloch, in dem sich Hirsch- und Schwarzwild wälzen
Träger ➤ Hals bei Schalenwild
Trophäe ➤ Erinnerungsstück von einem (erlegten) Wildtier
Überläufer ➤ Wildschwein im zweiten Lebensjahr
Wedel ➤ Schwanz bei Hirschwild
Widder ➤ Männliches Tier bei Wildschafen
Wildbret ➤ Fleisch von Wildtieren
Wildgeflügel ➤ Federwild
Wildkammer ➤ Raum zur Aufbewahrung, zum Abbalgen oder zum Aus-der-Decke-Schlagen und Zerwirken von Wild
Wurf ➤ Rüssel beim Wildschwein
Zerwirken ➤ Einen Wildkörper in seine Einzelteile zerlegen
Ziemer ➤ Rücken beim Haarwild
Zurichten ➤ Wildbret für die Verarbeitung in der Küche herrichten

Register

Backen 227
Backzutaten 227
Backpulver 227
Mehle 227
Mehl glatt, Mehl griffig, Mehl universal 227.
Backtreibmittel 227
Wasserdampf, Germ, Hefe, Backpulver, Hirschhornsalz 227.
Koch- und Backteige 228
Backteig, Blätterteig, Butterteig, Brandteig, Erdäpfelteig, Germteig, Mürbteig, Nudelteig, Plunderteig, Sauerteig, Strudelteig, Topfenteig, Topfenmürbteig 228.
Früchte und Marmelade 229
Vanille 229
Vanillezucker, Vanilleschote, Vanillecremepulver 229
Zitrusfrüchte 229
Zitronen- und Orangenschalen, Zitronensäure 229
Alkohol 229
Gewürze 229
Gelatine 229
Gelatineblätter, Trockengelatine 229
Ballaststoffe 229
Bienenhonig, Waldhonig und Tannenhonig, Kastanienhonig, Lindenhonig 231
Strudel 232
Backen im Backrohr 232
Strudelteig selbstgemacht 233
Apfelstrudel, Mohn-oder Nuss-Strudel, Kirschenstrudel
Weintraubenstrudel mit Muskatellerschaum 233
Mohntorte 234
Mohnkuchen 234
Mohnnudeln 23, 234
Marillenröster 234
Nußtorte 235
Milchrahmstrudel 236
Strudelteig, hausgemacht 236
Topfensoufflée mit Rotweinbirnen 23
Mohn-Himbeer-Topfentorte 236
Apfelstreuselkuchen 237
Faschingskrapfen 238
Kranzkuchen 238
Nuss-Schnecken in der Rein (Germteig) 238
Altsteirischer Gugelhupf 239
Gugelhupf mit kandierten Früchten 239
Karotten-Vollwertgugelhupf 239
Marmorgugelhupf (gerührt) 239
Topfen-Früchte-Torte 237
Vanillesauce 236

Erdäpfelgerichte
Erdäpfel 13
Erdäpfel, geröstete 21, 79, 167
Erdäpfelteig-Grundrezept 20
Erdäpfelgratin (überbackene Erdäpfel) 21
Erdäpfelgulasch 21
Erdäpfelknödel 19
Erdäpfellaibchen 20
Erdäpfelpüree 57
Erdäpfelsterz 21
Erdäpfelstrudel 20
Erdäpfelsuppe mit Steinpilzen 20
Erdäpfelsalat 20
Erdäpfel-Sellerie-Püree 20
Erdäpfelsterz 63
Gefüllte Erdäpfel mit Schnittlauch-Topfen 21
Erdäpfel-Spinat-Roulade 22
Grenadiermarsch 20
Salzerdäpfeln 13
Schupfnudeln aus Erdäpfelteig 22
Quetscherdäpfeln 169

Eier und Eiergerichte, Beilagen 223
Apfelpalatschinken mit Kürbiskernen 225
Bauernomelette 223
Ein gekochtes Ei 223
Eier-Kochzeiten 223
Eiernockerln 23
Eierspeise 223
Erdbeerpalatschinke 225
Omelette 223
Kaiserschmarren 224
Nudelteig – Grundrezept 24
Nudelblätter mit Fleischfülle 24
Nockerln vom Brett 23
Palatschinkenteig (Grundrezept) 224
Palatschinkentorte 225
Pochiertes Ei 223
Spiegelei 223
Topfenpalatschinken 225
Vanillesauce 225
Spätzle 23

Essig, Öle und andere geschmackliche Verfeinerungen 129
Einfache Essig-Öl-Marinade 129
Kürbiskern-Avocado-Dressing 129
Zwetschken-Ingwer-Dressing 129
Walnuss-Honig-Dressing 129
Marillen-Dressing 129
Apfel-Chili-Dressing 129
Rote Rüben-Dressing 129

Fische
Fischeinmachsuppe mit Gemüse 43
Fischfond 43
Fischsuppe (scharf) 43
Fischbeuschelsuppe 43
Forellen, gebraten mit Bärlauch-Butter 121
Karpfennockerln 43
Karpfennockerln bzw. Fischfarce 43
Forelle, gebacken 107
Forellen auf Sulmtaler Art 107
Forelle blau im Wurzelsud 107
Petersilerdäpfel 107
Forellenröllchen mit Vulcano-Schinken 107
Wels mit Chinakohl-Radicchio-Gemüse 107
Rote-Rüben-Würfel 107
Fischfond 109, 180
Klare Fischsuppe mit Einlage 109
Karpfen, im Ganzen gebraten 109
Karpfenfilets, schröpfen 110
Pikante Fischsulz 111
Eierschwammerl und Kürbiskernmarinade 111
Zanderfilet mit Senf-Polenta-Kruste 111
Saltimbocca vom Zander mit VULCANO-Rohschinken auf Fenchel-Eierschwammerl-Risotto 111
Hecht im Ganzen gebraten mit Gemüse 113
Hechtgulasch mit Salzerdäpfel 113
Ausseer Saibling im Sterzmantel 113
Saibling-Lasagne mit Vulcano-Schinken und Jung

Heimisch kultivierte Gartenkräuter 117
Petersilie 117
Salbei 117
Dill 117
Fenchel 117
Kerbel 117
Kresse 117
Majoran 117
Liebstöckel 117
Salbei 117
Rosmarin 117

Hendlspeisen 51
Sulmtaler Hühnerleberparfait 51
Hühnerhaxlsulz 51
Sulmtaler Hendlbrust mit Schwarzwurzeln 51
Hühnereinmachsuppe 53
Bröselknödeln 53
Sulmtaler Backhendl 53
Brathendl 53
Semmel-Kräuterfülle 53
Puten-Kräuterrouladen 53
Linsen 53
Erdäpfelpüree 53
Grünes Kokoscurry mit Huhn 53
Huhn mit Cashew-Nüssen 53
Gebratene Wachtel 55
Spargelsalat 55
Fasanenbrust im Speckmantel 55
Apfelrotkraut 55
Kastanien, glasiert 55
Gans mit Erdäpfelknödel 55
Kastanien 55
Weinkraut 55
Bratäpfel 55
Sulmtaler Hendlbrust 55
Schwarzwurzeln 55
Entenbrust 57
Gemüse, karamellisiert 57
Kastanienknödel 57
Gansl 57
Apfelrotkraut 57
Traubenknödel 57
Perlhuhn 57
Gemüse 57
Eierschwammerl 57

Gemüse, Gemüsespeisen, Salate
Bärlauch 121
Bärlauch-Topfenaufstrich mit Wildkräutern 121
Frischkäse-Bärlauch-Terrine mit Wiesenkräutern 121
Bärlauchsuppe 121
Bouquet garni 119
Kohlrouladen 145
Stangenspargel mit Vulcano-Schinken 147
Grüner Spargel mit Schinken und Käse 147
Spargel Hollandaise 147
Bunter Spargelsalat 147
Krautfleckerln 148
Warmer Krautsalat mit Speckwürfel 149
Apfelrotkraut 149
Weißweinkraut 149
Bohnenstrudel 151
Krautroulade 149
Krautstrudel 149
Krautsuppe mit Debreziner-Würstchen 149
Rote Rüben-Salat 152

Linsen 153
Specklinsen 153
Rote Linsensuppe 153
Rahmlinsen 153
Linsensalat 153
Gurkensauce 153
Schnittlauch 119
Knoblauch 120
Zwiebel 122
Krautfleckerln 24
Krautsalat 25
Krautsalat, warmer 25
Weißweinkraut 25
Linsensalat 25
Rotkraut 25
Specklinsen 25
Apfelrotkraut 25
Gurkensauce 25

Garmethoden
Blanchieren/Überkochen 27
Pochieren/Garziehen 27
Kochen/Sieden 27
Dämpfen 28
Dünsten 28
Schmoren oder Braundünsten 28
Braten in der Pfanne 29
Grillen 29
Frittieren/Schwimmend in Fett ausbacken 29
Braten im Rohr 30
Backen im Rohr 30
Schonende Garmethoden 30
Gratinieren oder Überkrusten 31
Glacieren oder Überglänzen 31
Kerntemperatur 31
Fleischsaucen 32
Roastbeef 33
Steaks 34
Pfeffersteak 34, 35
Saltimbocca 35

Grillen
Forellen, gegrillt 93
Hühner- und Schweinefleischspieße (Sate) 95
Bratwürste 95
Schweinsfilet-Spieße 97
Schweinskotelett 97
Grillen von Rindfleisch 99

Heilpflanzen 124
Ackerschachtelhalm 124
Birke 124
Eisenkraut 124
Efeu 124
Anis 125
Acker-Ringelblume 125
Baldrian 125
Brennessel 125
Dill 125
Eiche 125
Fenchel 125
Fingerhut 125
Goldmelisse 125
Hopfen 125
Kamille 125
Königskerze 125

Kalb 71
Kalbsfond 71
Gefüllte Kalbsbrust 71
Geschmorte Kalbsvögerl 71
Wiener Schnitzel 73
Kalbsbries 73
Kalbsnieren im Ganzen 73
Topinamburpüree 73
Kalbsgulasch 74
Kalbsrahmschnitzel 74
Cordon bleu vom Kalb 74
Kalbskarree 75
Spitzmorcheln 75
Kalbsrückensteak 75
Steinpilzrahmsauce 75
Kalbsnierenbraten 75
Kalbsragout 75
Teilstücke vom Rind 78
Lungenbraten 78,
Rostbraten 78
Beiried 78
Schmorfleisch (Dünsten) 78
Siedefleisch (Kochfleisch) 78
Gulaschfleisch 78
Kalbs-Wienerschnitzel 26

Knödel und Beilagen
Semmelknödel 18
Serviettenknödel 18
Semmelschmarren 18
Semmelkren 18
Apfelkren 18
Semmelpudding 19
Grießknödel 19
Erdäpfelknödel 19
Grammelknödel 19
Bröselknödel 19
Marillenknödel aus Topfenteig 19
Bèchamel 23, Bèchamelsauce 180

Kürbis - Der steirische Ölkürbis 156
Kürbis: Hokkaido Orange 156
Butternuß-Kürbis 156
Sweet Dumpling 156
Türken-Turban 156
Patisson 156
Roter Zentner 156
Muskatkürbis 156
Der „Lange von Neapel" 156
Kürbiskernbrot 165
Kürbisblüten, gefüllte 166
Kürbisgemüse mit Rahmsauce 166
Gebackene Kürbisblüten 166
Gekochter Tafelspitz mit Kürbisgemüse 167
Kürbisgemüse 167
Lammschnitzel mit Kürbiskernpanade 167
Erdäpfel-Kürbiskrapferl 167
Kürbiskerne, geröstet 168
Kürbisgemüse, mariniert und gebraten 168
Kürbisgemüse 168
Gemüse, karamellisiert 168
Erdäpfel-Kürbis-Krapferl 168
Kürbis, süß-scharf gebraten 168
Kastanien-Kürbis-Suppe 168
Apfel-Balsam-Marinade 168
Gefülltes Schweinsfilet 169
Kürbisreisbällchen 169

Kürbisgemüse 169
Lammkotelett 169
Herbstgemüse 169
Kürbis, sauer eingelegt 169
Kürbisrisotto 170
Kürbiskerntorte 170
Kürbiskernkrokant-Parfait 170
Schoko-Kirsch-Ragout 170
Kürbisstrudel, süßer 171
Kürbis-Strudel-Torte 171
Kürbiscreme mit Chilies 171
Kastaniennockerl 174
Eierschwammerl-Kürbis-Gemüse 174
Entenbrust 174
Gemüse, karamellisiert 174
Kastanienknödel 174
Nudeln, hausgemacht 174
Kastanien 174
Kräuterrahmsauce 174
Kastanien-Kürbis-Curry 175
Nudeln 175
Knödel mit Kastanienfüllung 175
Kastanienschnitten 175
Kastanienterrine 175

Lamm 89
Lammbrust, gefüllt 89
Rosmariejus 89
Grießknödel 89
Lammkarree mit Kräuterkruste 90
Saltim bocca vom Lamm mit Vulcano-Schinken 90
Gebackene Lammschnitzel 90
Weidelamm 91
Polenta, gebacken 91
Bohnen-Paradeiser-Gemüse 91
Lammhaxerl, geschmort 91
Lammfond 91

Marinaden, Vinaigretten, Dip
Universal-Marinade 100
Sommer und Sonne-Marinade 100
Zitronen-Salbei-Marinade 100
Taste-of-Asia-Marinade 100
Sate-Marinade 100
Ananas-Soja-Ingwer-Marinade 100
Zitronen-Pfeffer-Marinade 100
Gewürzmischung für Ripperln 100
Klassische Barbecue-Sauce 101
Barbecue-Sauce mit Senf 101
Barbecue-Sauce 101
Erdnuss-Sauce 101
Gurken-Chili-Dip 101
Grüne Chilisauce 101
Paprika enthäuten 101
Paprika-Knoblauch-Sauce 101
Kren-Sauce, cremige 101

Mediterrane Gartenkräuter 119
Basilikum 119
Oregano 119
Rucola 119
Thymian 119
Bergbohnenkraut 119
Lorbeer 119
Zitronenmelisse 119

Paradeiser 195
Kalte Paradeiser Suppe 195
Paradeiser-Schafskäse-Salat 195
Paradeiser-Marmelade 195
Grundrezept für
Polentahäppchen 197
Geröstete Polentaschnitten 197
Paradeiserpesto 197
Olivenpesto 197
Hühnerleberpesto 197
Mini-Pizza 197
Auberginen 199

Pasteten und Pastetenteige, Sulzen
Wildpastete, Wildterrine, Wildfarce (oder Brät) 45
Sulmtaler Hühnerleberparfait mit Kürbiskernbröseln 46
Gänseleber 46
Süßwein-Gelee 46
Quitten-Balsam-Sauce 46
Schafskäse-Terrine 47
Schwammerln, Pilze sauer eingelegt 46
Fisch-Terrine, Grundrezept 47
Joghurt-Gemüse-Terrine 47
Fischsulz mit Kürbiskernöl 48
Ente im Apfelmostgelee 48
Grundrezept für Sulz (Sülze) 49
Sulz mit Gelatine 49
Schweinshaxlsulz 49
Kürbissalat 49
Rindfleischsulz 49
Kuttelsulz 49

Rind
Rinderfaschiertes 78
Rindfleisch, gekocht 79
Kürbisgemüse 79
Erdäpfel 79
Paprika, gefüllt 79
Schnitzelfleisch 79
Rindfleisch (Tafelspitz), gekocht 81
Schnittlauchsauce 81
Apfelkren 81
Erdäpfeln, geröstet 81
Beinfleisch, gekocht 81
Gurkensauce 81
Rösterdäpfeln 81
Brustkern vom Schöckellandrind, gekocht 81
Semmelkren 81
Zwiebelrostbraten 83

Zwiebelringe, frittierte 83
Girardirostbraten 83
Esterházyrostbraten 83
Schwammerlrostbraten 83
Schupfnudeln 83
Rindsgulasch 84
Fiakergulasch 84
Bauerngulasch 84
Znaimer Gulasch 84
Reisfleisch 84
Rinderfilet 85
Paradeiserrisotto 85
Ochsen-Fledermaus 85
Serviettenknödel 85
Ochsenbeiried 85
Marillenstrudel, pikant 85
Tafelspitzsülzchen 86
Ochsenschlepp, gefüllt 86
Kraut, Knödel 86
Beiried, gebraten 86
Dörrzwetschkensauce 86
Rindsbraten 87
Apfelmostsauce 87
Sterzschnitten 87
Rindsrouladen 87
Vanillerostbraten 83
Znaimer Rostbraten 83

Robert, ein Vater kocht 126
Karotten 126
Bohnschoten, abgeschmalzene 126
Spargel 126
Erdäpfelgratin 127
Minzerdäpfel 127
Rosmarinerdäpfel 127

Steirische Gerichte
Steirische Schwammerlsuppe 11
Klachelsuppe-Haxelsuppe 11
Kalbsbeuschelsuppe 11
Blunzengröstel 12
Bohnensterz 12
Ritschert 12
Schweinsbrüstl mit Sauerkraut und Grammelknödeln 12
Steirisches Wurzelfleisch (Krenfleisch) 13
Gekochtes Rindfleisch mit Kürbisgemüse und Erdäpfel 13
Tafelspitz 13

Schnittlauchsauce 13
Apfelkren 13
Wurzelkarpfen mit Krensauce 14
Fisch-Eintopf 14
Karpfen mit Sterzbrösel 14
Sulmtaler Rahmstrauben 15
Spagatkrapfen 15
Wasserkrapfen 15
Steirischer Türkentommerl mit Apfelscheiben 15
Semmelschmarren 15

Steirischer Kren 131
Steirisches Wurzelfleisch (Krenfleisch) 131
Krensuppe mit Rote Rüben-Erdäpfelnockerl 131
Krensuppe mit gefüllten Klachl 131
Rote-Rüben-Kren 131
Gefüllte Klachl 131

Steirische Salate 135
Vogerlsalat mit Erdäpfel 135
Rucolasalat mit Kürbiskernöl 135
Artischoke 136
Blattsalate 136
Bohnen 136
Lauch (Porree) 136
Brunnenkresse 136
Chicorée 136
Erbsen 136
Brokkoli 136
Gurken 137
Karfiol 137
Kohl 137
Fenchel 137
Kürbis 137
Kukuruz 137
Mais 137
Linsen 137
Mangold 137
Paradeiser 137
Paprika 137
Pilze 138
Radicchio 138
Rettich 138
Radieschen 138
Salat mit Linsen und Hühnerbruststreifen 144
Spinat 139
Spargel 139
Sellerie 139
Rote Rüben 139
Zucchini 139
Zwiebel 139

Salatmarinade 141
Kürbiskernöl 141
Krautsalat 141
Schwarzer Rettichsalat 141
Erdäpfelsalat 141
Kürbissalat 141
Käferbohnensalat 141
Gurkensalat mit Sauerrahm 141
Roter Rübensalat 141
Eiersalat mit Mayonnaise 141
Krautsalat 141
Erdäpfelsalat 141
Gurkensalat mit Sauerrahm 141
Käferbohnensalat 141
Kürbissalat 141

Roter Rübensalat 141
Schwarzer Rettichsalat 141
Spinatstrudel mit Schafskäse 144
Spinatpalatschinken 144

Salatsaucen 128
Mediterane Marinade 128
Zitronenmarinade 128
Kräutermarinade (Vinaigrette) 128
Joghurt-Dressing 128
Blauschimmelkäse-Dressing 128
Kürbiskern-Buttermilch-Dressing 128
Walnuss-Vinaigrette 128
Apfel-Vinaigrette 128
Gurken-Vinaigrette 128
Pfefferminz-Joghurt-Dressing 128
Kräuter-Dressing 128

Schoko-Gaumenfreuden 240
Andreas liebste Nuss-Schnitten 243
Creme-Nüsse 242
Die kokos-knusprigen Zartschmelzenden 245
Dunkle Verführung 245
Die Unvergleichlichen 241
Eggenberger Rumwürfel 241
Elisenlebkuchen 244
Gefüllter Honigkuchen 244
Glänzende Augen 245
Großmutters Allerfeinste 242
Peters Kletzenbrot 244
Primavera 243
Schoko-Rum-Kugeln 241
Schoko-Venusmuschel 240
Stephanie-Schnitten 243
Vanillekipferln 242
Zarte Küsse 240

Schwein
Blunzen mit Erdäpfel 64
Jungschweinsbraten 59
Krautsalat, warm 59
Erdäpfelknödeln 59
Schweinsbrust, gefüllte 59
Schweineschlegel-Fleischteile 60
Schweinskarree mit Schopf 60
Spareribs 60
Schweinsschulter 61
Schweinebrust 61
Schweinebauch 61

Schinken 61
Innereien vom Schwein 61
Sulz, Haussulz 63
Spanferkelrücken 63
Weinkraut 63
Erdäpfelsterz 63
Bauernschmaus 63
Semriacher Hochzeitsschnitzerl 63
Schweinshaxl, gefüllt 64
Kürbissalat 64
Blunzen 64
Krautsalat, warmer 64
Schweinskoteletts 64
Schweinsstelze, gebraten 64
Fleischlaberln 65
Szegediner Gulasch 65
Schweinslungenbraten „Winzerart" 65
Schupfnudeln 65
Rohschinken, luftgetrocknet 67
Rohwurst 67
Salami 67
Manduro 67
Schinkenteller 68
Risotto mit Vulcano-Schinken 68
Steirergröst'l mit Vulcanospeck 68
Krautsalat 68
Rückensteak vom Vulcano-Schwein im Rohschinkenkleid mit Salbei 69
Reibetaschi 69
Ölkürbisritschert mit Vulcano-Schinkenchips, Trüffelfilet 69
Rehrücken mit Vulcano-Rohschinken, Selleriepüree, Kohlsprossen, Speckzwetschken 69

Suppen und Suppeneinlagen
Erbsensuppe 144
Erdäpfelsuppe mit Steinpilzen 20
Gemüseconsommé 42
Hendlsuppe, klare 41
Hühnereinmachsuppe 41
Klachelsuppe-Haxelsuppe 11
Kalbsbeuschelsuppe 11
Karottensuppe 145
Kürbisrahmsuppe 165
Kürbissuppe mit Schwarzbrot und Wels 165
Krautsuppe mit Debreziner-Würstchen 149
Schwammerlsuppe 11
Selleriesuppe mit Räucherforelle 145
Grießnockerln 42

Grießstrudel 42
Fleischstrudel 39
Forellenfilet als Suppeneinlage 42
Frittaten 39
Leberknödel 39
Leberreis 39
Linsensuppe 42
Lungenstrudel 39
Paprikaschaumsuppe 43
Rindsuppe, klare 37
Saure Milchsuppe 42
Schottsuppe, Obersteirische 42
Semriacher Semmelstrudel 41
Schlickkrapfen 41
Schwammerlstrudel 41
Speckknödel 41

Sterz (St), Polenta (Ö,D) 177
Die Schritt für Schritt-Zubereitung: Sterz, Polenta 178
Polenta, weiche 178
Türkensterz-Polenta 179
Schwammerlsuppe 179
Sterzwurst-Polentarolle 179
Polenta mit Blauschimmelkäse überbacken 179
Spinat 179
Fische in Sterz-Kräuter-Kruste 180
Polenta mit Blattkohl 180
Polenta-Lasagne 180
Steinpilz-Polenta mit Speck 181
Polenta mit Zwetschken 181
Polenta-Auflauf mit Apfelspalten 181
Schafskäse-Paprika-Salat 184
Gemüse-Paprika-Sulz 184
Karpfen mit Paprikagemüse 185
Paprikasauce 185
Weiße Grundsauce 185
Pikantes Paprika-Gemüse 185
Würzige Fleischkugerl 185

Fleischlaberl mit Paradeiser-Paprikagemüse185
Gefüllte Paprika mit Paradeisersauce 186
Paradeisersauce 186
Gemüse im Tempurateig 187
Hendlspieße mit Paprikagemüse 187
Bunte Paprika Sorbets 187
Rotes Entencurry mit Chili 191
Schweinefleisch mit Bambussprossen und Chili 191
Rindfleisch mit grünem Pfeffer und Chili 191

Steinpilze und Schwammerl 205
Steinpilze, Herrenpilze 205
Eierschwammerl 205
Austernpilz 205
Schwammerlsuppe mit Heidensterz 207
Heidensterz 207
Schwammerl in Rahmsauce mit Semmelknödel 207
Eierschwammerl sautiert 207
Gebratene Parasol 207
Gebackene Herrenpilze 208
Schwammerlgulasch 208
Schwammerln mit Ei 208
Schwammerlsauce mit Knödel 209
Steinpilze in pikanter Sauce 209
Geröstete Schwammerln mit Ei 209
Schwammerlreis 209
Steinpilze und Schwammerln sauer eingelegt 209

252 | **Es gibt nix Bessers åls wås Guats**

Wildgerichte 211
Brauner Wildfond 211
Klare Wildsuppe 212
Wildpastete, Wildterrine,
Wildfarce (oder Brät) 213
Rehnockerl - Grundrezept 213
Wildleberpralinen in geschrotteten Kürbiskernen 213
Fasan 214
Fasan im Speckmantel 214
Rotkraut 214
Rebhuhn gebacken mit Kürbiskernpanier 214
Wildentenbrust 214
Linsen 214
Schwammerlsalat 214
Hasekeule, Wacholderrahmsauce und Nudeln 215
Hirschkeule im Heubett 215
Erdäpfelstrudel, gefüllt 215
Wildsauce 215
Wildschwein 216
Wildschweinkotelett 216
Wacholdersauce 216
Wildschwein-Krautfleisch 216
Wildschweinragout 216
Nudelblätter mit Wildfleisch und Schwammerlfülle 216
Hirschragout mit Knödel 217
Hirschschnitzel gedünstet 217
Maibock mit Spargel und Schupfnudeln 217
Damhirsch im Petersilmantel 217
Gerührte Preiselbeeren 218
Preiselbeeren-Sauce 218
Preiselbeer-Oberskren 218
Preiselbeer-Kompott 218
Hagebutten-Sauce 218
Schwarzer Holler-Röster 218
Holunder-Sauce 218
Wild-Pfeffer-Sauce 218
Schwarze Nüsse, eingelegt 219
Schwammerlstrudel 219
Eierschwammerl, sauer eingelegt 219
Kastanien glasieren 219
Maronibällchen 219
Mandelbällchen 219
Sauce Cumberland 219
Rotweinbirnen 219

Wildfrüchte 123
Holunder 123
Hopfen 123
Hagebutte 123
Preiselbeeren 123
Wacholder 123

Wildkräuter und Wildpflanzen 124
Bärlauch 124
Brennessel 124
Kapuzinerkresse 124
Lavendel 124
Löwenzahn 124
Sauerampfer 124
Ringelblume 124

Würste 60
Frankfurter-Würstchen 60
Krainer-Wurst 60
Käsekrainer 60

Zucchini 200
Zucchini-Frischkäse-Erdapfel-Auflauf 200
Gebackenes Zucchini 201
Marinierte Zucchini 201
Zucchini mit Kastanien-Steinpilz-Füllung 201
Gefüllte Zucchiniblüte 202
Gefüllte Zucchini-Schiffchen 202
Zucchini–Frischkäse-Erdäpfel–Laibchen 203

Rudolf Lantschbauer arbeitet in 4.600 m Seehöhe    Zeichnet für Michael Broadbent    Sylvia und Stefan Loidolt    Katharina Sampl

Dietmar Kappel    Helene Kappel    Hannes Sattler    Oswald Hümer    Engelbert Tschech    Gabi Abel

Die einzelnen Kapitel über die steirischen Küche wurden von
* **Dietmar Kappel** (Weinhof Kappel, Kitzeck) kocht seit vielen Jahren viele ur-steirische Speisen wie **Sulmtaler-Hendl, Karpfen und alle steirischen Fische, alte steirische Süß- und Mehlspeisen** nach unserer heutigen Ernährungsweise,
* **Hannes Sattler** (Restaurant Sattlerhof, Gamlitz) „**Fisch, Schwein, Kalb, Rind, Paprika und Chili**",
* **Gabi Abel** (Abels Käsehof, Leutschach) „**Kürbis und Kastanie**" gestaltet.
* **Richard Sampl** (Neuhaus am Klausenbach) hat „**Wildes aus dem Wald**" gekocht und
* **Engelbert Tschech** hat die „**Sterz/Polentagerichte**" und die „**Paradeiser**" gekocht und gestaltet.
* **Silvia und Stefan Loitold** (Hotel und Restaurant Semriacherhof): Traditionelle steirische Küche wie Klachlsuppe, Beuschl, Schweinsbraten und viele feine Gerichte und Rezepte sind von
* **Oswald Hümer** hat zu den Themen „**Fisch, Lamm, Schweinsbraten, Suppen und Beilagen**", sehr viele Speisen gekocht und rezeptiert.
* **Robert Danzer**, „**ein Vater kocht für seine Tochter Julia**". Robert Danzer ist Physiker, der seiner Physiker-Tochter Julia väterliche Kochtipps weiter gibt.
* **Annemarie Ploier** zeigt ihre „**himmlischen Schoko-Gaumenfreuden und Feinbäckereien**".
* **Rudolf Lantschbauer** hat gemeinsam mit den Köchen/Köchinnen das Speisen-Styling auf Tisch und Teller gebracht, hat gemeinam mit den Köchen/Köchinnen die Rezeptstruktur und Rezeptdetails erarbeitet und alles fotografiert und gegessen.

Rudolf Lantschbauer
Wein- und Kochbuchjournalist, Spezialist für kulinarischen Tourismus, Fotograf, Foodstylist lebt in Graz, reist viel in Frankreich, China und Tibet herum und hat zum Thema „Wein und Küche" und „Kulinarischer Tourismus" bis jetzt 39 Bücher und 2 Fachbücher über Werbung und Sales Promotion recherchiert, verfaßt, fotografiert, gestaltet und dann in verschiedenen Verlagen, wie im Vinothek Verlag (Graz), bei Hugendubel (München), South Sea Publishing (China), China-Tibetan-Publishing House (China/Tibet)) in 7 Sprachen (deutsch, englisch, französisch, italienisch, russisch, chinesisch und tibetisch) publiziert.
Rudolf Lantschbauer besitzt und bewirtschaftet seit 1993 in Rust/Neuiedlersee einige sehr, sehr gute Weingärten, die im Laufe der Jahre, schon mehrere große österreichische Rotweine hervorgebracht haben, die beim Trinken viel Freude bereiten.

Dietmar Kappel, Weinhof und Restaurant Kappel, Kitzeck
Der Weinhof Kappel hat sich zum führenden Genießer- und Wellnesshotel im südsteirischen Weinland entwickelt. Die Küche von Dietmar Kappel ist ein Erlebnis, die klassisch-steirischen Gerichte werden sehr kreativ auf zeitgemäße Art zubereitet. Die vorwiegend regionalen Grundprodukte stammen aus der näheren Umgebung (direkt vom Bauernhof), wobei die Frische der Zutaten eine besondere Rolle spielt.
Besonders stolz ist die Familie Kappel auch darauf, das sie einer der wenigen österreichischen Hotelbetriebe sind, die ihre eigenen Weine produzieren und diese im Restaurant anbieten.
Dietmar Kappel, Weinhof und Restaurant Kappel
A-8442 Kitzeck, Steinriegel 25
Tel: +43 (0)3456-2347, Fax: 2347-DW 30
e-mail: office@weinhof-kappel.at, www.weinhof-kappel.at

Die Autoren, Köchinnen und Köche

annes Sattler, Sattlerhof Gamlitz

Top-Destination für Gourmets - und weitgereiste Genießer wissen: Wo guter Wein gekeltert wird, da sind sehr häufig auch ambitionierte Gastronomen und Wirtsleute am Werk. Der Sattlerhof ist dafür ein besonders schönes Beispiel. Was Willi Sattler im Weingut leistet, das schafft Hannes Sattler im Restaurant und Wirtshaus am aussichtsreichen Sernauberg und bietet seinen Gästen eine höchst ambitionierte Küche in einem für den Sattlerhof typischen Stil.

Die einfache verfeinerte steirische Küche mit raffinierten Kreationen und heimischen Zutaten aus naturnaher und biologischer Produktion und die enge Verbindung von traditionsreicher Weinkultur mit ambitionierter Gastronomie wird nicht nur von den Gästen sehr positiv aufgenommen, sondern auch von der Gourmetkritik gewürdigt. Die Küchen-Philosophie von Hannes Sattler scheint auf den ersten Blick simpel: „Bei meinem Gerichten steht der Geschmack im Vordergrund." Er verwendet regionale, frische und gesunde Produkte und bezieht beispielsweise das Gemüse von Biobauern gleich um die Ecke.

1990 war der Sattlerhof das erste Restaurant in der Region, das vom Guide Gault Millau in die Klasse der Haubenrestaurants aufgenommen wurde. Vorzügliche Bewertungen in Führern wie A la Carte oder Vip-Gourmet sind weitere Belege dafür, dass es sich am Sattlerhof seit über 20 Jahren gut speisen lässt.

Das im gemütlichen Landhausstil gestaltete Abendrestaurant gilt mit seinen fantasievollen Küchenkreationen längst als steirischer Paradebetrieb. Die stimmungsvolle Panorama-Holzveranda bildet den richtigen Rahmen für Gerichte, die steirische Bodenhaftung mit extravagantem Esprit vereinen. Untertags speisen die Gäste im Wirtshaus mit Weingartenterrasse, wo in unkomplizierter Atmosphäre köstliche Tellergerichte und Spitzenweine auch glasweise geboten werden.

Hannes Sattler, Genießerhotel Sattlerhof
A-8462 Gamlitz, Sernau 2a
Telefon +43 (0) 34 53 44 54, Fax +43 (0) 34 53 44 54-44
E-Mail: restaurant@sattlerhof.at
www.sattlerhof.at

Gabi Abel

In der Küche des Wirtshaus am Käsehof von Gabi und Andreas Abel findet man jede Menge Kräuter und viel Kürbis und Gemüse. Die Abels begannen schon in den 80er Jahren mit Milchschafhaltung und Käseerzeugung und führen heute eines der gemütlichsten Lokale der Südsteiermark, das im Jahr 2004 zum „Weinwirt des Jahres" und 2005 als „Bestes Bier- und Käselokal Österreichs" gewählt wurde.

Gabi Abel kümmert sich um die kulinarische Zubereitung der Köstlichkeiten des Hauses. Andreas Abel wiederum ist für die Betreuung der Gäste zuständig. Die Tochter Anna-Maria ist Patissier und verwöhnt Gäste mit Süßem zu jedem Anlass.

Gabi Abels Wirtshaus - Restaurant
A-8463 Leutschach, Fötschach 9
+43 (0) 34 54 63 84, Fax +43 (0) 34 54 63 84
E-Mail info@kaesehof-abel.at
www.kaesehof-abel.at

Sylvia und Stefan Loidolt, Restaurant Hofkuchl, Semriacherhof

Ausgezeichnete Küche mit traditionellen Suppen, wie die Klachlsuppe, Flecksuppe, vielerlei Palatschinken, gutes vom Schwein, Rindfleischsulzerl zubereitet von Stefan und Markus Loidolt mit seiner Hausfleischerei, und seiner eigenen Creation dem „Barriqueschinken", eine sinnvolle Weiterverwedung von bereits gebrauchten Weinfässern für die Reifung von Schinken, die die feinen Raucharomen des getoasteten Holzes aufnehmen.

Sylvia und Stefan Loidolt, Restaurant Hofkuchl im Seminarhotel Semriacherhof, 8102 Semriach, Am Wiesengrund 1
Tel.:+43 (0)31 27 83 41, Fax: 83 41 10
www.semriacherhof.at, e-mail: office@semriacherhof.at

Oswald Hümer,

kocht seit vielen Jahren im Restaurant Alte Post in Krems. Als Spezialist der klassischen österreichischen Küche hat er viele feine Speisen und Rezepte beigetragen: Schweinsbraten, Erdäpfelknödel, Lamm- und Fischgerichte.

Richard Sampl

Das Gasthaus Sampl zur Burgruine ist ein Treffpunkt für Feinschmecker, gemeinsam mit seiner Frau Katharina Sampl, die für das Service verantwortlich ist, wird der familiäre Betrieb mit viel Einsatz und Liebe betrieben.

Mit seiner bodenständigen Küche versucht Richard Sampl stets frische Produkte aus der Region für seine Gerichte zu verwenden. Spezielle Wochen wie „Schwammerl- Kürbis- und Nudelwochen", „Saisonale Spezialitäten aus Wiese, Feld und Wald" und vor allem die „Wildwochen mit Herbstlichen Kreationen vom Wild verfeinert mit Kastanien, Pilzen und Beeren" und die „Ganslzeit" sind kulinarische Höhepunkte.

Richard Sampl
A-8385 Neuhaus am Klausenbach, Hauptstraße 12
Tel.: +43(0)33 29 24 03, Email : gasthaus.sampl@aon.at

Engelbert Tschech

Als Engelbert Tschech vor zwei Jahrzehnten ein italienisches Ristorante in Graz eröffnete, da betrat er Neuland. Zwar ist Italien nicht allzu weit von der Steiermark entfernt, doch die klassische Pasta- und Olivenöl-Küche der Südländer hatte sich noch nicht bis nach Graz herumgesprochen. Er wollte allerdings, nach mehrjährigen Erfahrungen als Koch in Italien, seinen Landsleuten mediterrane Lebensart zeigen.

Inzwischen ist viel Zeit vergangen, doch das „Corti" hat seinen Rang als Grazer Italiener par excellence verteidigt. In dem gemütlichen, mit vielen Weinflaschen, Grappa-Karaffen und Erinnerungen dekorierten Lokal kommen mittags wie abends Geschäftsleute und Gourmets zusammen. Inzwischen hat sich bei den Grazern herumgesprochen, dass auch Gerichte mit Polenta Spaß machen und es nicht immer nur steirisches Kürbiskernöl sein muss, das auf den Salat geträufelt wird.

Engelbert Tschech - Ristorante „Corti"
8010 Graz, Münzgrabenstraße 17
Tel.: (+43 316) 81 70 80, Fax.: (+43 316) 46 25 93
e-mail: info@ristorantecorti.at, www.ristorantecorti.at

1985 „Das Buch vom Steirischen Wein" von Rudolf Lantschbauer, war das erste Weinbuch in Österreich in den 1980er-Jahren.

1987 „Das Buch vom Steirischen Wein" von Rudolf Lantschbauer und Sepp L. Barwirsch

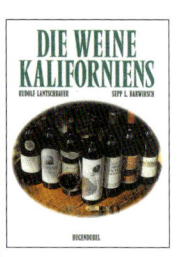

1991 Frankfurt Buchmesse: „Die Weine Kaliforniens" von Rudolf Lantschbauer und Sepp L. Barwirsch wurde von der GAD-Gastronomischen Akademie Deutschland mit einer Silbermedaille ausgezeichnet.

2003 Gourmand World Cookbook Awards, Barcelona (Spanien): Zum "Best Wine Book in the World" wurde das Buch „Steirischer Wein – Steirische Küche" von Rudolf Lantschbauer in der Kategorie „Wine Guide-Tourism Books" gewählt.

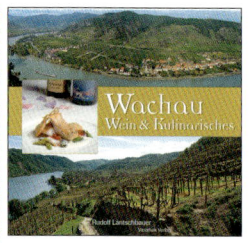

2004 Gourmand World Cookbook Awards, Stockholm (Schweden): Zum "Best Wine Book in the World" wurde das Buch „Wachau – Wein und Kulinarisches" von Rudolf Lantschbauer und Georges Spengler in der Kategorie „Wine Guide-Tourism Books" gewählt.

2005 Gourmand World Cookbook Awards, Kuala Lumpur (Malaysia): Zum "Best Book in the World" wurde das Buch „Burgenland–Wein und Kulinarisches" von Rudolf Lantschbauer und Georges Spengler in der Kategorie "Wine Guide-Tourism Books" gewählt.

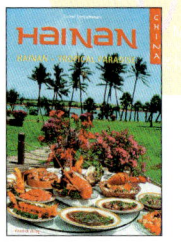

2007 Gourmand World Cookbook Awards, Beijing (China): Zum "Best Book in the World" wurde das Buch "China: Hainan–Tropical Paradise" von Rudolf Lantschbauer und Yulan Cai, in der deutschen, englischen, chinesischen und russischen Version beim in der Kategorie "Asian Cuisines" gewählt.

2008 Gourmand World Cookbook Awards "Best of the Best", Frankfurt: "Over twelve years more than 200.000 new food and wine books were published, by approximately 5.000 publishers around the world. **100 books** are selected for "Best of the Best". In the category "Special Awards of the Jury" are the book

"China: Hainan–Tropical Paradise" from Rudolf Lantschbauer, and Yulan Cai are one of them.

2009 Gourmand World Cookbook Awards, Paris: Das Buch „Sauvignon Blanc" (deutscher und englischer Text) von Rudolf Lantschbauer und Sepp L. Barwirsch wurde in Paris in der Kategorie "Best Wine Book" mit der Silbermedaille ausgezeichnet.

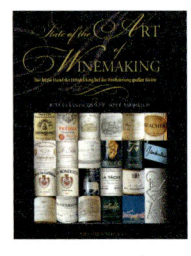

2010 Gourmand World Cookbook Awards, Paris. Zum "Best Wine Book in the World" wurde die deutsche und chinesische Version des Buches "Art of Winemaking" von Rudolf Lantschbauer und Sepp L. Barwirsch der Kategorie „Best Wine Book" gewählt.

2010 Gourmand World Cookbook Awards, Paris. "Best Wine Book Publisher in the World"
Austria-Vinothek Verlag: Rudolf Lantschbauer
"Year after year, Rudolf Lantschbauer publishes excellent books both for content and format. His passion for wine enables him to understand the needs of both readers, and winemakers. He also understands well both the traditional world of wine, and the new consumers. His books stand out thanks to the perfect photography and layout, followed by brillant marketing."

2012 Gourmand Awards: The Best Cookbooks and Winebooks of the Year, Paris. Zum "Best Winebook in the World" wurde die englische und chinesische Version des Buches "Gernot Langes-Swarovsky: Chinese Art – Chinese Wine" von Rudolf Lantschbauer und Yulan Cai in der Kategorie "New World Wines" gewählt.

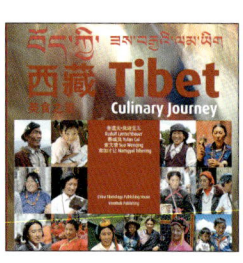

2012 Gourmand Awards: The Best Cookbooks and Winebooks of the Year, Paris. Zum "Best Cookbook in the World" wurde die englische, chinesische und tibetische Version des Buches "Tibet-Culinary Journey" von Rudolf Lantschbauer und Yulan Cai in der Kategorie "Found Raising Asia" gewählt.

Heute ernten, morgen essen:

dass ist das Credo unserer **Erzeugerorganisation Steirisches Gemüse** GmbH, die sich seit 1994 der Erzeugung und Vermarktung von Frischgemüse in der Steiermark widmet. Mittlerweile zählt unser Mitgliedernetz 70 Familienbetriebe in der Süd- und Oststeiermark und im Süden von Graz. Unsere **Paradeiser, Paprika, Gurken, Käferbohnen und Grazer Krauthäuptel** werden mit den Logos „Steirerland" und „Steirisch – aus gutem Grund" im heimischen Handel verkauft:
unweit von unseren Produktionsbetrieben und somit ohne lange Transportwege und großen CO_2-Ausstoß.
Die Nähe zu den Kunden ermöglicht es uns außerdem, unser Gemüse so lange als möglich an der Sonne reifen zu lassen, was für den frischen und natürlichen Geschmack sorgt und somit die ideale Voraussetzung für schmackhafte Gemüsegerichte ist.

In diesem Sinne: **Viel Freude beim Zubereiten von steirischem Gemüse** und **Guten Appetit!**

Alles Gute,

Thomas Potzinger

Thomas Potzinger

Erzeugerorganisation Steirisches Gemüse GmbH
8041 Graz, Am Engelsdorfgrund 10
Mobil: +43 (0)664 / 84 44 317
Email: thomas.potzinger@eog.at
www.eog.at